◉诉讼法学文库 2018（1）

总主编 樊崇义

侦查监督论

刘　辰　著

中国人民公安大学出版社

·北　京·

图书在版编目（CIP）数据

侦查监督论／刘辰著 . —北京：中国人民公安大学出版社，2018. 3
ISBN 978-7-5653-3161-9

Ⅰ.①侦…　Ⅱ.①刘…　Ⅲ.①侦查—司法监督—中国　Ⅳ.①D926.34

中国版本图书馆 CIP 数据核字（2017）第 311612 号

诉讼法学文库
侦查监督论
刘　辰　著

出版发行：中国人民公安大学出版社
地　　址：北京市西城区木樨地南里
邮政编码：100038
经　　销：新华书店
印　　刷：北京市泰锐印刷有限责任公司

版　　次：2018 年 3 月第 1 版
印　　次：2018 年 3 月第 1 次
印　　张：18. 75
开　　本：787 毫米×1092 毫米　1/16
字　　数：324 千字

书　　号：ISBN 978-7-5653-3161-9
定　　价：60. 00 元

网　　址：www.cppsup.com.cn　www.porclub.com.cn
电子邮箱：zbs@ cppsup.com　zbs@ cppsu.edu.cn

营销中心电话：010-83903254
读者服务部电话（门市）：010-83903257
警官读者俱乐部电话（网购、邮购）：010-83903253
法律图书分社电话：010-83905745

"诉讼法学文库" 总序

诉讼法制是现代法治的重要内容和标志之一，也是依法治国的重要保障。我国法制建设的历程已经证明，诉讼制度是否健全与完善，直接决定着实体法律的实际效力：没有相应的诉讼制度作为依托，实体权利只能是"镜中花、水中月"；没有完善的诉讼制度予以保障，实体法律将无法如其所愿地实现其追求的立法目的。更为重要的是，诉讼法制的完善程度如何，还直接反映和体现着一个国家、一个民族进步、文明、民主和法治的程度，是区分进步与落后、民主与专制、法治与人治、文明与野蛮的标志。在现代法治国家，诉讼制度作为法治的一个重要环节，受到了前所未有的重视。美国联邦最高法院法官威廉·道格拉斯曾谈道，"权利法案的大多数规定都是程序性条款，这一事实绝不是无意义的。正是程序决定了法治与恣意的人治之间的基本区别"。①

我国 1999 年宪法修正案正式确立了"依法治国，建设社会主义法治国家"的治国方略，为推进我国社会主义民主、法制建设，完善我国司法体制，提出了新的纲领和目标。而社会主义市场经济的初步发展则培育了公众的权利观念，并由此对司法公正提出了更高的要求。在此大背景下，通过增设新的诉讼制度以充实公民实体权利的实现途径，通过完善现行诉讼制度以保障实体法律的公正实施，从而推进依法治国，加快社会主义民主与法制建设的步伐，已经成为我国法治建设的关键所在。

诉讼制度的构建，与人们对诉讼原理的认识和把握有着密切的关系。诉讼原理是人类在长期的诉讼实践中，在大量经验教训的基础上总结出来的、对有关诉讼活动的规律性认识。诉讼原理在诉讼制度的构建及运作中发挥着高屋建瓴的作用。只有正确认识和准确把握诉讼原理，才能构建较为完善的诉讼制度，才能推动诉讼活动向良性运作的状态发展。我国在改革与完善诉讼法律制度时，对于人类经过长期理论与实践探索获得的原理性认识，不能不予以重视，也不能不认真加以借鉴、吸收。

我国诉讼的立法和实践曾十分严重地受到"左"倾思潮和法律虚无主义的影响，诉讼规律和诉讼原理长期被忽视、被冷落。由此造成的后果之一：司法

---

① 转引自季卫东：《法律程序的意义》，载《比较法研究》总第 25 期。

机关和诉讼制度的功能被狭隘化。例如,刑事司法机关和刑事诉讼法律仅仅被视为镇压敌人、惩罚犯罪并通过镇压敌人、惩罚犯罪来维护社会秩序的功能单一的工具,忽视了司法机关和诉讼法制所具有的制约国家权力使之不被滥用和保护包括犯罪嫌疑人、被告人在内的公民基本人权的作用,忽视了刑事诉讼所具有的独立品格和价值。对诉讼原理、诉讼规律认识的片面和浅陋,已经严重地制约了我国诉讼法制发展的步伐,而且直接对公正、文明地进行诉讼活动产生了非常消极的影响。要扭转这一局面,必须在宏观法律观念上作一个大的转变,同时大力借鉴、吸收法治发达国家丰富的研究成果和宝贵的实践经验,加强对诉讼原理、诉讼规律的研究。

对诉讼原理的正确认识是诉讼立法科学化的前提条件。正确把握诉讼原理,可以帮助我们全面地认识司法机关的功能,并对各种不同的诉讼模式、规则进行正确的取舍,从而在一定的诉讼原理的指导下构建更为科学和更适合"本土资源"的诉讼模式、规则。由此制定的法律,将具有更强的民主性、文明性和科学性。反之,如果不能正确把握诉讼原理,对于存在着内在价值冲突的各种可供选择的立法方案就可能难以作出正确的选择,立法活动就可能要多走许多弯路,甚至要付出沉重的代价。

对诉讼原理的正确认识对于司法活动同样具有重要的积极价值。对诉讼原理的正确把握可以在一定程度上弥补立法的不足。法律永远是抽象的。要将抽象的法律适用于具体的案件,就必须有科学的观念作为指导。对基本诉讼原理的正确认识,将有利于指导人们对司法活动中必然存在的种种法律适用问题作出科学的解释,从而使法律文本本身存在的不足得到补救。在现代社会,由于法律的稳定性与现实生活千变万化之间的落差只能通过赋予司法人员自由裁量权的途径予以调和,所以对基本诉讼原理的认识,还直接决定着司法人员在行使法律赋予的自由裁量权时,能否作出符合公正标准的决定或者裁判。

要贯彻"依法治国,建设社会主义法治国家"的治国方略,保障诉讼活动的公正进行,也必须认真研究诉讼原理,把握诉讼规律。当前,我国已有不少学者开始探索一些诉讼原理性的问题,如诉讼法律观、诉讼法哲学、诉讼目的、诉讼职能、诉讼价值、诉讼法律关系等,并已取得了一定的研究成果,这有力地推动了人们法律观念的变化,并对立法和司法活动发挥着积极的影响作用。但总的来看,我国诉讼法学界对诉讼原理问题的研究距离立法、司法实践的需求还有很大差距,还需要继续深入研究。尤其是现有的研究成果一般只是就诉讼的某一方面进行探讨,缺乏对一般性诉讼原理的全面和系统的探讨。因此,随着我国法治进程的推进,探讨一般性诉讼原理已经成为我国诉讼法学界必须研究的课题。

　　为吸引更多的诉讼法学者致力于诉讼原理的研究，同时也为了能够促使诉讼原理研究及时对立法、司法、学理研究等多个领域产生积极的影响，并对司法实践工作有所帮助，中国政法大学诉讼法学研究中心特组织力量进行此项题为"诉讼法学文库"的大型丛书的编辑出版工作。"诉讼法学文库"是中心的一项长期出版项目，面向国内外专家、学者开放，凡以诉讼原理、诉讼规律为内容且有新意、有深度、有分量的专著、译著，以及对公安、司法工作有指导意义，对立法工作有参考价值的其他诉讼法学著作均可入选。

　　"诉讼法学文库"自 2001 年面世以来，得到了诉讼法学界专家、学者、实务工作者的热情支持，现已出版发行专著 60 多部，这些成果深受广大读者的青睐，已有多部著作获省部级以上的奖励，在这里特向广大读者和作者致以诚挚的谢意！由于编辑工作的需要，该文库从 2006 年起，每年以入选先后另行排序。特此说明。

　　　　　　　　　　　　中国政法大学诉讼法学研究中心名誉主任

　　　　　　　　　　　　　　樊崇义

　　　　　　　　　　　　　　2007 年元月于北京

目　　录

绪　论 ……………………………………………………………（ 1 ）

一、研究背景 ……………………………………………………（ 1 ）

　（一）基于对防止冤假错案的思考 ………………………（ 1 ）

　（二）基于对我国侦查监督现状的思考 …………………（ 3 ）

二、研究进路 ……………………………………………………（ 6 ）

　（一）侦查权的本质属性决定了侦查权的控权必要性 …（ 6 ）

　（二）国家权力结构决定了侦查监督的具体形式 ………（ 7 ）

　（三）构建与完善我国侦查监督权及侦查监督运行体系 …（ 8 ）

三、研究特色 ……………………………………………………（ 8 ）

　（一）从侦查权本质源头论证了我国侦查权的有效制约路径 …（ 8 ）

　（二）从权力结构视角破解了检察监督面临的几个质疑 …（ 9 ）

　（三）从理论根源出发界定了侦查监督基本范畴 ………（ 10 ）

　（四）从宏观视域着眼构建了侦查监督制度体系 ………（ 11 ）

第一章　侦查权与侦查监督制度 ……………………………（ 12 ）

一、侦查权的理性认知 …………………………………………（ 12 ）

　（一）侦查权的理性认知之于侦查监督的意义 …………（ 12 ）

　（二）侦查权的发展渊源 …………………………………（ 13 ）

　（三）侦查权的性质归属 …………………………………（ 18 ）

　（四）侦查权的主要特征 …………………………………（ 25 ）

　（五）侦查目的 ……………………………………………（ 29 ）

二、权力控制论思想的考察 ……………………………………（ 33 ）

　（一）"三权分立"的权力制约思想渊源 ………………（ 34 ）

　（二）"一元分立"的权力监督思想源起 ………………（ 37 ）

　（三）"监督"与"制约"的区别与融合 ………………（ 41 ）

三、侦查权控制与中国式制度选择 ……………………………（47）
　（一）侦查权控制的内在必要性 ……………………………（47）
　（二）侦查权控制的现实紧迫性 ……………………………（51）
　（三）侦查权控制模式及我国的选择 ………………………（57）

第二章　侦查监督的基本范畴 ………………………………………（63）
一、侦查监督的理论渊源 ……………………………………（63）
　（一）权力控制理论 …………………………………………（63）
　（二）人权保障理论 …………………………………………（64）
　（三）正当程序理论 …………………………………………（66）
　（四）法治国家理论 …………………………………………（67）
二、侦查监督本体论 …………………………………………（68）
　（一）侦查监督的概念 ………………………………………（68）
　（二）侦查监督的性质与特征 ………………………………（75）
　（三）侦查监督的目的 ………………………………………（78）
　（四）侦查监督的对象 ………………………………………（79）
三、侦查监督运行体系 ………………………………………（82）
　（一）侦查监督运行的基本原则 ……………………………（82）
　（二）侦查监督运行方式分类 ………………………………（88）
　（三）侦查监督构建规则与方式 ……………………………（91）

第三章　我国侦查监督体系建构的基础理论问题 ………………（96）
一、关于侦查监督主体的讨论 ………………………………（97）
　（一）对司法审查主体的质疑 ………………………………（97）
　（二）法官行使司法审查权的后果预判与原因剖析 ………（99）
　（三）检察官行使司法审查权的理论追析 …………………（103）
　（四）结语 ……………………………………………………（108）
二、职务犯罪案件的侦查监督问题 …………………………（109）
　（一）问题的提出 ……………………………………………（109）
　（二）我国职务犯罪侦查监督问题检视 ……………………（111）
　（三）重构我国职务犯罪侦查监督之思考 …………………（116）
　（四）结语 ……………………………………………………（122）
三、侦查监督改革前提：侦查模式转型 ……………………（122）
　（一）侦查模式理论及其之于侦查监督的意义 ……………（122）
　（二）对我国侦查模式的考察 ………………………………（125）

（三）检警关系重构是侦查监督改革的基础 ………… （129）

（四）本章小结 ……………………………………… （139）

第四章　我国侦查监督制度的改革与发展 ………………… （143）

一、侦查监督法律梳理及其立法发展 ……………………… （143）

（一）侦查监督的立法体现 ………………………… （143）

（二）侦查监督立法发展主线与基本理念彰显 …… （150）

二、侦查监督的规范发展及实践成效 ……………………… （152）

（一）逮捕措施体现司法谦抑与人文关怀 ………… （153）

（二）防止冤假错案作用渐显 ……………………… （156）

（三）法治理念初步彰显 …………………………… （162）

（四）"向前""向下""向内"延伸监督途径 …… （168）

（五）加强捕后羁押监督 …………………………… （173）

第五章　我国侦查监督问题检视与原因剖析 ………………… （177）

一、我国侦查监督问题检视 ………………………………… （177）

（一）立案监督法律规定结构性缺失 ……………… （177）

（二）审查逮捕司法化不足 ………………………… （181）

（三）强制性侦查措施缺乏监督 …………………… （182）

（四）强制措施司法审查缺位 ……………………… （185）

（五）知情渠道不足使监督来源受限 ……………… （190）

（六）监督滞后与手段乏力制约监督效果 ………… （191）

（七）侦查讯问监督差距明显 ……………………… （192）

（八）未决羁押监督刚刚起步 ……………………… （197）

（九）权利监督困难重重 …………………………… （199）

（十）小结 …………………………………………… （202）

二、侦查监督问题原因剖析 ………………………………… （202）

（一）理念原因——法治理念滞后、监督理念偏颇 ……… （203）

（二）立法原因——法律规定缺失，监督依据不足 ……… （204）

（三）理论原因——理论积淀薄弱，研究体系分散 ……… （205）

（四）体制原因——司法体制掣肘，检警关系错位 ……… （206）

（五）队伍原因——资源配置不足，监督能力不强 ……… （207）

三、侦查监督制度体系尚未建立 …………………………… （207）

（一）侦查监督体系的缺失对侦查监督的影响 …… （207）

（二）构建侦查监督体系的必要性 ………………… （208）

第六章　我国侦查监督体系展望 ……………………………………（210）

一、侦查监督体系构建应彰显现代刑事诉讼价值观 ………………（210）

（一）我国刑事诉讼价值观的转型 ………………………………（210）

（二）转型视野下侦查监督理念的确立 …………………………（211）

二、侦查监督制度体系目标与原则 …………………………………（212）

（一）构建目标 ……………………………………………………（212）

（二）构建原则 ……………………………………………………（214）

三、侦查监督体系构建需处理好的几个关系 ………………………（216）

（一）打击犯罪与保障人权的关系 ………………………………（216）

（二）法律真实与客观真实的关系 ………………………………（217）

（三）"以审判为中心"改革下的新型检警关系 ………………（218）

（四）权力监督与权利监督、社会监督的关系 …………………（219）

四、侦查监督体系构建的制度前提 …………………………………（219）

（一）合理配置侦查程序中各项权力 ……………………………（220）

（二）构建强制性侦查措施司法审查制度 ………………………（222）

（三）完善强制措施体系 …………………………………………（229）

第七章　侦查监督体系的制度构建 …………………………………（234）

一、构建完整有效的立案监督机制 …………………………………（234）

（一）立案程序存废之争 …………………………………………（234）

（二）立案监督机制构建 …………………………………………（236）

二、实现捕押分离与羁押定期审查 …………………………………（239）

（一）构建"捕押分离"制度 ……………………………………（239）

（二）建立羁押定期审查机制 ……………………………………（240）

三、提前介入引导侦查制度 …………………………………………（241）

（一）提前介入侦查的意义 ………………………………………（241）

（二）提前介入侦查制度建构 ……………………………………（242）

四、完善侦查讯问程序监督 …………………………………………（244）

（一）确立"看守所讯问"原则 …………………………………（245）

（二）完善讯问同步录音录像制度 ………………………………（246）

（三）建立讯问律师在场制度 ……………………………………（247）

（四）小结 …………………………………………………………（249）

五、增强非法证据排除规则可操作性 ………………………………（249）

（一）"非法证据"范围应予厘清 ………………………………（250）

（二）加强对非法证据调查程序的构建 ……………………（253）

六、增强辩护方权利保障 ………………………………………（254）

（一）会见通信权 …………………………………………（254）

（二）知悉权 ………………………………………………（255）

（三）救济权 ………………………………………………（257）

（四）"无罪推定"原则的权利具体化 …………………（257）

七、构建层次明晰的监督手段 …………………………………（259）

（一）口头纠正违法 ………………………………………（260）

（二）书面纠正违法 ………………………………………（260）

（三）司法审查 ……………………………………………（260）

（四）撤销、变更违法决定 ………………………………（261）

（五）排除非法证据 ………………………………………（261）

（六）违法证据调查 ………………………………………（262）

（七）违法人员处置建议 …………………………………（262）

结　论 ……………………………………………………………（263）

参考文献 …………………………………………………………（265）

后　记 ……………………………………………………………（280）

绪　论

一、研究背景

（一）基于对防止冤假错案的思考

在 21 世纪前叶，中国法治进程的浪潮席卷而来，我们修改法律完善制度，构建依法治国之法治根基；我们保障人权遏制公权，追赶法治进步之世界潮流；我们深化推进司法改革，探寻司法规律激发司法动能，作为身处时代变革与法治提速当下的一名法律人，深感学之所幸与担之所重。研习法律近 20 年，所学虽浅，但也激发和赋予我冷静客观地思考当下我国法治进程中各种问题的动力和能力。在全面推进依法治国的时代潮流中，司法制度为全体公民翘首以盼、期待为先的是什么？就是司法公正。习近平总书记指出，"全面依法治国，必须紧紧围绕保障和促进社会公平正义来进行"[1]，"公正司法是维护社会公平正义的最后一道防线"[2]。"切实防止冤假错案，是司法公正最起码、最基本的要求，也是最重要的要求。"[3]

近几年来，我国陆续发现和纠正了一批冤假错案，仅 2012 年以来纠正的、媒体关注的重大冤假错案就有几十起，这些冤假错案绝大多数都有刑讯逼供的影子，聂树斌、呼格吉勒图、于英生、陈满等冤错案件触目惊心，值得我们深深地思考。[4] 这些冤错案件不仅使真凶逍遥法外，还造成无辜者蒙冤受屈，截至被纠正之时蒙冤者大都蹲守冤狱数年或十余年光景，有的甚至已失去了生命。可以想见，尚未得到纠正或并未进入公众视野的冤假错案肯定仍有存在。在对这些受害者平冤昭雪感到欣慰的同时，更令人扼腕和慨叹

---

[1] 《在省部级主要领导干部学习贯彻党的十八届四中全会精神全面推进依法治国专题研讨班上的讲话》（2015 年 2 月 2 日）。

[2] 习近平：《加快建设社会主义法治国家》（2014 年 10 月 23 日），载《求是》2015 年第 1 期。

[3] 孙谦：《关于冤假错案的两点思考》，载《中国法律评论》2016 年第 4 期。

[4] 参见鲜铁可、高锋志：《刑事申诉检察视角下强化错案防范的若干思考》，载最高人民检察院刑事申诉检察厅编：《刑事申诉检察工作指导》（2016 年第 2 辑），中国检察出版社 2016 年版。

的是，冤假错案对蒙冤者及其家人生命质量的剥夺与人生轨迹的颠覆，而更值得我们深深思考的是，在我国法治大步前进的今天，如何才能更好、更有效地防止冤假错案的发生，防止悲剧的重演。

站在依法治国的角度观察，每一起冤假错案在社会上产生的负面影响，都使艰辛而树的司法公信力受到严重损害。英国哲学家培根说："一次不公正的裁判，其恶果甚至超过十次犯罪。犯罪虽是无视法律——好比污染了水流，而不公正的审判则毁坏法律——好比污染了水源。"正可谓"一百起公正案件对司法公信力产生的正面影响远远抵不过一起冤假错案造成的负面影响"。虽然任何国家都无法完全杜绝冤假错案的出现，但尽量减少、防止冤假错案，特别是重大刑事案件的冤错，将冤错案件降低到一个极低范围内，是通过法治进步与制度完善可以做到的，我想这也是每一个法律人的期盼与责任。

鉴于这种初衷，笔者对冤假错案产生的原因进行了思考。应该说，形成冤假错案的原因是非常复杂的，包括主观原因和客观原因。客观原因包括：一是侦查技术落后、侦查水平不高。如侦破命案最有力的证据——DNA鉴定，直到2000年以后才在我国逐步普及，对于地市级以下公安机关侦查的案件，在20世纪八九十年代是很难有条件开展DNA鉴定的。其他鉴定、技术手段、网络、大数据等科技手段不发达也限制了案件侦破。二是以"严打"为政策导向的司法环境局限。"文化大革命"之后，为了维护较为混乱的社会秩序，我国在八九十年代，在"稳定压倒一切"的背景下，曾经出现一段将"严打"作为刑事政策的时期，对案件"快审重判"，在追求又快又重的目标下，刑讯逼供、轻证据重口供等情况比比皆是，冤假错案必然难以避免。三是法律制度不健全。不得自证其罪、非法证据排除规则、律师辩护权、证据裁判原则等一系列先进的法律原则、法治理念、法律制度近些年才在我国得以确立。一二十年前，冤假错案高发时期，正是相应的法律制度规范不健全时期，我国法律还处于相对滞后、低级的阶段。那个时代，法治仍是一个很苍白的表述，可能也仅是部分法律学者美好的愿景，现在纠正的冤假错案大部分都是那个时期导致的。而主观原因的根源则是，司法人员以及全社会对人权保障、程序正义、证据裁判等先进的法治理念没有树立，在司法行为上最直接的体现就是违法侦查。从媒体公开的对冤假错案的报道中不难发现，冤假错案无不存在侦查违法的身影，有学者曾指出，侦查阶段是所有冤假错案的必经阶段。冤假错案几乎无一例外地肇始于侦查环节，并形成、发展于起诉、审判环节。"刑讯逼供、屈打成招、违法取证"成为造成冤假错案的侦查三部曲。

　　至此，冤假错案责任的根源似乎都可归结为侦查机关的违法取证、违法侦查。但笔者认为，这样的原因归述只看到了事物表象而缺乏对事物本质的深入分析，也就难以找准解决问题的策略。从权力本质上认识权力，方能找准制约权力的着力点。侦查违法的出现，虽由侦查行为具体体现，但根源是我国侦查程序的运行机制和制约机制出现了问题。侦查权的本性具有扩张性、暴力性、追诉性等特点，侦查行为积极主动地追求对犯罪嫌疑人起诉、定罪的结果，是侦查权权力特征的体现。若侦查权不朝这一目标进行，则诉讼程序将难以推进。故如何监督制约侦查权才是我们需要思考的问题。若不从本质上解决侦查程序运行、制约机制的症结，仅对侦查机关提出规范侦查行为的要求，是难以避免违法侦查行为出现的，也就难以避免冤假错案的产生。若要侦查权在行使中规范收敛，仅依靠其本身自觉自律之自我约束，恐勉为其难。而发挥防止违法侦查行为发生和纠正违法侦查结果运用的监督作用，才是防止侦查违法的着力方向。对侦查行为的监督，可以阻止侦查阶段的错误被延续到起诉、审判阶段，并最终阻止冤假错案的产生或及时纠正冤假错案的持续发展。因此，减少侦查权力恣意和遏制侦查权力扩张，应着力于加大对侦查权力进行监督制约的"外在力量"才是治本之策。只有强化完善侦查监督，才是防止冤假错案、切实保障人权的直接切入点，才是树立司法公信力，实现依法治国的重要途径。

　　(二) 基于对我国侦查监督现状的思考

　　1. 侦查监督的立法现状

　　"侦查监督"是对刑事侦查行为进行监督制约的总称。这一术语在法学理论研究和法律监督实务领域已被广泛认同，侦查监督的现实必要性和理论应然性也毫无争议，但"侦查监督"一词并非我国刑事诉讼法典中的法律概念，目前尚无法从法律条文中寻找到含有侦查监督字眼的法律规定。我国法律对侦查监督的相关规定是以立案监督、审查逮捕、侦查活动监督为具体内容体现的，散布于刑事诉讼立法和相关司法解释中，各分散的条文构成了侦查监督的主体内容。

　　这一立法现状揭示出侦查监督在我国尚未体系化，以及制度性不足的重大弊端。这一弊端也对侦查监督发展带来了一系列影响：侦查监督体系缺乏造成侦查监督原则不清晰、监督标准不统一；造成侦查监督范围较窄、内容有疏漏；造成侦查监督零散化，临时性、选择性监督成为主要方式；造成监督方式与监督手段层次不清、缺乏统筹；还造成侦查监督理论研究受阻、发展缓慢；以及侦查监督工作开展受限、发展受阻。与疑罪从无、无罪推定、不得自证其罪等纯粹的法理原则相比，"侦查监督"并非一个纯粹的学理概念，它是一个主要基于实践的监督领域，是从属于法律监督和诉讼监督的下位概念。但囿于法律上并没有明确确立其基本外延和主要内涵，对侦查监督理论体系的形成和实践发展的滞缓都造成了一定影响。

2. 侦查监督的实践现状

侦查权力滥用、侦查违法频发等问题产生的一个重要原因在于，我国侦查监督设置的匮乏与运行的软弱。我国当前侦查监督存在的问题可以概括为选择性监督、滞后监督、软性监督、零散监督。

选择性监督是针对侦查监督范围而言的。由于监督信息知情渠道不畅，造成建立在部分知情下的侦查监督是选择性的，造成被动的选择。而侦查监督体系不健全使监督人员主观上缺乏全面而宏观的监督视野，什么属于监督范围，什么不在监督范围，不甚清晰，监督内容、重点不明，导致主动的选择。如在侦查活动监督中，由于对非法证据审查排除的困难性，这一影响案件事实认定的重要内容尚未成为司法实践中的侦查监督重心；而受考核评比影响，对文书制作瑕疵等较易监督又体现监督"成绩"的侦查瑕疵的监督成为实践热衷的方面。选择性监督的弊端就是监督缺位，缺乏体系性的监督布局和统筹，必然对某些该监督的侦查活动有所遗漏和缺失。

滞后监督是对监督阶段而言的。总体来看，我国实践中侦查监督的同步性、事前性不强，事前授权性监督只有对逮捕措施的审查批准，除此之外皆是事后监督，不可避免地存在一定的滞后性。增加事前授权性监督以及增强事中引导性监督，如增加司法审查的强制措施种类，完善监督机关介入侦查程序途径等，都是解决侦查监督滞后问题的有效举措。

软性监督是对监督手段而言的。指侦查监督手段偏软偏弱，监督力度不够。体现为法律上缺乏赋予监督机关能直接产生实质性监督效果的监督手段，监督机关的监督措施往往要转化为侦查机关的自觉接受才能产生实际效果，这是监督偏软偏弱的主要原因。加之监督机关的实际地位低于被监督机关，畏难思想、不敢监督的主观心理使监督更加难以强硬。

零散监督是对侦查监督内容而言的。侦查监督体系性缺失，故长期性、制度性不足，监督重点往往因工作重心和社会热点的变化而变化，容易造成顾此失彼，顾及不暇的状况。如对刑事立案活动开展的立案监督，主要依靠各类立案监督专项活动，集中打击某一时期问题突出的某一类犯罪予以推动，这就造成对专项监督案件之外的其他案件的立案问题的忽视。

　　侦查监督实务中存在的各种问题，归根结底是侦查监督的虚化、弱化和零散化造成的，侦查监督的虚弱助长了侦查权的强大。要从根本上解决这些问题，必须将支离零散的侦查监督整体化，将悬于空中的侦查监督实质化，构建具有真正法律意义的，在刑事司法体系内具有可操作性、可实现的侦查监督制度体系。即实现权力有制约、制约有效果、违法有救济的基本要求，才是控制侦查权、保障人权、防止冤假错案的有效路径。

　　3. 侦查监督的理论研究现状

　　与我国立法中对侦查监督内容规定的分散状况和实务中对侦查监督开展的条块状况类似，我国侦查监督的理论研究状况也大多是以审查逮捕、立案监督、侦查活动监督为内容分别展开的。从监督内容的某个具体方面来看，研究成果相当丰富也较为深入。以逮捕为例，从中国知网的统计来看，对逮捕进行研究的论文有近1400篇，从逮捕理论、逮捕条件、逮捕权主体、羁押审查、被羁押者权利等各个方面都有深入的研究和丰硕的成果。有代表性的文章包括：孙谦的《关于完善我国逮捕制度的几点思考》，陈永生的《逮捕的中国问题与制度应对——以2012年刑事诉讼法对逮捕制度的修改为中心》，刘计划的《逮捕审查制度的中国模式及其改革》，卢乐云的《论"逮捕后对羁押的必要性继续审查"之适用》。或者是从检察机关侦查监督工作层面开展的实务研究，如朱孝清的《当前侦查监督工作需要重点把握的几个问题》、万春的《侦查监督制度改革若干问题》。或者是从检察机关立案侦查的职务犯罪案件入手，研究自侦案件侦查监督的，如叶晓龙的《论检察机关自侦案件的侦查监督》、吴常青的《检察侦查权监督制约机制研究》、郭华的《检察机关自侦案件的侦查监督问题探讨》。此外，还有些研究是从侦查监督宏观视角着眼，微观内容入手的，较有影响力的文章包括：樊崇义、张中的《权利保障与权力制衡——我国刑事审前程序改革的基本思路》，但伟、姜涛的《侦查监督制度研究——兼论检察引导侦查的基本理论问题》，左卫民、赵开年的《侦查监督制度的考察与反思——一种基于实证的研究》，万毅的《论侦查程序处分权与侦查监督体制转型》，何秉群的《我国检察机关侦查监督模式的问题及完善路径——基于诉讼模式进化原理的分析》，等等。总体对侦查监督体系进行宏观思考并对侦查监督的系统性问题展开研究的成果比较有限，文章总数不足百篇。刘计划的《侦查监督制度的中国模式及其改革》、季美君的《论侦查监督制度的立法完善》、刘方的《论检察机关的侦查监督职能及其完善》等文章较有影响力，其虽在宏观视角展开，但都限于篇幅没能深入研究。巩富文博士的《中国侦查监督制度研究》一书是对我国侦查监督制度较为全面的论述。概言之，"我国的侦查监督制度，无论是在立法层面，还是在实践环节，抑或在相关理论研究上，都还显得比较薄弱，亟须大胆探索、创新和改革"。①

我国全面推进依法治国方略的提出和一起起频繁曝光的冤假错案之间产生激烈的碰撞。侦查程序的理论研究不断深入、社会生活对侦查法治化要求日益提升，和现实中对侦查权约束的宽宥无力、制约效果的不尽如人意形成了强烈反差，引起了法学界巨大的思想震动和深刻的理论反思。对侦查权的有效规制或者说侦查监督的强化完善，已成为我国侦查活动规范化、提升司法公信力甚至完善国家法治建设中的瓶颈，已经到了必须正视且亟须进行科学的顶层设计的时刻。

二、研究进路

侦查权作为侦查监督对象，其本质决定并影响着侦查监督应当以何种方式、何种面貌呈现才最为有效。因此，为从根本上探究我国侦查监督的应然状态，文章选取从侦查权的本质属性入手，通过理性认知侦查权，分析侦查权的本质与特征，说明控制侦查权的必要性，再通过比较侦查权控制模式的特点，以及结合我国国家权力运行状况，探究侦查监督的应然方式，进而在应然方式下，展开对我国侦查监督从理论到实践的全面研究的路径。

（一）侦查权的本质属性决定了侦查权的控权必要性

孟德斯鸠在《论法的精神》一书中指出，"一切有权力的人都容易滥用权力，不受制约的权力必然产生腐败"，对权力特征的这一论述成为政治法律领域的经典论述。权力运行和监督都遵循着权力本身的规律，在国家权力的划分中，侦查权属于哪种权力类型、位于哪个权力位阶，是由国家权力结构决定的。权力本身的属性与基本特征决定了对其监督制约的有效方式，在正确的监督方式下才能事半功倍，富有成效。探寻侦查权的本质属性与基本特征，是开展侦查监督论述的理论原点。从国家权力结构看，西方国家实行"三权分立"，将国家权力一分为三，划分为立法权、司法权、行政权；我国实行"一元分立"，在全国人民代表大会这一最高权力位阶下分为立法、审判、行政、法律监督、军事各项权力，立法权由国家最高权力机关行使，其他权力分别由相关部门行使。侦查权并不属于国家权力的第一位阶，或曰基本权力，而是隶属于基本权力的次级权力。侦查权属于哪一基本国家权力是

---

① 陈光中教授在巩富文博士《中国侦查监督制度研究》一书的序言中所述。

对其属性的基本认知，这一认知有助于从本质上认识侦查权，并基于这一本质研究权力制约的必要性及有效方式。侦查权属于行政权还是司法权曾存在不同认识。从国家权力发展的历史脉络看，国家诞生初始权力分类粗疏，各项国家权力几乎都以上命下从的行政意义上的方式行使；后司法权这种裁判性质的权力因属性差异从行政权中分离出来，侦查权作为裁判权的附属权力一同分离；随着法治发展与权力细化，侦查权的行政特征与司法权的裁判特征明显不同，侦查权具有积极主动性、秘密性、追诉性、追求效率、可授权性、非终局性等特征，而司法权则具有被动性、公开性、中立性、追求公正、亲历性、终局性等特征，二者特征明显相异，侦查权难以归属于司法权下，故侦查权发生了再次分离，回归行政属性，但带有明显的司法痕迹。侦查权上命下从的行政属性使其在保障高效运行的同时，也具有扩张膨胀、主动出击、暴力侵权的一面。与典型的行政权相比，在刑事诉讼领域运行的侦查权涉及的都是每个公民最基本的人身权利，故对侦查权控制的必要性与紧迫性非常突出。

（二）国家权力结构决定了侦查监督的具体形式

如上所述，西方国家是"三权分立"的政治结构，强调将权力分解并以此权力牵制约束彼权力，"制约"为主"监督"弱化，侧重于权力行使过程的动态控制。对侦查权制约主要依靠以司法审查为主要方式的司法权制约和以平等武装辩护权为主要方式的公民权利制约的方式。我国是"一元分立"的国家权力结构，权力集中于人民手中，在"集权"的前提下为保障权力在行使中的统一性和有效性，需要专门的监督机构监督权力运行，因此"监督"为主"制约"较弱。"监督"与"制约"是各国的政治家和思想家们在数千年的人类发展历史中不断探索出的两种最有效的控权方式。二者虽诞生并活跃于不同的政治环境下，却不可避免地都存在一定弱点，单一的控权方式因自身弱点的存在，难以实现对权力的完全有效控制。因此在现代政治文明的发展进程中，政治家们都逐渐摆脱了政治形态领域的思想束缚，逐渐将两种控权手段进行融合，综合运用。权力监督和权力制约作为对国家权力的控制手段，并不专属于哪种政治结构，更不专属于哪种国家意识形态，而更倾向于两种控权技术，越来越多地被各个国家结合使用。只是在运用中，根据各国不同的政治环境、政权组织结构，选择有利于发挥自身政治结构优势的方式为主，另一方式为辅。具体到我国对侦查权的控制上，我国"集权"的国家权力结构决定了"监督"将是控制侦查权的主要方式，但"制约"是其中密不可分的控制手段。并且由于我国长期以来忽视权力制约，因此在对侦查权制约方面十分薄弱，如目前尚未真正建立起对强制侦查措施的司法审查。因此，完善对侦查权的权力制约并强化对侦查权的权力监督应当成为侦查监督体系建构的主要方向。

（三）构建与完善我国侦查监督权及侦查监督运行体系

刑事侦查环节作为刑事诉讼中的重要环节和最易出现违法行为、产生冤假错案的高风险环节，从宏观上统筹侦查监督力量、构建侦查监督体系非常必要。尽管我国侦查监督制度近些年在司法改革和诉讼制度改革背景下，法律规范有所完善，制度建设不断增强，很多方面取得了不小进步。但目前我国侦查监督并未被作为一个整体进行研究，理论研究与司法实务更多是围绕其中几个重点展开，如审查逮捕、立案监督、非法证据排除等。打破各自为战、零散单一、偏居一隅式的监督现状，构建完整、全面、统一的侦查监督制度体系，将有助于全面覆盖侦查监督范围避免遗漏，有助于整合侦查监督力量打破侦查活动封闭性，有助于统筹监督措施手段并予以分层次有序运用，有助于加强侦查监督在整个诉讼监督中的作用地位，也有助于侦查监督的理论深化与实践深挖。

西方法谚有云："任何人不能做自己的法官。"在遵循裁判者应与双方无涉的法律原理下，侦查者与侦查监督者必须进行彻底分离，这首先要求对现有相关权力进行重新配置。其次，构建强制侦查措施的司法审查制度是侦查监督制度体系中最为重要的制度性安排。对逮捕、监视居住、取保候审、通缉等限制人身自由的强制侦查措施，对查封、扣押、冻结等限制财物用益的强制侦查措施，对监听、监控等限制人身隐私的强制侦查措施，构筑起增强权力制约的司法审查制度，是目前我国最为必要和迫切的制度需求。此外，在侦查监督"有效制约侦查权行使"与"保障侦查能力合理运行"的目标下，在监督中立原则、监督比例原则、监督有限原则等原则指引下，通过构建捕押分离与羁押定期审查、重大案件检察人员提前介入侦查，看守所讯问与讯问律师在场制度，完善讯问同步录音录像制度，增强非法证据排除规则的可操作性，以及增强辩护方权利保障等具体制度，形成种类丰富、层次明晰、方式多样的侦查监督制度体系。

三、研究特色

（一）从侦查权本质源头论证了我国侦查权的有效制约路径

权力是把"双刃剑"，任何权力都不能缺少制约，这是亘古不变的真理。任何国家在任何历史条件下追求运用权力的同时也会遵循权力控制这一真理，只是方式有不同、范围有大小、程度有深浅、效果有优劣而已，任由权力恣意的国家或时代终会受到滥用权力的惩罚。现代法治国家无不对权力控制格外重视，追求权力运用与权力控制的最佳平衡，追求控权效果的最佳化。不同权力属性的国家权力有着不同的特点，根据这些特点和本国的法治环境选择恰当的控制方式才能达到最佳的权控效果，即所谓"因地制宜"。侦查监督权是对侦查权力的控制，寻求侦查监督的有效性笔者选择从监督对象——侦查权这一源头进行探寻。厘清侦查权属于哪种类型的国家权力，侦查权的本质与特征是什么，再分析对侦查权存在哪些制约模式，我国应选择哪个机关承担监督职责，通过何种方式控制侦查权力运行，进而根据我国的政权结构和法治国情作出理性的选择和制度改革。根据上述选择，实现构建我国侦查监督制度体系的目标。

具体而言，在侦查权属于司法权还是行政权的属性之争中，本书从国家权力发展的历史脉络、侦查权六大权力特征、权力行使目的与功能等多维度考察，认为侦查权是具有司法化倾向的国家行政权力。针对行政权力国家垄断性、暴力强制性、秘密封闭性、积极主动性、追诉倾向性等特点，在对当今世界权力控制的两大方式"监督"与"制约"的考察中，文章从权力结构角度论证了二者的区别，又从世界趋势角度论证了二者的融合。最终认为，"监督"与"制约"是当今各国采用的两种控权技术，二者必须结合使用，各国根据自身国情考虑主辅安排。我国在"一元分立"的政治结构下，"制约"功能发挥受到局限，但为弥补于此，我国设有专门的法律监督机关，具有较强的监督优势，因此实行"监督为主，制约为辅"的权力控制模式更符合我国自身政治结构优势。当然，我国当下的突出问题不仅是"监督"乏力，还更有"制约"缺失，因此强化"监督"力度与建立"制约"机制是侦查监督制度体系的构建方向。

（二）从权力结构视角破解了检察监督面临的几个质疑

我国检察机关履行侦查监督职责受到两个主要方面的质疑：一是强制措施司法审查的主体为何不由更具客观中立性的法院担当而由承担追诉职责的检察机关承担；二是检察机关既承担职务犯罪的侦查职责又承担职务犯罪的监督职责，集裁判员与运动员于一身难以中立和令人信服。对此质疑，本书认为，第一个问题要权衡利弊、理性抉择；第二个问题要理顺关系、重配权力。一是在司法审查主体的选择上，通过检察机关设立之初与生俱来的护法（监督）属性，和其（作为锲子）根植于警察和法官之间监督制约功能的法理逻辑，证明检察机关的追诉与监督职能兼容于一体具有逻辑合理性和现实可行性，在坚持客观中立的定位和基本要求下，并不会造成职能冲突。相反，由于我国没有治安法院系统的设置与法官个人独立的制度安排，审判人员的选拔机制也决定其素质水平并不明显优于其他司法人员，由法官行使司法审查反而会造成先入为主的预判，使被告难以获得公正审判，会造成法院陷入自我否定的困境，使被告难以获得公正裁决。因此，权衡利弊，由检察机关行使强制措施司法审查权是我国司法体制下最理性的选择。二是如何解决检察机关集职务犯罪侦查权与侦查监督权于一身的"同体监督"问题。笔者并不否认职务犯罪侦查因属于法律监督的一部分由检察机关行使具有合理性，也不否认检察机关承担侦查监督职责的合理性，但对上述两方面的认同并不等于赞同同一机关可以同时拥有这两项职权。当二者集中于同一主体行使时，将形成对"裁判者应与双方无涉""任何人不得为自己案件的法官"原则的冲突，两害相权取其轻，因此需要重新理顺权力主体的关系与权力配置。分离检察机关的职务犯罪侦查权抑或分离职务犯罪侦查监督权是逻辑上的两条改革路径。本书从我国改革的司法成本、司法环境、司法传统、公众的可接受度、对改革效果的预估等方面多角度论证，"遵循基本法理，关照具体国情"，分别分析了将职务犯罪侦查权或侦查监督权重新配置这二种路径的利弊。

（三）从理论根源出发界定了侦查监督基本范畴

由于"侦查监督"一词并非我国法典中确立的法律概念，也没有任何法学教材对其基本外延和主要内涵进行明确，致使侦查监督的理论与基本范畴仍处于一种实践中自然理解与自由定义的松散状态。这对侦查监督理论体系的形成造成了一定影响。以侦查监督为研究核心，确立其基本理论，是对侦查监督体系进行构建的理论前提。侦查监督目前虽然缺少上升至理论的总结与提炼，但侦查监督在多年的实践发展中也已形成了自己的基本理论范域。侦查监督的诞生并非制度设计者的心血来潮，而是建立在基本理论遵循之上的必然产物，这些理论渊源就是权力制约、人权保障、正当程序、法治国家，这些理论渊源也构成了侦查监督的法理学基础。在此基础上，对侦查监督的概念、基本范围、属性、特征、目的、对象等进行研究，是以往文献中几乎没有涉及的，也是侦查监督理论的空白，笔者都给出了自己的见解。侦查监督不是静止的概念，它的生命在于运行，故侦查监督的运行所遵循的原则、表现的方式以及运行的基本规则，目前学理上也几乎没有涉及，笔者对此都进行了系统的思考。

（四）从宏观视域着眼构建了侦查监督制度体系

目前，"侦查监督"的表述尚无法从法律条文中找到依据，而是以审查逮捕、立案监督、侦查活动监督为内容承载，规定于刑事诉讼法律和司法解释中的。检察机关从 2000 年成立侦查监督部门起，即确立了侦查监督的三大任务为审查逮捕、立案监督、侦查活动监督①。实践当中，侦查监督工作也是围绕上述三个方面展开的。可见，无论从立法规定还是检察实践，我国长期以来都是将侦查监督分为三个部分来研究和操作的。在侦查监督初创时期，三大任务的确立为侦查监督快速找准自己的职责方向，推动核心工作的重点展开发挥了重要作用。但在该领域发展近三十年后，若仍拘囿于这三方面，而缺少从宏观视角对侦查监督的整体思考，则将有碍于侦查监督的长远发展。侦查监督是对刑事诉讼中的侦查活动进行法律监督的总称，有其独有的特点，现有的法律监督理论体系与上述具体制度体系并不能代替侦查监督体系。因此，从宏观视野入手，建立完整有效的侦查监督理论体系与制度体系十分必要。一方面，侦查质量的优劣直接影响着审判结果的正确与否，影响着司法公正，为避免冤假错案的出现和保障司法人权的落实，监督整个诉讼活动的基础——"侦查活动"，其重要性需要将其单独归类研究。另一方面，侦查行为种类众多，侦查活动秘密封闭，侦查监督若平均用力不仅监督资源难以支撑庞大的监督需求，而且也难以实现监督效果，只有从宏观层面整合监督力量，进行整体思考、全盘统筹、谋划布局、突出重点，才能实现更有力的法律监督。

本书正是在这样的思路下，提出了我国侦查监督体系的构建愿景：包括侦查监督的监督原则、监督范围、监督目标、监督方式、监督处理等侦查监督体系基本要素，包括合理配置监督权力、建立司法审查、转型侦查模式、完善强制措施体系等侦查监督体系的制度前提，包括立案监督、捕押分离、羁押定期审查、提前介入侦查、同步录音录像、讯问律师在场、增强辩护职权等具体制度措施等，共同形成了完整的侦查监督制度体系。

---

① 杨振江：《侦查监督业务教程》，中国检察出版社 2003 年版。

第一章　侦查权与侦查监督制度

一、侦查权的理性认知

（一）侦查权的理性认知之于侦查监督的意义

侦查权是国家权力体系中的一种，是实现国家刑罚权的重要途径。在孟德斯鸠的"权力应该被用来限制权力"的公认真理下，可以抽象出"权力与权力控制"模型。"侦查监督"由"侦查"和"监督"两个法律术语组合而成，这里包括了监督对象——"侦查权"，也包括了控制侦查权的方式——"法律监督"，其内涵可表述为"对侦查权的法律监督"。即侦查权是监督的对象和客体，法律监督则是对侦查的控制方式与手段。研究侦查权应当采取何种控制方式，以及如何既合理控制侦查权又最大限度地发挥侦查功能，是侦查监督的主要研究内容，也是权力与权力控制中重要的研究课题。要科学确定控权方式以及合理选择控权路径，必须充分遵循权力本身的属性和特点，尊重权力运行的基本规律，找到既防止权力逾越边界又充分发挥权力应有效能的控权方式，是权力控制的最高境界。以侦查权力发展渊源、基本属性、主要特征、运行目的为主要内容的研究就是对侦查权力理性认知的过程，是对侦查权基本规律把握的基础，对侦查监督的构建具有基础性和决定性作用。

一是侦查权的发展渊源揭示了侦查权的基本属性。侦查权力从何而来，如何分化演变，其历史发展脉络是判断权力属性、认识权力本质的有效方法。侦查权力并非从国家产生之日起即告独立存在，而是不断从国家权力中细分出来。分演过程中其一度包含于同样从国家权力中分演出来的司法权内，但其基本权能决定其与司法权再次分离。侦查权分化演进的过程是对权力属性不断认识和修正的过程，这一历史进程为我们认识权力本质属性提供了可靠的考察路径。

二是侦查权的本质属性决定了权力控制模式的基本方式。权力的本质属性是其一切外在形式的决定基础，所谓事物"万变不离其宗"，本质属性就是事物的"宗"。无论事物外在特征和形式如何发展变化，认识事物本质属性，都能准确把握其本源，也可以据此预判事物发展方向。事物的外在特征虽然会受外界环境等因素的影响表现不同，但总体上仍是事物本质属性的反映。故认识事物本质并遵循事物本质，才能理性选择和有效运用适合事物本身的相应模式。认识侦查权的本质属性是选择监督制约侦查权方式的重要基础和基本决定。

三是侦查权的主要特征决定了权力控制的主要方向。权力的本质属性是通过其运行时的外在表现来体现的，对其运行外在表现的特点进行抽象归纳，形成了权力的特征。权力的特征是权力区别于权利的特点，也是此权力区别于彼权力的表现。任何事物面对不同相对物都会表现为不同的特征，侦查权也不例外。对侦查权表现出的易于逾越运行边界、易于侵犯权利客体、易于恣意运用等方面进行考察和准确认识，为规范权力运行、防止权力滥用指明了方向，为侦查监督方式选择和制度设置指明了方向。

四是侦查权的运行目的指引和修正控权模式。权力具有"双刃性"，在看到权力易被滥用、易被腐蚀、易侵犯权利等负面价值的同时，也要看到权力在实现统治阶级利益、维护国家治理方面的工具性和有益性的正面价值。侦查权运行目的就是侦查权力有益性的集中体现，查明案件、证实犯罪、保障人权、注重效率的侦查目的，是统治阶级维护管理秩序和社会稳定的基本实现方式。对侦查权控制模式和控权方式的选择与设计，要朝着有利于侦查目的实现的方向进行，不能阻碍侦查目的的实现。侦查权控制方式也是围绕侦查目的运作的，脱离了侦查目的的控权方式或阻碍侦查目的实现的控权方式，没有遵循权力本质和运行规律，终将与权力产生各种不适直至被淘汰。因此，侦查目的是指引侦查权力控制模式和修正侦查权力控制方式运行的航标。

（二）侦查权的发展渊源

侦查权在本书中特指刑事侦查权，是指法律规定的侦查机关依据法定的诉讼程序，通过采取一定的侦查手段或运用一定的强制措施等展开侦查活动，收集证据，查明犯罪事实并查获犯罪嫌疑人的国家权力。侦查权是国家政治上层建筑的有机组成部分，承担着预防、追究危害社会和破坏国家统治秩序、侵害社会成员权利等犯罪行为的查明职责。是任何一个主权国家行使对内主权、维护社会政治环境稳定、管理社会公共秩序和社会治安的重要而不可替代的力量，是国家权力的重要组成部分。侦查权力的产生，特别是现代意义上的侦查权力的产生，也并非随国家的产生而产生，其产生、发展、变化也经历了一个漫长而曲折的过程。

1. 以"私力救济"和"神明裁判"为纠纷解决主要方式的司法蒙昧时期，侦查权尚未产生阶段

原始社会时期，"自然界起初是作为一种完全异己的、有无限威力的和不可制服的力量与人们对立的，人们同自然界的关系全像动物同自然界的关系一样，人们就像牲畜一样慑服于自然界"。① 对原始社会的人类来说，受生产力水平极端低下的局限，人们出于适应大自然多变的环境和抵御野兽侵袭，为了生存的需要，选择了共同劳作、集体生活的生存方式，形成了以血缘为主要依存关系的氏族结构。若干氏族之间根据血缘关系联合成为部落或者部落联盟，氏族、部落、部落联盟则构成了原始社会最基本的社会组织体系，成员之间地位平等、共同协作，重大问题则由全体成员讨论协商共同决定，部落之间形成一种同舟共济、同进共退、荣辱与共的亲密协作关系。全体成员共同选举出最具威望的人物作为氏族或部落首领。这种社会形态一直持续到私有制和阶级的出现。在原始社会，没有现代意义的法律，但人们之间生产、劳动、繁衍、分配等生存行为仍然需要一定的规则进行调整和规范，因此人们在漫长的共同生产、生活中，逐渐摸索，自然形成了一套调整氏族成员间及部落之间各项行为的行为规则，这就是原初状态的风俗习惯、道德规范和基本禁忌。并将之代代相传，共同遵守，约束着部落成员们的行为。当纠纷、侵害产生的时候，血亲复仇、私力救济是人们基于报复的本性和最淳朴的报应正义观而选择的报复和制裁方式。当部落内一个成员侵害另一个成员时，部落内的首领会依据原始习俗等部落规则对侵害者进行制裁。当一个部落的成员杀害或侵犯了另一个部落的成员，受到侵害的部落必定组织部落成员去凶手所在部落惩处行凶人员，以维护本部落成员的利益。人们会根据侵害发生时的亲眼所见或者留下的各种蛛丝马迹或根据平日利益纠葛产生的内心确信而锁定报复对象，以部落的形式或个人的形式进行复仇。"由于人们对于自身和自然都缺乏必要的科学知识，以禁忌为主体的原始习俗、道德及宗教，以致后来的习惯法，共同维系着人们的生活、群体关系和社会秩序。"② 在古罗马时期、古日耳曼和英国的早期，随着生产力水平的提高和国家的建立，人们逐渐放弃了血亲复仇的纠纷决断方式，产生了法制文明史上

---

① 《马克思恩格斯选集》（第 1 卷），人民出版社 1995 年版，第 81~82 页。

② 张步文：《刑事侦查权研究》，中国检察出版社 2007 年版，第 36 页。

第一个诉讼模式——以个人独断享有控告犯罪的权利、国家审判机关居中裁判、"神明裁判"为裁判方式等为主要特征的弹劾式诉讼模式。"神明裁判"是指纠纷或侵害出现而无法判明决断时，邀请神灵帮助裁判是非曲直的一种裁判方式，包括对神宣誓、水审、决斗、占卜等多种形式。古巴比伦的《汉穆拉比法典》，古代两河流域的《中亚述法典》《苏美尔法典》以及我国古代的《周礼·秋官·司盟》《墨子·明鬼》等对此都有记载，这种裁判方式曾普遍存在于世界各国奴隶社会时期，具有广泛的影响力。① 上述这些用以锁定犯罪嫌疑人的"当场所见""蛛丝马迹""内心推测""神明指示"等就是最原始状态的所谓"证据"。其收集也完全依靠个人或神明的力量，没有专门负责收集证据的组织机构，更没有科学的收集方法与程序，虽然存在这种原始的审判活动和私人复仇等纠纷解决方式，但是却没有侦查可言。"当场所见""蛛丝马迹""内心推测""神明指示"等形成所谓原始证据的方式，如果勉强视其为一种类侦查活动的话，那采取这些行为也最多属于"侦查权利"的范畴，是一种私人权利的体现而绝非"侦查权力"的范畴。

2. 以国家主动追究制裁犯罪为国家统治和纠纷解决方式的法制初建时期，侦查权萌芽阶段

以往犯罪行为被认为是加害人对被害人个人的侵害，是二者私人间的纠纷，被害人及其亲属享有控告的绝对权利，严格遵守不告不理，国家不主动追究犯罪。但渐渐地，人们对犯罪行为的认识发生了根本变化，有些犯罪是针对不特定人群实施的，且大部分被害人个体无力为追究犯罪提供较有力的证据，也为了避免被害人过分关注个人利益而使公共利益受损，侵害行为不再被认为是仅针对被害人个人的犯罪，而被看作对社会整体公共利益的侵害，因此被认为是对国家统治秩序的破坏。在这种认识观念的支持下，国家则以更积极主动的姿态承担起了追究和惩罚犯罪的职责。这也是检察制度得以确立的原因，14世纪中叶，法国刑事诉讼最终确立了国王检察官，从这一时期起，独立于任何私人而发动控诉的职责落在了国王检察官的身上。② 后逐渐发展为现代意义上代表国家履行公诉职责的专门官署，刑事公诉制度即现代检察制度应运而生，确立于1808年拿破仑治罪法典，并随拿破仑征战欧洲而传播至欧陆各地，后蔓延至世界各国。法国被认为是最早建立现代意义公诉

---

① 郑显文：《中日古代神明裁判制度比较研究》，载《比较法研究》2017年第3期。

② ［法］卡斯东·斯特法尼等：《法国刑事诉讼法精义》（上），罗结珍译，中国政法大学出版社1998年版，第68页。

制度的国家。对犯罪认识观念的转变，也是由社会生产力水平和经济发展程度所决定的。司法是需要相应成本维持运行的，经济的发展、社会资源的丰富使国家有能力对司法投入相应的运行成本，也使国家有能力对社会冲突进行更深层次的介入，通过更有效地惩治犯罪，增强统治管理和社会控制能力，实现维护统治秩序，巩固统治地位的需要。总之，无论是国家强化专制统治秩序的需要，还是经济对司法支撑的加强，抑或是人们对犯罪本身认识的深入等原因，都使司法文明史上出现了又一重大变革——纠问式诉讼模式。纠问式诉讼这种国家主动追究和惩罚犯罪的诉讼形式，在罗马帝国时期、欧洲中世纪以及我国古代秦以后至清末漫长的封建社会时期，都长期占据着司法领域的绝对地位。纠问式诉讼模式下，"侦、控、审"三职能合一，都由法官本人或其指派的专门人员在其领导下主动进行。在审判基本摒弃了神明裁判后，收集证据认定犯罪成为国家追诉时的重要依据，专门从事证据收集的国家调查行为是最早期的侦查行为。"统治者主动承担起包括案件事实调查、审判和执罚在内的刑事司法职责时，特别是将主动查清犯罪事实作为一项国家职能、职责而不限于被动裁判时，国家刑事侦查权就明显地确立了。"① 至此，国家已毫无争议地掌握了刑事侦查权。但总体来说，侦查职能仍附属于审判职能当中，处于萌芽阶段。虽然此时的侦查行为与现代意义上的侦查行为还相去甚远，秘密侦查、刑讯逼供、口供至上等构成了案件事实调查过程中侦查权运行的常见内容与合法形式，但侦查权仍然在不同程度上发展了侦查职能的独立品性。如我国秦朝的《封诊式》就被誉为世界上最早的刑事侦查书籍，南宋的《洗冤集录》也是优秀的法医痕迹著作。《封诊式》是关于审判原则及对案件进行调查、勘验、审讯、查封等方面的规定和案例，其中对刑事侦查的记述翔实，证明当时侦查活动已具备一定制度化程度。

3. 在权力制约思想和法治国家背景下司法权力结构发展分化时期，侦查权从大司法权中分离出来

按照马克思主义政治经济学的基本观点，经济基础决定着上层建筑的基本形式。这条规律在上层建筑的重要组成部分——司法制度的发展中再次得到有力印证。生产力的发展使资本主义逐渐兴起，资本主义人文思想随之在十七八世纪，卢梭、孟德斯鸠等一批新兴资产阶级启蒙思想家的提出下广为传播。"天赋人权""主权在民""三权分立"等权利（力）理论和"自由、民主、平等、理性"等人权理念迅速对西方政治法律制度基础产生了巨大冲

---

① 张步文：《刑事侦查权研究》，中国检察出版社 2007 年版，第 36 页。

击。启蒙思想所倡导的人性光辉、高举的理性旗帜与秘密侦审、刑讯逼供、无视权利等封建专制、宗教神权制度形成了鲜明对比和尖锐冲突。启蒙思想所倡导的一系列理论获得了广泛认同，并奠定了现代西方政治法律制度的理论基础。纠问式诉讼自然退出了历史舞台，取而代之的是职权主义诉讼、对抗制诉讼以及混合式诉讼三大现代诉讼模式的登场。现代诉讼模式虽各有特点和差异，价值目标和具体制度之间也有不同倾向和安排，但在"权力制衡"理论的指导下，"侦、诉、审"三个基本司法权力相分离是各诉讼模式的共同基点。有些国家分离得比较彻底，除审判职能由法院行使外，侦查和起诉职能也分别由不同部门行使，如美国的检察官与行使侦查权的警察官员属于分工协作的关系，一般由警察履行侦查职能，检察官履行起诉职能；英国在1985年《犯罪起诉法》颁布之前，虽由警察承担着侦查和起诉双重职责，但双重角色的弊端也使其在1985年《犯罪起诉法》中创设了皇家检控署，分离出了起诉职能①。我国古代，"在秦朝时，侦查活动已开始从审判活动中分离出来，而令史大概是我国历史上最早的专职犯罪调查人员"。② 我国现代司法制度，也分别是由警察、检察官、法官分别行使侦、诉、审职能的。由于历史文化的原因，有些国家的侦查权并未彻底分离，或多或少地辅助于检察机关的起诉职能或法院的审判职能，接受检察官或法官的领导，如法国就是预审法官主导侦查，德国法律层面也规定由侦查法官来决定侦查活动的开展。但总之，侦查权已渐渐具有了自己的独立品性，具备了专门机构行使、重要侦查行为司法授权、禁止刑讯逼供、遵守程序等一系列的规则、制度、价值法则和自身运行的基本原则。从侦、控、审"三位一体"的大司法权中分离出来，作为国家权力的一个分支逐渐明晰起来。

4. 在国家权力与权力职能不断精细化和专门化的权力结构完善时期，侦查权从警察权中进一步分离出来

"警察权是警察行政职权与警察刑事职权的统一。""包括履行警察刑事职能和行政管理职能中所运用的一切权力。"③ 在历史演变和社会发展过程中，国家为了维护统治地位和社会管理秩序以及国家主权的需要，行使以强制力为后盾的国家公权力无可置疑。随着国家公权力内容的不断精细化和专门化，军事、外交、司法都逐渐分化并由专门的国家机关分别行使。而国家

---

① 参见宋英辉、孙长永、刘新魁：《外国刑事诉讼法》，法律出版社2006年版，第159页、第79页、第385~386页。

② 何家弘编：《外国犯罪侦查制度》，中国人民大学出版社1995年版，第17页。

③ 陈兴良：《限权与分权：刑事法治视野中的警察权》，载《法律科学》2002年第1期。

对内履行社会管理职责、维护社会治安的职能就由警察来行使，我国将警察机构称为公安机关。各国历史都表明，对破坏社会规则和社会治安的行为进行制止和惩处，对社会秩序进行管理是警察机关的基本职责。但当破坏社会秩序的行为严重到一定程度的时候，则构成犯罪行为。由于犯罪行为的隐蔽性、暴力性和破坏性，相应地发现、调查行为的专业化程度和对人权侵犯的严重程度都与一般的维护社会管理秩序的行为大不相同。因此警察职能内部为了匹配不同的职能需求，出现了更精细化的区分，即区分为刑事侦查职权与行政管理职权。刑事侦查权与行政管理权分别由警察机关不同的职能部门行使，虽然形式上仍然属于警察权的范畴，但实质上，显然已经在警察机关内部进行了分化，侦查权具有了更多的独立品性。

　　从侦查权的萌芽、产生、发展和演变可以看出，刑事侦查权是由国家权力逐步分化演进而来的，其产生来源于国家权力，本质上是国家公权力的一种。侦查权是随着国家需要控制和惩罚犯罪而产生、存在和变化发展的，毫无疑问地具有公权力的强制性、扩张性、裁量性、随意性等特征，刑事侦查权往往以暴力强制为直接或最终手段。[①] 但暴力强制在不断地被柔化，非暴力强制因素在不断地突出是司法文明的要求，也是侦查权的发展趋势。

　　(三) 侦查权的性质归属

　　权力的本质属性决定了它的特征、运行特点以及制约方式，唯有对侦查权性质的准确认知，才能由权力的本性出发，遵循侦查权的内在规律，才能选择最科学的方式对侦查权加以控制、引导和规范。刑事侦查权具有执行性、扩张性、侵犯性、秘密性等行政权的典型特征，又因其发生在刑事诉讼过程中，是司法审判的准备活动，与一般社会管理意义上的行政行为有不同之处，再加上立法的界定不清、表述交叉含糊，使侦查权的性质到底属于行政权还是司法权变得扑朔迷离，引发了许多学者对此问题的讨论和论证。探讨侦查权的性质不仅在于学理意义，还具有较强的现实意义。我们发现，我国侦查权在运行中出现的不少问题，如刑讯逼供、超期羁押、侦查措施缺乏制约、犯罪嫌疑人权利难以保障等，这些问题的产生，一是对侦查权力的基本特征、运行特点未能准确把握；二是对侦查权力的监督与制约缺乏正确方式，而根源正是对侦查权基本属性的认识不清。

　　1. 分歧与论争

　　司法权说。侦查权性质研究早期，持侦查权属于司法权的观点较多。有

---

① 参见张书铭：《迈向理性的法律监督》，中国政法大学 2013 年博士学位论文，第 29~30 页。

的是从立法条文出发以注释法学研究方法进行的注释理解，如根据《刑法》第94条对司法人员范围的规定中，将侦查人员、检察人员、审判人员、监管人员都表述为司法工作人员，因此认为侦查权"与审判权和检察权同属于司法权，同属于国家权力的重要组成部分"[①]。有的是基于"公、检、法三机关"这样的惯用表述，再结合三机关都在事刑事诉讼过程中履行职责的情况，认为在刑事诉讼中"人民法院、人民检察院、公安机关分别行使一部分司法权……共同完成国家的司法任务"[②]。还有观点从侦查活动处于刑事诉讼过程前期这一重要诉讼地位分析，认为"除了人民法院直接适用法律进行判断的权力属于司法权外，为了这种判断做准备的、以其为目标的其他一系列权力也应当归为司法权"，因此刑事案件侦查是具有司法性质的。[③]也有观点从侦查权特征分析，认为侦查权同样具有司法权所具有的被动性、中立性等特征，并不能因其行使中具有某些与行政权相似之处就被归类为行政权，并认为行政权的定位容易招致对侦查权过多行政干预的弊端。[④]

行政权说。与将侦查权定性为司法权相对的，是认为侦查权属于行政权的观点。持此观点的学者从侦查权的特征入手，以侦查权的运行方式、目的、侦查主体的组织结构等出发，论证了侦查权的运行特征与行政权较为相似，而与司法权的特征形成鲜明对比，相去甚远，得出侦查权属于行政权的结论。如有观点认为，"因为调查活动本质上的主动特征决定了它需要发挥积极的治理职能，所以行政权终将是侦查程序的主导"。[⑤]有观点从侦查权追求效率、维护社会公益、行使主体不唯一、主动启动、追诉倾向、可授权等特征剖析，与司法权的追求公正、注重个人权利、主体唯一、被动启动、客观中立、亲历性等特征展开比对，从正反两方面论证了侦查权的行政属性。[⑥]还有观点从司法权的构成要素、功能、基本特征分析，说明了侦查权与司法权本质上的区别，并认为"从应然的角度来看，警察权是一种行政权，公安机关不仅不应当行使司法权，其权力还应受到司法机构的有效审查和控制"。[⑦]

行政权兼司法权双重属性说。持此观点的学者主要认为，"侦查权既不

---

① 王国枢：《刑事诉讼法学》，北京大学出版社1999年版，第231页。
② 周其华：《检察机关司法权配置研究》，载《国家检察官学院学报》2000年第4期。
③ 瞿丰、吴秋玫：《侦查权若干问题研究》，载《中国人民公安大学学报》2002年第5期。
④ 杨宗辉：《论我国侦查权的性质——驳"行政权本质说"》，载《法学》2005年第9期。
⑤ 但伟、姜涛：《论侦查权的性质》，载《国家检察官学院学报》2003年第5期。
⑥ 参见陈永生：《论侦查权的性质与特征》，载《法制与社会发展》2003年第2期。
⑦ 参见陈瑞华：《司法权的性质——以刑事司法为范例的分析》，载《法学研究》2000年第5期。

是行政权也不是司法权，而是带有行政权和司法权双重属性的一种独立的国家权力"。认为侦查权在国家权力体系中应当具有相对独立性，对其同样有客观、公正的要求。①

2. 论证前提的构建

在对侦查权性质的讨论和交锋中，有些观点对讨论方式和研究方法提出了质疑：一是认为行政权说是从侦查权的应然层面展开的探讨，而司法权说则是从侦查权的实然层面进行的解析，二者看似交锋实则不在一个平台上对话；二是认为权力的本质属性决定了它的运行特征，而不是相反，因而用具有何种特征的方式说明其具有何种本性的论证思路存在逻辑上的错误。② 在探讨侦查权性质之前，笔者认为有必要对这两个质疑，暨论证展开的前提阐述基本看法。

首先，一个事物具有何种本质属性是事物本身固有的，本就属于应然的理论范畴，并不因人们对其如何认识和实践中如何界定而发生变化。如果实然层面对其有不同认识和相左界定，只能说明对事物本质属性的认识发生了偏差，事物的本性并不遵循"存在即合理"的规律。各种理论研究本就是探寻事物本性和本然规律的过程，科学认识事物本质并在实然层面采取遵循事物发展规律的做法，才是人类对客观世界的正确认知途径。如果仅在实然层面认识事物，事物本质也就无法真正达致。社会科学也不例外，否则理论研究就丧失了其独立品行和必要性，探知真理也就变成了梳理现状。因此，对侦查权属性的探讨必然是在应然层面进行的。

其次，笔者完全赞同权力的本质决定其运行特征的观点，但这并不妨碍我们通过权力展现出来的特征来认识它的本质属性。事物的本质属性是内在的、隐蔽的、不易认知的，而事物的特征却是外在的、易认知辨识的，因此通过外在特征认识本质属性的方法是方便快捷的。事物的特征基本是事物本性的体现，事物具有什么样的本质就外在地反映为相应特征，虽然不排除会有偏差或与其他事物部分特征交叉的情况，但总体上不可能对事物本质全然反映为其他事物特征。因此，通过事物外在特征认识其本质属性的方法是科学准确的。当然，从特征认识本质虽是一种重要的方法，但绝不是唯一的方法，通过历史的角度分析、目的功能的角度分析等可以更全面地认识事物的

① 张军：《论侦查权的概念及性质》，载《吉林公安高等专科学校学报》2006 年第 5 期。

② 参见张军：《论侦查权的概念及性质》，载《吉林公安高等专科学校学报》2006 年第 5 期；徐美君：《侦查权的运行与控制》，法律出版社 2009 年版，第 39 页。

本质属性。

最后，对于双重属性说的观点，笔者认为值得商榷。这种观点虽然认识到了事物的特征可以反映事物本质这一特点，但却认为事物可以兼有多种本质属性。认为侦查权既有行政权的特征又有部分司法权的特征，就兼有二者的双重属性。诚然，我们对立法权、行政权、司法权尚没有一个权威而准确的界定，我国宪政体制对国家权力的划分也并未遵循西方"三权分立"的模式，且纯而又纯的"三权分立"机制在现实中也是不存在的，① 可以说权力之间并没有一条泾渭分明的界限，不同种类的国家权力之间会产生一定的交叉。但笔者认为，尽管对权力本质的判断面临很多困难，但一项权力的本质应该只有一种基本属性，而不是兼具两种属性。根据事物的本质由其主要方面决定的哲学观点，权力的基本属性应当由权力本质的主要方面决定。特别是对一项并不典型的权力的本质进行判断时，可能会涉及其他权力属性的特征，在对权力本质的判断上要看权力特征的主要方面，主要特征决定其本质属性。

3. 分析与论证

（1）从权力发展历史脉络看侦查权性质

从上述对侦查权发展渊源的历史中可窥见国家权力发展脉络之一二。国家诞生之初，为了国家统治和社会管理的需要，国家权力尚处于原初的混沌状态，尚未有类别和性质的划分。国家权力的行使以权力集中、追求效率、维护统治秩序为目的，以上命下从、政令统一、主动运行为特点，在治理方式和运行手段上几乎是现代意义的行政权方式。随着国家管理水平的不断升级和对权力认识的逐步深入，由于立法权、司法权与行政权不同的权力属性，各自在运行方式上大不相同，因此立法权、司法权逐渐从国家权力中进行分化。这既是权力细化和分工的结果，也是国家治理统治的需要。以裁断争端为主要内容的司法权从统一的国家权力中分离出来（当然此时的司法权与现代意义上典型的司法权还有一定差别），这时，并不具有独立性的侦查权附属于裁判权，以司法权的身份随之一同分离出来。随着权力的进一步细化，侦查行为的行政特征与司法行为的裁判特征明显区别，难以融合，侦查行为的独立属性越来越突出，因此，本质属性的不同使侦查权再次从司法权中分离，回归行政权。

---

① 参见陈瑞华：《司法权的性质——以刑事司法为范例的分析》，载《法学研究》2000 年第 5 期。

（2）从侦查权特征看侦查权性质

很多学者都对侦查权的特征进行了归纳，特别是和司法权相比，侦查权具有积极主动性、秘密性、追诉性、追求效率、可授权实施、非终局性等特征，而司法权则具有被动性、公开性、中立性、追求公正、亲历性、终局性等特征。可见侦查权与司法权在特征上不仅不甚相同，甚至还大相径庭。为什么行政权与司法权在国家权力的发展过程中要互相分离，并可以互相制约，就是因为这两种权力不具有同质性，甚至说具有完全相反的性质。二者运行起来是两股劲儿，行政权的本质是积极、外放、扩张的权力，司法权则是含蓄、内收、紧缩的权力。如果用个拟人化的比喻，行政权就像个性张扬、桀骜不驯的小伙子，行事主动出击、追求效率、务求达到目的；司法权则像个含蓄内敛、自我约束的小姑娘，不主动生事、按规矩办事。笔者认为，对行政权和司法权最核心的特征可以分别概括为"扩张性"和"内敛性"，二者对权力的运行方式一个体现为"放"，另一个表现为"收"。对二者权力运行中具体特征表现的描述，基本都没有脱离对两项权力核心特征的概括，而这两种权力的各种特征表现也更加印证了其核心特征。在把握核心特征的情况下，再来看侦查权的运行机制，看其更主要体现为"扩展性"还是"内敛性"，就不难判断其本质属性。

第一，从启动来看，侦查权是积极的，司法权是消极的。侦查权无论通过控告、举报、报案等任何渠道知晓案件发生后，就积极主动地开始了权力行使，主动运用各种侦查手段去查明犯罪事实和犯罪嫌疑人。而司法权则严格遵循"不告不理"原则并严格限制在告诉范围内进行裁判，绝不能超越"诉"的范围去主动裁判。

第二，从运行过程看，侦查权是灵活的，司法权是受束的。侦查权运行中虽然也会受到法律拟定的各种程序制约，但侦查的本质决定侦查权不可能有一条完全预先设计好的侦查路径去遵循，而是依据案件的具体情况自我选择侦查策略、侦查方式和侦查手段。而司法权则必须严格按照诉讼法既定的诉讼原则和诉讼程序行使权力，不能有规定程序之外的行为。

第三，侦查权是秘密封闭的，司法权是公开透明的。秘密性体现在侦查过程基本不对侦查主体以外的人公开或仅对极少数相关人员一定程度地公开，以秘密为原则，以公开为例外是侦查活动的基本要求。否则，若一切侦查活动公之于众，犯罪分子则可以根据侦查进展采取相应的反侦查措施，同时也会对尚未被认定为罪犯的犯罪嫌疑人的名誉造成不良影响。而司法权则要求以公开为原则，以不公开为例外，整个运行过程都要求处于公开透明的环境之下，只有因涉及国家秘密、商业秘密、个人隐私等极少数案件出于保护相关利益的考虑而不公开。因为司法只有公开才能接受社会监督，获得公众对司法裁判的信任。与公开相比，显然侦查权秘密运行的要求使权力受限较少，监督度较低，容易产生恣意和违法的情况。

第四，侦查权是积极追诉的，司法权是客观中立的。侦查过程是有罪推定的过程，侦查机关根据已有的证据锁定犯罪嫌疑人后，在内心设定嫌疑人有罪的前提下围绕其展开证据收集，直到证明犯罪嫌疑人有罪或排除犯罪嫌疑人有嫌疑为止。因此侦查行为虽然要求持有客观的精神收集证据，这是对收集证据种类的要求，但侦查活动中一定是在不断假定犯罪嫌疑人有罪的前提下调查、收集证据的，否则侦查活动无法推动。相反，司法权必须是不偏不倚、客观中立的，遵循无罪推定原则，绝不能内心假定犯罪嫌疑人有罪，反而要假定其无罪，客观审查各种证据是否达到证明犯罪嫌疑人有罪的标准，否则就应认定犯罪嫌疑人无罪。

第五，侦查权追求效率，以首长负责制方式进行决策，司法权注重公平，以合意制方式决策。首长制决策方式指"机关顶端由一人组成，一切决议都由首长最后作出决定，其他人员都是协助首长的"。[1] 侦查行为为查明犯罪事实和犯罪嫌疑人，必须根据犯罪的特点和变化迅速作出应对决策，采取应对措施，否则将错失侦查时机而放纵犯罪。因此，要求侦查权必须具备高效决策、迅速执行的特点，而行政权首长负责制所具备的集权决策、首长负责、上命下从的运行方式正好符合侦查权的权力运行要求。司法权采用合意决策制，即合议庭、陪审团等，注重发扬民主、运用集体智慧、注重公平、防止偏漏，其权力运行方式与侦查权完全不同。

（3）从侦查目的和功能看侦查权性质

司法从其产生之初的唯一目的就是定分止争，即对社会生活中产生纠纷和矛盾的双方作出具有权威性的评判和裁断，并以国家强制力作为司法裁判效力的后盾，司法裁判具有终局性，使纠纷止于司法裁决。美国宪政体制奠基人汉密尔顿认为："司法部门既无强力又无意志，而只有判断；而且为了实施其判断亦需借助于行政部门的力量。"[2] 后根据社会矛盾纠纷类型的不同，司法活动分演为刑事诉讼、民事诉讼、行政诉讼三种类型。侦查的目的

---

① 萨孟武：《政治学》，三民书局股份有限公司1986年版，第310页。

② ［美］汉密尔顿等：《联邦党人文集》（中译本），程逢如、在汉、舒逊译，商务印书馆1980年版，第391页。

是通过运用侦查行为收集、固定证据，查明犯罪事实和犯罪嫌疑人，并将其交付审判，进而实现维护社会统治秩序、维护社会治安管理和维护无罪的人不受法律追究的目的。具体侦查行为以服从和执行长官命令为要求和行使方式，整体侦查活动是服从于查明犯罪的诉讼目的。但无论是具体侦查行为还是整体侦查活动，侦查权行使都不以解决纠纷为目的，而是严格执行和服从行政长官的命令，为了查明犯罪的目标而严格履行各项权能。因此，我国学者陈永生教授曾深刻地指出司法权的本质在于"裁判"，行政权的本质在于"执行"。① 从权力行使的目的可以看出，侦查权只是司法裁判行为的准备活动，对纠纷的解决具有非终局性，侦查权的目的契合了行政权"执行"的本质。

（4）侦查权的司法化倾向

侦查权本质上是项行政权力，但与典型的社会行政管理权的不同之处又很明显，这与侦查权所处的运行环境不无关系。侦查权处于刑事诉讼过程中，是专司刑事侦查的权力，为司法审判收集裁判证据、奠定裁判基础，与司法权紧密相连，在实现惩治犯罪、保障人权的刑事诉讼目的时，要求侦查权不能仅以调查和惩治犯罪为目的，还要兼顾保障人权的目的在内，因此侦查权运行中不可避免地体现了一定司法权特征。例如，侦查权具有相对独立性，以个案为单位的侦查组织相对封闭，不受外界行政干预，这样才能保证侦查活动的客观公正；侦查权受到法律程序的严格约束，侦查过程中可以采取的强制措施、强制性侦查措施甚至任意侦查措施等都由法律事先规定，行使中也要严格按照法律程序进行；侦查权在注重效率的同时也要兼顾公平，在收集调查证据中要保持客观公正的立场，既收集犯罪嫌疑人有罪的证据也要收集其无罪的证据，既收集犯罪嫌疑人罪重的证据也要收集其罪轻的证据。侦查权的司法化倾向是现代刑事诉讼的发展要求和发展方向，这是由侦查权处于刑事诉讼过程中、与审判紧密联系、为审判做准备、服从于惩治犯罪与保障人权并重的刑事诉讼整体目的所共同决定的。尽管侦查行为司法化特征越来越多，并成为未来的发展方向，但这并不能改变侦查权本身属于行政权的本质，事物的本质还是由其主要方面决定的。换言之，侦查权的司法化倾向甚至反而证明侦查权属于行政权属性这一判断。因为正是由于侦查权的"扩张"本性在刑事诉讼中会对相关人员的人身权利造成侵害，才决定了对侦查权本身要严格约束，为了防止侦查权的滥用，才促使其向司法化方向发展或

---

① 参见陈永生：《论侦查权的性质与特征》，载《法制与社会发展》2003年第2期。

者说以司法的方式制约侦查权力的运行，以此限制其行政权的"扩张"本性。

因此，侦查权是带有司法化倾向的行政权力。

（四）侦查权的主要特征

事物的特征是该事物表现出的区别于其他事物的特点，从不同角度观察，与不同事物对比，其特征体现得也不尽相同。上文对侦查权特征的阐述主要是从侦查权与司法权对比的角度出发的，通过特征对比，认识侦查权与司法权不同质的一面。此处对侦查权特征的描述则是在一个更广泛的范围内，将侦查权立足于国家权力特别是行政权力的一种，以其他国家权力或公民权利为参照物，表现出的一些侦查权特有的或较为突出的特点。通过对这些特征归纳可以更全面地认识侦查权的本质和运行特点。

1. 国家垄断性

马克思主义认为，犯罪是一种违反社会行为规范而且对社会具有严重危害性的行为，它和人类社会统治关系都产生于相同的条件，并且是"反对统治关系的斗争"。① 犯罪行为在人类历史最初阶段被认为是私人间的侵权纠纷行为，由被害方个人进行私力对抗和私力复仇。后来随着社会经济水平的总体提升，国家维护统治秩序和社会秩序的需要，以及犯罪方式的日趋复杂多样化，人们的个人力量已很难应对日趋复杂多样的犯罪行为，控制与惩治犯罪必须依赖更强有力的国家权力的行使。因此，犯罪被视为对国家统治秩序的破坏，由统治阶级运用国家公权力通过专门从事侦查、起诉、审判的国家公职人员，对犯罪行为进行追究和惩罚。刑罚权成为专属于国家享有的公权力。统治阶级为维护自身统治秩序的需要，必然同对抗统治秩序的行为进行斗争，这种斗争最直接的体现就是以国家强制力为保障的国家刑罚权的实现。侦查权的行使，是国家实现刑罚权的必经程序和重要依托。无论是社会个体的安全需求，还是国家对维护统治秩序的需要，抑或是国家强制力保障的客观要求，都使国家垄断侦查权成为必然选择，侦查权上升为国家权力也是历史的必然。故刑事侦查权体现了鲜明的国家意志性和典型的国家垄断性。

侦查权的国家垄断性具体体现在：一是排斥私人侦查。侦查主体由法律规定的国家公权力机关行使，各国规定一般由警察机关或检察机关行使，排斥私人侦查行为。尽管实践中存在少量"私人侦探"或"个人侦查"行为，但这些行为并不属于真正意义上的刑事侦查。从世界范围看，在英国，虽然

_____

① 《马克思恩格斯全集》（第3卷），人民出版社1972年版，第379页。

法律上没有阻止被告人或其辩护律师在侦查阶段收集证据，但实际上其行使证据收集的手段非常有限。① 德国法也没有禁止律师的调查权，但辩护人只能以公民的身份收集信息，没有强制取证权，也绝不能对证人施加压力。② 这种"侦查行为"属于民间证据调查范畴，其手段、范围、强度、效力与真正意义的刑事侦查存在很大差别。我国更是不认可私人侦查，个人取证行为不能采取任何强制侦查措施，即使询问、辨认等非强制性侦查措施也不被允许。实践中，私人侦查行为多是通过秘密拍照、秘密跟踪、秘密录音等秘密的不为人察觉的方式收集证据，由于侦查主体和侦查行为不被法律认可，所取得的证据效力也十分有限。二是排斥法定以外的权力主体侦查。我国《刑事诉讼法》第 18 条规定，公安机关和人民检察院是刑事案件的侦查主体；第 290 条规定，军队保卫部门、监狱对其内部发生的刑事案件行使侦查权。侦查主体在法律规定范围内行使侦查权，未经法律规定的其他任何机关都无权行使刑事侦查权。三是排斥外国侦查主体侦查。侦查权是国家维护主权完整，行使对内管理权的国家对内主权的一部分，任何主权国家都不会允许其他国家在本国领土内任意采取侦查行为。这是对他国主权的破坏与践踏。如果涉及对本国犯罪嫌疑人需要引渡回国的情况或需要到国外取证的情况，根据国际公约和国际法规定，应当请求他国给予国际司法协助，在他国同意的情况下，才能进入他国采取被允许的侦查行为。这是国家间尊重各国主权的体现。

2. 暴力强制性

侦查权的暴力强制性是指侦查权的行使具有国家强制力，在采取侦查行为的过程中，相对人有服从和协助的义务，若不予服从将面临被强制执行，这种强制性以国家暴力为后盾和保障。侦查行为从其诞生之日起就与暴力强制性紧密相连，暴力强制性是侦查权与生俱来的特质，没有暴力强制性侦查权将无法运行。侦查权之所以由个人权利上升为国家权力，重要的原因之一就是个人侦查行为的暴力程度有限，强制力度很低，通常难以对抗犯罪行为的暴力强度，因此需要国家用更强有力的暴力行为即武装行为作为后盾，故暴力强制性始终是侦查权的重要属性之一。查明犯罪行为需要相应的强制行为甚至暴力行为的协助，强制措施以及强制性侦查措施，无论是针对人身自由的拘留、逮捕、监视居住、取保候审等，还是针对财物的查封、扣押、冻

---

① 余为青：《侦查阶段辩护律师调查取证权的比较法考察》，载《中国刑事法杂志》2009 年第 3 期。

② ［德］托马斯·魏根特：《德国刑事诉讼程序》，岳礼玲、温小洁译，中国政法大学出版社 2004 年版，第 66~67 页。

结款物等，抑或是针对个人隐私的监听、监视等，不容置疑都伴随着国家的暴力强制行为，警察等侦查人员被赋予了合法行使暴力的权力。当然侦查行为的强制程度也有强弱之分，从保障人权出发，选取侦查措施时，应遵循侦查的适当性原则和比例性原则，采取较低强度的侦查行为能实现侦查目的时则不应使用较高强度的侦查行为。虽然侦查权的发展方向是突出其非暴力强制的一面，如非羁押诉讼、禁止刑讯逼供、任意侦查措施等，但非暴力侦查只能是侦查过程中的一个方面或阶段，最终"有组织的国家暴力始终是刑事侦查权的直接或者最后依靠"[①]。

3. 诉讼程序性

侦查行为的诉讼程序性是指侦查行为在运行中所体现的遵循诉讼目的、遵守诉讼程序、尊重犯罪嫌疑人诉讼权利、接受司法审查的权力特征。侦查行为的诉讼程序性是身为行政权的侦查权在历史发展过程中不断演变进化而来的，现代法治社会对侦查权提出的应然要求，是侦查权与其他行政权力的重要区别。诉讼程序性最直接的体现即为侦查行为的诉讼化倾向越来越凸显，并成为其未来发展的方向。侦查是刑事诉讼程序的重要环节，承担着收集证据、查明犯罪事实和犯罪嫌疑人、为审判程序做准备等职能。为防止侦查权力滥用，其需要受到诉讼程序的严格制约，除了法律为侦查行为和侦查措施预先设定行使规范和诉讼程序外，"司法机构在审判前实施的程序性裁判活动，直接使警察、检察机构限制个人基本权益的行为，受到司法机构的独立审查和程序控制"[②]，司法审查构成对侦查权运行的重要制约和关键保障。侦查行为同样要遵循刑事诉讼"惩罚犯罪与保障人权"的总目的，法官尚未作出生效判决前，犯罪嫌疑人在侦查阶段应被视为无罪的人看待，因此在整个侦查程序中应保障犯罪嫌疑人的当事人地位，尊重和保障犯罪嫌疑人的诉讼权利。

4. 秘密封闭性

侦查活动以秘密为原则，以公开为例外是其基本要求。秘密封闭性在侦查过程中表现为侦查活动基本不对侦查主体以外的人公开或仅对极少数相关人员一定程度地公开，侦查程序是个较为封闭的系统。根据我国《刑事诉讼法》的规定，律师在侦查阶段作为辩护人可以会见犯罪嫌疑人，对犯罪嫌疑人采取强制措施的应当通知其家属，除此之外，侦查过程基本处于保密状态。

---

① 张步文：《刑事侦查权研究》，中国检察出版社 2007 年版，第 30 页。

② 陈瑞华：《司法权的性质——以刑事司法为范例的分析》，载《法学研究》2000 年第 5 期。

侦查活动的秘密性和封闭性是由侦查活动的本质属性决定的。一是侦查过程的不确定性和多变性决定了对侦查程序秘密封闭的要求。侦查活动面对的是复杂隐蔽的犯罪行为，侦查活动是通过收集证据对案件事实进行回溯的艰难过程。由于时间的不可逆性，相比已经发生的犯罪行为而言，侦查行为具有滞后性和信息不对称的弱点，而犯罪分子往往采取各种手段积极逃避法律制裁，因此侦查活动若公之于众，犯罪分子及其相关人员则可能根据侦查进展采取相应的反侦查措施，毁灭、伪造、隐匿证据，或串供、逃跑等。侦破犯罪也就成为不可能完成的任务。二是"无罪推定""保障人权"等基本诉讼理念决定了对侦查程序秘密封闭的要求。意大利著名法学家贝卡里亚在《论犯罪与刑罚》中提出了"无罪推定"原则，即"任何人，在没有作出有罪判决以前，根据法律他应当被看作无罪的人"。侦查阶段的犯罪嫌疑人在法律上仍是无罪的人，若侦查活动一旦公开，则会对尚未认定犯罪的犯罪嫌疑人的名誉、声誉等造成不良影响，如果犯罪嫌疑人是被冤枉的，则更有损其名誉。出于对犯罪嫌疑人的保护，不公开也是侦查阶段的理性选择。

5. 追诉倾向性

从某种程度上说，侦查是起诉、审判的准备程序，能否提起公诉是对侦查结果的评判。为实现侦查的这一目的，侦查活动必然具有明显的追诉倾向性。虽然就整个侦查活动而言，要求侦查行为秉持客观公正的理念收集证据，坚持无罪推定的精神对待犯罪嫌疑人，但侦查人员在具体案件的侦查方法上，是根据已有的证据锁定犯罪嫌疑人后，在内心设定嫌疑人有罪的前提下围绕其开展证据收集的，直到证明犯罪嫌疑人有罪或排除其有罪嫌疑。侦查过程是个有罪推定的过程，这与整个侦查活动的无罪推定并不矛盾。后者是侦查中秉持的精神和理念，将犯罪嫌疑人作为无罪的人看待，保障其享有的诉讼权利，在收集证据过程中不仅关注有罪证据也不放过无罪证据，不仅收集罪重的证据也收集罪轻的证据。前者是具体侦查思路、侦查策略和侦查方向选取的前提。侦查人员内心若没有假定的有罪的嫌疑人是无法确定侦查方向和思路的，侦查一定是在不断假定犯罪嫌疑人有罪的前提下开展查证的。因此，侦查的本质决定其具有追诉倾向。追诉倾向的另一重要表现即侦查终结是以达到起诉标准为标志的。根据《刑事诉讼法》第 160 条规定："公安机关侦查终结的案件，应当做到犯罪事实清楚，证据确实、充分……"这与提起公诉的标准完全一致，侦查终结的标志就是要达到起诉的条件，也要求侦查过程必然要围绕达到起诉标准这一目标来收集证据，因此决定了侦查活动带有追诉倾向性。

6. 积极主动性

侦查权是个积极行使、主动运行的权力。侦查权运行时面临的案件情况是信息破碎、证据零散稀少、案情未知，需要侦查行为主动探寻和发现，而侦查行为主动发现的过程就是积极主动的权力运行过程。而司法权运行时面对的案件情况是已知的，是侦查阶段已经查明并收集了证据予以证明的，法官只需要就所提供的案件证据进行居中审查并作出法律判断即可，因此司法权是被动的。侦查权的积极主动性表现在，启动方面，无论通过控告、举报、报案等任何渠道，只要知晓案件发生的线索后，侦查机关就应予以立案并开始侦查活动，当然控告、举报、报案只是促使侦查机关启动立案的线索，并不是启动侦查的方式。运行过程中，侦查是与犯罪嫌疑人斗智斗勇的过程，侦查手段和侦查方法的选取要根据案情变化及时调整，这就决定了每个案件的侦查活动不可能有预先设计好的侦查路径，也不可能机械性地按图索骥，而要因势利导、随机应变，因此侦查权充满了灵活多变。侦查要充分发挥侦查人员的主观能动性，根据案情的发展变化和侦查需要，主动运用各种侦查手段去查明犯罪事实和犯罪嫌疑人，因此必然要发挥积极主动性。侦查措施的运用需要受到程序的制约，但在选取何种措施和运用何种侦查手段时，侦查机关拥有相当大的主观能动性和自由裁量权。"警察在行使权力和作出决定的过程中往往既根据规则，也根据自由裁量权。"①

（五）侦查目的

1. 侦查目的与侦查目的观

《现代汉语词典》对目的的解释：目的是指想要达到的地点或境地；想要得到的结果。② 百度百科的解释：目的通常是指行为主体根据自身的需要，借助意识、观念的中介作用，预先设想的行为目标和结果。③ 对"目的"的通俗理解就是行为主体想要达到的目标或所追求的境地。任何理性主体在有意识地从事一项行为的时候都是有目的的，目的也决定和影响着行为主体的行为方式。法律是人类理性的产物，法律当然有法律的目的，"法的目的就是公共幸福"④ "法的目标是和平"⑤。法律的每个阶段也有每个阶段的目的。

_____

① 宋英辉、孙长永、刘新魁：《外国刑事诉讼法》，法律出版社2006年版，第95页。

② 《现代汉语词典》（第5版），商务印书馆2010年版，第971页。

③ 参见百度百科，http://baike.baidu.com/link? url=ayM2TpgQYzqngseDg6K01a0WicIE2F4XfU392BBBp8Nz-k6L2numPVZxudhGmxvB0dkkYD3l_jUVCDi7GD_BRq。

④ ［意］阿奎那：《阿奎那政治著作选》，马清槐译，商务印书馆1982年版，第105页。

⑤ ［德］鲁道夫·冯·耶林：《为权利而斗争》，胡宝海译，法律出版社2012年版，第1页。

侦查的目的是国家权力机构通过设置侦查机关并赋予其相应的侦查权力，以及构建侦查制度所旨在达到的效果和追求的目标。侦查目的决定和制约着侦查构造和侦查模式，影响着侦查效果，也放大和加速显现侦查制度的优势和弊端。我国侦查环节暴露出的刑讯逼供、超期羁押、侦查措施滥用等问题不能不说与对侦查目的定位不清、认识模糊有着不可分割的关系。对侦查监督而言，侦查目的制约着侦查监督的方式，影响着侦查监督的运行。反之，侦查监督的构建和具体设置要以不阻碍侦查目的实现的方式进行，要通过监督更有利于侦查目的的实现，这就需要对侦查目的进行深入理性的认识。

对侦查目的的认识应首先确立侦查目的观，即秉持何种态度认识和看待侦查目的，抑或说是对侦查目的在刑事诉讼中的基本看法。目前理论界对侦查目的观形成了三种观点：审判准备观、公诉准备观、侦查独立观。审判准备观认为侦查的目的就是为审判活动收集证据进行准备。这种目的观下，则由法官主导侦查，审判前已形成内心确信，导致审判走过场，诉讼中过分倚重侦查，又造成侦查中心主义。审判准备观是对历史上封建纠问式实践形态的总结。公诉准备观认为，侦查的目的旨在通过收集证据、查明案情从而为是否起诉提供条件作准备。① 既然侦查是为了公诉做准备，那就自然在侦查程序和审判程序之间因介入公诉程序而进行了隔离，防止法官先入为主，奠定了公正审判的基础，其积极意义不言而喻。但随着起诉便宜主义理论的兴起，不起诉案件数量逐渐增多，未能提起公诉则使公诉准备观下侦查目的未能实现的困境显现。因此侦查独立观应运而生。侦查独立观认为："侦查的目的既不是为提起公诉做准备，也不是为审判做准备，而是为了明确嫌疑的有无，进而决定起诉与不起诉的独立程序。"② 侦查独立观充分彰显了侦查程序的独立性，没有了提起公诉的侦查目标使侦查中能更加关注犯罪嫌疑人无罪或罪轻的证据，注重了对犯罪嫌疑人权利的保护。但侦查程序的过分独立也自然使人们产生了对侦查纠问化倾向的担忧，并且该目的观也忽视了侦查为后续诉讼活动进行准备的作用。除审判目的观已基本被现代侦查制度摒弃之外，其他观点各有利弊。

2. 侦查目的认知

我们应当持有何种侦查目的观？我国刑诉法学者谢佑平教授指出：学说

① 韩德明、陈志军：《侦查模式和侦查目的》，载《上海公安高等专科学校学报（公安理论与实践）》2001年第3期。

② 谢佑平、万毅：《刑事侦查制度原理》，中国人民公安大学出版社2003年版，第76页。

往往代表着若干理论模型，实际上，各国往往都是在采纳一种理论模型的基础上对多种理论的兼容并包①。因此，我们既要考虑我国职权主义甚至是超职权主义诉讼模式的诉讼历史背景，考虑我国长期较注重社会秩序维护相对轻视个人权利保障的法治环境，又要坚持我国当今将依法治国作为党的治国理政的基本要求和重要方略的大背景和基本思路，决定了我国的侦查目的观应采取公诉准备观为主侦查独立观为辅的混合侦查目的观，并尽量避免和转变审判准备观。

侦查作为刑事诉讼的一个阶段，其目的首先应与刑事诉讼的目的相一致，统一于"惩罚犯罪与保障人权"的总目的，包含为后续起诉环节做准备的内容。脱离了为起诉做准备的目的而过分强调侦查的独立性将导致侦查活动"高度自治"，反而可能出现纠问化的风险，缺乏公诉准备的目的引导也容易使侦查活动模糊了方向和标准，而降低整个侦查活动乃至刑事诉讼的效率、效益。同时，侦查程序作为一个相对独立的诉讼阶段，又具有一定的独立性。而忽视侦查的独立性，完全将侦查作为公诉的准备过程，将忽视侦查阶段对犯罪嫌疑人的人权保障和对无罪、罪轻等有利于犯罪嫌疑人证据的收集。

笔者认为，在上述混合侦查目的观的引领下，侦查目的可以用"秩序、人权、效率"来高度概括。"秩序"目的是指侦查活动打击犯罪、维护社会稳定的职能所实现的维护社会秩序的目标。"人权"目的是指侦查活动中必须同时对犯罪嫌疑人、被告人以及其他诉讼参与人的人权予以保障，对有利于犯罪嫌疑人、被告人的证据予以收集等人权保障目标的实现。"效率"目的则是指侦查活动应当在一定期限（法定侦查期限）内完成，不能无限期进行。这些抽象目的的综合，形成了侦查的目的。

在"秩序、人权、效率"这些抽象目的指引下，侦查活动的具体目的包括：

一是查明案件。侦查机关运用法律赋予的各种侦查手段和侦查措施，通过收集、固定、保存证据，查明案件犯罪事实，查明和抓获犯罪嫌疑人，为审查起诉、审判等后续诉讼环节做好准备，为实现国家刑罚权打下基础。查明案件是侦查活动首要和最直接的目的，通过查明犯罪案件和查获犯罪人员来实现统治阶级维护社会统治秩序和保障社会公共安全的管理目的。

二是证实犯罪。侦查过程从证据的角度看就是收集、提取、固定、保管、分析、运用证据的过程。侦查活动是围绕证据进行的诉讼活动，侦查机关查

---

① 谢佑平、万毅：《刑事侦查制度原理》，中国人民公安大学出版社 2003 年版，第 78 页。

明案件最基本和核心的依托是案件证据，侦查活动最终的落脚点是以证据证实犯罪。这也是为证明责任主体（公诉机关）履行法定证明责任打下基础的前提，是进行公诉准备的具体体现。没有证明犯罪的证据，或者说侦查活动最终未能落实在证实犯罪上，侦查活动就是徒劳无功、苍白无力的。这也就要求侦查过程要依法收集证据，唯有如此，才能获得具备证据能力的合格的证据，才能实现证实犯罪的目的。

三是保障人权。保障人权包括保障无罪的人不受刑事追究，保障有犯罪嫌疑的人受到人道合法的调查，保障诉讼参与人享有合法的诉讼权利。保障人权看似与查明案件和证实犯罪相悖而行，但实际上二者并不冲突。在独立侦查观指引下，在刑事诉讼总目的的统一下，侦查环节的保障人权始终是与查明案件、证实犯罪等惩罚犯罪的目的相伴同行的。这要求，侦查过程中要秉持侦查的独立性，既关注有罪证据，也关注无罪证据，不以惩罚犯罪和准备公诉为唯一目的。我们知道，不以保障人权仅以追诉犯罪为目的的侦查活动，是纠问式诉讼模式下的产物，早已被现代人权理论和诉讼原则所抛弃。任何不以保障人权为目的的侦查都必将导致警察国家和专制暴政，那将是人类社会的灭顶之灾。另外，其意义不仅在于体现人权理论的进步，还在于保障查明犯罪的真实。侦查过程中，必须同步而毫不迟延地履行保障人权职责，实现保障人权目的，这与查明事实、证实犯罪的目的不分轻重。

四是侦查效率。侦查效率是对侦查活动的时间要求，要求侦查机关应当在法定时间内完成侦查活动，不能无限拖延。这既是实现人权保障的要求也是对侦查规律的遵循。一方面，侦查行为必将对处于诉讼中的犯罪嫌疑人的人身自由、精神、名誉进行限制和影响，从人道主义出发以及对基本人权保障的考虑，要求侦查机关积极、迅速地履行侦查职能，及时侦查终结、移送起诉或终止诉讼，是对处于法律状态不确定中的人尽量缩短这一消极状态的基本要求与保障。另一方面，案件发生后，证据保存的自然状态的完好程度和数量多少是与时间长短成反比的。时间过去得越久，证据灭失、毁损、变化的可能性越大，越难以收集、提取。如血迹在长时间后会氧化降解，DNA提取检测将遇到困难；物证书证具有唯一性，时间越久故意毁损或自然耗损的可能性越大；证人的证言也会因时间过久而发生记忆模糊或受到干扰而不准确的现象等，因此侦查活动规律客观上要求侦查活动应当具有及时性。正是对侦查效率目的的认识不到位，我国实践中侦查环节立而不侦、久侦不决、超期羁押等现象比比皆是，屡禁不止。侦查越拖延越难以获得有力证据，越欠缺证据越难以侦查终结，恶性循环，既无法起诉，又不敢释放，只能将犯罪嫌疑人长期羁押，严重侵犯犯罪嫌疑人人权。

二、权力控制论思想的考察

权力是社会发展到一定历史阶段的产物，在社会管理、秩序维护、权利保障等各个方面都发挥着重要作用。《现代汉语词典》认为，"权力"是一种政治上的强制力量或是职责范围内的支配力量。① 强调的是"权力"的强制力和支配力的本质属性，表明了权力行使主体对权力受让客体强大的、不容对抗的力量和能力，权力客体只能听命、服从、接受权力主体的支配和影响。《社会学词典》认为，权力是一种强制性的社会力量，支配权力的主体利用这一力量驾驭客体，并迫使客体服从自己。国家公权力与国家相伴而生，并在国家组织构建过程中发挥着支柱性功能，是国家实现基本职能的工具，也是国家区别于原始氏族的重要标准。② 权力对社会的推动、发展、管理都是不可或缺的。但权力也是把"双刃剑"，其负面作用相对于其强大的正面作用而言毫不逊色。英国思想史学家阿克顿说"权力导致腐败，绝对权力导致绝对腐败"③，孟德斯鸠说"自由只存在于权力不被滥用的国家，但一切有权力的人都容易滥用权力，这是万古不变的一条经验"。"有权力的人们使用权力一直到遇到界限的地方才休止。"④ 权力的扩张性、侵犯性、随意性等负面价值从其产生之日起就被人们认识并关注，出于对权力负面作用的警惕，为控制权力在其界限范围内行使，防止权力所有者滥用权力，对权力的控制则成为人类发展史及政治领域中的永恒主题。

控制权力的方式有很多种，根据权力控制主体不同可以将控权模式分为权力控权与非权力控权。"权力控权"指控权主体来自权力部门，通过实际享有的国家权力完成对其他权力的制衡和控制过程。"权力控权"又可根据权力运行方式不同分为权力制约与权力监督。"权力制约"指在国家权力分权的前提下，有权部门之间通过制度安排互为行使条件而进行权力控制的方式，西方民主国家的"三权分立"是典型的权力制约。"权力监督"是指国家权力机关自身或者由国家权力机关专门授权的监督机关（掌握监督权的国家权力机关）通过监督其他权力机关而进行权力控制的方式。如我国人大的

---

① 《现代汉语词典》（第 5 版），商务印书馆 2010 年版，第 1130 页。
② 徐靖：《论法律视域下社会公权力的内涵、构成及价值》，载《中国法学》2014 年第 1 期。
③ ［英］阿克顿：《自由与权力——阿克顿勋爵论说文集》，侯健、范亚峰译，冯克利校，商务印书馆 2001 年版，第 342 页。
④ ［法］孟德斯鸠：《论法的精神》（上卷），张雁深译，商务印书馆 1982 年版，第 154 页。

监督、检察机关的法律监督、审计部门的审计监督等都是典型的权力监督。所谓"非权力控权"是指对权力的监督来自非权力部门，故控制权力的主要方式基本体现为"监督"，而该"监督"是一种"权利"而非"权力"，因此也可称为"权利监督"。西方国家的"权利监督"主要表现为选民监督、在野党监督、新闻舆论监督；我国"权利监督"主要包括政协监督、新闻舆论监督、人民民主监督等。①此外，从监督对象上看，还有一种监督形式是国家权力机关对涉及广大人民群众生命健康安全的企业的研究、生产、流通、使用等非国家权力的综合监督，实质是履行政府的行政管理和服务职能，如食品药品监督、安全生产监督等。这种监督形式不属于对国家公权力的监督，不作为本书研究的内容。

权利监督是一种权利，主要是通过向当局者提示、提醒、施加压力等方式发挥监督作用，具有覆盖面广、及时灵活等特点。人人都是监督者，可以弥补权力监督和权力制约中权力控制主体精力有限、监督范围窄等弊端。权利监督通过持续关注和外部施压，可以为权力监督提供线索，督促权力监督部门积极履职，防止怠于监督、包庇纵容等情况发生。权利监督作为辅助权力控制的手段是不可或缺的，特别是当事人享有的被赋予了法律效力的诉讼权利，则拥有了比普通权利更强的法律约束力。但相比而言，以国家强制力为后盾的"权力制约"和"权力监督"仍是被历史证明的、现代各国普遍选择的最重要和有效的两种方式。

（一）"三权分立"的权力制约思想渊源

1. 社会契约下的国家权力起源

古希腊著名思想家亚里士多德认为"人类倘若由他任性行事，总是难保不施展他内在的恶性"②，"社会的罪恶都是导源于人类的罪恶本性，即使实行公产制度也无法为之补救"③。得出了"人性恶"的哲学论断。基于"人性恶"的论断，古希腊哲学家伊壁鸠鲁指出，人们为了自身利益的最大化和自我欲望的满足，必定想尽办法甚至不惜侵害他人扩大自身利益，侵害他人的同时也承受着被他人侵害的威胁，必然会造成人们的彼此伤害，为了防止彼此伤害和互相畏惧，追求个人的幸福，便缔结契约，建立了"自然的公正"。"自然的公正，乃是引导人们避免彼此伤害和受伤害的互利的约定。"④"自然

---

① 朱孝清：《中国检察制度的几个问题》，载《中国法学》2007 年第 2 期。
② ［古希腊］亚里士多德：《政治学》，吴寿彭译，商务印书馆 1965 年版，第 70 页。
③ ［古希腊］亚里士多德：《政治学》，吴寿彭译，商务印书馆 1981 年版，第 56 页。
④ 北京大学编译：《古希腊罗马哲学》，商务印书馆 1961 年版，第 368 页。

的公正"是国家，伊璧鸠鲁首先用社会契约理论解释了国家的起源。而其政治哲学思想对近代的政治哲学产生了很大影响，尤其是对霍布斯、孟德斯鸠、卢梭等人产生了重要影响。17世纪英国思想家、社会契约论创始人之一霍布斯也基于利己主义的论断提出，"人人都想攫取大于他人的权力以保护自己，因而，必须有一个大于一切人的公共权力为后盾，才能震慑人们无限的欲望，也使人们的安全得到保障，这个公共权力就是国家"。[①] 同时代的英国政治思想家洛克也同样持自然法和社会契约论的观点阐释国家权力的来源，并将社会契约论的观点批判性地吸收和理性地发展。他认为，人们在自然状态中不享有"支配另一个人的生命、自由或财产的专断权力"，因此国家权力的性质"不是并且也不可能是绝对地专断的"[②]。国家权力产生的动因和根源是人们为了自身的安全，相互之间共同约定，放弃自己本该所有的部分权利，将其交给国家行使，国家就正当地享有了这部分全体公民聚合在一起的巨大的强有力的权力，通常称为国家权力或公共权力。描述国家是全体成员缔结社会契约让渡自身权利的产物，并非是真有这样的一纸契约存在，这只是一种政治理论虚构。建立在此"政治理论虚构"基础上，18世纪法国思想家卢梭提出了国家权力来源于人民的人民主权学说，坚持人民是主权者，法律和政府服从于人民主权，所以权威与民主是统一的。[③] 从理论上论证了国家权力来源的正当性与合法性。这种理论模型足以动摇并狠狠地批判了君权神授的封建权授理论，社会契约论的理念也因此影响了十八九世纪的整个欧洲，并奠定了西方近现代政治、法律思想的基础。

2. "三权分立"下的国家权力控制

按照社会契约理论，由全体成员通过约定让渡出的部分个人权力和权利的总和构成了国家权力的全部内容。权力要在运行中发挥它的作用，但任何权力都无法自我运行，必然要通过授权给国家成员中的某个人或某些组织来行使。从社会契约论视角看，国家全体成员建立社会契约的目的是保障更大的自身权利，国家权力行使的目标必然与此高度一致，必须是为了保障国家全体成员的权利，否则将颠覆国家成立的目的，因此国家权力绝不能是专制的，不能是任意侵犯成员本人权利的。而由个人来具体运用全体成员交付出来的国家权力，这个权力的广度和深度远远超出被授权个人在自然状态下所

① ［英］霍布斯：《利维坦》，黎思复、黎廷弼译，商务印书馆1985年版。
② ［英］洛克：《政府论》（下篇），叶启芳、瞿菊农译，商务印书馆1964年版，第88页。
③ 参见［法］卢梭：《社会契约论》，何兆武译，商务印书馆1980年版，第26~29页；徐大同主编：《西方政治思想史》，天津教育出版社2005年版，第248~249页。

支配的个人权利。孟德斯鸠透过权力这个视角论证人性恶的著名论断"一切有权力的人都容易滥用权力，这是万古不易的一条经验"，成为论述人性恶的经典表述。国家权力的具体行使者仍然需要面对人性恶的理论前提，面对如何克服人性恶，行使好国家权力的问题。

国家权力如何设置运行才能克服和禁锢权力行使者人性恶的弊端，使其既合理行使权力实现权力的目，又不会产生权力的专制和滥用，这是随国家权力诞生的一个永恒主题。早在古希腊思想家亚里士多德得出"人性恶"的结论时，就将人性恶与权力运行紧密联系在了一起，如何防止人性恶的属性作用于国家权力领域而伤害他人呢？亚里士多德指出，就是互相制约，"人们间互相依仗而又互相限制，谁都不得任性行事，这在实际上对各人都属有利"。① 古罗马思想家波利比阿的制约平衡论肯定了罗马帝国的强大持久正是把国家权力分配给执行官、元老院、民主会议，使之互相制约、限制、平衡的结果。可见早在古希腊、古罗马时代思想家们就已经产生了权力制约的思想。西方近代思想家洛克、孟德斯鸠等人对分权制约理论进行了发展完善。洛克提出了法治思想和分权理论。他提出用法律来约束国家权力即王权，"法律的目的不是废除或限制自由，而是保护和扩大自由"②，否则政府权力将对其成员的基本权利构成最大威胁。洛克认为国家有三种权力：立法权、执行权和对外权，立法权是指导如何运用国家的力量以保障社会及其成员的权力；执行权是负责执行法律的权力；对外权是负责决定战争与和平、联合与联盟以及对外事务的权力。其中立法权是最高权力但不是专断权力，应当由代表人民的国会行使，以不超出社会的公共福利为限；执行权和对外权应并在一起由君主掌握，并从属于立法权，立法权制约着执行权和对外权，但二者反之并没有制约立法权。③ 当然这并不表明立法权不受限制，而是要受到人民委托条件的约束，否则人民有权建立新的政府。洛克是近代分权制约理论的奠基人，其理论蕴含了分权的思想，但尚未形成现代意义上的"三权分立"理论，也尚未形成权力间的相互制约。

另一位分权理论大师孟德斯鸠继承并改造了洛克的三权学说，其将国家权力分为立法权、司法权、行政权三种，并分别交由议会、法官、国王行使。行政权对立法事项有反对权，立法机关可以审查行政机关的执行情况，司法

① ［古希腊］亚里士多德：《政治学》，吴寿彭译，商务印书馆1965年版，第319页。
② ［英］洛克：《政府论》（下篇），叶启芳、瞿菊农译，商务印书馆1964年版，第36页。
③ 参见徐大同主编：《西方政治思想史》，天津教育出版社2005年版，第212~213页。

权要在立法机关制定的法律规定下行使，形成了权力分立、分别行使的互相制约状态。孟德斯鸠明确提出了"无分权就无自由"的思想，"因为公民感到安全，就在于不必惧怕一个大权在握的人"。① 通过分权，防止权力集中于一个掌权者之手，通过制约，防止权力超越边界运行，将权力牢牢控制在应有的范围内，使人民不惧怕权力的暴力而获得安全感和自由。以孟德斯鸠三权分立、分权制约的政治思想为主，潘恩、威尔逊等人的立宪主义，杰弗逊的双向分权和人民监督政府理论，汉密尔顿的联邦制理论，达尔的社会制约权力理论等政治思想家们对权力制约理论都作出了深入而有益的研究探索，深刻影响了西方国家政治思想和政治实践。分权制约思想也成为现代西方资本主义国家的主要政治制度原则。

（二）"一元分立"的权力监督思想源起

1. 古代监督思想与监督制度

在源起上，监督与制约并没有严格的界限区分，都是源于对人性缺陷的认知，出于对国家权力控制的目的，而建立起的权力控制方式。监督思想起源于奴隶制国家形成之初，从氏族社会解体到国家建立，随着国家权力的出现而同步形成了监察、督促国家权力运行和落实的监督制度，监督制度是一项古老的国家制度。

人类历史上的监督思想可以追溯到古希腊时期。在公元前约 6 世纪至 4 世纪的古希腊雅典，就将监督制度和监督思想体现于国家机关的设置上，是世界上最早建立比较完备的官僚监督机制的国家。雅典的国家机关由公民大会、五百人会议、执行官、陪审法院、长老会议、监察官组成。公民大会是国家最高权力机关，公民大会监督其他国家权力机关并接受其他机关和公民的监督；五百人会议是公民大会的常设政府机构，其职能之一就是监督公民大会通过的法律的准确执行、监督国家财政、弹劾执行官；陪审法院是雅典国的最高司法机关，享有司法监督职责。同时期的国家斯巴达也有着类似的监督制度，其中监察官由公民大会选举产生，负责监视执行官的违法行为、监督军队招募情况和国家税收等。在之后的罗马共和国时期，监察官也是由公民大会选出，任期五年，负责监督国家工程质量、监督税收、监督风序良俗等，甚至还赋予了监察官不受法院审判的特殊保障。②

除古代西方外，在我国，古代封建社会也产生了监督思想和监督制度，

---

① ［法］孟德斯鸠：《论法的精神》，张雁深译，商务印书馆 1961 年版。

② 参见蔡定剑：《国家监督制度》，中国法制出版社 1991 年版，第 4~6 页。

并且达到了监督技术的世界较高水平。从秦统一中国起，就设立了中央级别的监察机构御史府，御史大夫为监察长官，职责为"受公卿奏事，举劾按章"①，即处理奏秉皇帝的奏章，察举、弹劾违法官吏，在地方设有中央派出的官吏监御史，监理各郡诸侯和地方违法事宜。秦朝为我国监察制度创设之初，创建了从中央到地方的基本监察架构。东西两汉基本沿袭了秦制，在监察组织上维持了中央与地方的设置。但主要变化有：一是原中央御史大夫下属的御史中丞地位提升，成为专司监察事项的官员，到东汉时期还掌管了司法监察的职权；二是废除了秦朝的地方监御史，由中央随时派出刺史为地方监察官，代表中央监察地方。隋唐更加重视中央集权的加强和监察制度的完善，在袭承了东汉体制的基础上，将中央御史台设为"三院"，即台院，执掌弹劾中央官员的违法行为，参与"三司会审"，负责各种申诉密告表疏处置等；殿院，负责纠察文武百官在朝会盛典中违法失礼的情况，维护皇家礼仪尊严；察院，主要负责督察地方官吏失渎行为。② 此外，唐代还设立了帮助皇帝对国家重大政策决定和对宰相工作进行监督的谏议制度，制定了"监察六事"的监督规章，厉行监察。③ 宋朝依旧沿袭了前制，对尚书省增加了监察御史的职责，加强了对监察机构自身的监督。明清时期，总结以往历朝监督制度经验，丰富完善了监督职权，明代将御史台更名为都察院，将"三院"合并，强调为"天子耳目"，监督涉及政治、经济、礼仪、风俗、司法、文化等各个方面，扩大了监察职能。

我国封建社会的监督制度历经几千年，不断发展完善，形成了世界封建历史上最为发达的监督制度。纵观我国监督制度的历史长河，可以总结出以下几个共性和特点：首先，我国封建社会的监督制度是产生于统一的封建集权国家，其产生的目的都是皇帝为了维护和巩固自己的中央高度集权而设立，由皇权产生，依附于皇权存在，因此，监督制度的运转状况和作用大小取决于皇帝个人的开明程度、统治智慧和支持程度。其次，以维护皇权专制为目标的社会监督制度，是古代政治系统自我约束、自我净化的需要。在这种目的局限下，根本性弊端是无法约束皇权本身，即处于权力顶端的皇权不在监督体系内。尽管有一些开明的皇帝设立了纳谏制度，允许大臣对皇帝的错误言行、决策予以提醒、指出，但这种纳谏制度畏于皇权的权威很难运行和具

① 《通典·官职六》卷24。
② 曾宪义、赵晓耕主编：《中国法制史》（第5版），中国人民大学出版社2016年版。
③ 即纠察官吏为恶不善、办事不公、农桑不勤、以权谋私、嫉贤妒能、祸害百姓的人和事。参见于洪生：《权力监督——中国政治运行的调控机制》，中国广播电视出版社1991年版，第7页。

有实际效力。最后，从积极的一面来看，我国封建社会监督制度建立的社会监督系统已相当完备，制定了一整套监督标准、监督结构、监督程序，达到了当时的世界先进水平。这为我国现代监督制度提供了历史文化渊源，奠定了监督的思想基础。

2. 社会主义的监督思想渊源

监督制度是一项历史悠久的国家制度，从国家产生之日起就同时出现。虽然在不同的社会制度下体现为不同的形式与内容，但无一例外地被各种社会制度所重视。"马克思主义在创立他的国家理论中，把人民监督作为他的新型无产阶级国家的重要基石。建立以人民监督为核心的国家监督制度，是社会主义国家监督制度的本质特点和根本内容。"① 为什么无产阶级在掌握了政权、建立了属于自己的国家之后还要建立并加强国家监督呢？恩格斯回答了这一问题，因为无产阶级管理国家也不可能使每个人对国家事务实现直接管理，需要建立一些国家机构来替权力主体行使管理职能，以保护大家的共同利益，但这些负责行使相应职能的公仆，为了追求自己的利益，可能反而会官僚化为社会的主宰，成为"主人"。"为了防止国家和国家机关由社会公仆变为社会主人——这种现象在至今所有的国家中都是不可避免的——公社（巴黎公社）采取了两个正确的办法，一是选举并可随时撤换公职人员，二是赋予公职人员与工人同样的报酬。"② 也即提出了人民要掌握包括罢免权在内的监督权。

马克思主义理论的缔造者马克思、恩格斯由于受所处历史条件，无产阶级实践现状的局限，虽然未能对社会主义的监督制度提出具体而系统的设想，但他们从本质上阐述了监督对社会主义民主制度的重大意义和重要作用，并把人民监督作为社会主义国家监督的本质特点，这些监督思想是指导后人构建社会主义监督制度的理论基石。列宁面对建设第一个社会主义国家的任务，在总结无产阶级革命和政权建设经验时，极大地丰富和发展了马克思主义的监督思想，建立了无产阶级国家监督制度的思想理论基础和制度建设模型，是社会主义国家监督制度的先驱，对社会主义国家制度建设做出了重大贡献。列宁的监督思想广泛，包括人民监督、党内监督、法律监督、舆论监督等许多方面。其中列宁的法律监督思想，即维护法制和保证法制统一，必须有一

---

① 蔡定剑：《国家监督制度》，中国法制出版社 1991 年版，第 87 页。

② 《马克思恩格斯选集》（第 2 卷），人民出版社 1995 年版，第 335 页。

个专门监督法制的检察机关的思想，是我国检察制度建立的理论指导思想。①
我国检察制度的建立，包括确立法律监督权在国家权力体系中的独立属性、
将检察机关定位为国家法律监督机关、检察机关承担法律监督职能、依法独
立行使职权等，都充分体现了列宁监督思想的主要内容和基本内核。

3. 权力监督的两个理论问题

（1）我国现代监督制度与古代监督制度是否相同

在我国，无论是古代皇权社会下的监督思想，还是现代以马克思主义、
列宁思想为基础的社会主义国家监督理论，可以发现监督思想都是在中央集
权的前提下展开的，这也体现出与以"三权分立"立论的分权理论的最大不
同。这里不免使人产生一个困惑，即我国现代在中央集权下设立的监督制度
和古代封建社会皇权下设置的监督制度，都是"中央集权"下的产物，是否
意味着二者是一回事儿，在当今民主时代是否是历史的倒退呢？这个问题并
不难回答，只要拨开事物看似相似的表象深入事物的本质就会得出明确的答
案。监督是什么？监督是任何国家，无论是不同社会制度还是不同历史形态
的国家，都不可或缺的一项权力控制的重要方式。"就它的功能而言，它既
可成为民主政治的保障，也可成为专制统治的工具。"区别的根本在于："监
督权最终是掌握在社会绝大多数人手中，还是掌握在少数人或者某个人手
中。"② 简言之，监督只是一项国家管理的技术手段。封建社会中，皇帝以
"天赋皇权""真命天子"为其个人获得国家权力正当性的法理基础。为了个
人权力的巩固和执行，建立了一整套从中央至地方的监督制度，监督各级官
吏对皇权的执行运用情况，监督者向皇帝报告，对皇帝负责。而以马克思主
义为建国理论基石的社会主义国家，提出的是人民主权理论，实行的是人民
代表大会制度。马克思在阐述人民主权理论时指出，"行政权……它在更大
程度上属于全体人民"，"人民是否有权为自己制定新的国家制度？这个问题
的答案是绝对肯定的"。③ "人民主权不是凭借君王产生的，君王倒是凭借人
民主权产生的。"④ 在人民主权理论下，国家的所有权力由全体人民享有。出
于权力行使的便利和可能考虑，才交由全体人民选举出的几千名代表代为行
使。而为了权力行使始终遵循人民的意愿不走样，保证人民始终把握对国家

① 王桂五主编：《中华人民共和国检察制度研究》，中国检察出版社2008年版，第151页。

② 蔡定剑：《国家监督制度》，中国法制出版社1991年版，第31页。

③ 马克思、恩格斯：《马克思恩格斯全集》（第3卷），人民出版社2002年版，第69页、第73
页。

④ 马克思、恩格斯：《马克思格斯全集》（第3卷），人民出版社2002年版，第37页。

权力的控制，设立了国家监督机构，行使对国家权力的监督。虽然二者都是在"集权"的前提下产生，但封建社会的集权是将权集于皇帝一人，而社会主义国家是将权集于全体人民。国家权力来源的不同，使监督权力来源也不相同，故封建社会的监督就成了皇帝专制统治的工具，而社会主义国家的监督则成了民主政治的保障，监督性质大相径庭。

（2）我国为何需要建立专门的监督制度

另一个需要探讨的问题是，与在分权理论下"三权分立"为代表的政治形态相比，为何"一元分立"的政治结构下需要建立专门的监督制度？这则要从国家权力结构模式进行分析。"一元分立"的国家权力结构下，权力所有者即"一元"，在理论上拥有全部的国家权力，但从技术上权力所有者无法直接行使所有的权力，而是必须将国家权力根据其性质进行划分，交由相应的机构和人员具体行使。但为了保障具体行使国家权力的人能够准确、切实地贯彻权力所有者的意图，而不谋私、不滥用、不走样，维护权力所有者的权利不被侵害，国家则设置了监督机构，负责监察行使权力人员的用权行为，来保障权力行使的统一性和有效性。因此专门负责监督的机构就出现了。而分权的政治结构下，某一权力的运行会受到其他权力的牵制或约束，这种制约交错相互，通过这种制约保证权力运行时不恣意。相当于每一个权力在有的方面既制约其他权力，在有的方面又受到其他权力的制约，是将监督权力运行的监督者的任务，分解到每个权力行使主体身上，在每次权力运行中具体履行，故无须另设专门的监督机关。

（三）"监督"与"制约"的区别与融合

1."监督"与"制约"辨析

在源起上，"监督"与"制约"并没有严格的界限划分，都是出于对国家权力控制的目的产生的权力控制方式。在对权力控制方式的不断细分中，总结现有实践样态，"监督"与"制约"体现为不同的特点与侧重，因此有了相对的区分。"监督"与"制约"两个概念，因均包含对国家权力予以约束、限制的含义，作为现代社会对国家权力控制的两种主要方式，在我国政府文件、领导讲话、学术研究，甚至法律法规中通常将二者不加区分的混同使用或合并为"监督制约"一词使用。从表示控制权力、防止权力滥用的角度，一并使用并无不可，也不会引起混乱。但如果要区分权力控制方式的功能差异、运行环境、效力效果，以便为合理选择控权方式、科学配置司法资源、优化控权效果提供参考，则需要对"监督"与"制约"这两种方式予以进一步区分和辨析了。

监督，监察、督促之意。① 是指从旁观察、监视，对违法、失职、违背委托意图的行为，予以提醒、督促、纠正、惩处的行为。从政治领域考察，监督制度理论的基本内核为，"权力委托主体对权力代理主体的控制，以保障权力行使符合委托意图，监督制度下权力代理主体可以拥有完整事权，只有在违背委托意图时，才会受到制裁"。② 制约，牵制、约束之意。《辞海》中的解释为"甲事物本身的存在和变化以乙事物的存在和变化为条件"③，则为乙事物制约甲事物；若甲、乙双方之间的存在变化互为条件，则为"相互制约"。从政治领域考察，西方"三权分立"的权力制约理论的核心即"通过分权使不同权力机构之间形成一种制约关系，以实现权力约束权力的目的"。④ 从现代政治领域观察，二者在权力配置、权力运行、责任分配等方面存在诸多区别。进行比较，有利于我们深入认识监督与制约：

一是权力配置基础不同。"制约"产生于"分权"，将一个总权力分立，在各分离出来的权力之间相互设置条件，一个权力的运行要以另一个权力的赞成或不反对为条件，反之亦然，进而实现权力间的彼此制约。如最典型的美国，美国实行"三权分立"，将国家权力分为相对独立的立法权、司法权、行政权，分别交由国会、法院、总统行使。国会负责立法，但所制定的法律需由总统签署，总统有否决国会通过的法案的权力，若总统行使否决权，国会还可以三分之二多数推翻总统的决定；最高法院大法官需由总统提名，而法官可以裁定国会通过的法律和总统作出的行政决定是否违宪，并负责审判对总统的弹劾案；政府部门的财政预算、税收政策、外交缔约等行政行为需要经国会批准通过才能生效。而"监督"则产生于"集权"。对国家权力并不进行分割，而是按照专业化的职能分工，授予相应的权力主体行使，并设立专门的监督机构或者由权力者本身对被授权者予以监督。从监督的历史也印证了其产生于集权土壤的特质。

二是权力运行机制不同。权力制约是权力系统内部各种力量之间的相互牵制、制动和约束；权力监督是权力主体外部力量对权力主体的监察、监控

① 参见《辞海》，商务印书馆 1989 年版，第 4423 页。

② 陈国权、周鲁耀：《制约与监督：两种不同的权力逻辑》，载《浙江大学学报》（人文社会科学版）2013 年第 6 期。

③ 参见《辞海》，商务印书馆 1979 年版，第 185 页；《现代汉语词典》，商务印书馆 2010 年版，第 1757 页。

④ 郑彦松：《西方近现代权力制约理论初探》，载《中国社会发展战略》2005 年第 2 期。

和督促。① 权力制约侧重于对权力行使过程的控制，权力监督侧重于对权力运行结果的检查。制约制度下，某种权力若要完整的实现需要以其他权力主体的同意为条件，反之，其他权力的实现也要以相关权力主体的不反对为前提，各权力之间相互牵制。这种牵制防止了任何一方擅用权力，同时也意味着任何一个权力主体都无法仅依自我意志独自运用权力，而需要在制衡与妥协中进行。因此，"制约"是进入权力系统内部的，通过对权力行使过程的干预，而达到权力控制目的的方式。监督制度下，某种权力的运行是在监督权力的监察之下进行的。某一权力本身的运行过程虽不以其他权力同意与否为前提，不受其他权力的干预，但运行结果要接受监督者的检验，若有违权力行使目的，则要受到监督者的纠正与惩罚。因此，"监督"是在权力系统外部运行，通过对权力运行结果的检查而实现权力控制目的的。

三是权力控制效力有差别。"制约"是进入权力运行内部过程中的控制方式，认为权力行使有可能发生偏差或违背目的时，制约方可以行使否决权而使权力无法实现。如美国，未经国会的批准，美国政府的财政预算就无法通过；未经总统的签署同意，国会法案也不具法律效力。"制约"的机理是对权力可能发生的偏误提前预防，将权力控制的环节前移，并对权力的最终完成具有决定作用，是权力实现的必经程序。因此，对权力的控制效力较强。"监督"是监督主体在权力决策和运行之外进行监察督促，在权力执行完毕后进行检查，对权力行使有偏差地进行评价和处罚。监督机关对权力的决策过程并不干预阻碍，而是对权力行使结果履行监督职责。因此，对权力的控制效力相对较弱。

四是权力运行效率有差别。正因为"制约"需要同步参与到权力运行过程中，增加了权力运行中的前置程序，因此，在增强对权力控制效力的同时也损失了权力运行的效率。例如，美国国会制定的法案并不能直接生效，而要经总统的签署，若总统不同意，国会还可以三分之二多数票推翻总统的决定，而总统还可以行使"口袋否决权"② 对法案留置不发。这种立法权和行政权间的拉锯几个回合下来无疑降低了法案通过的效率。而在"监督"逻辑下，由于监督主体不直接干涉权力的行使，只是通过事后追责的方式控制和

---

① 高山：《国家权力的制约监督》，河北人民出版社 2005 年版，第 24 页。

② "口袋否决权"又称搁置否决权，指美国总统收到国会两院的法案 10 天之内不签署，而此时国会已经休会，该法案即被否决，口袋否决既不需要理由也不能被国会推翻，实际上具有绝对否决性质。它是行政干预立法的方法之一。载百度百科"口袋否决权"词条，http：//baike.baidu.com/link？url=dPr-PW3IFcaLgImv58。

规范权力，因此权力运行效率较高。如我国，检察机关对侦查行为的监督，基本在事后进行，并不影响侦查活动进行。

五是权力结构地位不同。在"制约"逻辑下，各项权力都来自总权力的分权，形成横向的、平面权力结构，彼此间是双向的、相互制约的关系，因此权力间是平等的，地位相同。在"监督"制度下，监督机构是专门设置用来履行监督职能的部门，与被监督主体间是单向的、纵向权力结构。监督与被监督主体间是非对等的关系，只有监督者对被监督者进行约束，而被监督者不能反向对监督者约束。

2."监督"与"制约"的各自不足

各国的政治家和思想家在数千年的人类发展历程中不断探索更为有效的控权方式，但发现在权力控制方面无论"监督"还是"制约"，都不可避免地存在自身弱点。

（1）"分权不能"导致"制约"方式难以全面实现

我们知道"制约"的手段通常是用在分权的前提之下，但分权只能在较宏观的权力层面进行。如国家权力层面，可以根据权力的不同性质分为立法权、司法权、行政权，并设计出三种权力互相制约的运行模式。但在二级、三级权力层面，因权力属性同一而无法再行分解，这就丧失了权力制约的前提。以行政权为例，因权力性质的同一性，无法再次分权，而行政权上命下从的运行特点也决定难以进行制约。层级较低的权力难以再通过其他权力予以制约，制约方式无法涵盖到权力行使的方方面面。而监督则可以渗透到权力行使的各个方面，弥补制约的不足。

（2）权力"制约"导致权力行使效率降低

正如前文所述，"制约"制度下会降低权力行使效率，这对效率要求较高的权力行使将造成阻碍。如刑事司法领域中的侦查权，当犯罪行为发生后，侦查权便启动运行，因为犯罪证据会随着时间的流逝而逐渐减少、变化甚至消失，为能够查明犯罪事实和犯罪嫌疑人，侦查权的行使以迅速及时为原则。这就决定不可能对所有侦查行为都采取制约的方式进行制衡，除对部分严重侵害当事人权利的侦查行为采取制约方式外，多数侦查行为只能采用监督的方式对侦查行为的合法性进行评判。当今世界范围内各国也基本如此。

（3）"监督"的自由裁量权较大

监督者是否行使监督权、行使多大程度的监督、何时监督等都具有较大的自由裁量空间。"监督"具有一定幅度的可选择性，有些是受环境条件桎梏或鉴于必要性考虑等合理原因，作为工作方法的选择，如在安全生产领域，安全生产监督管理部门在某一时期内，选择监督哪家企业、何时监督、如何监督等都具有自由裁量性；但也有些监督是人为甚至是违法滥用监督权力而造成的选择性监督。因此，监督权的自由裁量空间为监督效果和监督权自身的合法行使埋下隐患。

（4）监督效力相对薄弱

"监督"因不能阻却权力的运行，故其对权力控制的效力与制约相比较为薄弱。此外，监督手段薄弱也是监督效力不足的重要原因之一。如我国检察机关的法律监督，检察机关除审查逮捕、抗诉等较为具体的监督手段外，其他监督手段普遍失之于软、失之于宽。对侦查活动和执行监管活动的违法，通常只能采取提出检察建议、发出纠正违法通知等方式进行监督，由于这些监督方式并不直接对被监督机关产生影响，需要被监督机关自觉转化为内部处罚才能发挥作用，因此，监督效力大打折扣。

3. "监督"与"制约"的融合之势

正是由于"监督"与"制约"具有各自优势的同时也无法避免自身的局限性，单一的控权手段无法实现对权力完全有效的控制，都不无例外地需要另一种方式的共同作用。我们也发现，虽然"监督"与"制约"从发展渊源、权力基础、运行方式、责任效果等方面都存在差异，且运用于不同的政治环境中，但也并非泾渭分明、彼此不容。因为两种控权方式的目标一致，都是为了加强对公权力的控制和约束，防止权力滥用，保障权力的正确行使。因此，在现代政治文明的发展进程中，无论是"三权分立"还是"一元分立"的政权结构，政治家们都逐渐摆脱了政治形态领域的思想束缚，多数国家在权力控制上都摒弃了单一的控权模式，渐渐将两种控权手段进行融合，采用以一种控权方式为主，另一种方式为补充的混合式权力控制方式。并且已经在各自的政治领域付诸实践。

（1）"制约"对"监督"的融合

一些采用权力制约模式的国家也建立了监督制度。如英国，为了加强对警察的监督，防止警察违法和滥用权力，2004年公布的《警察改革法案》中成立了"英国投诉警方独立监察委员会"，"该委员会有权调查处理所有对警方的投诉，如果认为警察涉嫌犯罪，该委员会有权实施侦查和逮捕，案件侦查后提请检察机关向法院起诉"。[①] 如法国，在2000年以后刑事诉讼的新发展中，也加强了对司法警察行使职权的监督，2000年第2000-516号法律增

---

① 朱孝清：《中国检察制度的几个问题》，载《中国法学》2007年第2期。

加了《刑事诉讼法典》第 75-1 条、第 75-2 条，明确规定了检察机关有权对警察机关实施侦查的情况进行监督；同时还对第 227 条作了补充，规定法院对司法警察也有权监督，上诉法院预审法庭有作出司法警察不得在其辖区内任职决定的权力。① 再如澳大利亚，甚至还设立了专门的监督机构，负责对公职人员职务廉洁性的监督。澳大利亚联邦的执法公正委员会和冤情大使办公室，昆士兰州的反犯罪及渎职公署、反腐败委员会，新南威尔士州的廉政公署、警察廉政公署等，监督机构享有独立于行政权的独立地位，直接对议会负责，享有与侦查机关的侦查手段相区别的调查权，调查结果一般是建议议会采取弹劾、作出不信任决议、制定或修改法律等措施，发现公职人员有犯罪行为的，移交侦查机关侦查。② 还有典型三权分立的美国，在 1978 年通过的《监察长法》中在内阁各部和联邦都设立了监察长一职，负责审计、调查其所在部门的舞弊、浪费、低效和滥用职权等问题，通过向国会递交监察报告的形式，提出改进部门工作、增强效益的建议。③ 可见，权力分立的国家虽然主要采用的是权力制约的控权方式，但也都建立了自己的监督制度，制定了相关监督法律，甚至还成立了监督机构。充分体现了"制约"方式对"监督"方式的融合。

（2）"监督"对"制约"的兼容

当今世界监督制度最典型的政治样本非我国莫属。虽然我国的国家权力结构模式和民主监督理论都根植于马克思、恩格斯的国家学说和监督构想，并具体起源于苏联的政治实践模式和列宁的监督理论，但随着 20 世纪末的东欧剧变、苏联解体，苏联的政治结构发生了巨大变化，其监督体系和职能也逐渐弱化。因此，当今我国的监督制度更具代表性，对笔者研究的落脚点更具有实际意义。我国是典型的集权模式下采用监督制度的国家，自几千年封建社会以来就是如此。但封建社会的集权是集于皇帝一人之手，而中华人民共和国成立后的"一元分立"的权力结构中的"一元"是全国人民代表大会，国家权力是集中于全体人民之手。在这"一元"之下，除立法权保留在全国人民代表大会直接行使外，其他国家权力根据权力性质的不同，根据权力运行分工的需要，分立出审判权、行政权、法律监督权、军事权多种下位权力，分别由全国人民代表大会选举产生的审判机关、行政机关、检察机关、

---

① 刘新魁：《〈法国刑事诉讼法典〉2000 年以来的重大修改》，载陈光中主编：《21 世纪域外刑事诉讼立法最新发展》，中国政法大学出版社 2004 年版，第 222 页。

② 参见朱孝清：《澳大利亚的监督制度》，载《人民检察》2007 年第 13 期。

③ 唐晓、王为、王春英：《当代西方国家政治制度》，世界知识出版社 2005 年版，第 211~213 页。

军事机关行使。这些机关向人民代表大会负责，接受人民代表大会的监督。上述国家权力同处于立法权之下，是平级的，相对独立的。其中检察机关是专门设立的法律监督机关，在国家最高权力机关产生的各项权力下，是一项专门履行监督法律统一实施的权力。"这种体制决定了中国的分权机制特有的禀赋：权力一元之下的分权和受限制的分权。"[①] 在我国刑事诉讼中，公安机关、检察机关、审判机关之间是分工负责、互相配合、互相制约的关系，这一原则也是写入我国《刑事诉讼法》的基本原则。"分工负责的实质是分权，即将国家所独享的犯罪追究权根据功能的不同划分为三种相对独立的权力：侦查权、起诉权、审判权，并将其分别赋予三个国家机关独立行使。"[②] 目的是通过权力的相对分立，使权力之间互相制衡，防止权力的专横擅断。具体制度体现有：检察机关可以监督公安机关立案或不立案是否正确；侦查机关要对犯罪嫌疑人进行逮捕需经检察机关批准；侦查机关不服不批准逮捕的，可以提请检察机关复议复核；检察机关对侦查机关移送起诉的案件有权决定起诉或者不起诉；对不起诉不服的，侦查机关可以提请复议复核；检察机关认为法院的判决有错误的，可以提出抗诉；对检察机关起诉的内容，法院可以决定是否采纳支持；对公安机关对非法证据作出的解释说明，法院可以判定是否有效，等等。可见，在监督模式下，也可通过有限和必要的权力分立兼容制约方式。

综上，笔者认为，"监督"不是集权国家的专利，采取分权制约的国家也有监督手段，"制约"也不是分权国家控制权力的唯一方式，集权国家中也存在不同程度的分权制约。"权力监督"和"权力制约"作为对国家权力的控制手段，并不专属于哪种政治结构，更不专属于哪种国家意识形态。从技术角度分析，更倾向于两种控权技术，而越来越多地被各个国家结合使用。只是在运用中，各国根据自身不同的政治环境、政权组织结构、权力运行特点等，选择有利于发挥自身结构优势的控权方式为主，另一方式为辅而已。

三、侦查权控制与中国式制度选择

（一）侦查权控制的内在必要性

1. 人性的局限需要对侦查权进行控制

"人性恶"是西方哲学家们思辨人性而得出的哲学论断，也是"三权分

---

① 孙谦：《理念、制度与改革》，法律出版社 2004 年版，第 31 页。

② 樊崇义主编：《刑事诉讼法学》（第 2 版），法律出版社 2009 年版，第 80 页。

立"政治理论的产生前提。西方的古代先贤们以及开创了分权制约理论的政治思想家们基本都持人性恶的观念。古希腊著名思想家亚里士多德认为，人性由生物或本能决定，社会源于人的自然本性，不可能从根本上改变人性，"人类倘若由他任性行事，总是难保不施展他内在的恶性"。① 即认为，权力的行使主体"人"本身是不可靠的，是需要管理控制的。社会契约论创始人之一，英国哲学家霍布斯发展了亚里士多德的观点，霍布斯认为人的本性是利己的，趋利避害是支配人类行为的根本原则，人的欲望是无限的，人类第一共同的"欲望"就是对权力不断地、无休止地欲求。② 而东方先贤孔子认为："人之初，性本善。"孟子更是性善论的典型代表，"仁义礼智，非由外铄我也，我固有之也，弗思耳矣。"③ "君子所性，仁义礼智根于心。"④ 马克思也不认可人性恶的论断，在对人性的讨论时表示，"一个种的全部特征、种的类特性就在于生命活动的性质，而人的类特性恰恰就是自由的自觉的活动"⑤，其认为自由自觉的生命活动是人类的根本属性。

　　西方的"人性恶"理论似乎对人性过于悲观，若完全基于人性恶理论，那社会规则即使星罗棋布、无处不在也无法阻挠人类作恶的魔爪。而实际上，以法律为首的各类社会规则也不可能做到无处不在，社会秩序的维持和国家统治的稳定，很多时候还要依靠人的自我约束和道德自律，是规则的他律和德行的自律共同作用的结果，因此人性恶的论断似乎过于绝对。当然，"人性善"抑或"人性恶"是哲学领域一个苦苦思辨、永恒探讨且永远也无法得出结论的话题。笔者并非想就人性善恶及人性本质展开讨论，但笔者认为，人性本初无论良善或邪恶，其本身不是一成不变的，随着人年龄的增长和社会环境的影响肯定会发生变化，也许变得更好，也许变得更糟。"人性深受教育和环境的影响，教育和社会能改变人性。""人类行为及人性是由社会决定的。"谁也无法预测在各种复杂变化的环境影响下产生的人的社会行为的具体指向，基于人性本身或客观环境所作出的行为选择是难以预料的。而且芸芸众生生来也都不尽相同，有些人生来性情善良温婉，而有些人生来性格暴戾乖张。因此，从政治范畴或社会管理角度来讲，人性既然有自私的可能，有变坏的可能，有局限性存在，就不妨碍我们以最低的行为标准和最基本的

---

① ［古希腊］亚里士多德：《政治学》，吴寿彭译，商务印书馆 1965 年版，第 70 页。
② ［英］霍布斯：《利维坦》，黎思复译，商务印书馆 1985 年版，第 72 页。
③ 《孟子·告子上》。
④ 《孟子·尽心上》。
⑤ 《马克思恩格斯全集》（第 1 版）第 42 卷，第 96 页。

行为要求制定社会规则。运用底线思维，制定法律制度，防止最坏的情况出现，对运用权力的主体进行控制和约束。

2. 权力扩张膨胀的本性需要对侦查权进行控制

前文所述，侦查权本质属于行政权，具有很多行政权的特征。行政权遵循上命下从的权力运行方式，追求效率、积极主动、运行灵活，强调执行的有效性和迅捷性，本身对权力的制约较少。因此，侦查权体现出易于扩张膨胀、运行灵活随意的特性就不足为奇。例如，侦查权在启动上受限不多，侦查机关获得犯罪线索后，是否启动立案侦查由侦查机关自身决定，这就存在对该立案而不立案或者不该立案而立案的情况，这就为隐瞒犯罪线索，对正常社会经济行为进行不当司法干预，甚至以犯罪线索进行权力交换等违法行为留下了权力空间。再如，侦查权运行中为追求侦查结果的有效性，通常是积极追求对犯罪嫌疑人移送起诉的结果，这就导致在破案难度较大或时间紧迫的情况下，可能会无视侦查手段的正当性，而采用违法讯问甚至刑讯逼供、违法使用技侦措施、滥用强制措施等违法侦查手段。又如，侦查权的垄断性和强制性特征，使其在运行中容易忽略辩护律师和辩护方的意见和要求，容易侵犯犯罪嫌疑人、被告人的诉讼权利，造成侦查中心主义的弊端。这种扩张膨胀性体现了权力的本性，也体现了侦查权的本性，是权力与生俱来的、不可避免的负效应。这时侦查权就像难以约束的猛兽，随时可能侵犯他人权利，因此侦查权的本质属性决定需要对其严格控制与合理约束。

3. 人权保障的要求需要对侦查权进行控制

《世界人权宣言》在序言中写道，各国应通过国家的和国际的渐进措施，使人的基本权利和自由在各国人民中得到普遍和有效的承认和遵行。英国现代哲学家米尔恩教授在《人权哲学》一书中阐述了极具启示意义的人权观点，他认为人权不是人类社会的理想，不是西方发达国家的专利，而应是一种最低限度的权利，这种最低限度的人权是以普遍的、最低的道德标准为根据的，因此是超越了国界、文化和社会形态，具有普遍性和普适性的基本权利，包括生命权、要求正义权、受帮助权、自由权、被诚实对待权、礼貌权以及儿童的受抚养权。① 这种观点已经被包括我国在内的现代各国刑事司法所认同，我国在宪法和刑事诉讼法中明确将"尊重和保障人权"作为基本原则。

从权力运行机理上看，刑事诉讼是以剥夺或限制当事人基本人权为基础

---

① 参见孙谦：《逮捕论》，法律出版社 2001 年版，第 118~123 页。

展开的法律程序。从刑事立案起，甚至超出了通常人们所认为的程序开始的起点，国家机关就可以通过行使公权力对公民的人身权利合法"侵犯"①。为了维护社会秩序的需要，法律赋予国家公权力这种"侵犯"以合法性，所有成员都被要求必须忍受一定限度的个人基本权利的限制与受损，这个限度是多少，就是以法律明确规定的最基本的侦查需要为限，不能有任何超越。因为侦查权力扩张膨胀的本性注定其极易越界，而稍一越界就侵犯了相对人的基本人权，所以必须将人权保障提升到宪法和刑事诉讼法原则的高度予以重视。因此，"尊重和保障人权""惩罚犯罪和保障人权并重"被作为刑事诉讼的原则和目的，贯穿刑事诉讼始终。在刑事诉讼中，所需要公民忍受的、需要限制和提防的最危险的权力就是刑事侦查权。

刑事侦查权运行中，无论是拘传、拘留、逮捕、取保候审、监视居住等对人的强制措施，还是查封、扣押、冻结、搜查等对物的强制性侦查措施，还是监听、监视、秘密侦查等对隐私的秘密侦查措施，侦查行为一开展就构成了对人最基本的自由权、财产权、隐私权的"侵犯"。而诉讼过程中，犯罪嫌疑人、被告人有权获得律师帮助、获得公正审判、及时审判等诉讼权利同样属于需要保障的基本人权。理论上我们每个人都有成为犯罪嫌疑人的可能性，保障犯罪嫌疑人的基本人权就是在保障每个公民的基本人权。对侦查权的严格控制和对人权保障制度的完善，是一个问题的两个方面，二者呈此消彼长的关系。侦查权控制得好必然对人权保障得好，人权保障水平不高必定是侦查权泛滥的后果。因此，严格控制侦查权、切实保障人权，不仅是满足国际社会对人权保障的要求，也是衡量一国政治制度文明程度的重要标志，更是促进法治国家建设的必然要求。

4. 司法公正的彰显需要对侦查权进行控制

司法公正是司法的基本要求和价值追求，而司法的公正与否不仅体现在判决结果公正上（实体公正），也体现在诉讼程序公正上（程序公正），甚至在二者发生冲突时，程序公正本身更能体现司法公正。"案件事实的复杂性、可塑性以及法律适用的不确定性，决定了实体公正内涵的不确定性，而程序本身的自治性、形式性、刚性和安定性能够最大限度地保证程序公正内涵的确定性。二者冲突时，内涵不确定的实体公正显得虚无缥缈，而内涵确定的

---

① 通常案件从刑事立案开始，侦查权开始运行，但职务犯罪案件中，在立案程序之前，设有初查程序。即刑事诉讼程序正式启动前，可以采取询问、查询、勘验、检查、鉴定、调取证据材料等不限制初查对象人身、财产权利的措施进行初查。相关规定见《人民检察院刑事诉讼规则（试行）》第 173 条。

程序公正却是真实、触手可及的。"① 侦查程序由于具有秘密封闭的特点，这就使人们对暗箱操作、司法不公、权力滥用产生了无限的想象空间。因为权力行使过程的不透明，使人们不信任权力行使的公正性，进而对结果的公正性也充满疑虑。如何消除人们对司法公正的疑虑又兼顾侦查保密性的需要呢，笔者认为：一要完善侦查程序设置，通过建立正当程序、严密程序运行轨道，让侦查主体对侦查行为的自由裁量权不能随心所欲，从而从程序设置上控制权力行使，减少权力恣意的空间；二要加强对侦查权的监督制约，通过权力监督和权力制约控制侦查权的运行。由于侦查保密的要求，社会公众虽不能亲临侦查权行使现场，但基于对监督者的信赖和对程序制约作用的信任，达到信任侦查权公正运行的效果。这就是程序本身独立价值的体现，即程序的公正使人们建立起了对司法公正的信任。美国最高法院大法官道格拉斯（William O. Douglas）精辟地指出："坚定的遵守严格的法律程序，是我们赖以实现法律面前人人平等的主要保证。"②

（二）侦查权控制的现实紧迫性

1. 对十二起冤假错案的实证分析

讨论控制侦查权的现实紧迫性问题，不妨让我们先来看一组根据公开报道不完全统计的案件：广西庞某祥、香某武抢劫杀人案，安徽代某民、李某春、李某故意杀人案，河南杨某涛强奸杀人案，贵州张某祥故意杀人案，湖南欧某抢劫案，贵州高某举、谢某勇抢劫杀人案，福建念某投毒案，广东徐某强奸杀人案，海南黄某光故意杀人案，甘肃陈某琴投毒杀人案，广东王某其非法买卖枪支案，内蒙古呼格强奸杀人案。这 12 起案件是 2013 年 11 月至 2014 年 12 月，党的十八大以来一年内司法机关纠正的冤假错案。③（见下表）

---

① 樊崇义主编：《刑事诉讼法学》（第 2 版），法律出版社 2009 年版，第 36~37 页。

② William Douglas, Joint Anti-Fascist Refugee Committee v. McGrath, 341 U.S.123,179(1951)(concurring).

③ 相关案件情况参见各新闻媒体的报道。

党的十八大后一年内司法机关纠正的冤假错案统计

序号	案发地点	姓名	案由	判决	案发时间	纠正时间	关押期限
1	广西北海	庞某祥 香某武	抢劫杀人案	死缓	2007.8	2013.12	7 年
2	安徽蒙城	代某民 李某春 李 某	故意杀人案	2 死刑 1 死缓	2002.8	2013.12	11 年
3	河南商丘	杨某涛	强奸杀人案	死缓	2001.8	2013.8	10 年
4	贵州	张某祥	故意杀人案	死缓	1999.12	2014.6	11 年
5	湖南	欧某	抢劫案	10 年 6 个月	2009.7	2014.7	5 年
6	贵州	高某举 谢某勇	抢劫杀人案	无期	2004.1	2014.7	10 年
7	福建	念 某	投毒案	死刑	2006.7	2014.8	8 年
8	广东	徐 某	强奸杀人案	死缓	1998.8	2014.9	16 年
9	海南	黄某光	故意杀人案	无期	1994.7	2014.9	18 年
10	甘肃	陈某琴	投毒杀人案	死缓	2009.9	2014.9	5 年
11	广东	王某其	非法买卖 枪支案	10 年	2009.10	2014.11	5 年
12	内蒙古	呼格	强奸杀人案	死刑	1996.4	2014.12	已执行

　　上述 12 起冤假错案中，除 1 起买卖枪支案外，其余 11 起都是致人死亡的命案，命案比例高达 92%，可见命案是冤假错案产生的重要领域。在已判决的案件中，当事人基本都被判处死刑、死缓、无期徒刑或 10 年以上有期徒刑的重刑；12 名主要当事人中，其中 11 人平均被关押 9.6 年，最长的海南黄某光被关押 18 年，最短的也有 5 年，内蒙古呼格已被执行死刑；在侦查期间，除广东王某其非法买卖枪支案外，其他 11 起案件当事人都反映遭受了侦查机关的刑讯逼供。这些冤假错案的当事人除遭受了在狱中丧失自由、名誉蒙冤、身体和精神遭受的巨大压力外，还无一例外的导致了人生轨迹和生活境况的巨大改变。其中，有的人在关押期间亲人离世、有的亲人因常年上访

申诉而身患重病、有的经营尚好的生意被荒废、有的出狱后年近半百仍难以娶妻生子。冤案平反后，虽然当事人恢复了人身自由，名誉被昭雪，但生活早已恍如隔世、物是人非。蒙冤者的一生因一起案件而改变，时间已逝，人生已没有从新来过的机会，对他们来说像正常人一样生活是接下来最大的愿望。更勿提其中有些人已丧失生命，永远无法挽回；有些人仍无法获得国家赔偿，生活窘迫；有些只是以取保候审的形式恢复自由，仍没有获得法律上认定的清白。从自然人个体来说，每一起冤假错案的背后都是对一个人人生的摧残、一个家庭的摧毁；从社会整体来说，每一起冤假错案都是对国家法治建设的沉重打击，司法机关办理一百起、一千起正确案件产生的正面影响抵不过一起冤假错案造成的负面影响，司法公正受到严重威胁。冤假错案的代价是惨重的，因此，我们必须认真分析冤假错案产生的原因，深刻反思我国司法制度中的问题。

2. 对冤假错案直接原因的分析

（1）"刑讯逼供"是罪魁祸首

上述 12 起冤假错案中，除广东王某其非法买卖枪支案未查到对侦查机关是否存在刑讯逼供的报道外，其余 11 起案件的蒙冤者无一例外地反映遭受了侦查机关的刑讯逼供。这些案件中存在非常严重的刑讯逼供行为，使人不得已作出虚假陈述。原本属于应当被排除的非法证据，但就是这些虚假"口供"非但得不到排除，反而被用来作为指控犯罪、认定有罪的有力证据，甚至是唯一的证据，奠定了冤假错案的证据基础。

（2）违法取证，甚至隐瞒、伪造证据

冤假错案中的违法取证早已超越了仅仅违反诉讼程序的程度，基本都是刑讯逼供、屈打成招，甚至还有伪造证据令人震惊的情况。湖南欧某抢劫案中，在犯罪嫌疑人欧阳伟辉辨认不认识所谓"同案犯"欧某后，侦查人员非但没有释放欧某，却隐匿了这次辨认过程，后又伪造了欧阳伟辉通过一组照片辨认欧某是同案犯的辨认笔录，还诱导他人指认欧某为罪犯，伪造证明其有罪的证据。这是一起令人难以置信的侦查人员亲手制造的冤假错案。侦查人员在通过辨认已经得知至少应当合理怀疑"犯罪嫌疑人"并不涉案后，侦查人员不是选择释放犯罪嫌疑人转换侦查方向，查找真正的罪犯，仍然不善罢甘休，开展对当事人的刑讯逼供、伪造辨认笔录、威胁证人作虚假证言等违法侦查行为，亲手制造"有罪证据"，强行认定当事人有罪。这种无视法律、泯灭良知，主动制造冤假错案的做法十分令人震惊。

（3）只重视有罪证据，无视无罪证据

这些冤假错案中，或多或少都有无罪证据存在，有的案件无罪证据的数量远多于有罪证据。但这些无罪证据通常都被办案人员视而不见或置之不理，而刑讯逼供得来的"有罪供述"却被格外重视，作为认定案件事实的主要证据。在广西庞某祥案中，证人证言以及对相关房屋建造情况的调查均证实，庞某祥于 2007 年 1 月 6 日至 12 日期间在 200 里外的钦州市为亲戚盖房子，但侦查机关却指控他参与了 1 月 8 日、10 日两晚在北海市实施的抢劫案。证人出庭作证案发在 2007 年 3 月 19 日晚，庞某祥在浦北老家与村里人在一起赌博，相关证人也可以证明犯罪发生时被告人不在犯罪地城市，但司法机关仍认定庞某祥当天参与了作案。缺乏作案时间这样明确的无罪证据被办案机关置之不理、不予认可，无罪证据没有被推翻，也并未被合理解释，案件没有达到法定证明标准，但仍被认定为有罪。

（4）辩护意见、无罪辩解难以被采纳

"防止犯错误最简单的办法，就是重视和珍惜不同意见。'听取'应当是司法人员最基本的习惯，听取不同意见尤其是律师的意见，是办案中发现错误最经济、最便捷的途径。"① 在实践中，提出的定罪意见往往受司法机关欢迎，而"证据不足""非法取证""无罪"等意见往往被有意无意地忽视或排斥。上述 12 起冤假错案根据法律规定都有辩护律师参与辩护。在辩护中，律师均不同程度的发现、提出了证据不足、证据间存在矛盾、存在无罪证据等有利于被告人的事实、证据和理由。当事人也都对自己作出了无罪辩解，提出了遭受刑讯逼供的情况，甚至在法庭上详述被侦查机关刑讯逼供的情节，提出无罪证据等。这本应是极好地纠正侦查错误、避免酿成冤假错案的机会，但这些正确的意见都未被重视，也未被采纳。事后证明，律师提出的辩护意见都是正确的、准确的，被告人提出的无罪证据和辩解都是真实的。

（5）证据间存在矛盾仍坚持定罪

从这些冤假错案来看，不仅侦查取证环节存在逼供、诱供，对无罪证据和理由置之不理等情况，而且还存在证据间重大矛盾未予排除合理怀疑，在存在明显证据矛盾的情况下仍坚持认定有罪的情况。例如，海南黄某光案，几位同案犯和证人在陈述黄某光杀人时所用的凶器时，分别供述了剑、木棍、西瓜刀，几个充满矛盾的凶器，且对作案时间、参与人员也是说法不一、矛盾重重。再如，安徽代某民案，被告人供述的作案凶器与侦查机关的伤情鉴

① 孙谦：《关于冤假错案的两点思考》，载《中国法律评论》2016 年第 4 期。

定及凶器推断并不吻合；湖南欧某案，同案犯证实受害人被控制后，由欧某打电话叫司机对他们进行转移，但当天和第二天凌晨欧某手机并没有通话记录；前述的广西庞某祥案，多个作案细节不合逻辑，有多份证据证明被告人作案时间内在其他地方活动。如果对这些矛盾证据稍加留心，负有责任地予以核实排除矛盾，则完全能避免冤假错案的发生。

3. 对冤假错案深层原因的分析

通过对这些具体案件直接原因的分析，反映在背后更深层次的原因是观念和制度上的。其实，这些冤假错案的产生并非偶然，而是有规律可循的：

一是"口供中心主义"的观念根深蒂固。过分依赖口供，固守传统的口供定案模式，为了追求这个"证据之王"，刑讯逼供自然应运而生。早在17世纪的法国，有法学家曾经深刻地指出：刑讯是一种绝好的发明，它一方面可以使一个意志薄弱的无辜者被判有罪，另一方面也可以使一个意志坚强的有罪者被判无罪。当刑讯逼供成为侦查的主要手段时，冤假错案就肯定会产生。

二是有罪推定观念仍然存在。刑讯逼供、违法取证、伪造的虚假证据一旦进入诉讼程序，无论出现什么样的相反证据，无论辩护律师和当事人如何辩解，都极难撼动非法证据的地位。之所以司法人员更愿意接受"能定""能判"的有罪证据，不喜欢排斥相反证据、无罪证据，非法证据难以被排除，除以前我国刑事诉讼中尚未确立非法证据排除规则外，还是司法人员心中有罪推定的观念和追诉的观念在作祟。我国长期封建司法的惯性思维加上新中国成立后一段时间"斗志意识"的影响，使司法人员注重司法的打击功能，而忽视人权保障，常常内心更倾向于犯罪嫌疑人就是罪犯。在有罪推定的观念下，自然对无罪意见、相反证据视而不见。

三是诉讼纠错程序失灵。诉讼程序的设计本意应是后面的诉讼环节对前面的诉讼环节进行审查把关，纠正错误和偏差。但我国实践中，公、检、法三机关则形成流水线作业的办案共同体，侦查决定起诉，起诉决定判决，逮捕、起诉、审判等程序很难对侦查中的错误和偏差予以纠正，对侦查中的错误和不规范行为容忍度极高。公安机关的"一纸说明"常常成为其"自证清白"的主要方式，并得到审判机关的认可。侦查环节出现的错误被层层传导至审判中，最终正式酿成冤假错案。侦查环节成为诉讼中实际的中心，实质上决定着审判结果，形成了我国实践中的"侦查中心主义"。

当然，冤假错案的产生是复杂的、多种因素交混作用的结果。有学者还指出了以下原因："命案必破"等违背诉讼规律的办案指导思想、法院检察院独立性不足、过分迁就社会舆论和被害人压力、司法经费不足、侦查技术科技水平低、错案纠正难度大等，① 这里不再一一论述。

通过对冤假错案背后规律的总结，不难发现，哪一起冤假错案的产生都无一例外地与侦查环节有着密不可分的关系。侦查机关成为很多冤假错案的始作俑者，对冤假错案的产生有着不可推卸的责任。之所以造成这种情况，除上述主观理念的原因外，当然也有侦查自身的地位、属性以及外部环境等客观因素的作用。一是侦查环节处于诉讼过程的基础性、前沿性地位，对非法证据有区分职责。侦查环节是案件证据的收集环节，案件中绝大部分证据都形成、提取、固定于这个环节，因此也就具备了产生、制造虚假证据的条件，并承担着判断虚假证据的职责。侦查阶段的案件处于扑朔迷离、真假难辨的环节，侦查机关既要侦查取证又要辨别证据真伪，承担的是基础性、开创性的工作。对于犯罪嫌疑人的无罪、罪轻供述，到底是其为逃避罪责而编造的谎言，还是正常的辩解，区分难度较高。二是法律不健全、制度不完备。2010 年两高三部出台的《关于办理死刑案件审查判断证据若干问题的规定》和《关于办理刑事案件排除非法证据若干问题的规定》（以下简称《两个证据规定》），2013 年修改后《刑事诉讼法》实施，在此之前，我国法律中并未确立非法证据排除规则。对"非法证据"的认定范围、审查方式、排除方法、排除效力等方面都缺乏具体的法律规定，对死刑案件的证明标准、不同证据种类证明力、翻供的效力等问题也没有详细的规则。刑事司法制度还处于较粗疏的阶段，办案实践中出现的问题也就不难想象了。三是对侦查权监督制约不足。人是变化的、感性的，制度才是理性和稳定的。案件办理不能依赖办案人员的个人觉悟和自律精神，一定要使监督更加有力，制约更加充分，才能保证案件的理性运行。检察机关承担着对侦查活动进行法律监督的职责，但侦查机关是司法实务中的强势部门，侦查过程又有秘密封闭的特点，加之法律对监督手段设置有限，因此对侦查权制约不足、监督软弱的情况长期存在。本书将在后面用专章论述这一问题。

通过选取近年来纠正的 12 起冤假错案及其展开分析，目的是从冤假错案这个现实角度观察我国对侦查权控制的必要性和紧迫性。为了避免冤假错案的发生，守护司法最基本的公正，现实的需要促使理论上必须对如何控制侦

---

① 参见陈永生：《我国刑事误判问题透视——以 20 起震惊全国的刑事冤案为样本的分析》，载《中国法学》2007 年第 3 期；孙谦：《关于冤假错案的两点思考》，载《中国法律评论》2016 年第 4 期。

查权进行系统的研究，且这种需求是十分紧迫的，这种研究也要立足当前，务求实效。

（三）侦查权控制模式及我国的选择

1. 宏观权力层面的制衡模式

正如上文所述，权力监督具有不影响权力运行效率、覆盖面广的优势，但却有裁量性大、监督效力不足的劣势；权力制约具有监督效力高、控权能力强的优点，也有运用环境受限、影响权力行使效率的不足。经过几千年的历史演进和政治实践，各国逐渐认识到，"监督"与"制约"这两种控权方式都有各自的优势，又都有自身无法避免的弱点。因此，为有利于对公权力的制衡，当今各国在对国家权力的控制中，都选择同时运用"权力监督、权力制约、权利监督"等多种控权方式。在宏观的国家权力层面，西方法治国家多数采用"权力制约+权力监督与权利监督"模式，我国则是"权力监督+权力制约与权利监督"模式。二者的区别在于对权力制衡的主要方式不同。

我国以"权力监督"为主要控权方式。在我国"一元分立"的政治权力结构下，国家最高权力机关，全国人民代表大会集中拥有全部国家权力，为了权力行使的有效性，从这个集中的权力中分立出立法权、行政权、审判权、法律监督权、军事权。除立法权留在全国人民代表大会由自身行使外，其他各项权力分别授权给行政机关、审判机关、检察机关、军事机关行使。分立出的各项权力来源于全国人民代表大会这个"一元"，因此必须接受它的监督，以保障正确贯彻权力所有者的意旨。全国人民代表大会对分设的各项权力的监督属于"元权力"监督，是最高级别、最高效力、最根本的监督，属于权力监督范畴。但"这种监督只能是宏观的，只能是针对具有影响的重大事项"，不可能是经常而具体的，但为了"防止权力走向腐败，理所当然要在一元化的人民代表大会之下设立一个专门的法律监督机关，所以，对人民检察院法律监督职责的授权是我国宪政制度所决定的。"[1] 因此，检察机关的法律监督是最经常、最直接的具体权力监督形式。故我国是以人民代表大会和检察机关为代表的权力监督为主的方式制衡国家权力的，这是由我国人民代表大会的政治制度所决定的。

西方法治国家主要以"权力制约"为主控制权力，这是由其"三权分立"的政治结构所决定的。西方国家的权力设置中，没有一个集中权力的所有者，而是在宏观层面根据权力性质的不同，将国家权力分为立法权、行政

---

① 樊崇义：《论检察》，中国检察出版社 2013 年版，第 31 页。

权、司法权，并分别交由国会、总统、最高法院行使。由于没有一个集中的上位权力存在，因此不存在权力源头的监督。而是为了防止权力滥用，制度上设计了三个权力互相牵制的运行规则，即所谓"三权分立"。当然，西方各国的权力分立形式也不尽相同，最典型的"三权分立"当属美国。在美国，总统有否决国会立法权，国会有弹劾总统和财政监督权；总统有提名最高法院大法官的权力，最高法院有监督总统和司法复审的权力；国会参议院有任命大法官的权力，最高法院有司法复审权，等等。可见，各项权力的制约本身即存在于具体的、经常性的权力运行中，因此则没有专司法律监督的机关存在。

因此，某一国家以哪种控权模式为主是由一国的政治结构决定的，当然也与一国的历史演进、司法传统、文化背景分不开。除主要的控权方式外，各国都还辅助以其他方式制衡权力，以弥补主要控权方式的不足。我国以权力监督为主，但辅助以权力制约的方式控制权力，如公、检、法三机关之间是以"互相监督、互相制约"为基本原则的，侦查权、检察权、审判权之间都在不同方面相互制约；检察官、法官需要人大进行任命才能履行职责；行政机关及权力机关的人员同样受到起诉、审判的制约。西方国家在以分权制约为主的方式下，也辅助以权力监督的方式控制权力，如英国、法国、澳大利亚等国家都设置了对警方的监督条款或监督机构。此外，各国还都以公民权利监督的方式辅助监督公权力的行使，如律师辩护、新闻舆论监督等。形成了现代各国有主有辅的综合权力制衡模式。

2. 侦查权制衡模式

对宏观国家权力的监督与制约趋于相互融合和补充，对侦查权这个具体权力各国又如何采取制衡的呢？对侦查权的制衡方式形成了一国的侦查模式，侦查模式则直接关系着侦查权力的制约和犯罪嫌疑人、诉讼参与人权利的保障。

（1）对抗式侦查模式

对抗式侦查模式也称双轨制侦查模式，是典型的英美法系国家的侦查模式。指侦查活动由官方和民间的侦查人员分别进行，而且他们分别从属于或服务于公诉方和辩护方，也就是说，检察官可以要求和指导侦查人员（一般为警察）就案件进行调查，而辩护律师也可以自己或聘请某些专门人员（一般为私人侦探和鉴定人员）调查案情和收集证据。① 对抗制侦查的思路是通

---

① 参见何家弘编：《外国犯罪侦查制度》，中国人民大学出版社1995年版，第26页。

过平等武装控辩双方，赋予控辩双方平等的侦查权和防御权，使双方在侦查过程中以平等对抗制约侦查权的行使。主要特点体现为：否认侦查权是国家专属的排他权力，认可公民也平等享有调查取证的侦查权。侦查阶段实行"两条腿走路"，侦查机关与犯罪嫌疑人一方都有权各自独立收集证据，侦查机关的侦查活动与犯罪嫌疑人一方的辩护性调查活动同时展开，没有高低、先后之分，并相互制约。为了能与侦查机关的侦查权对抗，赋予犯罪嫌疑人较为充分的防御权，如除上述赋予犯罪嫌疑人一方可与侦查机关同时开展调查的权利外，面对侦查人员的讯问，犯罪嫌疑人享有沉默的权利，没有必须供述的义务；侦查机关在采取限制人身自由的强制措施时，犯罪嫌疑人有权获得律师帮助，并以有权获得保释为原则，除特殊情况不受羁押；强制侦查实行令状主义，即在侦查机关拟采取强制侦查措施时，必须受到中立的第三方法官的审查批准，签署令状。

对抗式侦查模式产生于英美国家的司法土壤和社会文化。英美法系侦查模式的形成是以英美法系国家"市民社会先于国家"的思想为基础，对国家权力存在一种根深蒂固的提防与不信任，国家权力行使受到较多限制。"坚信国家权力是不可靠的，只有使得一切不可靠因素处于制约与平衡的系统之中，一种权力的恶性扩展和滥用的行为才能被抑制，处于社会中最弱势的个人自由才可能有保障。"① 除对权力加以分立制衡外，同时非常注重并强调个人权利的保障，注重以"权利制约权力"和"以程序制约权力"。因此，为制约侦查权，赋予了犯罪嫌疑人平等的对抗侦查的各项权利，并将这些公民个人权利上升为法律原则和法律规则，具有法律效力。

（2）职权式侦查模式

职权式侦查模式也称单轨制侦查模式，是大陆法系国家的侦查模式。职权式侦查模式的国家一般都将侦查作为审判程序的奠基性活动，是官方为查明事实真相而进行的单方面调查行为。② 侦查被设计为国家侦查机构针对犯罪嫌疑人的追诉活动，注重诉讼结果公正，并将侦查程序设计成实现这一理想结果的工具。特点体现为：在侦查程序中，国家职权运用具有较强的主动性和广泛性，为了收集证据、揭露犯罪事实，查明和证实犯罪嫌疑人，法律通常授予侦查机关较大的侦讯权力，可以依职权主动实施某些诉讼行为。③

① 参见林达：《总统是靠不住的》，生活·读书·新知三联书店1998年版，第61页。
② 参见何家弘编：《外国犯罪侦查制度》，中国人民大学出版社1995年版，第26页。
③ 谢佑平、万毅：《刑事侦查制度原理》，中国人民公安大学出版社2003年版，第129页。

犯罪嫌疑人处于诉讼客体地位，与侦查机关的诉讼地位和诉讼手段配置上不平等，权利不对等。如不承认私人侦查，将侦查权视为国家专属的排他性权力；律师在侦查阶段介入和作用发挥受限较多；在沉默权、羁押期限等方面也与对抗式侦查存在较大差距。为了获得客观公正的侦查结果，无论是司法警察、检察官，还是负有侦查责任的预审法官，都承担着客观地收集有利于和不利于犯罪嫌疑人的证据，查明犯罪事实，保证有罪者受到公正的追究，防止无罪者受到不适当的牵连的职责。大陆法系坚持以实体真实的观念为指导进行官方侦查，其侦查模式是以相信侦查机关公正客观地查明事实的能力为前提的。① 强调对国家权力的信任，这也为侦查程序中国家权力积极全面的介入以及各诉讼权力机关之间的协同配合奠定了基础。

大陆法系国家的职权式侦查模式与英美法系国家的对抗式侦查模式虽然所基于的诉讼理念与诉讼文化不同，基于的是不同的侦查模式思路。但现代，在很多方面，特别是对人权保障的基本方面，二者都具有很多相似的法律规定。例如，大陆法系国家增加了对犯罪嫌疑人沉默权的规定；对侦查机关的强制侦查措施都采取令状制度进行司法审查；对于律师在侦查阶段的法律帮助职能也在不断地加强，等等。通过是否承认沉默权和是否建立了司法审查来区分两种模式已是不可能和错误的。与此同时，英美法系国家也在逐渐吸收大陆法系国家职权式侦查模式的优势，一定程度上放宽了对侦查权的约束，增强其在追诉犯罪方面的能力。例如，1994 年英国在《刑事审判与公共秩序法》中对犯罪嫌疑人、被告人的沉默权作出了较大的限制，确定了一系列的例外规则，在一些法定的情况下，犯罪嫌疑人、被告人的沉默可以被用作对他不利的证据。② 应该说两种模式越来越趋近，互相吸收借鉴对方的一些侦查理念和做法，产生了一些共同的法律原则与法律精神，"其中又以大陆法系的侦查构造借鉴英美法系的成分较为明显"③。这是和世界范围内人权理论的快速发展和长足进步密不可分，相辅相成的。

3. 我国侦查权制衡模式的选择

我国的侦查模式在设置思想上有些类似于大陆法系国家职权主义的单轨制侦查模式，强调对犯罪的打击，相信侦查机关能客观的查明犯罪，偏重于案件实体真实，注重发挥公检法机关的主动职能作用。但又与职权主义侦查

---

① 孙长永：《侦查程序与人权——比较法考察》，中国方正出版社 2000 年版，第 22 页。
② 齐树洁主编：《英国证据法》，厦门大学出版社 2002 年版，第 290 页。
③ 孙长永：《侦查程序与人权——比较法考察》，中国方正出版社 2000 年版，第 22 页。

模式存在不小的差别，我国的侦查机关拥有超强的侦查权，且侦查权缺乏监督制约，对侦查权的控制松散薄弱，侦查阶段对犯罪嫌疑人、被告人的辩护权保障不足，救济措施缺失，有学者将我国的侦查模式称为"带有超职权主义的特征"①。体现为：侦查人员与犯罪嫌疑人一方权利地位极不平等，犯罪嫌疑人有义务接受、配合侦查机关的调查，并如实供述；尚未确立司法审查原则，侦查机关在侦查手段和强制措施的适用上拥有很大的自我决定权，除逮捕须经检察机关批准外，其他各项侦查措施都可由自己决定；侦查阶段律师介入及其受限，几乎难以发挥辩护作用；犯罪嫌疑人对违法侦查行为的控告申诉难获支持；侦查期间以限制人身自由的羁押措施为原则，非羁押诉讼方式是例外；审前羁押时间长，变更羁押措施的难度大，等等。也可以说，比大陆法系职权主义侦查模式更为职权主义，某些方面甚至还残存有封建制度中的纠问理念，忽视犯罪嫌疑人的诉讼主体地位，犯罪嫌疑人甚至被沦为诉讼客体。

侦查环节是刑事诉讼打击犯罪与保障人权冲突最激烈、矛盾最突出的环节。对侦查权的制衡中，既要监督制衡侦查权不滥用、不侵权，又要保障最大限度地发挥侦查犯罪的功能。不及则侦查权失控，过分则侦查能力不足，二者之间要找到控制侦查权的平衡点。一国的侦查模式是对该国的司法制度、诉讼模式、诉讼理念、诉讼文化，以及政治制度的反映，是国家权力结构的缩影。我国与西方法治国家在司法制度、法律文化、政治制度等方面都差异较大，因此，不必也无须效仿或照搬别国的侦查模式，但也并不意味着对其他国家的先进做法视而不见。合理借鉴其他国家的有益做法，特别是已经被大部分国家所采用的，符合法治发展方向的，成为各国法治共识的有益制度。还应当充分发挥我国自身特有的司法制度优势，强化、改善我们的有利方面，并结合我国当前法治发展进程与执法司法环境，综合运用各种方式，改进我国对侦查权力制衡薄弱的局面。

我国对制衡侦查权采用的是"权力监督为主，权力制约与权利监督为辅"的模式。但无论权力监督，权力制约抑或权利监督，都未能充分发挥制衡作用。"权力监督"这一主要控权方式途径单一、手段薄弱、效果欠佳；"权力制约与权利监督"这两种辅助控权方式更是法律规定不足、制度缺失、落实困难。造成了我国侦查模式"超职权主义"的特点。强化对侦查权力的制衡，应综合运用监督与制约两种方式，充分发挥中国特色社会主义司法制

---

① 陈瑞华：《刑事诉讼的前沿问题》，中国人民大学出版社 2000 年版，第 322 页。

度的优势，将"权力监督为主，权力制约与权利监督为辅"的侦查权制衡模式向"权力监督与权力制约为主，权利监督为辅"的方向转型，对上述三个方面都应予以强化完善。并应根据侦查行为的运行方式、行使特点等，对侦查权力精细化分解，在权力监督、权力制约以及权利监督范围内，准确选择相应的控权方式。一是补齐短板。对于当今各法治国家普遍认可、行之有效的基本侦查权制约方式，如建立侦查程序司法审查制度等，应当尽快构建完善。二是发挥优势。借鉴了列宁的法律监督思想而构建的中国特色社会主义检察制度，是与我国政治结构相适应、相匹配的。检察机关是国家的法律监督机关，应充分发挥我国检察制度的优势，强化检察机关的侦查监督。三是重视权利。完善犯罪嫌疑人、被告人及其他诉讼参与人的诉讼权利并将其诉讼权利实质化，加强个人权利对侦查权的监督制约作用。

第二章　侦查监督的基本范畴

一、侦查监督的理论渊源

侦查权属于国家权力中最易扩张膨胀的行政权，又是行政权中最具暴力强制性的国家权力，如果说人们从国家权力诞生之日起，就伴随着对其运行时刻警惕的话，那侦查权就是首当其冲被警惕的"最危险的权力"。正如英国著名大法官丹宁勋爵所说："假如社会保护自身和其公民不受犯罪分子危害的逮捕、搜查、监禁等手段被人滥用，那么任何暴政都要甘拜下风，但这种权力却可能被滥用。"① 因此各国都从未放松过对侦查权的监督制约。侦查监督的诞生绝非制度设计者的心血来潮，而是建立在权力制约、人权保障、正当程序、法治国家等众多理论基础上的必然产物，这些理论渊源构成了侦查监督的法理学基础。

（一）权力控制理论

权力是属于政治范畴的概念，是伴随着国家的产生而诞生的历史产物。现代社会中国家公权力理应具有行使边界是不言而喻的，这从公权力的诞生来源可以推理得出。无论是现代西方社会"三权分立"政治制度的理论基础"社会契约论"，还是社会主义国家"一元分立"下马克思主义提出的"人民主权论"，国家权力产生的法理基础都是来源于全体公民个人权利的部分让渡。公民让渡出来这部分个人权利是为了保障其更多的权利得以维护，因此权利的让渡是有限度的，故来源于公民个人权利让渡的国家权力必然也是有限度的，其行使具有原初性的天然边界。况且在权力行使过程中，为了权力运行的效力和效果，还被分解为若干类型，进一步限缩了每种权力的运行范

---

① ［英］丹宁勋爵：《法律的正当程序》，李克强、杨百揆、刘庸安译，法律出版社1999年版，第109页。

围。侦查权是国家权力分解出的行政权中的一种。但权力本身具有易扩张性，"得其一思其二，永无休止的权力欲是全人类共有的普遍倾向"①，"权力自身具有直接的强制力、形成力、权威性乃至暴力性，能自仗其力，自行其是"②。权力天生的扩张膨胀本性使其极易超越自身行使边界，给人们带来了危害，因此人们时刻对其严加防范和严密控制。刑事侦查权作为一种强制力极强、侵害性极大的"最危险的权力"，更是成为各国防范控制的重点。一旦对侦查权的约束失控，那无疑将面临警察国家的风险，公民将处于危险境地。因此，侦查权的权力属性决定了从其产生之日起就同时伴随着对其的时刻控制。

对权力控制的历史经验表明，"以权力制约权力"是最为有效的控权方式。西方国家以"三权分立"为政治理论理想模型，对隶属行政权的刑事侦查权施以立法权和司法权的制约。以我国为典型的"一元分立"权力结构模式下，"强调最高权力的不可分权特征，但在最高权力下强调各种权力的配置与制约"。③ 对隶属行政权的刑事侦查权主要以单独分立的法律监督权以其特有的法律监督手段予以控制。不同的政治制度虽然选择了不同的权控方式，但都没有脱离"权力控制权力"这个核心。在坚持以"权力控制权力"这个核心、基础的控权方式外，现代法治国家中逐渐重视并发展以"权利制约权力"的控权方式。主要体现为，犯罪嫌疑人享有沉默权、不得自证其罪权、获得有效辩护权，甚至有些国家承认私人取证权等，赋予个人（犯罪嫌疑人及其辩护人）相应权利以制约侦查权力的控制方式。"权利控权"的地位逐渐凸显，构成控权方式的重要组成部分。

（二）人权保障理论

现代意义的人权概念出现在资产阶级革命时期，第一次世界大战后，人权问题受到了国际关注。当时关注重点仅限于奴隶买卖、战争中的人道主义、少数民族等较窄范围的内容。第二次世界大战带来的战争灾难和对人权的漠视引起了国际社会的共同反思，在此之后，不仅人权理论得到了蓬勃发展，而且人权保护也取得了长足进展，形成了"以联合国以及各专门机构为人权国际保护的主要组织形式，以《世界人权宣言》和两个国际人权公约④为基

① ［英］霍布斯：《利维坦》，黎思复译，商务印书馆1985年版，第72页。
② 樊崇义：《论检察》，中国检察出版社2013年版，第53页。
③ 樊崇义：《论检察》，中国检察出版社2013年版，第66~67页。
④ 两个国际人权公约指《公民权利和政治权利国际公约》和《经济、社会和文化权利国际公约》。

本法律基础，由联合国绝大多数成员国参加的国际人权关系体系"①。人权的概念是个复杂而多角度的定义，抛开各种学理争论，从普遍认同的、较为抽象的角度定义，"人权是人所具有而且仅归属人的权利，它与神权、动物权等相区别"②，"人权指人由于其人的属性而具有的个人权利和自由"③。英国米尔恩教授提出了"最低限度人权"观，提出人权应当是维护人类赖以存在的、普遍的，包括生命权、自由权在内的最低限度的权利，克服了以往人权不具有普遍性的弊端。④ 同时，人权又是一个不断发展的、开放的权利体系，从生命权、自由权、免于酷刑和不人道待遇、获得公平审判权、隐私权、参与公共事务权等第一代人权，发展到工作权、社会保障权、教育权、健康权等第二代人权，再到自决权、发展权、环境权、和平权等第三代人权，也被称为集体人权，人权范围不断蓬勃发展、自我完善。⑤

在刑事侦查领域中，涉及人的生命权、自由权、获得公平审判权、隐私权等所谓的"消极权利"。"消极权利"指需要国家的不干涉来实现的人权，如果出于公共利益的需要，需要进行必要的干涉，则必须要以法律进行限制，并遵循比例原则的最低限度。侦查权就是充当必要时干涉个人消极人权的公权力角色。对犯罪嫌疑人人权的关注和保障是刑事司法不断发展的结果，体现了司法的理性与成熟，是一国法治发展文明程度的试金石。从古代社会的刑讯合法到现代法治国家的排除非法证据，从以密侦密报定罪到保障公民隐私权，从抗拒从严到不得自证其罪和沉默权，等等。刑事司法的进步既是人权理论推动的结果，也是人权观念在制度领域的彰显。侦查监督的广度和深度也同样随着人权理论的发展而不断发展。侦查监督不仅围绕保障犯罪嫌疑人、被告人的人权展开，也关注保障被害人人权，如立案监督通过对该立案而不立案或不该立案而立案的案件进行监督，而直接保障被害人的权利。此外，侦查监督还保障着诉讼中诉讼参与人的权利，如禁止威胁、引诱证人作证，是对证人作证权的保障。侦查监督是以诉讼中的侦查阶段为范畴展开的全面的权利保障体系。人权保障理论不仅是侦查监督制度的理论基石，也是

① 莫纪宏：《实践中的宪法学原理》，中国人民大学出版社 2007 年版，第 165 页。

② 卓泽渊：《法的价值论》，法律出版社 1999 年版，第 444~445 页。

③ 孙谦：《逮捕论》，法律出版社 2001 年版，第 116 页。

④ 参见孙谦：《逮捕论》，法律出版社 2001 年版，第 119~122 页；[英] A·J·M 米尔恩：《人权哲学》，王先恒等译，东方出版社 1991 年版，第 4 页；夏勇：《人权概念起源》，中国政法大学出版社 1996 年版，第 224~245 页。

⑤ 参见朱晓青主编：《国际法》，社会科学文献出版社 2005 年版，第 266~268 页。

侦查监督制度发展完善的理论前提和助力。即人权概念发展到何种程度，人权在刑事司法的侦查环节中需要保障到何种程度，侦查监督就应当相应的保障到何种程度。因此，侦查监督所依据的法律本体《刑事诉讼法》是一部人权保障的"小宪法"毫不为过。

（三）正当程序理论

正当程序理论也称正当法律程序，是刑事诉讼的基本诉讼原理，指"国家在剥夺或限制公民、法人的权利时，必须要经过正当合理的法律程序，否则就不得作出此类决定"的基本原则。① 权力既然具有扩张膨胀的特点，那就需要通过程序控制以限制权力运行。通过法律设定一个既定的权力运行轨道，保障权力在这个轨道上运行，不脱离偏离轨道，才能防止权力越界，并将权力侵害他人的程度降到最低。这个"运行轨道"就是正当程序，保障侦查权力在轨道上运行的力量就是侦查监督权。侦查权应当遵循正当程序运行，侦查监督权对侦查权是否遵循正当程序提供监督保障。

正当程序包括以下三个方面的内容：一是程序法定。首先为权力设定的这个运行轨道必须也只能是法律程序，这是现代法治国家的基本要求。与"人"相比，"法律"制度是相对稳定的、是预先设定的、是普遍适用的，也就有效防止了以"人"的意志行事时的随意性、不可预测性、针对特定人或事而制定的不平等性等弊端。二是程序正当。程序不仅要经法律设定，而且法律设定的这个程序轨道应当具有正当性。"正当性"是一个价值判断，什么是正当呢？这个标准恐怕见仁见智。而且"正当性"的内涵也是个不断发展的范畴，不是一成不变的，古代刑讯逼供被认为是正当的，而现代则是违法的。如此一来，是否正当性就没有一个客观标准了呢？当然不是。"正当性"在特定的历史范畴内会存在一个被普遍认可、普适的相对标准，即每个历史条件下都有自己的正当性标准。在当今，刑事诉讼中被公认的程序正当性标准包括：程序参与、程序公开、控辩平等，在法律程序的设立中，这些要求是程序正当与否的检验标准。三是程序保障。没有"程序保障"的上述"程序法定"与"程序正当"只能成为美好的理论幻想。程序保障是对法定程序的监督、制约与救济，通过授权性许可，制约侦查措施的运用，如司法令状制度；通过纠错提醒监督权力行使，如我国的检察建议，对侦查违法行

---

① 樊崇义：《刑事诉讼法再修改理性思考》，中国人民公安大学出版社 2007 年版，第 499 页。

为提出纠正意见；通过程序性制裁救济权力滥用，① 如非法证据排除规则，通过排除非法取证结果的制裁方式否定违法侦查行为。我国法律监督制度就是针对诉讼中各种权力是否遵循正当程序而设计的保障制度，侦查监督就是对侦查权力是否遵循正当程序以及是否脱离正当程序轨道时的监督机制。当然，侦查监督本身也要遵循正当程序原理的要求，在正当程序的轨道上履行监督职责。侦查监督也不限于程序性监督，当然也包括实体性监督。

（四）法治国家理论

在古希腊先哲柏拉图在国家治理中提出了"哲学王"之治的理论后，"为了避免重蹈柏拉图描绘'最完美的'国家蓝图的覆辙，亚里士多德把一个以法律为基础的国家假设为达到'善生活'的唯一可行的手段"，他认为"相对于一人之治来说，法治更为可取"。② 自此，"法治"成为国家治理方式中不可动摇的理论基础和首要方式，并被几千年来各种国家政治实践形态反复证真，成为国家社会治理中颠扑不破的真理。现代国家无不法治先行，我国也十分重视国家法治建设，但在法治的道路上经历了曲折反复的过程。在"文革"中，人们承受了丧失法治、人人自危、绝望无助的痛苦，历史再一次以反面教训的方式证明并验证了"法治"的真理性。吸取历史教训，1997年，党的十五大正式提出"依法治国"的基本方略；1999年，"依法治国，建设社会主义法治国家"被写入国家宪法；2002年，党的十六大指出"要把坚持党的领导、人民当家做主和依法治国有机统一起来"；2007年，党的十七大将依法治国列入建设小康社会新要求；2012年，党的十八大提出了"全面推进依法治国"和"加快建设社会主义法治国家"的目标；2017年，党的十九大把"坚持全面依法治国"明确作为新时代坚持和发展中国特色社会主义的基本方略之一。"法治"已是深入人心的基本共识，是我国国家发展的正确道路之选，这条道路我们要坚定不移地走下去。

"科学立法、严格执法、公正司法、全民守法"是依法治国的重点任务。其中"严格执法"的前提就需要建立完善的法律监督体系，保障法律的统一实施，保障权力的正确运行。"只有不断完善权力运行制约和监督的体制机制，使人民的监督权具有可操作性，发挥实实在在的作用，才能保证权力真

---

① "程序性制裁是通过对那些违反法律程序的侦查、公诉和审判行为宣告为无效、使其不再产生所预期的法律后果的方式。"参见陈瑞华：《刑事诉讼的前沿问题》（第3版），中国人民大学出版社2011年版，第241页。

② ［美］E. 博登海默：《法理学，法律哲学与法律方法》，邓正来译，中国政法大学出版社2004年版，第12~13页。

正属于人民而不被滥用。"① "依法治国"这一国家治国理政的基本方略要求必须加强和完善我国的法律监督体系，其中，侦查监督就是控制权力中最危险、最活跃的侦查权的重要方式，是我国法律监督体系的重要组成部分，是"依法治国"的重要内容。侦查监督应当成为我国法律监督体系中重点研究和着力完善的方面。只要侦查权控制住，司法权威就树立了一大半，只有侦查权控制好，法治国家才能最终实现。

二、侦查监督本体论

（一）侦查监督的概念

本书对侦查监督概念的使用有广义和狭义之分。狭义的侦查监督是指与"侦查制约"相对应的一种侦查权控制方式，只使用于与"侦查制约"进行比较中，以更准确地阐述这两种控权方式的特点。广义的侦查监督则包括对侦查权的监督、制约等各种控权方式在内，在不需要与"侦查制约"进行对应的情况下，出于表述的习惯性和简洁性，也使用"侦查监督"一词。② 本书第一章中对"监督"与"制约"两种控权方式进行了区分和比较，使用的是侦查监督的狭义概念，除此之外，则指广义的"监督"。什么是侦查监督，其内涵和外延是什么，西方国家的侦查监督是怎样的，有无规律可循，都将在本部分进行研究，作为本书的概念基础。

1. 域外侦查监督考察与分析

（1）英美法系国家的考察

在英国，各类侦查行为采用以下方式控制：逮捕、搜查、扣押等侦查行为由警察负责实施，但都必须事前向治安法官提出申请，经治安法官签发相应令状后，才能执行。除非遇到紧急情况，为了追捕案犯、制止犯罪或查获重要赃物可以进行无证逮捕或无证搜查，但应尽快移送治安法官补办证件。对辨认，英国规定了十分严格的辨认程序，并赋予了包括犯罪嫌疑人有权拒绝参加辨认和辨认人可以不作出辨认结论等在内的多项诉讼权利。在讯问上，保证供述自愿性是讯问的基本原则，为保障这一原则实现，英国确立了犯罪嫌疑人可以保持沉默、讯问中可以与律师秘密磋商，以及排除非自愿的口供等规则。此外，《1976年保释法》《1980年治安法院法》等法律还赋予了被

---

① 孙谦：《凝聚法治共识，提升司法品质》，载《中国社会科学报》2012年11月30日第A06版。
② 之所以仍采用"侦查监督"的表述，是出于在我国刑事司法领域中的用语习惯，我国对侦查权的控制无论是监督还是制约都普遍称为"侦查监督"，为保持用语延续性和行文简洁，避免混乱，故沿用这一表述。

羁押的犯罪嫌疑人在整个诉讼阶段申请保释的权利，保释指"被羁押人提供担保，保证按照指定的日期出庭，并履行必要的手续后予以释放的制度"①，保释申请如果被羁押警察或治安法官拒绝，还可以向刑事法院或最高法院提出上诉。

在美国，与英国类似，逮捕羁押也是在采取措施之前，先由警察向治安法官或地方法官提出书面申请，获得签发的逮捕证后才可以执行。美国也有无证逮捕，有些州还设立了重罪无证逮捕和轻罪无证逮捕，一般在私人住宅实施的常规逮捕，必须持有令状，若在公共场所实施的逮捕，一般无须持有逮捕令状。在搜查和扣押中，美国联邦宪法第四修正案禁止不合理的搜查、扣押。在20世纪50年代到70年代，除特别情况外，没有法官签发的搜查令状，警察不得对个人财产进行搜查或扣押，实行严格的令状原则。为遏制警察滥用权力，根据美国的"毒树之果"原则，如果搜查是非法的，那被扣押的物证无论具有多高的证明力，也都被认为是非法的，要被排除。在审讯中，美国于1966年确立了"米兰达规则"，即赋予犯罪嫌疑人保持沉默的权利和会见律师的权利。美国在遏制警察权滥用方面，确立了世界最早也最为完善的非法证据排除规则，通过对侦查结果的排除而彻底遏制警察非法取证的动力。当然，如今令状原则也发生了一些变化，主要适用于违反令状规定的时候，且非法证据排除规则，特别是"毒树之果"的例外也在不断增多。②

（2）大陆法系国家的考察

在典型的大陆法系国家德国的侦查程序中，"许多侦查措施或决定都必须由侦查法官来决定"，侦查法官可以根据检察官的请求决定逮捕、羁押、扣押、搜查、没收、身体检查、暂扣驾照等，"这样，通过这些措施所取得的证据，在法庭审理中才具有证据效力"。③ 扣押后，物品所有人可以向法官申请对扣押合法性的司法审查。在讯问方面，德国也确立了供述自愿原则，《德国刑事诉讼法》第136条a第1款规定了非法证据排除规则。被羁押人同样也享有向法官提出对羁押的合法性进行审查、撤销羁押的权利。

法国与德国也有很多相似之处，预审法官对侦查措施拥有较大的决定权，根据检察官的申请，只有预审法官对拘传、拘留、逮捕、司法监管、鉴定等限制人身自由等侦查措施签发令状后，警察才能予以执行；预审法官还是搜

---

① 参见程味秋主编：《外国刑事诉讼法概论》，中国政法大学出版社1994年版，第24~25页。

② 参见［美］约书亚·德雷斯勒、［美］艾伦·C.迈克尔斯：《美国刑事诉讼法精解》（第1卷·刑事侦查），吴宏耀译，北京大学出版社2009年版，第6~7页。

③ 参见程味秋主编：《外国刑事诉讼法概论》，中国政法大学出版社1994年版，第148页。

查、扣押、现场勘查的主体，当然要在专门技术人员的协助下进行；对预审法官的裁决不服，犯罪嫌疑人可以向上诉法院提出上诉。为限制预审法官相对过大的权力，从2000年起法国设立了"自由与羁押法官"，将限制人身自由的羁押权力赋予新设立的"自由与羁押法官"，对先行羁押强制措施实行双重监督。① 犯罪嫌疑人在接受讯问时，享有不供述的自由和选择律师的权利，犯罪嫌疑人要求指定律师时应当为其指定。

（3）域外国家侦查监督特点的分析

西方法治国家的侦查监督不是在"侦查监督"的概念下存在的，而是以正当程序理念为支撑，以对侦查权力制约的制度设计为载体而存在的侦查权控制制度。西方国家虽并不使用"侦查监督"这一术语，但对侦查行为的控制和约束却非常严格，对侦查行为的控制和约束就是侦查监督的具体方式，即广义的侦查监督、实质的侦查监督。虽然各国侦查制度、侦查措施、侦查程序各有特点，不尽相同，但西方国家在对侦查监督的理解和基本构造方面较为趋同，透过各国具体的侦查权控制程序，可以归纳出"程序控制、令状原则、权利救济"的方式共性。西方国家的侦查监督体现为"司法审查式权力制约和广泛深入的权利制衡为主，法律程序的严密控制为辅，狭义的权力监督为补充"的模式。

一是程序控制——为侦查行为设置严格的运行程序。程序控制是通过法律预先设置某一侦查活动规范运行的条件、范围和规则，对侦查权的运行设置边界，使其具有行使界限，难以任意而为，从而达到规范侦查权行使的目的。例如，英国的辨认规则，英国将辨认分为实人辨认、照片辨认、体貌辨认、声音辨认、动作辨认等类别。除赋予了犯罪嫌疑人拒绝参加辨认和辨认人拒绝作出辨认结论的权利外，还设置了：体貌辨认优先于声音辨认和动作辨认；辨认对象应为年龄外貌相似的人；辨认中混杂对象不得少于8人；混杂队列中只能有一名犯罪嫌疑人；存在多名证人时需单独辨认，且应改变混杂对象位置；未成年人参加辨认时，应有监护人在场，等等。规则详细具体，精细科学。② 再如，美国对物证"保管链"则设置了近乎苛刻的条件，"'保管链'要说明该物证从现场到法庭的每一个环节，说明什么人接触过该物证以及该物证有无变化，从而证明在法庭上出示的物证就是在现场提取的物

---

① 参见宋英辉、孙长永、刘新魁：《外国刑事诉讼法》，法律出版社2006年版，第279~284页。
② 参见宋英辉、孙长永、刘新魁：《外国刑事诉讼法》，法律出版社2006年版。

证"。① 在美国著名的辛普森杀妻案中,② 正是因为检方对现场血迹、血手套、血袜子等物证没有按"保管链"要求的正确程序采集提取,导致上述证据证明力大打折扣,最终致案件证据不足,辛普森被无罪释放。现代法治国家在法律中对各种侦查行为都会预先设置行使规则,但规则设置的是否严格、是否精准、是否合理,才是决定法律程序对侦查权控制强弱的重要内容。反思我国对侦查行为运行程序规范的粗疏甚至空白,致侦查权自由行使的空间非常大。以我国搜查程序为例,2012 年 12 月 13 日公安部发布的《公安机关办理刑事案件程序规定》中"搜查"一节仅有 5 个条文,其中 4 个条文都是对公安机关行使搜查职能的授权性规定。如紧急情况下可以无证搜查、搜查遇阻时可以强制搜查、要求有关人员应当提交无罪甚至有罪证据等。而对搜查权力予以制约的内容仅有 1 个条文,规定搜查时应持有搜查证和侦查人员不少于两人,加之散落在其他条文中的搜查妇女身体应由女工作人员进行和搜查笔录应经相关人员签字等,仅规定了搜查中最基本的程序要求。对搜查行为的规范,如物证的"保管"等重要环节都没有涉及,仍然是法律空白。详细、精准的侦查权运行程序与行使规范,既可以减少侦查权恣意的空间,又可降低事后监督的成本,对一部分较轻的侵犯当事人人身权利的侦查行为,通过单独运用程序控制的方式,则可以达到预防性监督,规范侦查权行使的目的。而这部分法律设置在我国存在很大的空白,不少侦查行为缺少具体规范,或规定过于原则粗疏,为侦查权运行留下了很大隐患。

二是令状主义——强制性侦查措施须经司法审查。不难发现,西方国家在侦查权控制中一个最大的共性是"令状主义"的施行。"令状主义"即侦查主体在施行逮捕、羁押、搜查、扣押以及窃听等强制性侦查措施之前,需向法官提出申请,经过法官对该措施的合法性审查后,对符合法定条件的申请签发许可令状,作为执行机关合法执行相关措施的依据的审批制度。在执行时,原则上需向被执行人出示该令状才能执行,当然该制度对一些紧急情况也预留了"先采取措施,后送交审查"的制度空间。"令状主义"是侦查程序中的一项制度创举,它最直观和集中地体现了司法控制、程序制约和人权保障的理念。令状主义的核心精神就是"权力制约",实质是通过侦查权

---

① 参见何家弘:《外国犯罪侦查制度》,中国人民大学出版社 1995 年版,第 74~76 页、第 125~126 页。

② 参见百度百科"辛普森杀妻案"词条,载 http://baike.baidu.com/link? url=yfqvNl2WiLpeKlb NSMYIxnC3hn_o9NrQDJ6MMCnRr6lrSJEz3QzAxlwpZx_hldVcadivW6qCK1DYUEJkK794v4hWkzT9UhXUeLo1 Dcg5Zl1wyvi218_ivH6shIx61tr_UNNa73His8UMHfJQLDGv7K。

体系之外的、中立性最强的司法权对侦查权行使的合法性进行审查，形式是签发令状。因此，"中立的司法机关"和"许可令状"是该制度的必备要件。由于这种制约是刚性的、事前的、授权性的，因此对侦查权行使的制约效力最强。由于这种制约是采取侦查行为的前提，因此可将权力滥用控制在最小，将人权保障预防在之前。"令状主义"在西方法治国家已得到广泛运用，并作为侦查程序的"令状原则"予以确立，涵盖了逮捕、羁押、搜查、扣押以及监听等可能严重侵犯人权的各类强制性侦查措施。而在我国，除逮捕需经检察机关批准，签发逮捕证外，其他强制性侦查措施都由侦查机关自我审批执行。只能说我国目前仅有一点令状主义元素，远未形成实质意义上的、全面的令状制度。这也是制约我国侦查权规范运行，影响侦查程序科学发展的重要体制性障碍。

三是权利救济——为辩方异议设置了救济程序。权利的实现是和权利救济紧密相连的，"无救济则无权利"，体现了救济对权利实现的重要意义。对权力要有惩罚措施才能保证权力的规范运行，对权利要有救济措施才能保障权利的真正实现，否则法律条文中的权利只能沦为象征性条款而丧失实际作用。侦查权是最易侵犯人权的一种公权力，保障权利与制约权力同等重要，保障权利本身也是对权力最好的制约，因此，西方法治国家无一例外地赋予了犯罪嫌疑人一方诉讼救济的权利。当辩护一方对有关强制措施的适用不服，或认为程度过限，或认为侦查行为违法时，可以向中立的司法机关提出申诉或控告，由司法机关进行审查并作出裁定，决定撤销侦查行为，或排除侦查结果、或惩处侦查人员、或救济辩方权利等。英国的保释制度、日本的准抗告、德国的撤销羁押申请、美国的人身保护令等都是侦查环节针对未决羁押的权利救济的具体制度形式。保释制度指"被羁押人提供担保，保证按照指定的日期出庭，并履行必要的手续后予以释放的制度"①，即以保释为原则以羁押为例外的制度形式对未决羁押予以救济。日本对于羁押的裁判，规定了"准抗告"的救济手段。"准抗告"起到相当于上诉的作用，适用于法官个人作出的裁决，准抗告法院经书面审理后可以作出撤销、变更原裁判或驳回准抗告的请求。②《德国刑事诉讼法》规定，被羁押的犯罪嫌疑人可以向羁押法官提出羁押审查之申请，羁押法官应对是否解除羁押进行审理，如果被羁押

---

① 参见程味秋主编：《外国刑事诉讼法概论》，中国政法大学出版社1994年版，第24~25页。

② 黄胜开、肖良平：《试论我国未决羁押的司法救济》，载《江西公安专科学校学报》2007年第3期。

人在羁押 3 个月时仍未提出申请，也未聘请辩护人，则羁押法官应主动依职权进行羁押审查。① 在美国，任何受到羁押的人如能证明这一羁押违反宪法，都可以向法院申请发布"人身保护令"，获得这一司法令状的人应被立即释放，这一制度被认为是宪法确立的"最重要的人权"，是"对个人自由的最好的和充分的保障"。② 我国在 2013 年施行的《刑事诉讼法》中新增了第 93 条羁押必要性审查和第 115 条对采取强制措施和侦查措施违法时的申诉控告条款。应当看到，这两个新增权利救济条款是人权保障原则由抽象到具体的制度化落实，是我国法治进步的具体体现。但也应看到，我国目前针对侦查行为的救济措施还明显单薄，监督手段还仅限于提出监督建议或通知纠正的方式，最终能否落实监督意见还得转化为侦查机关的自觉行动，强制力弱。在有着"重打击轻保护""超职权主义"思维传统和制度惯性的我国刑事司法领域，显然在权利救济方面远远落在了世界法治发展的后面。虽然转变将非常艰难，是个蜕变的过程，但我们没有退路，必须迎难而上，在法治进步的道路上，权利保障是不容犹豫和退缩的。

2. 我国侦查监督概念的界定

我国对侦查监督概念的认识主要存在以下几种观点：

第一种观点认为，侦查监督是对公安机关的侦查活动进行监督，认为侦查监督仅指侦查活动监督，不包括审查逮捕和审查起诉。主要理由是审查逮捕、审查起诉是法律监督但不是侦查监督的内容，他们是对案件适用法律的审查，是实现侦查监督的重要途径。③

第二种观点认为，侦查监督包括侦查活动监督、审查逮捕和审查起诉，但不包括立案监督，立案监督是与侦查监督并列的两种监督形式。因为刑事立案是法律规定的一个独立的诉讼阶段，刑事诉讼法把立案与侦查分设，刑事立案监督与侦查监督是具有不同的法律特征、监督对象的两项监督，不能混为一谈。④

第三种观点认为，侦查监督还应当包括立案监督，因为立案是侦查活动

① 参见［德］克劳思·罗科信：《刑事诉讼法》（第 24 版），吴丽琪译，法律出版社 2003 年版，第 299~300 页。

② 黄胜开、肖良平：《试论我国未决羁押的司法救济》，载《江西公安专科学校学报》2007 年第 3 期。

③ 索维东：《侦查监督教程》，中国检察出版社 1992 年版，第 6 页、第 21 页。

④ 戴玉忠：《刑事立案监督和侦查监督制度的法律地位和特征》，载最高人民检察院法律政策研究室编：《法律应用研究》（2002 年第 1 辑），中国法制出版社 2002 年版，第 87 页。

的初始阶段，经立案侦查机关才取得案件的侦查权，因此，侦查监督应将立案监督作为重要内容，[①] 认为侦查监督是对侦查工作实行的全过程的监督，既包括侦查程序监督也包括侦查结果监督，即应包括刑事立案监督、审查逮捕、审查起诉、侦查活动监督四个方面内容。[②]

第四种观点认为，侦查监督是指检察机关确立的"以审查逮捕、刑事立案监督、侦查活动监督三大职能为主要内容的侦查监督工作格局"。[③] 这是官方的主流观点，从 2000 年全国检察机关第一次侦查监督工作会议确立至今，此处是以表述职能的方式明确了侦查监督的内涵。

在对侦查监督概念的讨论中，对其基本含义"对侦查活动的法律监督"没有什么争议，产生不同定义的争论核心是对侦查监督范围认识的差别。故我国侦查监督概念不是语义之争而是范围之辩，界定侦查监督概念最核心的意义就是确定被监督的侦查活动的范围，即确定侦查监督的"域"。第一种观点是最为狭义的理解，虽然突出了对侦查活动的程序性监督，但范围过窄，不利于对侦查权的有效控制，该观点被采用的不多。第二种观点重视了对侦查结果的监督，但将立案环节与侦查环节生硬拆分，将法律中对立案的单独规定机械理解，割裂了立案是侦查的起点，以及立案与侦查的同质性关系，没有认识到立案权是侦查权的重要组成部分，这种观点也较少被采用，侦查监督包括立案监督在内，目前基本成为各方共识。第三种观点是我国的官方观点，也是实践中的主流观点，因为审查起诉毋庸置疑属于公诉制度范畴，放在侦查监督范围明显不恰，也与检察机关内部职能划分相冲突。但审查起诉既有公诉职能也有监督侦查活动的职能，并不因归属于公诉制度就被侦查监督划在范围之外，而丧失了监督侦查的职能。在实践中公诉部门也履行着一部分侦查监督的职责，在审查起诉中有责任对侦查活动合法性提出监督意见以及对证据合法性进行审查认定。故审查起诉时包括侦查监督职能在内，侦查监督的范围也应包括审查起诉环节在内。故笔者赞同第三种观点，即侦查监督范围包括立案监督和审查起诉在内。

在监督主体上，本书所论述的侦查监督是指针对侦查权能直接产生法律效力的检察监督和案件当事人的权利监督，而不包括立法机关监督、新闻舆论监督、公民监督、政党监督等间接发挥监督作用的普遍监督形式。监督对

---

① 龙宗智：《检察制度教程》，法律出版社 2002 年版，第 266 页。

② 左卫民、赵开年：《侦查监督制度的考察与反思——一种基于实证的研究》，载《现代法学》2006 年第 6 期；贺恒扬：《侦查监督论》，河南大学出版社 2005 年版，第 13~14 页。

③ 杨振江：《侦查监督工作三十年回顾与展望》，载《人民检察》2008 年第 23 期。

象范围上，包括从立案这一侦查活动起点到侦查终结这一侦查活动终点在内的全部侦查过程。在监督方式上，包括以"监督"和"制约"为主的对侦查权控制的各种方式和手段。因此，侦查监督的概念可以表述为：刑事诉讼中，法定监督机关通过立案监督、司法审查、审查起诉、侦查活动监督等方式，或诉讼当事人通过行使辩护权、控告申诉等方式，对侦查机关从立案到侦查终结过程中的侦查行为合法性进行监督制约的活动。

（二）侦查监督的性质与特征

1. 侦查监督的性质

（1）侦查监督是法律监督的重要组成部分

法律监督是国家权力机关为保障法律的统一实施和防范与控制其他国家权力违法行使而授权检察机关行使的一项国家权力。为履行好法律监督职责，从权能上法律监督又被分为公诉权、检察侦查权和诉讼监督权。诉讼监督权是检察机关对诉讼过程进行法律监督的权力，根据诉讼种类分为刑事诉讼监督、民事诉讼监督、行政诉讼监督。刑事诉讼监督是法律监督的传统监督范围和重点，但随着民事行政领域案件数量的迅速增长与案件类型的快速变化，诉讼监督也在逐渐向加强民事诉讼监督和行政诉讼监督的方向发展。在刑事诉讼监督中，根据诉讼阶段的不同，又分为侦查监督、审判监督、执行监督，分别监督刑事案件的侦查过程、审判过程和执行过程。从权力结构分解可以清晰地看出，侦查监督是法律监督的分支和下位概念，权力来源于法律监督权，因此具有法律监督的基本属性。（见下图）

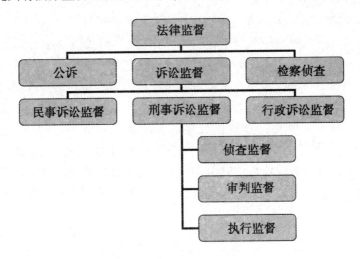

法律监督权力结构分解图

（2）侦查监督权属于国家权力的一种

在我国"一元分立"的政治结构中，国家最高权力机关将国家权力根据分工需要和权力属性的差异，分为立法权、行政权、审判权、法律监督权、军事权。其中，立法权留在最高国家权力机关全国人民代表大会行使，其他分立的权力分别由行政机关、审判机关、检察机关、军事机关行使。法律监督权是与行政权、审判权、军事权同级的国家基本权力形式，处于国家权力的第一位阶。侦查监督的上位权力法律监督权是国家权力的一种，因此，侦查监督权在权力属性上也是国家权力，具有权威性和强制性的权力特征，只是侦查监督权的权力位阶相对较低。之所以强调侦查监督权的国家权力属性是将其和"个人权利"相区别而言的。侦查监督权的权力属性是其与舆论监督、民主监督、政协监督等非权力监督区别的关键。非权力监督实质上为"权利监督"，权利监督并不具有权威性和强制性，不能对违法侦查行为产生直接的纠正或变更效果，只有当其转化为权力监督时才能对被监督主体产生实际作用。例如，新闻媒体报道了一起危害甚广的非法传销行为，但当地公安机关却迟迟不予立案。新闻报道本身属于权利监督范畴，仅仅是新闻报道并不能直接导致公安机关采取立案行为，但新闻报道使公安机关违法不立案行为被曝光，向检察机关提供了立案监督线索，检察机关则可以对公安机关展开立案监督，并可以公权力的强制力要求公安机关予以立案。这时权利监督转化为权力监督而发挥作用。可见，侦查监督由于其权力属性而具有了刚性，也与权利监督形成了明显的区别。

（3）侦查监督是兼具部分司法权与行政权的监督权

法律监督权的性质一直以来在学术界存在不少争议。因我国检察机关与审判机关同为司法机关，且法律监督表现出一定的司法特征的原因，有观点认为法律监督是司法权属性；而作为法律监督内容的检察侦查权又带有明显的行政权属性，又使法律监督脱不开行政属性色彩。笔者赞同，"关于法律监督性质，并不是非要在行政权与司法权两者之间做非此即彼的选择"①，"没必要在'三权分立'的框架下去寻找法律监督的归属，也不能用狭义的司法或行政去衡量法律监督的属性"②。"检察权的行政性质和司法性质有机结合，构成了法律监督权所特有的属性，使它既不同于行政权，又不同于司

---

① 谭世贵主编：《中国司法改革研究》，法律出版社 2000 年版，第 312 页。
② 甄贞等：《法律监督原论》，法律出版社 2007 年版，第 16 页。

法权，而成为国家权力分类中一种独立的权力"①。法律监督通过分割一部分行政权能和一部分司法权能，再结合监督权能，形成独具特色的法律监督属性，实现监督制约的权能。

2. 侦查监督的特征

（1）国家性

侦查监督权是国家权力，代表国家，以国家名义行使。国家性的体现包括法律性和权威性。侦查监督享有的监督手段、遵循的监督程序、采取的监督措施以及监督后果都由国家法律规定，不能自我创设和自我授权，即法律性的体现。既然侦查监督是依照法律规定行使的有权监督，被监督机关和个人应当自觉接受监督意见、纠正错误，对不予纠正或涉嫌违法的，应根据法律规定强制施行或予以惩处，即权威性的体现。我国侦查监督在法律性和权威性方面尚有所欠缺。侦查监督法律规定的空白多、监督方法单一、监督手段偏软偏弱，以致有些侦查监督意见仅对侦查机关起到提醒作用，监督效果的实现往往依靠被监督机关的自觉行动，权威性难以保障。

（2）单向性

单向性是针对侦查监督权运行方式而言的，指监督主体对监督客体的单向监督，而不允许反之互相监督。正如有学者指出的，"法律监督职能应当是一种单向性的国家法律行为，如果允许侦查机关进行反向制约，法律监督的权威性就无从体现，并最终形成侦查失控的状况"。② 我国《刑事诉讼法》规定公、检、法三机关的关系为"分工负责、互相配合、互相制约"，这一原则造成监督机关与被监督机关之间成为平等的互相制约的关系，即被监督者也能反之制约监督者。这样一来，被监督机关就和监督机关具有了同样制约的作用，影响了监督职能的发挥和行使效用，这也是侦查权难受约束的原因之一。

（3）司法性

侦查监督履行监督职责时还较为突出地体现了司法特征。司法性特征概括表述就是监督采取居中裁判、控辩双方参与意见、裁判结果可以救济的方式进行。侦查监督权属于法律监督的本质属性不妨碍其具有部分司法性特征，法律监督因分割了部分司法权和部分行政权而体现出了二者兼具的特征。司

---

① 孙谦：《中国的检察改革》，载《法学研究》2003 年第 6 期。

② 但伟、姜涛：《侦查监督制度研究——兼论检察引导侦查的基本理论问题》，载《中国法学》2003 年第 2 期。

法性是侦查监督必当具备的重要特征之一，不难发现，凡侦查监督司法性体现突出的国家，侦查监督作用发挥就好，反之则弱。西方法治国家普遍依靠行使司法审查的令状制度体现监督权的司法性，以司法审查形式进行监督可以保障审查的客观性，裁判的中立性，裁判结果的强制性，实现事前严控权力的目的。我国侦查监督中，只有逮捕体现了部分司法性质，其他强制性侦查措施并未受到司法审查，而逮捕本身也仍有待向司法审查改进的空间，因此迫切需要增加和强化侦查监督的司法性。

（三）侦查监督的目的

"目的"是行为想要达到的方向和想要实现的结果。研究侦查监督"目的"是为了确保研究方向的不偏离以及指引制度设计的合目的性。从字面来看，侦查监督的目的似乎就是"监督侦查权的正确行使"，但仔细思考，若侦查监督仅以"制约侦查权"为唯一目的，那一律施以最严格的制约手段和限制程序即可最直接地实现"制约"目的。但若如此，对侦查权大小、轻重、缓急不加区分，统一施以最严格的控制方式的话，不仅侦查活动寸步难行，恐怕监督机关也会疲惫不堪。不加区分、无处不在、简单粗暴的制约权力的监督思路将使侦查活动举步维艰，打击犯罪的侦查目的难以实现。

"制约侦查权运行"毋庸置疑是侦查监督的首要目的。侦查监督通过法律赋予的各种监督手段制约侦查行为，保障侦查期间诉讼参与人基本权利不被侵犯。但"制约侦查权运行"并不是侦查监督的唯一目的，侦查监督不是一味地绑束、禁止、限制侦查权，而是通过科学控制侦查权帮助侦查活动更好、更完整地实现"打击犯罪保障人权"的刑事诉讼目的。因此，"保障侦查运行和保障侦查效率"也是侦查监督不能忽视的目的之一。侦查权扩张膨胀的本性，自然而然地倾向于打击犯罪，若没有监督，侦查权本身无法自觉地实现保障人权。然而侦查监督在保障人权的同时，也不能不顾查明案件、证实犯罪和保障效率的侦查目标，否则侦查将丧失存在的价值。侦查监督"不及"则人权保障不足，"过限"则侦查活动受限。因此，侦查监督应以必要的最低限度呈现，在能够保障诉讼参与人基本人权的情况下尽量少地干涉侦查权运行。

"制约侦查权"是侦查监督的显目的，我们所看到的侦查监督的各种监督行为通常都是在实现这个"制约"目的。而"保障侦查权运行"是侦查监督的隐目的，这一目的难以从具体的监督行为中被直观感受，因其并不外在于侦查监督具体方式中，而是体现在对侦查监督制度的顶层设计中，对侦查监督的合理方式与科学手段进行制度安排。同时，侦查监督还要在合理时限内进行，以确保侦查效率不过分降低。侦查监督的各种顶层设计都要在这两个目的之间权衡协调。本书对我国侦查监督制度的建构也将紧紧围绕"制约"和"保障"二者展开。

（四）侦查监督的对象

1. 确立监督对象的基本原则

在侦查监督概念的讨论中，确立了侦查监督的范围，即从侦查立案起到侦查终结止，这是侦查监督所覆盖的程序起止节点。但在所确立的上述监督程序范围内，并非所有侦查行为都需要监督，监督本身也无法做到对全部侦查行为的全覆盖。从监督必要性的角度出发，只需要对其中部分侦查行为履行监督职责即可，这些需要被监督的具体侦查行为，就是"监督对象"。侦查监督对象的确立决定了侦查监督的广度和深度，决定了侦查监督方式的选择，因此，对侦查监督具有基础性和决定性作用。在监督方式的选择上，要根据侦查行为侵害公民权利的程度大小选择最低限度的监督方式；在多种监督方式中要尽量选择能够保障侦查效率的监督方式，以实现保障人权、打击犯罪、保障效率的统一。当然，我国目前的司法实践还远未达到监督过限影响侦查运行的程度，我国需要监督的侦查行为仍大量地游离于监督视野之外，监督手段单一软弱，监督效果不尽如人意，监督权威尚未形成。但在进行侦查监督顶层设计的时候，必须将侦查监督的必要性、比例性、及时性等基本要求同步考虑，统筹设计。

哪些具体侦查行为应当纳入监督对象，是由该侦查行为本身行使方式和运行特点决定的。若用一条相对抽象的原则予以概括的话，可以参照日本刑事诉讼法学者田口守一先生对侦查行为进行划分的观点。田口守一教授以侦查行为是否强行侵犯了相对人重要权益为标准对侦查行为进行了划分，将侦查行为分为强制侦查和任意侦查两大类。强制侦查是指对相对人"重要权益"强制侵害或干预的侦查措施，如拘留、逮捕等侵害人身自由的强制措施，搜查、扣押等侵害财产的强制性措施，监听、监视等侵害隐私的强制措施等。任意侦查是指不会对相对人的"重要权益"造成强制侵害或干预的侦查措施，如尸体检验、侦查实验、委托鉴定、跟踪等。当然什么是个人的"重要权益"，在具体实践中也存在不少争论和模糊地带，而且任意侦查也不代表"零侵犯"，使用一定的强制力，在考虑必要性、紧急性、适当性的标准下也是可以被允许的。①

借鉴这一标准，确定侦查监督对象的具体原则可以表述为：对强制限制或剥夺公民"基本权利"的侦查行为应当进行监督；对公民"基本权利"不会造成强制侵犯的侦查行为，可以由侦查机关自我约束，不纳入监督机关的监督范围。

2. 监督对象

在上述原则下，具体的监督对象可以包括：

（1）立案活动

我国专门设置了刑事立案程序作为侦查活动的起点，标志着诉讼程序的正式开始，也意味着侦查机关可以采取强制性的侦查措施。"立案"活动关系到当事人是否进入刑事程序，是否启动刑事追究，虽然最终是否会予以定罪尚未可知，但涉嫌刑事诉讼的声誉影响以及由此可能采取的羁押、查封等强制措施对当事人生产生活带来的实际影响，对相关人员的正常生活、生产经营影响巨大。侦查机关若对符合立案条件的案件不予立案，将导致犯罪分子逍遥法外，被害人寻求法律帮助无门。若对不该立案的案件予以立案，将严重影响公民的正常生活和社会声誉，如有些违法立案就是借刑事立案之名行插手经济纠纷之实，造成"犯罪嫌疑人"的公司企业无法正常生产经营，甚至因牵涉刑事案件而造成企业破产。立案与否的强制程度虽不高，侦查人员甚至只需不作为就可能形成对立案权的滥用，但对当事人影响巨大，因此，应当纳入侦查监督的范畴。上述确立的监督对象原则表明，是否应当监督不是由侦查行为的强制程度决定的，而是由相对人基本权益受损程度决定的。立案权虽强制程度不高，但对当事人权益影响巨大，因此应当纳入监督范围，成为侦查监督的对象。这也说明对侦查监督对象确立的原则是合理的。

（2）强制性侦查措施

强制性侦查措施是侦查活动中最主要的侦查行为，范围广，种类多。我国目前强制性侦查措施可以分为三大类：一是对人身的强制措施，包括拘留、拘传、逮捕、取保候审、监视居住五种限制人身自由的强制性侦查措施，刑诉法将此类措施称为强制措施；二是对财物的强制性侦查措施，包括查封、扣押、冻结、搜查等限制财物流转用益的措施；三是对隐私的强制性侦查措施，包括监听、监控、控制下交付、隐匿身份侦查等获悉相对人秘密信息的

① 参见［日］田口守一：《刑事诉讼法》，张凌、于秀峰译，中国政法大学出版社2010年版，第33～35页。

措施。强制性侦查措施是侦查活动中数量最多、使用最频繁的措施，是获取证据的最主要方式，几乎每起案件都有强制性侦查措施的运用。强制性侦查措施可能侵害的也都是相对人最基本、最重要的人身权利，因此都应当属于侦查监督对象范畴。我国目前对强制性侦查措施的监督十分有限，大量的强制性侦查措施仍处在监督视野之外，即使在监督范围内的强制性侦查措施也存在监督手段滞后和监督乏力等问题。这一类侦查措施是侦查监督的重点，不仅应当全部纳入侦查监督的对象范围，而且对其中很多措施应当选择最严格的监督方式——"司法审查"进行监督。

（3）侦查行为

侦查活动中，对于强制性较高的侦查活动通常称为强制性侦查措施，其他强制性较弱的侦查活动通常不称为侦查措施，我们称其为侦查行为。侦查行为的行使重点不是通过限制和干预他人的基本权利来获取证据，而主要是通过运用侦查技术手段获得证据。但与任意侦查又有所不同，侦查行为运行中会一定程度的限制或影响相对人的权利或者需要相对人配合才能完成，如辨认、采集体液、询问证人、邮件检查等。从强制程度上看，强制性侦查措施、侦查行为、任意侦查之间呈现由强到弱的关系。故侦查行为也应属于监督对象，但监督方式的选择上要遵循比例性原则，对侦查行为的监督不能过于严格。

（4）侦查终结

侦查的终点是侦查终结。在法国、德国等大陆法系国家，由于采用检警一体的侦查模式，检察机关领导指挥侦查机关，侦查是否可以终结属于检察官的职权。英国、美国等英美法系国家通常由警察机关负责侦查与决定侦查终结，检察机关负责审查起诉。我国对刑事案件是否侦查终结由侦查机关自行决定，移送审查起诉的，由检察机关审查决定是否起诉。对侦查后继续诉讼的案件，侦查结果要经历侦查机关的终结侦查和检察机关的审查起诉两次审查；对于侦查终止后不再继续诉讼的案件，则侦查机关自身就可以决定撤案。也即，我国对于继续诉讼的案件的侦查情况可以通过检察机关的审查起诉进行监督，但对于侦查机关自行撤案不移送审查起诉的案件，则缺少监督途径。这就可能造成侦查机关立撤案比较随意，甚至存在权力寻租违法的可能。因此，对侦查终结监督的缺失是侦查监督的一项空白，尽快完善对侦查终结的监督是减少随意撤案，乃至倒逼减少违法立案的重要途径。

（5）侦查措施状态

对侦查措施状态监督不是直接对侦查行为本身的监督，也不是对侦查结果的监督,而是通过对强制措施相对人所处状态的关注,来监督侦查措施适用时的合法性或者适用中是否仍具有合理性。具体而言,是指"司法官在裁决或签发羁押命令后,在执行羁押期间,要依职权或者申请对是否需要继续羁押进行审查,认为不需要羁押时,即撤销羁押"①的监督形式。即我国《刑事诉讼法》第93条规定的羁押必要性审查,德国、韩国刑事诉讼法律中规定的羁押复审和撤销机制等。侦查措施状态监督是个较新的监督视角,通过对犯罪嫌疑人、被告人羁押状态的监督使侦查监督由一次性完成向持续性发展迈进,延伸了监督的长度,也是遵循侦查措施比例性原则的体现,创设了根据侦查行为发展变化而变化的动态监督。我国确立的羁押必要性审查制度是侦查监督在人权保障方面的一次尝试,也是历史性的进步,这种监督方式还有着广阔的完善空间和发展前景。除对人身羁押状态进行动态监督外,对当事人财产采取的强制性侦查措施也应进行动态监督,如对账户的查封、冻结应避免"一封到底"的做法,而应根据侦查进展情况对无关财产及时、分批解封、解冻,以保障相对人的合法财产权益。

三、侦查监督运行体系

侦查监督运行体系是指侦查监督的运行规则及其具体方式。包括监督运行的基本原则、监督方式、运行规则,是从权力运转的角度动态考察侦查监督的运行。

(一) 侦查监督运行的基本原则

以往对侦查监督的研究中,更注重对具体监督方式的研究,而对指导监督方式选取和运行的监督原则则很少涉及。"法律原则是法律价值外化为具体的制度和规则的关结点,对于法律价值的实现具有极其重要的意义。"②侦查监督运行的基本原则,是贯穿整个刑事侦查全过程,作用于侦查监督权力运转,体现侦查监督权力运行本质和规律,对侦查监督立法和司法实践具有普遍约束力和指导性的基本准则。贯穿整个刑事诉讼的普遍原则,如无罪推定、人权保障、控辩平等等当然地适用于侦查监督运行中,而本部分则针对侦查监督运行中的特殊原则或普遍原则在侦查监督中的具体体现进行探讨。具体包括:监督法定原则、比例性原则、诉讼关照义务原则、令状原则、及时性原则、有效性原则,这些原则共同指导着侦查监督的立法和实践方向。

---

① 万春、刘辰:《羁押必要性审查制度的思考》,载《人民检察》2012年第16期。
② 陈永生:《侦查程序原理论》,中国人民公安大学出版社2003年版,第85页。

"监督法定原则"确立了侦查监督应严格遵守法律规定，履行有限监督的基本方向；在这一方向下，"比例性原则"进一步明确了有限监督的具体标准；"诉讼关照义务原则"是侦查监督的立足基点，也是人权保障原则的基础；"令状原则"是针对具体的强制侦查措施而设定的监督方式，并上升为侦查监督的基本原则；"及时性原则"和"有效性原则"是针对监督效率和监督效力而设定的原则。

1. 监督法定原则（有限监督原则）

监督法定原则指监督主体、监督对象、监督方式、监督程序以及判断标准、监督后果都必须由法律明确规定，要按照法律的规定履行监督职责，不能在法律规定之外进行监督。监督法定是程序法定原则在监督环节的具体体现。监督法定原则与有限监督原则是紧密联系的两项监督原则。有限监督原则指，监督权的范围设定和实践运行是有限度的，这一限度的标准就是法律规定。有限监督体现为两个方面：一是立法设定应有限，立法要以监督必要性为依据，只设立最有必要、最低限度的监督行为和方式；二是监督运行应有限，要精确把握法律赋予的监督职能，监督要严格限定在法律规定的范围、程序内运行，禁止法律规定之外行使监督职权。在侦查监督中特别要强调对这两个原则的遵守。因为监督具有单向性和上位性的特点，容易使监督者产生高高在上、唯我正确的心里优势，避免导致以保障法律正确行使之名行监督任意之实的情况发生。

监督为何要遵循有限的原则？首先，侦查行为的灵活性特点要求侦查监督不能无处不在。侦查策略、侦查行为、侦查方法需要随机应变、随时调整，像任意侦查等侦查行为也并非都会侵害相对人合法权益，根据侦查灵活性的要求，无处不在的侦查监督是没有必要的。其次，司法资源的有限性决定无限的监督是做不到的。无处不在的监督必然需要投入大量的监督资源，而司法不能是不计成本的，"司法制度是一种生产正义的制度，不能无视成本，缺少成本意识的司法制度更容易产生功能不全的问题"。[1] 监督应达到成本最小化和监督效果最大化的平衡。最后，无处不在的监督与保障侦查运行和侦查效率的监督目的相悖。若监督没有限度的话将使侦查权无法运行，侦查活动无法开展。因此，监督绝不是任意妄为的，监督也不应是无处不在的，监督权也必须是有边界、受约束的。

---

① ［日］棚濑孝雄：《纠纷的解决与审判制度》，王亚新译，中国政法大学出版社2004年版，第267页。

2. 比例性原则

"比例原则是指导一切国家活动的一项最重要的原则。"① 比例性原则也称必要性原则,在刑事诉讼程序里通常用于侦查程序中,即任何侦查行为的使用,"不论是强制侦查、还是任意侦查,都必须与案件情况相适应,控制在必要的限度内"。② 对侦查监督来说,比例性原则(必要性原则)同样非常重要,指侦查监督方式的选择必须与侦查行为的强制程度相适应,并控制在最低的必要限度内。侦查监督的合比例性,首先体现在监督范围上,根据侦查行为分为任意侦查和强制性侦查的划分,对不动用强制手段、对相对人权益不侵害或损害很小的任意侦查,可通过程序控制和自身监督的方式保障侦查行为的合法行使,反之对强制力高、侵害程度强的强制性侦查行为则应予以严格的法律监督。在监督方式选择上,对侵害相对人自由权、财产权、隐私权等基本核心人权的侦查行为,要以令状方式为原则严格制约,对辨认、采集体液、询问证人、邮件检查等强制程度较轻的侦查行为,在监督方法上应遵循必要性原则,选择事后监督等监督方式。在监督效力上,应体现与侦查行为违法程度相当的分层次、分程度的处理方式,分别采取如排除非法证据、要求履行(撤销)侦查行为、直接作出(撤销)侦查措施决定、提出纠正违法意见、提出建议、口头纠正,等等。遵循比例性原则,采取与侦查行为强制程度相应的、最低限度、最必要的监督措施与方式,才能在控制侦查权、防止侦查权滥用和保障侦查权合法运行、保障侦查效率之间取得平衡。

3. 诉讼关照义务原则

检察官的客观义务起源于19世纪中后期的德国,19世纪德国法学家萨维尼(Savigny)提出了检察官是"法律守护人"的观点。其基本内涵是,检察官在诉讼中不是一方当事人,而是实现客观法律准则和真实正义的忠实公仆,检察官对无论有利还是不利被告的情况都要注意,不仅要勿纵,还要勿枉。③ 德国学者多灵(Dohring)更直言:"检察官乃是世界上最客观之官署。"④ 因"检察官客观义务"准确地反映了检察官对诉讼中真实正义的追求这一定位,而迅速传遍大陆法系国家,20世纪中后期开始,英美法系国家以及国际法律文件中也逐渐认可了这一原则。美国在伯格诉合众国案判例中则同样

① [德]《联邦宪法法院判例集》(第23卷),第127、133页,1968年3月5日判决。转引自陈永生:《侦查程序原理论》,中国人民公安大学出版社2003年版,第135页。
② 孙长永:《侦查程序与人权——比较法考察》,中国方正出版社2000年版,第30页。
③ 林钰雄:《检察官论》,法律出版社2008年版,第20~21页。
④ 林钰雄:《检察官论》,法律出版社2008年版,第25页。

确立了检察官这一神圣职责，"检察官代表的不是普通一方当事人，而是国家政权，他应当公平地行使自己的职责……检察官是法律的奴仆，既要惩罚犯罪，又要确保无辜者不被错误定罪，要用尽合法手段寻求公正的结果"。[①]

诉讼关照义务原则是检察官客观义务的具体体现，其要求侦控机关在诉讼中既要注意控诉职能的行使，又要注意保护被追诉者的实体利益和程序权利，保持客观公正的立场。[②] 两个原则紧密关联，诉讼关照义务原则是客观义务原则的具体化，客观义务原则是诉讼关照义务原则的基础和上位原则。二者又与侦查监督有着密切的联系。检察官的客观义务性决定了其在诉讼法律关系中作为监督主体的中立性、超然性，这一属性使其具有不偏不倚的履行监督职责的法理基础。由于被告方在诉讼中天然弱小，为保持控辩双方的实质平等，则要对被告方的权益给予特别关照，侦查监督就是以这种特别关照为保护重点和立足基点而展开的监督活动。诉讼关照是侦查监督的重要目的，侦查监督运行中要时刻体现关照义务。这种体现除以监督侦查行为合法性的方式体现外，还包括更直接的关注，如对侵犯被告方权益进行救济、对被告方权益状态进行持续关注等。即使是在必要性原则所蕴含的"无须对所有侦查行为都予以监督"的内涵下，其划分标准也是遵循诉讼关照义务原则的。概括地说，凡是侵犯了犯罪嫌疑人一方利益，需要予以关照的，侦查监督都是必要的，侵犯的程度越深，侦查监督的力度就应越大。

4. 令状原则

令状原则起源于英国，是存在于英美法及日本法中的称呼，但并非英美法系国家独有，大陆法系国家类似的制度称为"强制侦查法定原则"。令状原则的基本含义为，在进行强制性处分时，关于该强制性处分是否合法，必须由法院或法官予以判断并签署令状；当执行强制处分时，原则上必须向被处分人出示该令状。[③] 现代意义的令状原则禁止"概括性授权"的普通令状，而是要求强制性处分不仅原则上须事前经法官批准，而且令状本身必须指明适用的对象、时间、地点、依据等，执行时还要向被处分人出示。令状原则是侦查程序中最集中地体现司法控制和人权保障理念的原则，也是目前针对强制性处分控制效力最高、应用最广的方式，为现代世界各法治国家所普遍采用。德国著名学者赫尔曼教授曾指出："德国的法学思想一直认为，允许

① Berger v. United States , 295 U. S. 78（1935）.

② 陈永生：《侦查程序原理论》，中国人民公安大学出版社 2003 年版，第 103 页。

③ 宋英辉：《刑事审判前程序的理念与原则——兼谈我国刑事诉讼制度改革面临的课题》，载陈光中、江伟主编：《诉讼法论丛》（第 5 卷），法律出版社 2000 年版，第 12～13 页。

以强制性侵犯公民的权利时，关键的是一方面必须对国家权力的强制权明确地予以划分与限制，另一方面必须由法院对强制性措施进行审查，使公民由此享受到有效的法律保障。"①

之所以将令状制度作为侦查监督的基本原则，出于以下考虑：一是令状制度是针对侦查活动中最易侵犯人权的强制性侦查行为而设立的制约方式，强制侦查行为是侦查监督的重中之重，因此将其制约方式确立为监督的基本原则非常必要；二是令状原则是最严格最有效的监督手段，其他监督方式无可替代；三是我国尚未确立起真正的令状制度，我国除了逮捕需要由检察机关签发逮捕令状外，其他强制处分行为都无须令状，或由侦查机关自我授权令状即可，而逮捕令状的签发也存在行政化特征明显的弊端，我国对强制性侦查行为的制约非常薄弱，因此，将令状制度上升为侦查监督原则，有助于我国尽快确立令状制度和科学的构建令状制度，使侦查监督体系更为完善有效。当然令状原则只针对最严厉的强制性侦查措施而言，而非针对全部侦查行为，且令状原则允许特殊情况下一定"例外"的存在。

5. 及时性原则

及时性原则是刑事诉讼的一项基本原则，是指诉讼主体应当迅速、及时的履行诉讼职责，完成诉讼程序，使刑事案件的诉讼过程尽可能实现高效。无论是从案件侦查的客观性要求，还是被告方有权获得及时审判的要求，抑或诉讼资源有限性的要求，及时性都是现代诉讼的基本需求。在保障当事人基本权利的基础上，不拖延诉讼过程是诉讼中程序设计的基本宗旨，也是诉讼期限设立的理论基础。具体在侦查监督中，及时性是指监督主体应当以恰当、合理的方式对侦查活动进行监督，从而不影响侦查行为和诉讼过程迅速、及时的完成。该原则包括两个方面的含义：一是要求监督要及时，监督及时介入侦查既可以早期防范侦查行为违法，又可以同步履行监督职责，减少对侦查效率的影响；二是要求合理选择监督方式，不过分拖延侦查进程，如对及时性要求高的侦查行为就不宜采用程序繁冗的监督方式。及时性原则是对监督方式选择的科学性提出的要求，避免因监督方式不当而无辜拖长侦查时间，从而影响侦查效果。从价值上来说，及时监督既是保障侦查运行效率，为侦破案件创造客观条件，也是保障被告方及时诉讼和获得及时审判的权利，避免造成诉讼拖累，同时也最大限度地节约了诉讼资源。

①　[德]约阿希姆·赫尔曼：《〈德国刑事诉讼法典〉中译本引言》，《德国刑事诉讼法典》（中文版），李昌珂译，中国政法大学出版社1995年版，第6页。

　　根据侦查监督及时性的要求，监督可以采用以下方式：一是监督前移，选择对即将发生的侦查行为提前介入监督的方式更能节省监督时间，如在审查逮捕和审查起诉程序开始前就提前介入侦查。二是监督限期，即对具体的监督行为要设定法定期限，以限制监督行为及时完成，如各国对签发逮捕令状都规定了一定的、并不长的审查时间。三是监督方式适当，即本着必要性的要求，对强制程度较轻微的侦查行为不宜使用耗时太久的监督方式，如对询问证人，选择征求证人同意的方式就比令状的方式更为恰当。四是备案监督，即监督行为与侦查行为同步或延后进行，监督过程不影响侦查活动，不中断或实际占用侦查时间，侦查行为可以自主决定采取，无须经监督机关审批，待侦查活动进行时或完成后报送监督机关备案，监督机关通过对备案情况予以审查的方式监督，如果侦查行为合法则认可取证效力，否则无效，撤销相应行为并予以惩处。这种方式适用于强制程度较轻的侦查行为，如辨认，侦查机关可以自主决定并安排辨认，但若事后监督发现辨认程序违法，排除辨认证据则可以消除违法行为的影响。

　　6. 有效性原则

　　"无救济即无权利，无后果即无监督。"有效性原则是对侦查监督结果的要求，指法律赋予的每一种监督方式都应当产生具有实际效力的法律后果。这里的实际效力是指通过监督行为本身直接作用于被监督对象而产生的相应的法律后果。要求：一是产生法律后果，即由法律规定的具有法律效力的法律行为；二是法律后果是由监督行为直接作用的结果，而不是通过转化为被监督者的自觉行动才能发挥作用的间接结果。监督虽是程序性的，但不代表非实体性审查就不能或不应产生具有实际意义的法律后果。正是对监督有效性的认识不足，导致我国法律监督行为缺乏直接的监督后果，缺乏监督的刚性。

　　我国构建了以检察机关为行使主体的法律监督体系，但由于实践中监督效果的差强人意，使有些人对检察机关的法律监督职能提出了质疑，认为应将对强制措施的司法审查权交由法院行使才能更有效。其实，检察机关法律监督职能的权力来源合法性和法理正当性都被众多学者充分地反复证明过，为什么仍存质疑，问题的关键正是在监督的有效性上。检察机关监督的有效性不足使人们对监督效果不满意，进而上升到质疑法律监督体制的合理性上。笔者认为，不是因为检察机关行使法律监督职责而导致监督偏软，法院行使司法审查就当然会效果显著，其实这和两个行使主体本身没有关系，而是立法的缺失造成监督的无力，是法律没有赋予监督者产生有效法律后果的方式，才使监督刚性缺乏，效果不佳。司法审查之所以凸显监督效果，正是因为法律赋予了司法审查刚性的、有着极强约束力的法律后果。我国著名刑诉法学家陈瑞华教授早就发现了我国刑事法律体系中存在的这一重大缺陷——对程序性违法制裁的立法缺失。陈瑞华教授对此进行了系统性研究，并早在2000年就提出了程序性制裁理论体系，程序性制裁理论体系包括：程序性违法、程序性法律责任、程序性裁判、程序性辩护、程序性上诉、宪法性侵权与宪法性救济等一系列较新的概念和范畴。① 其中，程序性制裁作为程序性违法的法律后果之一，属于一种程序性法律后果。相对于"实体性制裁"措施而言，程序性制裁是通过对那些违反法律程序的侦查、公诉和审判行为宣告为无效、使其不再产生所预期的法律后果的方式，来惩罚和遏制程序性违法行为的。② 这也正准确地指出了以程序性监督为主的法律监督制度效力不高的症结所在，即缺乏程序性制裁的法律后果。因此，必须要将有效性原则作为侦查监督的基本原则，包括侦查监督在内的任何法律监督不落实到监督实效上来，一切监督制度构建都只能是在搭建空中楼阁。

（二）侦查监督运行方式分类

根据不同的标准可以对侦查监督作出不同分类，以便更直观和多角度的理解侦查监督运行方式，比较监督方式各自的特点与优劣，合理地选择恰当运行方式，以及更有目的地完善现有方式的不足。

1. 司法控制与非司法控制

司法控制是指由中立的司法机关通过司法审查、居中裁判的方式对侦查行为签发令状实施制约的监督方式。司法控制是当今世界各国应用最广的侦查权制约方式，此外的其他方式可以统称为非司法方式。司法控制的具体体现和操作就是令状制度。令状制度起源于英国，首先为英美法系国家所采纳，大陆法系国家在奉行"强制处分法定原则"的传统上也逐渐向令状制度趋近，20世纪中后期，两大法系国家均采取了令状的方式制约侦查权运行。令状制度采取事前授权的方式，没有司法官签发的令状，不能执行相应侦查措施，对侦查权具有很强的制约效力。因其有效性，被各国普遍采用。当然，司法控制方式也有其弱点（或曰特点），非司法控制则可以成为有效补充：（1）司法控制具有被动性。令状制度通常是由侦查主体提出申请后，司法官

① 参见陈瑞华：《程序性制裁理论》，载陈瑞华：《刑事诉讼的前沿问题》（第3版），中国人民大学出版社2011年版，第239页。详尽内容参见上述专著，第190~250页。

② 陈瑞华：《程序性制裁理论》，载陈瑞华：《刑事诉讼的前沿问题》（第3版），中国人民大学出版社2011年版，第241页。

对申请进行审查并作出决定的，侦查主体的申请是启动司法审查的前提。而非司法控制中，监督机关可以主动开展监督，无须侦查机关提出申请。（2）司法控制运行时间较长。司法审查并签发令状是侦查行为得以施行的前提，因此提请司法审查后侦查活动必须要作出必要的等待，等待令状审批签发才能开展。而非司法审查可以与侦查活动同步进行，侦查活动无须延迟。（3）司法控制具有局部性。司法控制因其运行时间较长，通常只针对最严厉的强制侦查行为采用，而对一般性的侦查行为则难以全面覆盖。非司法控制则较为灵活，可以针对需要监督的侦查行为灵活选择，也可以对司法控制监督不到的地方进行监督。

2. 参与式监督与外在式监督

根据监督介入侦查行为方式的不同，可以分为参与式监督和外在式监督。参与式监督指监督介入侦查行为运行过程中，侦查权的运行需要经监督者的审查或者以审查结果为前提，是"置身其中"的监督方式。令状方式，逮捕或起诉前的提前介入侦查，讯问犯罪嫌疑人在场等都是参与式监督。外在式监督是监督者处于侦查权力运行之外，以第三者的身份从旁监视、查看，是"置身事外"的监督方式。备案审查、立案监督等都属于外在式监督。参与式监督由于置身侦查活动当中，与侦查活动零距离接触，因此能及时发现侦查中的违法问题，监督结果约束力也普遍较高。但并非所有侦查行为都适合监督者置身其中的方式，这将影响侦查活动效率和灵活性，因此，外在式监督则存在于对侦查效率要求高而对犯罪嫌疑人强制程度较低的侦查行为中。从侦查监督角度来看，对监督效力或对监督及时性要求较高的情况下，可以选择参与式监督，而对侦查效率或侦查灵活性要求较高的情况，则选择外在式监督更为恰当。参与式监督与外在式监督应当在必要性原则指导下，在侦查监督中分层次、有选择的搭配补充运用。

3. 侦查程序监督与侦查结果监督

从监督内容的性质上区分，侦查监督可以分为侦查程序监督与侦查结果监督。侦查程序监督是以侦查活动的程序合法性为内容的监督，侦查结果监督是以侦查结果的实体性审查为内容的监督。逮捕、起诉、非法证据排除等是对案件适用法律的实体性审查，属于侦查结果监督。曾有观点认为对侦查结果的监督因脱离于程序审查之外而不属于侦查监督范畴，因此审查逮捕、审查起诉都不属于侦查监督。将侦查监督局限于监督侦查程序的合法性是片面的，是对侦查监督狭隘的理解。侦查监督从性质上属于诉讼监督，属于程序性监督，但程序性监督不排除依托实体审查的方式进行。通过实体性的审查发现侦查活动中的违法行为；通过对侦查结果合法性的审查，决定是否签发侦查行为能够行使或继续行使的令状而影响侦查程序进程；通过实体合法性的审查，及时维护当事人的诉讼权益。这种区分除了澄清概念上的误区之外，是将零散的监督对象按性质进行了归类，有助于从监督类型上发掘共性、总结规律，提升监督效果。此外还有着分析方式下的实践意义，从我国实践数据分析发现，侦查结果监督的效果较侦查程序监督更为突出。① 这恐怕要得益于侦查结果监督的效力较高。

4. 事前监督、事中监督与事后监督

根据监督行为位于侦查行为的前后顺序，对监督方式还可以分为事前监督、事中监督与事后监督。事前监督是授权式监督，监督机关在侦查行为开始之前履行审查职责，经审查符合条件，授权侦查机关行使，授权后侦查行为才能开展，如令状方式。事前监督可以预防侦查违法行为的发生，避免亡羊补牢，但事前监督也会导致侦查权运行效率降低，司法成本升高。事中监督也称同步监督，是在侦查行为运行的同时予以监督。事中监督可以及时指出侦查行为存在的问题，但鉴于侦查行为有秘密性、迅速性的特点，也并非都能够做到事中监督，目前审查逮捕和审查起诉环节检察机关的提前介入，就属于事中监督。事后监督是我国最常用的监督方式，指侦查机关在侦查行为结束后向监督机关报告，由监督机关事后审查判断侦查行为是否合法，有无违法情形的监督方式。事后监督不妨碍侦查权的行使，也不影响侦查运行效率，但不足在于，只能对违法行为进行事后处罚，并不能阻止违法侦查行为的发生。而且事后监督要依赖于侦查机关提供的侦查活动情况和法律赋予的监督手段，如果知情渠道不畅或向监督机关报告不及时，则监督机关难以全面获得监督信息，如果监督手段乏力，则很难达到监督效果。

5. 刚性监督与柔性监督

从监督手段划分，侦查监督可以分为刚性监督与柔性监督。能够直接对侦查行为产生法律后果的监督为刚性监督；反之，不能直接产生法律后果，而需要转化为侦查机关的自觉监督而予以自我惩处的，则是柔性监督。以这个标准衡量，西方法治国家普遍采用令状制度，基本都是刚性监督，监督效果有法律保障。我国则普遍采用提出检察建议、提出纠正意见等柔性的监督方式，制约力较差。我国侦查结果监督的效果之所以好于侦查程序监督，就

---

① 参见左卫民、赵开年：《侦查监督制度的考察与反思——一种基于实证的研究》，载《现代法学》2006 年第 6 期。

是因为侦查结果监督是刚性监督，监督机关作出不捕、不诉的结论对侦查机关具有直接的法律效力。刚性监督的范围大小直接决定着侦查权运行情况的优劣，柔性监督我国确立了不少，不是不需要，但不能成为监督的主要方式。我国当前需要加强的不是笼统的侦查监督，重点应是刚性监督，以增强监督效果。

（三）侦查监督构建规则与方式

1. 侦查监督构建规则

侦查监督的构建规则是在侦查监督运行原则的指导下，在侦查监督体系构建时所体现的具体构建规则。

规则一：贯彻监督法定原则，侦查监督的监督范围、监督内容、监督方式、监督程序、监督手段必须由法律予以规定，并严格依照法律规定执行。监督机关不能对法律规定之外的侦查活动进行监督，或以法律规定以外的监督方式监督。

规则二：贯彻监督比例性原则，应根据侦查行为对相对人可能造成侵犯的强制程度和受损利益大小建立分层次的侦查监督体系。对公民"基本权利"造成侵犯的强制性侦查措施，以最严格的司法令状方式监督；不涉及对公民基本权利造成侵害或者强制力较弱的侦查措施，以其他方式监督。具体来说：一是对带有较强强制性并严重侵犯相对人权益的侦查措施，包括侵犯人身自由权、财产权和隐私权的侦查措施，要以司法审查方式监督，签发司法令状，以司法权制约侦查权。二是对具有一定强制性，但强制程度不高、侵犯相对人非基本权利的侦查措施，可采用事后监督、备案监督等方式监督，同时扩大辩护方的辩护权利，强化个人权利对侦查权的制衡。三是对强制性极弱的任意侦查行为，监督机关不主动干涉侦查行为运行，主要以侦查权内部规范和公民权利救济为主，监督机关收到控告、申诉后被动启动监督方式才能进行。

规则三：根据监督及时性原则，在保障相对人诉讼权利的基础上，应选择最具效率、最便捷的监督方式监督。在紧急情况下，为保障更重要的法益，法定监督方式可以设有例外。

规则四：贯彻监督有效性原则，侦查监督应当对被监督的侦查行为能够产生直接的监督效力，而无须依靠被监督机关的自觉执行。这就要求法律对监督效力作出直接、明确的规定，使侦查监督在法律上具备从程序启动到结果实现的完整权能。

2. 侦查监督具体方式

（1）签发令状

审查并签发令状的方式适用于具有较强强制性并严重侵犯相对人基本权利的强制性侦查措施，是侦查监督最重要、最有效的方式。相对人的基本权益包括自由权、财产权和隐私权。即对涉及人身自由的拘留、逮捕、取保候审、监视居住等强制措施，对涉及财产财物的查封、扣押、冻结等强制性侦查措施，对涉及隐私的监听、监视等强制性侦查措施①，都应以签发令状的方式，进行令状授权后方能执行，监督机关通过签发令状形成对侦查措施的制约。"令状"必须明确载有犯罪嫌疑人、被告人的姓名、采取强制措施的种类、强制措施的起止时间、执行地点、采取理由等具体信息，不能签发没有具体信息的空白令状或信息模糊的概括令状。令状的签发主体不能是侦查机关自身，而应是第三方司法机关，与侦查机关分离是令状制度的基本要求。侦查机关自我签发令状授权自己履行侦查行为，不属于现代令状制度的要求。令状的签发应当以侦查机关的申请为前提被动启动，监督机关在法定期间内采取书面或言词审查的方式，作出是否同意授权的书面决定。我国目前尚未建立起现代意义上的令状制度，令状制度的缺失严重制约着我国侦查监督体系的完善，构建我国令状制度势在必行。

（2）侦查信息获取

"知情"是监督的前提，不知情的监督机关就像失去了双目的盲人，在阻断侦查信息的情况下要想履行好监督职责是不可能完成的任务。因此，监督机关必须享有对侦查行为的知情权，这是监督的必要前提。侦查机关应将受、立案信息、侦查措施信息、移送审查逮捕信息、审查起诉信息、案件终结信息等案件诉讼进展情况报送监督机关备案，由监督机关进行监督。十余年前，在信息尚不发达的时代，对主要侦查行为进行备案的要求略显繁冗，对侦查机关会带来一定工作负担。但在现代大数据和互联网的时代背景下，则可以轻松实现案件信息共享。侦查机关的办案平台和监督机关的办案平台进行网络对接、资源共享，是不存在技术障碍的。因此，应畅通监督机关与被监督机关间的登记备案、报送审查、网络搜索等网络信息渠道，完善监督机关的知情权。

① 隐私权和人身自由权、财产权一样属于人的基本人权的观点，已被现代社会法治国家和国际人权文件所认可，但隐私权的具体范围还存在诸多争议，如邮件检查、秘密拍照、旅店住宿信息等是否属于隐私权的范围都值得探讨，本书也将在第六章对我国令状制度具体构建部分详细探讨。

（3）违法行为调查

违法行为调查权是开展监督活动的必要手段，也是监督职能开展的基本保障。有的侦查违法行为通过案卷书面审查就能够认定，如侦查违反诉讼程序，未保障诉讼参与人法定诉讼权利等，但有的侦查违法行为并非案卷书面材料中能够呈现，往往案件卷宗只能反映出违法侦查的线索或部分证据，而对违法行为的确认还需要进一步调查后才能认定。因此，无论是在审查逮捕、审查起诉、审查证据、备案审查中主动发现的，还是由当事人控告申诉得知的可能涉及侦查行为违法的线索，监督机关都应享有对违法线索的调查权。侦查监督机关对违法侦查行为开展调查是监督本身的应有之义，是监督者的基本职责。对违法侦查的调查既为认定侦查行为是否违法，也是对合法侦查行为的确认与证明。

监督机关的调查权与侦查权不同。在违法侦查行为被确认为触犯刑法而被立案进入刑事诉讼程序之前，对违法侦查的调查不属于侦查，不能采取侦查措施。违法行为调查是监督机关通过其他机关的配合，如调取录音录像、调取出入所体检报告等，或经相对人同意，如询问侦查人员、进行伤情鉴定、安排辨认等，了解侦查情况，获取证据的方式。调查允许具有较轻程度的强制力，有关人员应当服从配合；违法行为调查也应遵守在必要情况下开展的原则，有线索显示违法行为存在，不经调查又无法确认侦查行为是否违法时，才可以开启调查；调查活动不能秘密进行，要告知被调查人或相关人员；调查手段应以必要为限，不能过限运用，不能为调查轻微违法而采取严厉的调查手段。经调查取证后，如案件符合进入诉讼程序的条件，经立案后，才可以采取相应的侦查措施。

（4）违法行为撤销与违法结果排除

违法行为撤销，是指监督机关对确认违法的侦查行为有予以撤销的权力。违法结果排除，是指监督机关对违法侦查行为下取得的案件证据有排除的权力。侦查监督机关的撤销权和排除非法证据的权力，是对违法侦查行为和结果的处罚后果，这种处罚后果具有直接效力，一方面针对违法行为本身及时制止纠正，另一方面针对违法取证结果予以排除。对于侦查机关自我授权决定的侦查行为，如果适用违法，监督机关应有权予以撤销该违法侦查行为；对于侦查活动中违法取证的，有权排除取得的非法证据。撤销和排除方式的运用也要遵循比例原则，根据违法行为的严重程度选择相应方式，对违法行为程度较轻，可以补正，尚未达到必须撤销侦查行为或排除非法证据程度的，则不宜使用撤销和排除方式。

（5）惩戒建议

惩戒建议，是指监督机关通过履行监督职责发现违法侦查行为后，针对侦查人员或侦查机关（此处不是针对侦查行为或侦查结果）而采取的一种监督方式。包括对于施行违法侦查行为的侦查人员，提出建议更换办案人、建议给予行政纪律处分或向相关机关移送立案审查的权力。对于采取违法侦查行为的侦查机关，监督机关具有提出检察建议的权力。惩戒建议的方式虽然名为"建议"，但实为"惩戒"，此处的建议权是具有强制力的法律行为，不是仅具参考意义的建议行为。"建议"本身应具有强制力，侦查机关必须遵照建议的内容要求予以遵照落实，如切实更换办案人员、给予相应处分、改进相关做法等。当然，也应赋予被建议单位或个人提出异议的复议权利。我国在赋予监督机关惩戒建议的强制力方面尚需要加强，建议性质突出，惩戒力度不足。

（6）复审

复审，是指监督机关对已经执行的侦查行为所产生的持续后果进行再次审查，以确定侦查行为采取的是否正确以及继续行使是否恰当、是否需要变更的监督方式。对人身自由和财产所采取的侦查措施都具有持续性，因此，复审包括对人身羁押情况的复审和对财产措施的复审。羁押复审，是指"司法官在裁决或签发羁押命令后，在执行羁押期间，要依职权或者申请对是否需要继续羁押进行审查，认为不需要羁押时，即撤销羁押"① 的监督形式。德国、韩国等国家在刑事诉讼中都规定了类似的制度。《德国刑事诉讼法》规定，被羁押人在羁押期间可以向法官提出对羁押的再次审查，若 3 个月没有提出，法官还应主动进行审查，若羁押超过 6 个月，则由联邦高等法院或联邦最高法院主动进行审查。② 《韩国刑事诉讼法》规定，法官对羁押中的犯罪嫌疑人发现没有羁押事由或羁押事由已经消灭时，应撤销羁押。③ 羁押复审不是直接对侦查行为或侦查结果本身的审查，而是通过对被羁押人的羁押状态或被限制权益的财物状况的审查，再次审视侦查措施适用的合法性以及继续适用的合理性。我国《刑事诉讼法》第 93 条新增规定的羁押必要性审查制度就属于羁押复审性质，检察机关对被羁押的犯罪嫌疑人、被告人的羁押必要性进行审查，对不需要羁押的，建议释放或变更强制措施。针对财产

---

①   万春、刘辰：《羁押必要性审查制度的思考》，载《人民检察》2012 年第 16 期。

②   参见［德］克劳思·罗科信：《刑事诉讼法》（第 24 版），吴丽琪译，法律出版社 2003 年版，第 299~300 页。

③   参见马相哲译：《韩国刑事诉讼法》，中国政法大学出版社 2004 年版，第 30 页。

的侦查措施也应建立复审制度，根据侦查进展情况，按照比例原则，随时调整侦查措施的种类和范围。例如，根据侦查查明的案件事实，可能需要查封的财物范围会相应缩小，冻结款项的金额会随之降低，经过复审，则可以根据新情况变更侦查措施的种类或范围，随时调整侦查措施的适用。羁押复审的确立，是遵循诉讼关照义务的要求，从犯罪嫌疑人、被告人权利保障出发，追求持续保障犯罪嫌疑人、被告人诉讼权利的目的而创设的监督方式。复审方式将侦查监督由静态监督变为动态监督，是监督方式的重大进步。

第三章　我国侦查监督体系建构的基础理论问题

　　任何制度的构建都势必要建立在坚实且清晰的理论基础之上，而任何理论研究都不能封闭在自己的体系中自说自话而无视质疑的声音，理论研究除了"搭建"之外还有"破解"。如果说本书前两章是在进行基本理论框架"搭建"的话，本章则要对相关理论质疑进行"破解"。目的则是为制度构建厘清理论思路，排除理论困扰，建立更为顺畅的讨论平台。

　　综观近些年刑事诉讼理论研究现状，其中对涉及侦查监督领域的理论质疑和争议为数不少，且质疑的内容都不仅限于制度机制的具体构建、手段方法的拓展完善等浅层次的制度建构之争，而是直指侦查监督的理论基础，针对检察机关行使法律监督权本身的利弊与合理性而进行的权属之争。包括：质疑检察机关行使批捕权的合理性，认为应当向西方国家一样交由法官行使；指出检察机关身为控诉机关的诉讼立场对履行侦查监督职责存在不利影响；检察机关对职务犯罪集刑事侦查与法律监督职能于一身的做法存在职能矛盾和冲突；检察机关为引入外部监督而创设的人民监督员制度实践中难以发挥实效，以及谁来监督监督者等问题。[①] 这些质疑咄咄逼人，来势汹涌，直指检察机关行使侦查监督权的理论不当性与实践无效性。检察理论界的一些学者对此作出了积极回应，也确实解惑了部分质疑，消弭了部分争论，但质疑的声音仍未完全消散，困惑仍然存在。也许任何从部门角度出发的论述总难免牵涉为部门利益辩护之嫌，无法摆脱部门本位主义的桎梏，读者有一种天然的内心抗拒。因此，本文选择了对侦查监督质疑最尖锐，影响侦查监督构

---

　　① 参见崔敏：《为什么检察制度屡受质疑——对一篇重要文章中某些观点的商榷》，载《法学》2007 年第 7 期；郝银钟：《论批捕权的优化配置》，载《法学》1998 年第 6 期；刘计划：《侦查监督制度的中国模式及其改革》，载《中国法学》2014 年第 1 期；高一飞：《从部门本位回归到基本理性——对检察机关职权配置的思考》，载《山西大学学报》（哲学社会科学版）2008 年第 6 期等文章观点。

建基础的几个理论问题,不站在任何部门立场,也不为任何部门进行辩护,而是尝试从理性的视角,试图从法理、传统、现实、比较、正反等多个维度进行分析。揭示特质、阐释原理、分析现状、正视不足,进而作出更理性的理论判断,以在此基础上搭建侦查监督的制度建设平台。

一、关于侦查监督主体的讨论

在构建对强制措施的司法审查制度中,首当其冲的争议焦点是司法审查主体问题。司法审查制度也称令状制度,指在进行强制性措施时,关于该强制性措施是否合法,必须由司法官员予以判断并签署令状;当执行强制性措施时,原则上必须向被处分人出示该令状。[①] 在现代法治国家,令状制度被上升为令状原则,西方国家的侦查监督也基本是以令状制度具体体现的。例如,法国先行羁押措施原是预审法官的权限,但为了限制与平衡预审法官相对过大的权力,2000 年 6 月以后,增设了"自由与羁押法官"一职,对先行羁押这一强制措施实行双重监督,一般在预审法官和"自由与羁押法官"均同意的情况下,才能实施,进一步保障当事人的人身自由权利。[②] 再如日本,其逮捕类似于我国的拘留措施,除紧急情况和现行犯外,都需要法官签发逮捕令状;而对相当于我国逮捕措施的未决羁押措施当然地要由法官签发羁押的裁判后才能执行;除此之外,查封、搜查、勘验、鉴定处分、询问证人等都属于强制侦查措施,实施这些行为应当事先请求并取得法官签发的令状。[③] 目前,我国只有最严厉的强制措施"逮捕"需要由检察机关签发逮捕令状才能执行,且对逮捕措施进行的司法审查严格地说只能称为准司法审查。司法审查范围过窄的弊端已被广为诟病,构建我国的司法审查制度这一趋势已基本成为各方共识。不仅逮捕措施当然地属于司法审查内容,搜查、扣押、监听、取保候审、监视居住等其他强制性侦查措施也应当纳入司法审查范围。可见,无论是西方国家还是我国,针对强制性侦查措施的司法审查都是侦查监督最重要的监督形式。因此,对侦查监督主体的讨论可以聚焦到对司法审查主体的讨论上,解决司法审查主体的问题,也就解决了侦查监督主体的问题。

(一) 对司法审查主体的质疑

目前,我国在各项侦查措施监督的法律规定中,唯一具有司法审查性质

---

① 宋英辉、孙长永、刘新魁:《外国刑事诉讼法》,法律出版社 2006 年版,第 38~39 页。
② 宋英辉、孙长永、刘新魁:《外国刑事诉讼法》,法律出版社 2006 年版,第 281 页。
③ 参见宋英辉译:《日本刑事诉讼法》,中国政法大学出版社 2000 年版,第 5~8 页。

的就是批捕权，这一权力目前主要由检察机关行使。① 在构建我国的司法审查制度过程中，一些观点认为，当前由检察机关行使批捕权不具有正当性，在进行制度构建中应当"正本清源"，将司法审查的权力交由中立性的法院行使才更具有法理正当性。持这一观点的主要理由包括：

一是从法院在诉讼中的职能地位来看，法院在诉讼中具备的中立裁判地位决定其行使批捕权会更加客观公正。"由于法官能够对控辩双方保持一种不偏不倚的超然中立态度，这样更有助于公正地把握批捕权的运作。"② 即法院是专司裁判的司法机关，法官行使裁判权要求居中裁判、客观公正、不偏不倚，而批捕权也是一种要求居中裁判的司法性质的权力，和法官的裁判权属同一种类，因此，法官的中立地位有助于批捕权的公正行使。

二是从批捕权的性质论证，认为批捕权与法律监督权是两种不同性质的国家权力，二者不能融合。"批捕权是一种典型的诉讼行为，与法律监督权是两种性质完全不同的国家权力，相互之间并不存在谁包容谁的问题。"③ 这种理由认为，批捕权是以对等性和双向性为特征的程序性权力，法律监督权是以上下性和单向性为特征的国家权力，逮捕权与法官的裁判权在属性上更契合。

三是从检察机关在诉讼中的角色来看，检察机关无法承担公正的审查主体职责。即作为监督主体的检察机关还承担着由侦查、公诉构成的追诉职能，居于犯罪指控者的地位，它所进行的侦查监督属于追诉主体内部的监督，具有缺乏中立性的不可克服的局限性。④ 对于承担控诉职能的检察机关来说，如果再享有批捕的权力，打破了控辩双方的平等性，使得辩护一方的诉讼地位呈客体化趋势，程序正当难以体现。⑤ 上述观点认为，检察机关在诉讼中承担着追诉职能，而批捕权要求行使主体持客观中立的裁判立场，二者集于一个行使主体将发生职能冲突，致使检察机关无法保持超然立场，难以履行好中立裁判者的角色，而由在诉讼中承担中立裁判角色的法官行使批捕权才能履行好这一职责。甚至有观点提出，检察机关起源于公诉职能，其最核心

---

① 本节中所称批捕权包括对公安机关侦查普通刑事案件的批准逮捕权和对检察机关立案侦查的职务犯罪案件的决定逮捕权，为表述简洁，统称为"批捕权"。法律规定，批捕权在人民法院审理阶段也可以由法院行使，但实践中，除了极少数案件在法院审理阶段由法院决定逮捕外，绝大多数刑事案件都是由检察机关批准或决定逮捕。

② 郝银钟：《论批捕权的优化配置》，载《法学》1998 年第 6 期。

③ 郝银钟：《论批捕权的优化配置》，载《法学》1998 年第 6 期。

④ 刘计划：《侦查监督制度的中国模式及其改革》，载《中国法学》2014 年第 1 期。

⑤ 郝银钟：《论批捕权的优化配置》，载《法学》1998 年第 6 期。

和最重要的职能就是承担国家追诉的角色，因此应将检察机关的追诉职能与法律监督职能相分离，甚至取消检察机关的法律监督职能，只保留公诉职能。在此观点基础上，将逮捕等司法审查权交由法院行使，既实现追诉和监督职能上的分离，又契合了法官的职能定位和司法审查的法律属性。

四是从比较法进行考察，西方法治发达国家大多是由法官行使批捕权。在西方国家，无论英美法系国家还是大陆法系国家，由法官行使批捕权是普遍作法。例如，法国由自由与羁押法官和预审法官共同行使羁押的权力，德国由侦查法官行使羁押权，美国、英国通常由治安法官或地区法官签发逮捕证。① 虽然行使羁押权（我国所称逮捕权）的法官具体称谓不同，但都是交由法官行使。因此有学者提出，当今世界上绝大多数国家立法都将批捕权赋予审判机关而非检察机关，我们也应当借鉴西方法治国家的成熟经验，由法官行使批捕权。例如，可以借鉴德国的侦查法官制度，设置中立的侦查法官制约警察的超级权力，让侦查法官负责对侦查行为的审查。②

归纳上述质疑，检察机关之所以不适合成为强制性侦查措施的司法审查主体，源于检察机关在诉讼中承担了侦查和公诉这两项职能，认为与其承担的诉讼监督职能存在内在冲突与角色矛盾。进而认为检察机关的这种天然角色冲突使其无法在侦查监督中保持超然立场，必然履行不好侦查监督职责。然而逮捕等强制措施的司法审查需要客观中立的裁判者裁决，其性质与法官客观中立的特点完全吻合。

（二）法官行使司法审查权的后果预判与原因剖析

1. 后果预判与原因剖析

上述主张应由法官行使强制措施司法审查权的观点，从理论上说具有一定合理性，但深入思考，会发现理论上的貌似充盈却与我国司法制度并不衔接。笔者认为，研究制度构建既是理论研究的范畴也是司法实践领域的课题。一方面，构建法律制度毋庸置疑首先是要建立在基本法理之上，因为法理是众多法哲先贤和法律学者长期探索总结出来的普遍规律，是具有科学性、真理性的理论原理，抛弃和悖逆法理的制度构建都是不科学的，也将无法持久。另一方面，制度构建也要避免仅仅建立在纯粹理论模型之上的抽象构造，而忽视一国的政治结构、司法制度、法律传统、法治环境等具体国情，否则所

① 参见宋英辉、孙长永、刘新魁：《外国刑事诉讼法》，法律出版社 2006 年版，第 281 页、第 382~383 页、第 176 页、第 107 页。

② 董邦俊：《侦查权行使与人权保障之平衡——德国侦查权制约机制之借鉴》，载《法学》2012 年第 6 期。

构建的法律制度必将是水土不服、南橘北枳的效果。在实践中，也没有一个普遍正确、万能通用的理论模型供所有国家参借。就我国的国情而言，我国是个一元多立的政治结构国家，检察机关被确立为专门的国家法律监督机关是我国政治制度的特色和需要；相较于西方法治发达国家而言，我国法治起步较晚、法治水平不高、法律制度当亟待完善等。故制度构建中，应在遵循基本法理和法律原则之下，结合我国的上述国情构建，才能保证制度运行顺畅、有效、持久。具体到侦查措施的司法审查主体选择上，笔者之所以不赞成我国向西方国家一样由法官行使审查权力的观点，是考虑到在我国的现有司法体制下，若由法官来行使侦查阶段的司法审查权，将可能出现影响案件公正裁判的效果。担忧主要基于以下原因：

一是法官易形成先入为主的预判，使被告难以获得公正审判。法官对案件的所有认知全部在法庭上形成是公正裁判的最佳途径。因此庭审连贯性、法官亲历性都是对审判最基本的要求，直接言词原则、辩论对质规则也成为刑事诉讼的基本原则。世界很多国家为了防止裁判者在庭审前对案件形成预断，纷纷设计了各种程序加以阻断、防范。例如，美国的陪审团制度，陪审团作为案件事实的裁判者，陪审团成员在庭审前应对案件全然无知，也不能与案件当事双方有任何利害关系，甚至不应对案件有任何成见，对案件事实的所有认知都应来自法庭中展示的证据，根据证据作出评议判断。① 再如，日本的"起诉书一本主义"，检察官起诉时，"起诉书不得同时添附可能使法官对案件产生预断的文书和证物，也不得引用这些文书和证物的内容，其目的是切断侦查与审判的直接联系，防止法官根据控方预先的举证而形成不利于被告人的预断，从而实现公平审判"。② 我国在"以审判为中心"的诉讼制度改革中，改革方向也是要保障法官裁判案件能在庭审中形成司法判断，防止法官在庭前预断或庭后审理。但如果逮捕等强制性侦查措施的审查决定需由法官作出，法官势必要在庭审前的侦查阶段就要详细阅卷，听取控辩双方意见，必然对案件形成心理预判。而更为令人担忧的是，这种预判是在侦查阶段，证据尚不充分的情况下形成的，但却会一直存留于法官心中，必将直接影响案件的最终判决结果。对一个被法官宣布决定逮捕的犯罪嫌疑人来说，无疑意味着他在法官心里已经被判了刑。

那能否通过将行使逮捕权的法官与行使审判权的法官分开的方式，来阻

① 参见王兆鹏：《美国刑事诉讼法》，北京大学出版社 2005 年版，第 492~495 页。
② 宋英辉、孙长永、刘新魁：《外国刑事诉讼法》，法律出版社 2006 年版，第 621 页。

断法官的审前预断，并消除对审判的影响呢？诚然，这种"适当分离"的设置对阻断法官预断肯定会有所帮助。但审判法官会本能地出于对朝夕相处的法官同事的法律素养的信任，出于对同事公正裁判动机的信赖，以及对同属于司法系统的岗位认同感，当然地认为或本能地信赖逮捕法官的裁决。对于已被逮捕法官作出逮捕决定的被告人，恐怕没有十分充分确凿的理由，很难推翻其在审判法官心中的有罪印象。而对有些重大、疑难、复杂的案件，在逮捕等采取强制措施的审查中，很可能被提交至法院审判委员会研究讨论，这就无法实现"适当分离"，而经审委会讨论决定逮捕的案件，无疑意味着已被提前定罪。而逮捕法官掌握证据不充分的诉讼阶段局限性，以及可能犯错误的人性局限性往往被有意无意地忽略，因此，这种适当分离的设置在实践中恐怕作用有限。

二是法院陷入自我否定的困境，难以使被告获得公正裁决。我国刑事司法实践中存在一种"关多久判多久"的现象，即被告人审前羁押期限超过本应判处的刑期时，法官往往根据被告人审前被羁押的实际期限确定最终判决刑期，造成"法律服从事实"这样一种将错就错的司法怪象。这种"关多久判多久"的实质是使被告人承担了他本不该承担的部分刑期，有悖罪责刑相适应原则，侵犯了被告人合法权益。分析产生这种不正常现象的原因时，普遍认为，刑期倒挂固然有法律对羁押期限规定待完善，以及实践过于倚重逮捕措施等原因，但也有为了回避司法机关超期羁押的错误，而对侦查、起诉部门"配合有余"的原因。再者，法庭上辩护方对侦查机关取证合法性以及侦查活动合法性提出质疑时，侦查机关常以"一纸说明"自证合法，对此，法庭往往予以认可。可见，法官对其他司法机关的不规范作法甚至错误行为进行否定都倍感困难。可以试想，如果被告人的逮捕决定以及延长侦查羁押期限等决定都由法院自身作出时（羁押的决定者就是法院自己），在最终审判时，要法院作出无罪判决、缓刑判决、判处徒刑以下刑罚，甚至判处不足审前羁押期限的刑期时，无异于要求法院对此前所作逮捕决定进行全面推翻和自我否定，这种难度和阻力不言自明。法官将被置于自我否定和违心裁判的两难境地中。我们在进行法律制度设计时，要尽量避免出现这种时时使司法人员人性受到煎熬纠结的制度，要避免将法官置于两难之中，才能保证案件的公平公正处理。若将侦查阶段的司法审查权交由法官行使，最可能出现的结果就是，法院也被"绑架"到控诉一方，为了不出现自我否定的裁决，"不得不"维持此前的认定意见，而被告人获得无罪、罪轻判决的可能性更加渺茫，为公正裁判的作出平添了阻力。

2. 进一步解构

对此不免让人会产生疑问，不少西方国家一直以来都采用法官决定羁押的方式，为何没有产生上述所谓"先入为主""自我否定""难以公正"的问题呢？笔者认为，这与我国同西方国家的法律制度、政治制度不同密切相关，因此不能一概而论。

一是法律制度不同。西方国家通常对履行羁押（批捕）职能的法官设有一套单独的法官体系，或称治安法官，或称侦查法官，如法国由自由与羁押法官和预审法官共同行使羁押的权力，德国由侦查法官行使羁押权，美国、英国通常由治安法官或地区法官签发逮捕证[①]等。总之负责羁押审批与负责案件审判的法官是互不干扰的，如法国规定，"法律同时对自由与羁押法官的权力作了限制，规定该法官不能参加其处理过的刑事案件的审判，否则审理无效"[②]，这种隔断从体制上阻隔了对审判法官的影响，将影响降到了最低。我国目前尚没有这种单独设立的专门负责羁押的法官系统，要做这样的改革无疑需要对现有法院组织制度作出重大调整并修改相关法律。否则以仍维持当前法官组织体系的情况下，由法官行使批捕权就难以避免上述担忧。

二是政治制度不同。西方国家实行三权分立的政治制度，司法权作为权力分立的一支与立法权、行政权相互制约。因此，司法独立不仅作为现代法治的基本原则，也是国家权力运行的基本方式。在内涵上，司法独立一方面指司法权相对于立法权和行政权是独立的，法院不受任何干涉独立行使司法权，另一方面指法官个人是独立的，法官无论行使批捕权还是审判权，都不受其他人员、组织的干涉独立办理案件。我国的独立审判是指法院依照法律规定独立行使审判权，只是法院行使审判权的独立，而法官个人还远远做不到独立，也排除审判权之外其他权力的独立，与西方国家的司法独立是有区别的。这就使法官个人难以排除在同一院长领导下法官裁决完全不受影响，也不能排除其他权力或多或少对审判权的可能影响。

三是西方国家由法官行使逮捕权也是由于其检察机关的定位导致别无他选。以逮捕权为代表的司法审查权需要赋予中立的司法机关行使。以德国、法国为代表的大陆法系国家实行"检警一体"模式，侦查活动由检察机关领导、指挥，侦查机关只是辅助和落实检察机关指令的执行机构，"检警"实

---

① 参见宋英辉、孙长永、刘新魁：《外国刑事诉讼法》，法律出版社2006年版，第281页、第382～383页、第176页、第107页。

② 刘新魁：《〈法国刑事诉讼法典〉2000年以来的重大修改》，载陈光中主编：《21世纪域外刑事诉讼立法最新发展》，中国政法大学出版社2004年版，第225页。

际上是在检察机关领导下的"大控方"，检察机关不具备中立性。以英国、美国为代表的英美法系国家虽是"检警分立"模式，但检察机关被定位于指控方角色，其首要职责就是指控被告人，检察机关也中立性不足。西方国家因并未将检察机关定位为法律监督机关，检察机关的角色中立性不突出，西方国家的司法机关仅指法院，因此，法官是唯一合适人选。而我国是继受了前苏联的法律监督思想，将检察机关定位于客观中立的履行法律监督职能的司法机关，并从宪法上确立了检察机关的法律监督定位。在法官履行审前司法审查条件不足、弊端较为突出的情况下，检察机关完全有条件承担起中立裁判者的角色，对逮捕等审前措施进行司法审查。

（三）检察官行使司法审查权的理论追析

1. 追问一：检察机关的追诉与监督职能能否兼容

上述质疑检察机关行使批捕权的理论逻辑是，认为检察机关的追诉职能与法律监督职能不能兼容，若兼容将引发检察机关职能冲突，使检察机关倾向于追诉而放弃法律监督的中立性。因此认为检察机关只能保留起诉权，否认检察机关法律监督性质的批捕权，甚至对检察机关的法律监督定位也产生质疑。对此，笔者想首先讨论一下，将追诉与监督两项职能同时赋予检察机关是否存在职能冲突。

第一，从检察机关创设的动因来看。现代检察制度起源于法国"国王代理人"制度，14世纪中叶法国确立了国王检察官，独立于任何私人而发动国家控诉的职责落在了国王检察官身上，[①] 后逐渐发展为现代意义上代表国家履行公诉职责的专门官署，刑事公诉制度应运而生。检察机关具有追诉职能是其与生俱来的历史演进，检察机关对公诉权享有独断，世界各国无一例外。我国台湾地区著名学者林钰雄教授又深刻地指出："创立检察官的重要目的之一，在于透过诉讼分权模式，以法官与检察官彼此监督节制的方法，保障刑事司法权行使的客观性与正确性。另一个重要目的在于摆脱警察国家的梦魇，以一个严格受法律训练及法律控制的法律官来监督控制警察侦查活动的合法性。还有一个重要目的是守护法律。"[②] 可见，检察机关就是为了监督而生的，法律监督是其与生俱来的基本属性。从检察机关起源追溯，追诉职能与监督职能自检察机关创设起就相伴而生，同存一体。

---

① ［法］卡斯东·斯特法尼等：《法国刑事诉讼法精义》（上），罗结珍译，中国政法大学出版社1998年版，第68页。

② 林钰雄：《检察官论》，法律出版社2008年版，第11~15页。

　　第二，从检察机关设立的法律逻辑上看。若检察机关只具有追诉职能，那由侦查机关直接向法院起诉岂不是更为便捷。之所以现代国家都在侦查机关和审判机关之间插入检察机关这个楔子，就是为了让检察机关居于警察和法官之间，以检察机关的权力监督警察机关的侦查权和制约法官的审判权，以防止警察滥权和法官恣意。"检察制度出现的主要目的之一，即在于透过诉讼分权制衡模式，以法官与检察官彼此监督制约的方法，确保刑事司法权行使的客观性与正确性。"① 提起公诉才能启动审判程序，没有公诉就没有审判。审判必须在起诉范围内进行，法院不得不诉而审、自诉自审、诉而不审，这就是现代诉讼中的"不告不理"原则，这就制约了审判的随意启动。检察机关还通过对侦查行为的监督、对侦查结果的审查、对侦查违法的调查等方式，监督警察在侦查活动中依法规范用权的情况，阻断警察国家的出现。因此，检察机关的设置逻辑就是为使其发挥监督制约职能，而公诉本身也是监督制约的需要所在。

　　第三，从世界范围法律实践来看。检察机关虽然以公诉职能为主，但绝不仅限于公诉，许多国家特别是大陆法系国家的检察机关也都肩负着监督职能，具有监督属性。大陆法系国家检察机关在侦查阶段的监督职能通常是通过其领导指挥侦查机关的侦查活动具体体现的，如在法国，《法国刑事诉讼法典》规定了检察官对司法警察的监督权和纪律措施，以实现检察官对司法警察行使侦查行为的监督和纪律约束。② 具体的监督方式包括：检察长对司法警察的评价影响司法警察职务晋级；检察长有权撤回司法警察的身份或履职区域授权；检察长可以提请给予司法警察纪律处分；检察长可以将司法警察的表现告知其上级等。③ 对司法警察实行监督和纪律约束，正是为了"将司法警察置于司法权力机关的监督之下"。④ 再如，德国检察机关也是侦查活动的领导者，有着类似的制度安排，警察的行为方式始终受到检察官的限制与约束。正如著名学者陈光中教授所言："检察机关除公诉权外，履行法律监督职能并非我国独有的现象，随着检察制度的发展，检察机关法律监督职能逐渐发展起来，有的国家的检察机关履行法律监督的职能仅限于诉讼领域，

---

　　① 许春金等：《刑事政策与刑事司法》，三民书局2011年版，第574页。
　　② 宋英辉、吴宏耀：《刑事审判前程序研究》，中国政法大学出版社2002年版，第60~61页。
　　③ 参见《法国刑事诉讼法典》第12、13条，第19-1条，第224、225、227条。
　　④ ［法］卡斯东·斯特法尼等：《法国刑事诉讼法精义》（上），罗结珍译，中国政法大学出版社1999年版，第367~369页。

有的超出了诉讼领域，对国家机关及其工作人员实施监督。"①

由此可知，无论是检察机关诞生之初的基本目的，还是法理逻辑的需要，抑或当今世界各国法律制度的实践，都证明了：检察机关的追诉与监督职能都是与生俱来的，二者相伴而生，兼容于检察机关这个主体具有逻辑合理性和现实可行性，不存在非此即彼、互不相容的基础。因此，"追诉与监督集于一身是检察机关的固有特征"。②

2. 追问二：两种冲突观念的根本分歧是什么

在检察机关的追诉职能与监督职能不仅可以兼容并存，而且本身就是并存而生的前提下，为何仍使人产生检察机关行使这两种职能时的矛盾冲突之感呢？笔者认为，产生上述质疑是根源于对检察机关本质认识的差异所致。反对意见认为，检察机关是天然的追诉机关，追诉机关行使法律监督职能自然是带有追诉偏见的，在监督时肯定无法克服追诉的本性，难以保持客观中立的立场，因此，主张排斥检察机关行使法律监督权，而主张将检察机关定位为纯粹的公诉机关。支持意见认为，检察机关的本质是护法者，即客观中立的法律守护人而非单纯的追诉者，检察机关的根本属性是客观中立的法律监督机关，公诉仅是检察机关履行法律监督的方式之一，因此，其行使公诉权也是在客观中立的立场上进行的。

双方争议的症结在于：当认定检察机关为追诉机关时，其履行法律监督职责就变得无法中立和秉持公正立场了，但当认定检察机关为法律监督机关时，护法机关履行的包括公诉在内的诉讼职责都是秉持中立立场的。经过这样推演后，就可以把分歧的焦点转化为对检察机关的本质到底是公诉机关还是监督机关的认识上。对检察机关本质属性的认识有几种典型观点：一是检察机关公诉是本质，监督是辅助，是为公诉服务的职能；二是检察机关监督是本质，公诉是监督的组成和体现；三是公诉与监督是并列的，二者不分主次。

3. 追问三：检察机关本质是追诉机关还是监督机关

现代检察制度诞生于法国大革命时期，乃"革命之子"，随后传播于欧洲大陆国家，后被世界各国所吸采。检察制度是世界各国晚近才出现的重大司法制度创设，与历史悠久的法官制度和警察制度相比，是一项较为年轻的司法制度，也是司法权力细化分工和现代法治发展的高级形式。检察制度自

---

① 陈光中等：《中国司法制度的基础理论问题研究》，经济科学出版社2010年版，第216页。

② 朱孝清：《检察机关集追诉与监督于一身的利弊选择》，载《人民检察》2011年第3期。

创设以来，既有追诉之职，又有制约审判与监督侦查之责。"检察官处于法官与警察两大山谷的'谷间带'，具有处于警察、法官两种国家权力的中介性质，如何厘清检察官的定位，一直以来就是各国检察官制度的难题。"① 上述冲突的根本在于检察机关的本质属性究竟是什么，笔者尝试从以下几个方面展开分析，予以探究：

（1）从检察制度的渊源看

从 14 世纪法国正式建立检察制度起，检察官就以国王代理人的身份向审判机关提起诉讼，随着王权的加强，检察官还对地方当局实行监督。逐渐发展的现代检察制度，检察官位于法官和警察之间，其用意在于，"检察官之职责不单单在于刑事被告之追诉，并且也在于'国家权力之双重控制'：作为法律之守护人，检察官既要保护被告免于法官之擅断，亦要保护其免于警察之恣意"。② 可见，检察机关的追诉与监督职能是同时起源、共同发展的。只是检察机关的公诉职能在明处，每当法庭审判时检察机关都以公诉人的身份出现，容易被人们所感知了解；而检察机关的法律监督职能则处于暗处，对警察、法官的司法行为进行监督，普通人非有接触者难以感知到。

（2）从诉讼过程的覆盖面看

检察机关的法律监督贯穿于刑事立案、侦查、起诉、审判、执行各个诉讼环节，以多种手段监督制约警察和法官的司法职权运行，甚至在诉讼终结后仍然具有监督职责，监督执行机关的权力运行。而检察机关的追诉职能只包括审查起诉、提起公诉、支持公诉等"公诉"环节，公诉阶段外则没有运行空间。如果说贯穿整个诉讼环节的"监督"职能是辅助"追诉"职能的话，那就无法解释公诉环节以外的诉讼环节中，特别是追诉尚未开始或已经终结后，为何检察机关仍有监督职能？从这个角度来看，"监督"辅助"公诉"，为公诉服务的观点站不住脚。

（3）从职能履行的必然性看

一个刑事案件不一定会走完全部诉讼程序，很可能在侦查阶段即告终止。例如，侦查机关认为案件情节显著轻微、危害不大或犯罪已过追诉时效时，可以撤销案件或对犯罪嫌疑人终止侦查而不移送起诉。案件也可能在审查起诉阶段终止，如检察机关认为证据不足、犯罪情节轻微或没有犯罪事实时，而作出不起诉的决定。随着起诉便宜主义和刑罚谦抑理论的兴起，检察机关

---

① 林钰雄：《检察官论》，法律出版社 2008 年版，第 9、51 页。

② Vgl. Gössel, Strafverfahrensrecht, 1977, S. 39；Krey, Strafverfahrensrecht, I, 1988, Rdnr. 336.

的起诉裁量范围不断扩大，没有追诉必要的案件，可以不提起公诉。例如，我国设有酌定不起诉制度、日本有起诉犹豫制度、我国台湾地区有缓起诉制度等。这说明，刑事案件并非都会走上提起公诉的道路，可能在起诉之前就终止了诉讼程序或进行了程序分流。但反之，只要进入了诉讼程序的案件，无论最终是否提起公诉，都将纳入检察机关的法律监督范围。即使对"不起诉"的案件也需要对起诉前的侦查阶段进行法律监督。也就是说，一个案件中，追诉职能并不是检察机关必然会行使的职能，而监督职能却是检察机关对每一起案件都必须要履行的职能。一个案件可能没有公诉，但不能没有监督。因此，若说一个必然履行的职能是对一个非必然履行职能的辅助的话，恐怕逻辑上难以自圆。

（4）从履职动机来看

侦查机关的基本职能甚至唯一职能是侦破案件，请求法律追究犯罪嫌疑人的刑事责任。虽然在侦查过程中，也要求侦查人员秉持客观立场侦查取证，但侦查的本质要求是追求对犯罪嫌疑人的刑罚，这是对侦查机关的职责设定，并无可厚非。对侦查机关的奖惩机制也都是围绕案件侦破而设定的，通过像逮捕率、起诉率、判决率等机制鼓励、引领侦查机关侦破案件。而检察官的职能设定与侦查机关则存在根本差别。检察官的职责既包括公诉职能也包括公诉之外的法律监督职能。对公诉职能，检察官既可以提起公诉，也可以对符合法定条件的案件不起诉。既没有奖励机制鼓励检察官去起诉，也没有惩罚机制惩处检察官的不起诉。因此，检察官并不具备必须追诉的动机，更没有必要"不择手段地去追求胜诉"。检察官是否提起公诉的唯一动机，就是在秉持客观公正的立场下根据法律作出是否起诉的客观判断。当检察官提起公诉时，客观上展现为"积极追诉"的形象。但实质是，大家看到的法庭上唇枪舌剑，支持公诉的检察官仅是针对已经客观审查后决定起诉的案件而作出的。对决定不起诉的案件，将不会移送至法庭审判，不追诉的一面也就不为人知了。而"监督"则是检察官不容裁量必须履行的职责，对案件的立案、侦查、审判、执行等都要进行监督，否则就是失职。检察官没有必须追诉的动机，却有必须监督的要求，可见监督更应成为其本质职责。而公诉职能本身，在设置上就立足于限制法官的审判权随意启动、审判范围的随意扩大，本意就是监督制约审判权，因此，公诉也是监督制约的一个方式。

（5）检察官的客观义务

19世纪德国确立了检察官的客观义务，萨维尼提出的"法律守护人"的观点成为通说，尽管对检察官地位仍进行着不断讨论，但"法律守护人"的观点未曾动摇过。客观义务的基本含义指，"检察官在刑事诉讼中不是一方当事人，没有维护一方当事人利益的义务，检察官对无论有利还是不利被告的情况都要注意，检察官与法官都是客观法律准则和实现真实正义的忠实公仆。不仅要勿纵，还要勿枉"。① 客观义务要求，检察官不仅要追诉犯罪，更要在诉讼中保障人权；不仅要关注有罪证据，还要关注无罪证据；法庭上不仅要提出罪重的证据，也要提出罪轻的证据；不仅要依法有效追诉，还要依法保障无罪的人不受追究。这一公认的检察官诉讼义务，从根本上对检察官提出了行动指导和行为要求，要求检察官要时刻牢记自己在诉讼中客观公正的角色定位，无论承担何种职责都应秉持客观立场行使。唯有如此，才能不会因进行追诉而减损他的威信，唯有如此，才能实现权力制衡与监督，当好沉稳的"法律守护人"。

通过以上几个方面的分析，笔者认为：将检察机关仅定位于公诉机关，是只看到了检察机关外张和凸显的权能，虽然可能会有助于公诉职能的强化，但将有违检察制度创设初衷，有悖检察机关应然职责，有损检察监督权能行使，有碍检察制度长远发展。将检察机关公诉与监督职能并列的观点，肯定了检察机关这两项重要职能的同等地位，但仍没有认清二者的本质关系，也就仍无法解决二者的内在冲突，面对职责运行冲突时也就难以作出正确的选择。而将检察机关定位于"护法机关"，将维护法律的统一正确实施定位为其最本质的职责，才能对检察机关这一矛盾体的各种内部不适找到合理的出口，符合检察制度的创设初衷和对检察官的基本定位，也能顺利厘清各种性质冲突的职责关系。因此，虽然实然层面，各国根据本国政治体制、法律制度、司法传统等的不同和司法实践的需要，将检察机关定位于不同性质，致其权能有不同表现，但检察机关的本质从应然层面看仍是法律监督机关，公诉是检察机关履行法律监督职责的重要方式之一。

（四）结语

西方国家由法官来行使逮捕等措施的司法审查权，故我国由检察机关行使逮捕权的做法引发了质疑。本节从刑事诉讼原理和检察制度历史出发，从逻辑推演和我国政治体制和法律制度入手，对质疑进行层层"解构"，试图理性、深入地分析我国逮捕权的审查主体问题。经过对质疑理由的分类归纳、后果预判与原因分析，认为在我国司法制度下，由检察官行使包括逮捕权在

---

① 参见林钰雄：《检察官论》，法律出版社 2008 年版，第 20~21 页。转引自孙谦：《检察：理念、制度与改革》，法律出版社 2004 年版，第 194 页。

内的司法审查权比改由法官行使更为合理。为进一步探析产生上述两种冲突观点的根本原因，文章通过三个追问，环环相扣地解构了冲突的症结，并从症结入手，对检察机关的追诉与监督两大职能能否兼容以及检察机关的本质属性展开了讨论。

西方国家在"三权分立"的权力结构下，主要通过不同种类的国家权力之间的互相制约形成相互牵制的力量，完成对权力运行的有效控制，并没有单独设置监督机关。因此，检察机关与生俱来的两项职能中监督职能被弱化，公诉职能凸显强大。检察机关实然地体现为追诉的性质。即便如此，也并不能否认检察机关与生俱来的监督属性，检察官所处于警察和法官之间的地位就是对二者构成最有利的制约，其行使公诉权本身就是对审判权的制约，各国对检察官应秉持客观公正立场的要求也从未有不同。我国在"一元分立"政治结构下的检察机关是国家专门分立出来的法律监督权的专门行使机关，目的就是承担起经常性的、具体的法律监督任务。因此，检察机关将其应然的法律监督性质体现的较为彻底和充分，在客观公正义务的要求下，各项法律监督职能可以充分履行，公诉也是为了履行好法律监督的职责。

总之，公诉与监督都是检察机关创立之初就具有的基本职能，检察机关同时具有追诉和监督职能并不会造成职能冲突。公诉本身就是为了制约警察和法官而诞生的，检察机关的本质仍是法律监督机关，即护法机关。无论在何种政治制度的国家，对检察机关性质地位如何认定，法治国家中的检察官最本质的属性就是"法律守护人"，这是其创设的初衷。无论检察制度此后根据各国政治结构和权力体系如何发展变化，表面上侧重以何种职能为主，其最核心的本质仍是"监督制约"。"三权分立"下的检察机关即使被认为是履行追诉职能的行政机关，但也是公正客观、守护法律统一行使的"最客观的官署"，"实现客观法意旨并追求真实与正义的司法官署"。[①] 因此可以肯定的认为，检察机关是行使强制措施司法审查权的适格主体，也即侦查监督的适格主体。

二、职务犯罪案件的侦查监督问题

(一) 问题的提出

讨论我国侦查监督制度，对检察机关立案侦查的职务犯罪案件（以下简称自侦案件）的侦查监督问题自然是不能回避的。质疑检察机关自侦案件

---

① 林钰雄：《检察官论》，法律出版社 2008 年版，第 21 页。

"同体监督"的有效性这一问题，曾是 2007、2008 年左右刑事诉讼法学界引发的一场围绕检察制度的定位、合理性以及若干具体权能的设置等问题展开的学术争鸣中的一部分。任何学术争辩都有助于向理论真理的迈进，这场争鸣也为检察制度理论研究的深入发展提供了契机。争鸣中聚焦的问题主要包括：检察机关的性质与定位；检察机关是否应该具有逮捕权；检察机关是否应该具有职务犯罪侦查权；检察机关是否应该具有审判程序监督权。本文研究的我国侦查监督制度涉及上述除审判监督外的所有问题。可见侦查监督理论基础尚不牢固，理论体系尚不清晰，制度构建也有待完善。对检察机关是否应该具有逮捕权问题刚刚进行了论证；对我国检察机关法律监督的性质与定位，也贯穿在全文多个部分中进行了阐述；对检察机关自侦案件的侦查监督问题，以及是否应具有职务犯罪侦查权问题，成为这场学术论辩交锋最为激烈的主战场，加之当前，国家监察体制改革也与此相关，本节将就此问题尝试探讨。

质疑的观点主要认为：检察机关拥有职务犯罪侦查权，同时又拥有包括职务犯罪侦查监督在内的侦查监督权，集监督者与被监督者角色于一身，自己监督自己，缺少外部监督和"中立的第三者"，可能使检察机关内部侦查部门的违法行为得不到有效监督制约，不利于对犯罪嫌疑人合法权利的保障，也不符合公检法之间互相监督的原则要求，与法治国家的要求不相符。① 并在此观点基础上，提出了取消检察机关职务犯罪侦查权或者将逮捕权交由法院行使的对策。具体来看，有的观点提出将检察机关的反贪部门独立出来，与国家监察部门合并改为"廉政公署"，将职务犯罪案件侦查权划归廉政公署，并由司法机关审查涉及人身自由、财产以及其他宪法性权利的强制性措施。② 也有观点主张将检察机关的侦查权分离交公安机关行使。③ 还有观点认为检察官不是超然中立的司法人员，不应行使批准逮捕的权力，而应将逮捕权交由法院行使。④ 对此，回应的观点有的从检察机关是法律监督机关的宪

---

① 主要参见崔敏：《为什么检察制度屡受质疑——对一篇重要文章中某些观点的商榷》，载《法学》2007 年第 7 期；郝银钟：《论批捕权的优化配置》，载《法学》1998 年第 6 期；刘计划：《侦查监督制度的中国模式及其改革》，载《中国法学》2014 年第 1 期；高一飞：《从部门本位回归到基本理性——对检察机关职权配置的思考》，载《山西大学学报》（哲学社会科学版）2008 年第 6 期等文章观点。

② 汪海燕、范培根：《检察机关自侦权探析》，载《浙江社会科学》2002 年第 1 期。

③ 王克先：《试论我国检察机关职权重构》，载《行政与法》2002 年第 11 期。

④ 参见高一飞：《从部门本位回归到基本理性——对检察机关职权配置的思考》，载《山西大学学报》（哲学社会科学版）2008 年第 6 期。

法定位出发，认为检察机关的性质是宪法确定的法律监督机关，履行法律监督职责是其本质属性决定的；有的认为职务犯罪侦查权属于法律监督权的具体方式，检察机关具有行使职务犯罪侦查权的法律监督合理性和监督履职必要性；有的从检察侦查权起源出发，认为检察机关诞生之初就具有侦查职能等，因此应维持现有的检察体制，等等。对职务犯罪侦查监督效力偏弱的问题，认为应当通过加强自身监督、引入外部制约、完善监督制度等方式解决完善。①

　　笔者既不否认职务犯罪侦查具有法律监督性质，属于检察机关法律监督职能的一部分，检察机关拥有职务犯罪侦查权具有合理性，又毋庸置疑检察机关是国家法律监督机关的宪法定位，拥有包括侦查监督在内的各项法律监督职能的合法性。二者虽分开看都具有合理性，但并不能证明二者由同一机关行使时就当然地具有合理性。我们既不能回避"检察机关职务犯罪侦查权也需要监督"的问题，也不能忽视监督应由"中立的第三方"进行的基本原理。二者虽然单独看都具有法理依据和合理性，但由同一主体行使时却发生了"同体监督"的问题，产生了"自己监督自己"的冲突，有违"中立的第三方裁判"这一基本法理。因此，这样的证明方法难以真正解决职务犯罪案件的侦查和侦查监督由同一主体行使时产生的法理冲突。法律监督是检察机关应该坚持且必须坚持和强化的宪法职能，但以法律监督之名并不能解决所有问题，而是要针对质疑者的疑问给出更合理的解释和制度安排。特别是应跳出"自我阵地"的束缚，以平和、理性的思维方式，以遵循基本法理和法律原则的态度，以客观公正的学术立场，投入相关问题的思考和研究中，构建真正有利于权力监督制约的制度，才能真正经得起实践的考验。

　　（二）我国职务犯罪侦查监督问题检视

　　1. 职务犯罪侦查的监督制约不足

　　（1）内部分离作用有限——监督力度薄弱

　　职务犯罪案件的侦查权和侦查监督权分别由检察机关两个不同的职能部门行使，检察机关拟通过这种内设机构分离的方式达到权力分离，从而实现权力对权力的监督制约作用。这种内部相对分离的做法虽然实现了一定程度的监督效果，但作用仍然有限。例如，在对职务犯罪案件的立案监督中，尽

---

① 主要参见朱孝清：《关于中国检察制度的几个问题》，载《中国法学》2007年第2期；王守安：《谈检察监督与检察官的客观义务》，载《法制日报》2006年8月17日第009版；叶青、秦新承：《论检察侦查权的法律监督属性》，载《法学》2005年第11期；万毅、华肖：《检察机关侦查权溯源》，载《法学》2005年第11期等文章。

管《人民检察院刑事诉讼规则（试行）》规定，侦查监督部门认为侦查部门立案或不立案决定不当的，应当建议侦查部门立案或者撤案，建议不被采纳的，应当报检察长决定。但不立案决定并没有报送侦查监督部门备案的规定，对该立不立和违法撤案的监督同样面临知情困难的问题，侦查监督部门不掌握自侦部门立撤案情况，使提出有效的监督建议非常艰难。而职务犯罪案件的立案需经检察长决定，则对立案不当的监督几乎很难出现。2014 年，检察机关侦查监督部门建议自侦部门立案侦查的案件仅占职务犯罪案件总数的1.8%。在捕后延长侦查羁押期限方面，则更表现出"配合重于监督"的问题。对于报请延长侦查羁押期限的案件，侦查监督部门几乎都默契的顺利批准延长羁押期限。对报送延长羁押期限材料不齐全的案件通常也只是作出友情提醒，而少有因此不予批准的情况，甚至对逮捕本身存在问题的案件也持有极为宽容的态度，配合侦查工作而批准延长羁押。内部相对分离的监督制约局限在于，监督者难以摆脱与被监督者同属一个主体，在目标、利益、认识等方面趋同的束缚，使监督者顾念配合，被监督者不以为惧。即使监督者勇于监督，但囿于监督设置本身将两方同属一主体的原因，难以使人产生天然的信服感。况且，监督并未被赋予强制效力，意见被采纳、违法人员被追责等监督效果同样面临着实现困难。职务犯罪侦查监督的薄弱，不仅会导致侦查权以"作为"的方式滥用，侵害犯罪嫌疑人的诉讼权利，还会造成侦查权以"不作为"的方式滥用，因为职务犯罪案件少有具体受害人，以有案不立等方式放纵犯罪将成为较容易的事情。①

（2）上级监督成效薄弱——逮捕权"上提一级"效果有限

2009 年，检察机关为解决职务犯罪案件立案权、侦查权、审查逮捕权均由同一检察机关行使，办案权力相对集中，而缺乏监督制约的问题，② 从自身体制入手，作出了省以下职务犯罪案件审查逮捕权"上提一级"的重大制度性改革。③ 改革后，省以下检察机关侦查的职务犯罪案件在逮捕时，本院侦查监督部门无权批准，而需要报请立案侦查的检察院的上一级检察院批准。这项改革是上一轮司法体制改革中的重要改革项目，为回应"谁来监督监督

---

① 本段数据来自最高人民检察院案件管理办公室和《最高人民检察院工作报告（2015 年 3 月 12 日）》。
② 参见刘慧玲：《〈关于省级以下人民检察院立案侦查的案件由上一级人民检察院审查决定逮捕的规定（试行）〉的理解与适用》，载《人民检察》2009 年第 18 期。
③ 2009 年 9 月最高人民检察院《关于省级以下人民检察院立案侦查的案件由上一级人民检察院审查决定逮捕的规定（试行）》。

者"的问题，将侦查主体与侦查监督主体进行分离，加大对职务犯罪案件侦查监督的力度。改革后，使职务犯罪案件侦查监督有能力克服一定监督阻力，增强监督力度，职务犯罪案件逮捕率比改革前有了明显下降，对侦查活动增强了制约，一定程度解决了职务犯罪案件侦查监督力度薄弱的问题。但也要看到，职务犯罪案件逮捕率虽有了下降，但仍然维持在90%左右的高位运行，比公安机关立案侦查的普通刑事案件逮捕率更是高出约两成，下降幅度也赶不上普通刑事案件逮捕率的降幅。诚然，职务犯罪案件有其侦查特殊性，与普通刑事犯罪案件差别较大，如对口供依赖程度较高，为防止串供、改变供述而往往需要采取预防性逮捕等，故不能简单对比。但同属检察系统又实行上下领导关系的情况，让职务犯罪案件侦查监督仍未摆脱内部监督、同体监督的桎梏。监督者与被监督者仍属于广义上的同一主体，仍就难以摆脱既当裁判员又当运动员的矛盾悖论。而且，个别地方检察机关对这种增强监督制约的制度性变革还认识不深，出现规避改革的作法，如将本该由本院立案侦查的职务犯罪案件交由下级检察院立案，从而可以顺利实现由本院决定逮捕。以"立案下沉"的做法规避上级检察机关的监督，有违改革初衷，使改革效果打了折扣。实质上，仍难以克服基于同一司法利益体和地位角色的同质性而弱化了监督职责的弊端，因此，逮捕权"上提一级"的监督方式也难以从根本上扭转职务犯罪案件"重配合轻监督"的局面。

（3）外部监督作用微小——人民监督员作用发挥困难

检察机关为了加强和完善自身监督，打破自我监督的体制壁垒，从2003年起创设了人民监督员制度①。主动引入外部监督制约因素，从社会中选任人民监督员对检察机关查办职务犯罪工作中的违法行为进行监督，提出意见建议。人民监督员制度是检察机关外部监督制约机制的创新，是人民群众直接参与和监督检察工作的新途径，是检察机关执法为民的制度保障，对提高检察工作透明度，保障人民群众参与检察工作，扩大检察机关民主基础具有积极意义。② 但也应看到，人民监督员"这种监督仍然存在非常态化、外部性不足、实效性有限以及易受检察机关操控等局限"。③ 这种监督虽然具备了外部监督的形态，但仍然是在检察机关的制度设计下运行，人民监督员并非专职监督而是兼职履职，常态化不足；履职中难以对侦查活动享有知情权，

---

① 2003年10月，最高人民检察《关于人民检察院直接受理侦查案件实行人民监督员制度的规定（试行）》。

② 谢鹏程：《人民监督员制度的法理基础》，载《检察日报》2004年3月1日第3版。

③ 龙宗智：《我国检察学研究的现状与前瞻》，载《国家检察官学院学报》2011年第1期。

知情渠道有限；通常并非法律专业人士，难以提出专业法律意见，专业性不足；所提意见和建议难以直接产生监督后果，实效性有限；且人民监督员的应用范围不广，与检察机关联系密切等，使监督外部性不足。人民监督员的监督本质上仍属于权利监督的范畴，与权力监督相比监督作用甚微。

（4）辩护制约困难较多——辩方权利仍然单薄

对侦查权的监督制约，犯罪嫌疑人及其辩护人也是一方重要的外部制约力量。有的国家甚至主要通过赋予辩护方与控方近乎平等的诉讼手段的方式，"平等武装"辩护权以对抗、制约侦查权、诉权的行使。这也被认为是保障司法人权、监督制约侦查权的必要方面。我国虽与西方国家对辩护权保障的程度有一定差距，但近年来，在保障辩护方权利方面也进步明显。一方面，通过对犯罪嫌疑人、被告人诉讼权利的增设完善体现，另一方面，通过对辩护律师执业权利的丰富保障体现。2013年施行的《刑事诉讼法》对辩护律师在侦查阶段的辩护权给予了诸多完善，包括：赋予律师辩护人的诉讼地位，完善律师会见权、阅卷权以及一定条件下的调查取证权，完善法律援助权利、确立不得自证其罪原则、建立非法证据排除规则，等等。但针对职务犯罪案件来说，辩护律师的执业权利受到一定限制且落实难以保障。首先，职务犯罪案件中辩护律师的会见权是有条件许可的，且在实践中被扩大适用。《刑事诉讼法》第37条第3款规定，特别重大贿赂案件，在侦查期间辩护律师会见在押的犯罪嫌疑人，应当经侦查机关许可。《人民检察院刑事诉讼规则（试行）》第45条作出进一步解释，贿赂犯罪数额在50万元以上，犯罪情节恶劣的属于特别重大贿赂犯罪。但实践中，侦查机关往往扩大对50万元特别重大贿赂犯罪的理解，致很多并不属于有条件许可会见的普通贿赂案件会见难。其次，法律规定针对包括特别重大贿赂犯罪案件在内的三类案件，一定条件下可以适用指定居所监视居住强制措施，但同样因为对"涉案数额五十万元"这一界定特别重大贿赂犯罪案件条件的扩大理解，在实践中同样遇到上述故意曲解的问题。呈现出指定居所监视居住扩大适用、违法适用趋势，律师会见难，难以介入其中。① 最后，在最易产生侦查违法的讯问犯罪嫌疑人环节，侦查监督机制缺位。职务犯罪案件具有对言词证据依赖度高的特点，讯问是侦查活动不可或缺的重要取证方式。虽然检察机关自我加码，要求对全部职务犯罪案件进行同步录音录像，以监督侦查讯问活动合法进行。但同步录音录像制度落实不到位加之我国律师在场制度缺失，使职务犯罪案件侦

---

① 参见孙谦：《关于修改后刑事诉讼法执行情况的若干思考》，载《人民检察》2015年第7期。

查讯问监督非常薄弱。此外，除了律师辩护权利外，犯罪嫌疑人自身享有的辩护权也较为薄弱。例如，我国确立了犯罪嫌疑人"不得强迫自证其罪"的权利，但却规定犯罪嫌疑人应当"如实回答"侦查人员的讯问，这两种规定自相矛盾，如实回答的要求对"不得强迫自证其罪"原则构成破坏。例如，新确立的非法证据排除规则中，尚有很多具体概念的界定、理解、具体程序运行等存在不少待厘清的问题和待细化的方面，目前实践运行仍非常谨慎，排除数量和效果有待观望。还有侦查信息严重不对称、权利救济手段难以实现等问题，制约着职务犯罪侦查监督开展。

2. 监督不足的本质

检察机关为了增强自身监督刚性，提升监督效果，在现有的制度框架下多措并举，从各个方面挖掘监督潜能。既有内部分工制约，又主动引入外部监督机制，既加强上级机关监督，又完善监督法律制度建设，力图改变职务犯罪案件"同体监督"不足的决心可见之大。但从实践效果上来看，仍没有真正扭转监督不足、制约不力的局面，从理论上也没有彻底消除质疑、平息争论。为什么产生了这种事倍功半的效果？究其原因，还是没有针对"同体监督"这一问题的"痛点"从体制层面予以对症地彻底解决。职务犯罪侦查权监督不足的根本原因是缺少有力的外部监督制约和必要的司法救济，不从这两点入手，不从体制上彻底理顺，其他各种自我完善的制度性努力只能是事倍功半。

我国检察制度在职务犯罪案件侦查监督中遇到了一个理论困境。检察机关享有职务犯罪案件侦查权本来无可厚非，世界上大部分国家的检察机关都享有职务犯罪侦查权，甚至是所有刑事案件的侦查权，但这些国家侦查监督（在西方国家主要表现为令状制度）的主体都是法官，这种制度设置就顺畅地实现了监督者与被监督者分离，法理正当性上能够自治。而我国检察机关的法律监督定位和职能配置是根据我国"一元分立"的政治结构和权力架构设立的，从列宁的法律监督理论继受而来，被写入我国宪法的制度安排。检察机关的基本职责就是履行法律赋予的法律监督职能，保障法律的统一正确实施。职务犯罪侦查是法律监督的重要组成部分，而包括逮捕在内的侦查监督又是法律监督必不可少的内容，单独看都无可争议的检察机关的两项重要权能，却因结合于同一主体而产生了与基本法理相冲突的境况：出现了监督者监督自己，使监督主体为"中立第三方"的基本要求难以实现。"无论何种监督制度，只要把监督者与被监督者合二为一体，一切监督都将化为乌有。"①

因此，面对这样的冲突，强调检察机关拥有职务犯罪侦查权和拥有侦查监督权各权能本身的合法性与合理性，并无助于解决冲突本身。因为矛盾的焦点并不在这两项权能分别由检察机关行使的合理性上，而在于二者附着于同一主体时产生的"监督者与被监督者合二为一"的理论冲突无法解决上。由检察机关的一个部门判定另一个部门是否存在违法行为的模式，总会令人自然地产生不信任在其中。即使监督者秉持公心、公正执法，也难以避免让人产生不公正的联想。所以公正不仅要实现，也需要以看得见的方式实现。因此，不触动"监督者与被监督者分离"这一问题核心，任何完善"同体监督"的举措都只能治标，难以治本。将监督者与被监督者分离才是解决问题的唯一理性选择。唯有如此，才能从根本上彻底清除理论障碍，才能使职务犯罪案件的侦查权真正受到监督制约。

（三）重构我国职务犯罪侦查监督之思考

将监督者与被监督者分离，由"中立的第三方"行使职务犯罪案件侦查监督职责，是符合基本法理和诉讼原理、直面冲突争点的必由之路。不作出体制性变革的其他任何制度性改革都无法从根本上理顺法理关系，彻底改变职务犯罪案件的监督现状。在这样的思路下，破解上述困境理论上看无非两条路径选择：一是职务犯罪侦查权仍保留由检察机关行使，并且将现在由纪委行使的"两规两指"法外调查权一并纳入检察机关的法治轨道，同时将检察机关的职务犯罪侦查监督权分离，交由法院行使。二是检察机关保留批捕等侦查监督职能，而将职务犯罪侦查权分离，交由公安机关或者专门的职务犯罪侦查部门行使，如成立类似香港廉政公署这样的职务犯罪侦控部门。这两条路径都需要对我国目前的司法制度进行重大体制性改革。

1. 保留职务犯罪侦查权分离逮捕权——对路径一的讨论

这一方案是将职务犯罪侦查权仍保留由检察机关行使，将包括逮捕权在内的职务犯罪侦查监督权交由法院行使。选择这种方案需要设置一个必要的前提，即为避免法官决定逮捕后形成对犯罪嫌疑人有罪的先入为主的内心印象，出现"逮捕即审判"的情况，必然要设立类似于西方国家"治安法官""预审法官"角色的我国的"侦查监督法官"体系。将侦查监督法官与案件审判法官相分离，由法院不同部门的法官担任，相对独立，互不隶属，减少影响，世界上许多国家也采用的是这种做法。这种方案的优点在于：

① 钟海让：《法律监督论》，法律出版社1993年版，第1页。

一是职务犯罪侦查的法律监督属性决定由检察机关行使侦查权更为恰当。首先，职务犯罪侦查具有法律监督属性。实施国家宪法法律，落实国家法规规章的主体为国家机关，具体执行者为国家公职人员。国家公职人员的各种公务行为就是执行法律法规的过程，如果国家公职人员有违职务廉洁要求或出现渎职失职，则必然会破坏法律法规的统一正确实施。对公职人员履职行为的查处就是纠正执法主体偏错、保障法律统一实施的过程，也就是法律监督的过程。"对职务犯罪立案侦查和起诉，出发点和宗旨，就是保证国家法律在公权行使中得到正确实施，维护职务活动的合法性。"① 职务犯罪侦查具有法律监督属性，由国家专门的法律监督机关行使符合检察机关保障法律统一实施的职能定位。其次，法律监督职能的履行需要职务犯罪侦查权的保障。检察机关的法律监督职能包括职务犯罪侦查、公诉、诉讼监督三大部分。在审查起诉、诉讼监督中发现执法司法人员有违反法律规定的行为并达到犯罪程度的，则需要启动职务犯罪立案侦查程序。因此，拥有职务犯罪侦查权对检察机关顺畅的履行法律监督职能，增强法律监督刚性起到了有力的保障和促进作用。同时，在法律监督中及时连接职务犯罪侦查程序也更为顺畅、便捷。最后，检察机关对职务犯罪侦查积累了丰富的办案经验。职务犯罪案件与普通犯罪在侦查方法上有着巨大区别，普通犯罪对侦查技术的要求高，而职务犯罪则对侦查人员法律素养的要求高，更注重证据审查和法律运用，这正是检察人员而非公安人员的强项。而且长期以来，检察机关已经积累了丰富的职务犯罪侦查经验，培养了大量职务犯罪侦查人员，有利于对职务犯罪的侦查。

二是这一方案改革的动作相对较小，改革较容易。与分离检察机关职务犯罪侦查权需构建新的职务犯罪侦查部门相比，分离职务犯罪案件逮捕权的体制性改革是需要构建侦查监督法官体系。相比而言，后者改革的动作相对较小，改革相对容易。由于审查逮捕工作也是一种司法判断性质的司法行为，与法官裁判案件的性质相同，在证据标准的要求上还低于对案件判决的要求，因此，法官在法律素养和司法能力上完全可以胜任。因此，需要构建与审判法院相分离的侦查监督法院体系，至少应构建与审判法官相分离的侦查监督法官体系，设置侦查监督法官专门办理职务犯罪案件的审查逮捕工作。数据

---

① 孙谦：《关于中国特色社会主义检察制度的几个问题》，载《法治讲堂》2012 年第 4 期。

表明，职务犯罪每年的侦办数量占全部刑事案件的 6% 左右，[①] 目前，检察机关将职务犯罪案件审查逮捕权"上提一级"，由地（市）级检察机关行使后，完全可以满足对职务犯罪案件侦查监督的需求。若对应至法院，在中级以上法院中成立侦查监督部门，专设侦查监督法官对职务犯罪案件承担批捕等侦查监督职责，这部分法院的数量不足法院机构总数的 12%，改革动作相对较小。在未来可以逐步构建侦查监督法院体系，将监督法官与审判法官彻底分离。相比而言，分离职务犯罪侦查权则需要将有丰富职务犯罪侦查经验的人员、侦查设备、甚至审查场所等重新建立或转移，需要对相关法律、司法解释作出重大修改，改革动作更大，涉及面更广，难度也更大。

三是符合世界多数国家做法，已有成功经验可循。目前，世界上很多国家都采用检察机关指挥包括职务犯罪案件在内的侦查活动，或主导侦查。无论英美法系国家还是大陆法系国家，由法官行使批捕权是普遍做法。例如，法国由自由与羁押法官和预审法官共同行使羁押的权力，德国由侦查法官行使羁押权，美国、英国通常由治安法官或地区法官签发逮捕证。[②] 而由法官负责司法审查的做法，已经相当成熟，有参照借鉴的成熟经验。

当然，这种方案有人会产生一定质疑，即为何普通刑事案件的批捕权不宜由法院通过单独构建侦查监督法官的形式行使而职务犯罪案件则可以。笔者认为，这并非是自相矛盾，而是一种司法权衡。与普通案件侦查监督主体选择不相同的是，普通刑事案件由公安机关负责侦查，这时监督者检察机关与被监督者公安机关是不同机构，已经分离，检察机关就是中立的第三者，其履行侦查监督职能完全适格也符合宪法定位，没有必要更换另一监督主体。而在职务犯罪侦查中，由于侦查主体（被监督者）是检察机关自身，尽管其仍肩负法律监督职责，但此时与"裁判者应与当事双方无涉"的基本法理相冲突，为服从基本法理，检察机关必须让渡出自己的部分职责，交由另一适格主体行使。这是在不同条件下作出的一定让渡和不得已的选择。而这种方案的不足上文中也论证过，主要从法官独立的角度来看，我国尚不具备法官个人独立的司法环境，而在同一法院系统内和在同一检察系统内都面临同样的问题，即都易于陷入追诉倾向和有罪倾向，甚至法官的这种倾向对被告人而言更为不利。但同检察机关行使职务犯罪侦查监督权产生"同体监督"的

---

① 根据 2015 年、2016 年曹建明检察长在全国人民代表大会上所作的《最高人民检察院工作报告》中的数据计算所得。

② 参见宋英辉、孙长永、刘新魁：《外国刑事诉讼法》，法律出版社 2006 年版，第 281 页、第 382~383 页、第 176 页、第 107 页。

效果相比，这是一种次优的选择。

2. 保留逮捕权分离职务犯罪侦查权——对路径二的讨论

第二种方案是将检察机关职务犯罪侦查权分离，交由公安机关或者一个专门的职务犯罪侦查部门行使，批捕等侦查监督职能仍保留由检察机关行使。保留逮捕权分离职务犯罪侦查权同样可以达到将监督者与被监督者分离的目的，也符合对权力监督制约的法理要求。其优势主要有以下几个方面：

一是职务犯罪的特殊性决定由专门的侦查机构行使侦查权更为有利。职务犯罪案件侦查活动与暴力犯罪、金融犯罪等普通刑事案件侦查活动相比，有极其特殊的地方：一是隐蔽性极强，通常犯罪行为一对一发生，除行受贿双方二人外再无人知晓（不排除少数案件有其他人在场），也可能没有留下任何可查寻的客观性记录，如以现金方式行受贿；二是犯罪者身份特殊，受贿者都是有一定公务职权的人，社会地位较高，人脉较广，反侦查能力强，打探案情、托人说情、甚至干扰侦查的能量大；三是对言词证据依赖度高，因为犯罪的隐蔽性，职务犯罪案件最特殊之处就是在证据种类方面更倚重言词证据，言词证据必不可少，书证、物证、电子证据等客观性证据较少，很多也需要通过言词证据予以指示才能获得；四是少有具体被害人，职务犯罪侵害的是国家职务廉洁性，通常情况少有具体利益受害人（当然，也存在有的情况下商业竞争中的竞争对手成为受害方，或者被索贿的行贿人成为受害人），很多情况下需要证人出来作证较为困难。因此，集中侦查力量、提高侦查层级有利于摆脱地方保护和地方关系网，克服侦查阻力和干扰，也有利于提升侦查专业化程度、加强协作配合、提高侦查效率。

二是应与普通刑事案件侦查主体相区别。对职务犯罪案件侦查的方法和要求也与普通刑事案件大不相同：一是普通刑事案件通常是"由事到人"的侦查路径，首先发现犯罪结果再通过蛛丝马迹查找锁定犯罪嫌疑人，而职务犯罪则是"由人到事"的侦查路径，通常先得到对犯罪嫌疑人的举报，从犯罪嫌疑人入手查找发现更多的证据。二是职务犯罪侦查中需要面对面的和犯罪嫌疑人打交道，对侦查人员的讯问技巧、讯问策略、法律素养以及对人性、心理的把控要求较高，相对而言，对物证技术的侦查能力需求相对较低。职务犯罪案件与普通刑事案件相比有很大不同，对侦查人员的侦查能力要求也不尽相同，甚至在某些侦查策略上还恰恰相反。因此，应当坚持职务犯罪案件与普通刑事案件侦查主体相区别的做法，由专司职务犯罪的侦查机构进行侦查，比混同在公安机关的普通侦查活动中更适宜、更合理。世界上其他国家或地区出于对特殊种类犯罪危害性的重视，也采用了与普通犯罪分别侦查的方式。例如，英美法系国家的刑事案件侦查权通常由警察行使，但对少数包括职务犯罪在内的重大案件也单独交由检察机关行使，如美国的检察机关就直接对重大贪污贿赂案件、行贿案件等进行侦查，英国的检察机关也可以对政府人员职务犯罪等少数重大案件进行侦查。① 再如，我国香港地区专司贪腐犯罪侦办的廉政公署，也是职务犯罪独立执法机构的典型。

3. 我国对建构路径的当下选择

遏制国家公职人员的腐败，乃政权稳固、社会进步的必要条件。如何建立反腐长效机制，让制度在反腐败中发挥根本性作用，一直是大家关心的问题。为加强党对反腐败工作的集中统一领导，"实施组织和制度创新，整合反腐败资源力量，建立集中统一、权威高效的监察体系，履行反腐败职责"。② 当前，我国正在进行国家监察体制改革，筹备国家监察委员会。监察委员会是整合行政、预防腐败和检察机关查处贪污贿赂、失职渎职以及预防职务犯罪等工作力量，作为监督执法机关与纪委合署办公，③ 是在党统一领导下的反腐败工作机构。从 2016 年 11 月起，在北京、山西、浙江三省（市）正在开展试点工作，从体制机制上先行探索，为在全国推开积累经验。在国家监察体制改革的方案中，职务犯罪侦查职能将从检察机关分离，部分职务犯罪侦查人员将转隶至监察委员会。

目前改革采取了分离侦查权、建立独立的职务犯罪侦查部门的改革思路，即采取了第二种方案。如前分析，分离侦查监督权或分离侦查权两种路径都可以解决目前职务犯罪案件"同体监督"的问题，相比而言，分离职务犯罪侦查权改革动作更大，涉及面更广，难度也更高。但从目前实际来看，中央选择了更为大刀阔斧、迎难而上、全面整合的改革路径，可见中央在反腐败问题上的坚强决心。

监察体制改革被列为党的十九大八大改革着力点之一。党的十九大报告提出，深化国家监察体制改革，将试点工作在全国推开；制定国家监察法，依法赋予监察委员会职责权限和调查手段，用留置取代"两规"措施。为推动权威高效的反腐败机构的建立，在国家监察体制改革中需要构建好顶层设计，接下来还需要解决好面临的理论与实践问题。一是监察委员会权力来源

① 参见樊崇义、刘涛：《两大法系检察机关侦查权有趋同趋势》，载《检察日报》2003 年 10 月 9 日第 1 版。

② 《京晋浙将试点设监察委员会》，载凤凰网 2016 年 11 月 8 日。

③ 2016 年 11 月 7 日，中共中央办公厅《关于在北京市、山西省、浙江省开展国家监察体制改革试点方案》。

的法理正当性问题。我国著名宪法学专家韩大元教授指出，"从宪法体制的构造与功能看，应充分发挥全国人大的作用，使监察体制改革在宪法框架与程序内进行。无论是全国人大还是常委会都无权用'授权'方式赋予其合法性。按照宪法原理，要创设宪法没有规定的国家机关，需要全国人大积极运用宪法修改权为改革提供宪法依据"。① 二是监察委员会的调查权性质问题。《全国人民代表大会常务委员会关于在北京市、山西省、浙江省开展国家监察体制改革试点工作的决定》规定监察委员会拥有"监督、调查、处置"三项职权。其中，调查权的性质与我们通常从《刑事诉讼法》意义上理解的调查有所不同。对其性质的认识，我国著名刑诉法学家陈光中先生指出，"其中的'调查'，既包括针对违反中共党纪和行政法规的一般调查，也包含针对腐败犯罪的特殊调查，涉嫌职务犯罪（包括贪污贿赂犯罪和渎职失职犯罪）的监察调查，性质相当于刑事诉讼法规定的侦查"。② "监察委员会对职务犯罪的调查权来源于检察机关职务犯罪侦查部门及其侦查职权的转隶，转变隶属关系，检察机关的侦查职权并不因此发生性质上的变化。"③ 三是对监察委员会行使职务犯罪调查权的监督问题。著名学者张建伟教授指出，"本着权力制约权力的基本理念，监察权自身不应是不受监督的权力，也不应仅仅是内部监督、自清门户的监督。我国建立新监察制度，需要考虑将检察机关的法律监督延伸至国家监察委员会的调查领域，人民检察院对于调查中违反法律正当程序的行为应当有权加以纠正"。④ 同时，也有学者指出法律应赋予监察对象必要的权利。例如，"在涉嫌职务犯罪的调查中，应当探讨如何注意保障被调查人的权利，包括原来侦查中规定的严禁刑讯逼供即律师辩护权等"。⑤ "国家监察法要赋予监察对象陈述权、申辩权等必要的权利和申诉、请求符合，乃至提起诉讼等救济权利。"⑥ 对职务犯罪侦查权的重新配置，目的是有利于对腐败犯罪的打击，更是有利于对职务犯罪侦查活动的法律监督，两个目的不可偏废。四是监察委员会与其他相关机关的法律关系问题。包括如何处理好国家监察机关与监督对象的关系、与人民代表机关的关系、与司法机关的关系以及其内部部门间的关系等。

---

① 韩大元：《论国家监察体制改革中的若干宪法问题》，载《法学评论》2017年第3期。

② 陈光中：《监察体制改革关系重大，修法要慎重》，载法律读库2017年1月18日微信推送。

③ 陈光中：《指定〈国家监察法〉，保障被调查人权利》，财新网2017年3月29日。

④ 张建伟：《法律正当程序视野中的新监察制度》，载《环球法律评论》2017年第2期。

⑤ 陈光中：《指定〈国家监察法〉，保障被调查人权利》，载财新网2017年3月29日。

⑥ 姜明安：《国家监察法立法应处理的主要法律关系》，载《环球法律评论》2017年第2期。

（四）结语

目前，检察机关同时拥有职务犯罪侦查权和侦查监督权的现状，是很多学者对职务犯罪侦查监督产生质疑的焦点，甚至由此对检察制度进行诟病。也有不少学者尽管已从这两项职能与检察机关法律监督属性的密切联系和深厚渊源等角度，论证了二者属于检察机关职权的合理性，但并未能平息质疑的声音。笔者赞同职务犯罪侦查权和侦查监督权分别由检察机关行使时的法理正当性，但当二者同属于一个行使主体时，则对基本法律原理形成了冲击。"裁判者应为中立的第三方"是司法审查的基本法律原理，解决矛盾的基本遵循还应以构建"中立的第三方"为落脚点，才能彻底保证侦查监督的客观中立性。检察官并不会因这一称谓而具有天然的中立性，而是在制度设计和结构搭建中拥有了中立的地位，才拥有了中立的态度。因此在这一原理的指引下，从逻辑上推理，有两条改革路径可供选择：一是分离检察机关的职务犯罪侦查监督权，保留侦查权；二是分离检察机关的侦查权，保留侦查监督权。两条路径任选其一都能达到完善监督结构，提升监督合理性的目的，符合法理要求，对两条路径的文章也进行了利弊分析。

从改革的司法成本、司法环境、司法传统、公众的可接受度、对改革效果的预估等方面考量，分离职务犯罪侦查监督权是改革成本较低、较为稳妥、保持司法相对稳定之选。但当前党和国家选择了改革动作比较大的分离职务犯罪侦查权，建立专司反腐败的监察委员会的路径，可见国家对打击腐败的决心之大，措施之强，都前所未有。在监察体制改革中还存在着诸多有待认真研究、加以解决的具体问题，这些问题能否科学、理性的予以解决，是决定改革成败的关键，也是决定反腐败成功与否的关键，更是国家法治建设中的重大问题，影响着全面推进依法治国方略的实现进度。相信国家会在法律层面与法治轨道上解决好上述问题。

三、侦查监督改革前提：侦查模式转型

（一）侦查模式理论及其之于侦查监督的意义

1. 侦查模式的概念

刑事诉讼结构，是指刑事诉讼法所确立的进行刑事诉讼的基本方式以及专门机关、诉讼参与人在刑事诉讼中所形成的法律关系的基本格局，它集中体现为控诉、辩护、裁判三方在刑事诉讼中的地位及其相互间的法律关系。[1]

---

[1]　陈光中、徐静村主编：《刑事诉讼法学》，中国政法大学出版社2000年版，第49页。

刑事诉讼结构的核心，是指控、辩、审三方的相互地位与关系。与此相对应的，侦查结构则是指侦查程序中各程序主体间的相互地位与关系，包括侦查、辩护、裁判各方的权力（权利）配置与相互关系。将侦查程序各主体享有的权力（权利）、所处地位、相互关系等内容和特征进行归纳概括，抽象为一定的模式，称为侦查模式。侦查结构倾向于描述侦查程序主体间的具体关系和地位，侦查模式则倾向于描述侦查结构的宏观特征。虽有学者从不同角度对这两个概念进行了更细微的区分，但大多数学者认为二者可以等同。本书不对这两个概念之间的内涵和外延进行微观层面的区分，而是采用理论通说，将侦查结构、侦查构造、侦查模式视为一回事，重点将对其核心含义侦查、辩护、裁判三方之间的权力（权利）配置和相互关系进行研究。

2. 侦查模式的分类

侦查模式作为理论研究范畴中的专门概念最早是由日本学者团藤重光教授提出来的。① 并将侦查程序划分为纠问式侦查观、弹劾式侦查观、诉讼式侦查观三种模式。纠问式侦查观认为侦查本身是调查犯罪的程序，本应具有强制性，犯罪嫌疑人是诉讼相对人和客体，有义务接受讯问以及保障强制侦查手段的有效运行。弹劾式侦查观认为侦查程序也应具有诉讼构造的特征，将犯罪嫌疑人看作是与侦查机关相对等的独立诉讼主体，在侦查程序中双方各自独立进行准备，构成侦辩两造，法官则为中立的裁方，对两方发生交涉（如讯问、强制措施等）时进行审查或裁判。诉讼式侦查观则跳出侦查程序是为审判、起诉程序进行准备这一视角，认为侦查程序是诉讼中的一个独立程序，"是独立于审判准备程序的具有独特目的的程序"。这种模式虽然彰显了侦查程序的独立性，使侦查机关可以既关注犯罪嫌疑人的有罪证据也关注其无罪证据，但弊端是可能使侦查权因独立性而被过分强化，使侦查活动摆脱司法抑制作用，形成封闭的侦查领域，反而因不透明而造成纠问化的危险。②

借鉴日本学者对侦查模式的分类研究，与刑事诉讼构造理论相结合，现代各国主流的侦查模式可以分为犯罪控制模式与正当程序模式两大类。犯罪控制模式也称审问式侦查模式，是以纠问式侦查观的基本观点为基础，将维护社会秩序、打击惩治犯罪作为侦查的主要目的的。基于这样的立场，该模式下将提高侦查程序效率和提升侦查程序的有用性作为结构设计的优先价值，

---

① 参见李心鉴：《刑事诉讼构造论》，中国政法大学出版社1992年版，第11页。

② 参见谢佑平、万毅：《刑事侦查制度原理》，中国人民公安大学出版社2003年版，第76~77页。

注重发挥侦查机关的职能作用，不重视辩护方的作用。这种模式下，必然要扩大侦查机关的权力范围、减少权力约束、增强权力效力，将辩护方的人身权利保障作为次要价值，发生冲突时将要被牺牲。正当程序模式也称弹劾式侦查模式，是以弹劾式侦查观的基本观点为基础的，将诉讼中的人身权利保障作为结构设计的基础，理论上国家侦查机关与犯罪嫌疑人在地位上是平等的、手段上是基本对等的，国家权力若想侵犯个人权利必须经过严格的程序审查或者程序约束，才具有合法效力，"这一模式是跨栏赛跑（障碍竞赛）式的程序"[1]。正当程序模式下侦查程序的最主要特征是要求对侵害犯罪嫌疑人的强制侦查行为进行司法审查，对侵犯人身权利的侦查行为可以诉诸第三方进行裁决（救济措施）。总之一项侦查行为从采用起始到运行后效果都存在各种权力（权利）的制约，缺点是程序效率会有所降低。[2]

此外，我国学者在侦查模式方面也提出了一些有意义的见解，较为典型的观点包括检察官顶点三角构造模式和诉讼式侦查模式。[3]（1）检察官顶点三角构造模式。该理论认为侦查程序中也应当存在控、辩、裁三方，在我国法官没有直接介入侦查的情况下，由具有逮捕权和侦查活动监督权的检察官充当侦查程序中的裁方，"形成一个以检察机关为顶点，以侦查人员和辩护方为两底角的三角结构"[4]。从而使侦查程序诉讼构造化。（2）诉讼式侦查模式[5]。论者确定了四个标准：一是侦查权的分配；二是司法审查机制的运作方式；三是犯罪嫌疑人、被告人的诉讼地位；四是辩护律师的参与范围。指出可以从这四个方面判断侦查模式是否具有"诉讼"特征，并认为现代西方国家基本都能够按照上述特征构建保障犯罪嫌疑人、被告人人权的侦查程序。笔者认为，各种侦查模式都是一种抽象后的理论模型，为理论研究提供了模板和参照。侦查模式的归纳也使理论研究在表述方式和内涵界定时可以简洁清晰、凝练概括、指代准确，实践中各国的侦查模式一般以一种模式为主，也会混合体现其他模式的某些特征。

3. 侦查模式之于侦查监督的意义

侦查模式是根据侦查程序主体享有的权力（权利）义务、相互地位、彼

---

① 李心鉴：《刑事诉讼构造论》，中国政法大学出版社 1992 年版，第 25~26 页。

② 参见韩德明、陈志军：《侦查模式和侦查目的》，载《上海公安高等专科学校学报（公安理论与实践）》2001 年第 3 期。

③ 参见陈瑞华：《刑事诉讼的前沿问题》，中国人民大学出版社 2000 年版，第 288~321 页。

④ 李心鉴：《刑事诉讼构造论》，中国政法大学出版社 1992 年版，第 12~13 页。

⑤ 陈瑞华：《刑事诉讼的前沿问题》，中国人民大学出版社 2000 年版，第 288~321 页。

此关系而形成的侦查阶段的基本结构。侦查模式的转型是指侦查程序主体间权力（权利）义务、地位关系的变化。侦查程序主体包括侦查方、辩护方和裁判方三方。侦查方，即由享有侦查权的侦查主体及具体实施侦查行为的侦查机关、人员组成；辩护方，即犯罪嫌疑人、被告人，其监护人、近亲属及其辩护人；裁判方，即对某些侦查行为进行司法审查和对救济手段予以裁决评判的司法主体，西方国家以法官为主，我国是检察机关。三者构成了侦查程序中的控、辩、裁三方。

侦查模式既是对侦查程序中各主体间相互关系的归纳（对实然状态的认识），各主体间的权利义务关系符合哪个模式的特征多就被归属于哪种侦查模式，也是对各主体间相互关系的指引（对应然状态的指向），确立哪种侦查模式就应当向着该种模式的特征调整完善主体间的法律地位关系。我国目前的侦查程序属于纠问式侦查模式，甚至可以说是超纠问模式，这是对现有各侦查程序主体间关系地位的概括。侦查模式的转型，即确立侦查模式转换的抽象模型，根据这一模式特征和要求调整完善侦查程序主体间的权力（利）义务关系。裁判方与辩护方行使权力（权利）的过程就是对侦查权进行监督制约的过程，性质上前者属于权力监督，后者则是权利监督。二者的权力（权利）越大，侦查权受到的监督约束就越多，反之则越少。当然二者的权力（权利）也并非可以无限扩大，否则将阻碍控制犯罪的侦查目的的实现。侦查模式转型当然还包括侦查主体与侦查监督主体间关系的调整，完善和加强侦查监督就是侦查程序中监督者与被监督者间的权力（权利）配置、相互地位关系合理调整的过程。可见，侦查监督是侦查模式的一部分，侦查模式的转型直接影响和制约着侦查监督的格局。反之，作为侦查模式中最重要的侦查监督方，其调整也影响和决定着侦查模式的定型。二者互相影响，紧密相连。

（二）对我国侦查模式的考察

1. 我国当前侦查模式

刑事侦查是刑事诉讼的基础，是诉讼程序的第一个环节。我国侦查程序带有明显封建纠问式特征，是我国刑事诉讼中矛盾最为集中、与现代法治要求相差最远的环节。在侦查程序中，侦查机关处于比较强势的地位，拥有广泛的侦查权力而缺少必要的约束；侦查监督机关监督手段单一、有限、乏力，对侦查活动的监督制约十分有限；辩护方的犯罪嫌疑人处于诉讼客体地位，仅有有限的诉讼权利还常常难以得到保障，辩护律师难以有效介入侦查环节发挥保障作用。我国的侦查程序属于纠问式侦查模式，甚至是超纠问模式。

往往侦查结论就决定了起诉内容，起诉内容决定了审判结果，起诉与审判环节不仅难以对侦查中的错误予以纠正，反而成为推动侦查结果不断"合理化"的"背书"过程，实质形成了对侦查结论的依赖和维护，导致"一旦侦查出错，程序满盘皆输"的后果。"以审判为中心"的诉讼要求实质上沦为了"以侦查为中心"的侦查决定格局。从媒体公开报道的冤假错案中不难看出，绝大多数案件都是以"亡者归来""真凶再现"，或者常年上访等方式发现冤错和翻案的，很少有通过审查起诉、审判程序或者正常申诉程序发现冤错从而及时阻止或纠正冤错案件的。① 这说明我国目前的刑事诉讼程序在防止和纠正冤假错案方面基本失灵，导致程序失灵的最根本原因就是侦查模式的纠问化倾向（从侦查监督角度来说就是监督不力）。更为令人担忧的是，由于侦查人员执法理念、侦查能力水平、侦查技术装备的落后和不足，大部分案件的侦破仍停留在以获取犯罪嫌疑人口供为主要方式的初级阶段，导致刑讯逼供、超期羁押等问题层出不穷，难以有效解决，这就为产生冤假错案埋下了重大隐患。

2. 我国侦查模式的特点

（1）侦查程序不具有"诉讼形态"

中国的刑事诉讼具有一种"流水作业式"的整体结构，这与西方国家（尤其是英、美）"审判中心式"的诉讼构造形成了鲜明的对比。② 与"以审判为中心"的目标相对的，是我国的刑事诉讼实质上形成了"以侦查为中心"的实践形态。侦查环节是刑事诉讼的第一个环节，也是基础性环节，由这一环节所形成的案件基本事实和证据，实质上构成了起诉和审判环节所依据的主要事实和基本证据。特别是非法证据排除规则确立之前，审查起诉和审判中对证据合法性的审查、质证常常流于形式，对辩护方提出的"违法取证"的抗辩不予理睬，仅仅依赖侦查机关"一纸自证合法的说明"就认定证据合法的情况不在少数，审查更像是对侦查机关取证活动的维护。这种"流水作业"的形态使诉讼的后续程序不断对之前程序认定与背书，自然就形成"以侦查为中心"的形态。而"诉讼形态"则至少应包括两个特征：一是具备控、辩、裁三方相互制衡的三角结构；二是侦查行为具有可诉性，即辩护方诉讼权利具有可救济性。这两点在我国侦查程序中几乎都不具备。缺乏令

---

① 参见陈文飞：《20件冤错案背后的规律：几乎没有一件是通过正常刑事申诉平反》，微信公众号法律读品 2017 年 03 月 31 日推送。

② 陈瑞华：《刑事侦查构造之比较研究》，载《政法论坛》1999 年第 5 期。

状制度，即缺乏中立的裁判者；辩护方权利过于弱小且难以获得保障；侦查方地位过于强大缺少制衡。本应平衡牵制的侦查程序"三角结构"因各方权力（利）地位的不平等而没有形成，导致形成了侦查一方独大、单方面追诉的线性结构，侦查机关在侦查程序中具有不可动摇的垄断地位。强大的侦查权在整个诉讼程序中延伸了其不容置疑的强势地位，体现为对违法侦查行为难以诉讼、难以纠正、难于追责，犯罪嫌疑人诉讼权利则弱小到难以保障和救济。

（2）侦查主体权力宽泛

我国侦查机关拥有广泛且几乎不受外部制约的侦查权力，体现在以下方面：一是侦查机关拥有广泛的侦查措施决定权和执行权。无论是拘留、取保候审、监视居住等强制措施，查封、扣押、冻结等强制性侦查措施，还是鉴定、辨认、侦查实验等任意侦查手段，抑或是监听、监控等秘密侦查措施，除逮捕需要经检察机关批准外，其他各项侦查措施只需侦查机关自身进行内部审批即可作出决定并执行。拥有侦查监督职责的检察机关并不知晓或不能及时知晓其采取具体侦查措施的情况，监督信息来源并不畅通。二是侦查措施适用条件宽松。侦查主体除了拥有对各项侦查措施广泛的自我决定权外，各项侦查措施的适用条件也规定得相当宽松。如限制人身自由的拘传措施，《公安机关办理刑事案件程序规定》第74条规定，公安机关根据案件情况对需要拘传的犯罪嫌疑人，或者经过传唤没有正当理由不到案的犯罪嫌疑人，可以拘传到其所在市、县内的指定地点进行讯问。可见"拘传"并未设置客观的适用条件，只需"公安机关认为案件需要"即可采取。

（3）侦查措施缺少司法审查

我国侦查程序中最为突出的问题就是没有确立严格意义上的司法审查制度（以下称令状制度）。除逮捕外，其他各项侦查措施都由侦查机关自主决定和行使。这种"内部制约"的侦查监督模式背离了"控裁分离""任何人不能成为自己案件法官"等现代法治原则。即使须经检察机关批准的逮捕程序，也难以称为真正意义上的司法审查。尽管2012年在修改《刑事诉讼法》时增加了审查逮捕阶段关于讯问嫌疑人、听取辩护律师意见等的规定，使审查逮捕的司法化程度越来越高。但其审查方式的书面化、行政化惯性，控、辩双方法律地位的悬殊，救济途径缺乏，审查主体的客观意识不足等仍需要在制度上予以完善。我国将检察机关确立为侦查程序中的司法裁判者，则应当依托司法审查制度的建立，构建以检察机关为中立裁判者的侦查程序三角结构，广泛行使侦查程序中的司法审查职责。除逮捕制度要进行司法化改革外，更重要的是，需要对查封、扣押、冻结、监听、监控等大量涉及犯罪嫌疑人的自由权、财产权、隐私权等各项基本人权，却尚未受到司法审查制约的强制性侦查措施纳入司法审查的范畴，加大侦查程序改革的力度和步伐。

（4）律师对侦查权的制约极为有限

检察机关的侦查监督为权力监督，当事人、律师、媒体、政党等监督为权利监督。其中辩护律师的辩护权是权利监督中最重要的一种，是法律专门赋予律师并以法律形式保障的用以制衡侦查权的重要权利。辩护律师行使辩护权的重要作用并不亚于检察机关的权力监督，其意义有二：一是通过全程、连续的参与诉讼，对检察机关权力监督构成重要补充；二是通过专业法律知识的运用，帮助辩护方在诉讼中增强与侦查方抗衡的能力。前者通过补充权力监督对侦查权形成制约；后者通过辅助权利监督对侦查权形成制约。但我国目前律师在侦查程序中的作用还极为有限。监督作用难以发挥的主要原因是法律对律师辩护权容许度的狭窄和司法人员对律师的排斥心理所致。例如，对有些需要许可才能会见的特殊案件，在整个侦查阶段律师都无法获得会见许可，这让律师几乎不可能在侦查阶段履行辩护职责以及在强制措施的审查中提出有效的辩护意见。又如，关于辩护律师的讯问在场权，尽管学者们呼吁了很多年也作出了数量不菲的理论研究，但该制度仍未被当局立法者采纳，对侦查中最重要的讯问环节仍然难以打破其牢固的壁垒。再如，《刑事诉讼法》中对保障辩护律师权利作出了不少增加，取得了显著进步，程序上的保障和律师执业权利的赋予确实让律师履行辩护职责拥有了不少空间，但实践中司法人员对律师的天然排斥使律师的辩护意见很难被司法机关采纳，律师的意见对侦查违法难以构成有效制衡。而众多被平反的冤假错案都证明，当初律师的辩护意见通常都是正确的，只是被司法机关有意无意地从内心排斥了。

（5）犯罪嫌疑人、被告人诉讼权利难以保障

犯罪嫌疑人、被告人的诉讼权利和律师的辩护权一同构成了三角结构的另一底端。我国侦查程序的缺陷是，犯罪嫌疑人这一底端与侦查机关这一底端的诉讼地位相差太过悬殊，辩护权不仅不能对侦查权形成制约，反而沦为了诉讼客体。例如，各国刑事诉讼法都规定了不得自证其罪原则，有些国家还赋予了犯罪嫌疑人、被告人沉默权，我国虽在《刑事诉讼法》中比以往进步性地规定了该原则，但却仍保留了犯罪嫌疑人应当"如实回答"和"如实供述"的条款，与上述原则自相矛盾。"如实供述"的义务实际上剥夺了犯罪嫌疑人的部分辩护权，为我国特有。另外，犯罪嫌疑人如果受到非法讯问、

刑讯逼供等违法侦查行为的侵犯，需要保留好相关证据或线索，否则非法取证的申请将很难被采纳，排除非法证据也将较为困难，诉讼权利保障条件较高。又如，延长侦查羁押期限审查流于形式，犯罪嫌疑人被羁押后基本将"一押到底"至作出判决。此外，讯问地点违法、讯问间隔不足、必要的休息饮食难以保障等侦查轻微违法就更难以追究了。总之，在强大的国家权力面前，任何一个自然人个体都是微不足道的，在我国的侦查程序中，犯罪嫌疑人更是沦为了诉讼客体，丧失了基本的防御能力，因此必须重视加强对侦查权的监督制约，守住人权保障的底线。

（三）检警关系重构是侦查监督改革的基础

从侦查模式分析，我国侦查程序不仅属于典型的犯罪控制模式，甚至"带有超职权主义的特征"①：没有构建起侦查程序"三角结构"的诉讼形态，而是呈现"流水作业式"的线性结构；对侦查措施缺少中立的司法审查，而代之以侦查机关自我授权；辩护方难以形成平等对抗，反而沦为诉讼客体。控审分离、不得强迫自证其罪、司法审查、辩护权保障等诸多现代法治基本原则尚未得到充分体现。如果说我国的司法制度离法治国家还有一定距离的话，那侦查程序则是距离最为遥远的部分。侦查程序仍旧停留在秘密、封闭、自我授权的时代，仍然在"重实体轻程序"的思想观念引导下运行，在单方追诉、行政化运作中强势排斥监督制约。我国侦查程序应当由目前占据诉讼中心地位、行政化色彩浓厚的超纠问模式，转型为辩护方拥有基本防御权、权利能够落实保障、侦查运行诉讼化、可救济的现代侦查模式。

在我国目前侦查程序各主体间既定关系地位的制约下，制度上、权利上局部的完善并无法扭转侦查机关在侦查程序中绝对强势、排斥监督的现状。只有改革我国的侦查模式，重新定位各侦查主体地位和彻底扭转各主体间的权力（权利）关系，才能同步推动侦查监督制度改革，才能建立有效的侦查监督体系，真正发挥对侦查权的监督作用。因此，侦查模式转型与侦查监督改革是相辅相成、紧密关联的，二者方向一致。侦查模式转型为侦查监督改革搭建了良好平台，侦查监督制度也随之完成了部分改革任务。对侦查程序主体关系的重构过程——检警关系的重构，就是侦查模式的转型过程。

1. 我国检警关系检视

虽然法律规定检察机关是法律监督机关，对侦查活动负有侦查监督的职责，但实践中监督者履行监督职责比较困难，侦查权难受监督制约。重要的

① 陈瑞华：《刑事诉讼的前沿问题》，中国人民大学出版社 2000 年版，第 322 页。

原因是监督者与被监督者的相互关系即"检警关系"出现了错位。

一方面，我国检警关系的法律定位使侦查监督难以落实。我国目前对检警关系的定位可以在刑事诉讼法中找到依据。《刑事诉讼法》第 7 条规定，人民法院、人民检察院和公安机关进行刑事诉讼，应当"分工负责，互相配合，互相制约"，这一原则定位了我国检、警之间关系的基本格局。这一定位是我国长期诉讼传统和实践经验的总结，这一模式有利于打击犯罪、提高侦查效率和发挥检、警合力。但在强调人权保障的现代刑事诉讼理念下，这一定位显然在人权保障方面难以发挥积极作用，难以制约侦查权的行使，难免造成侦查权的放任和滥用。该原则中的"分工负责"虽强调了检、警各负其责，但也对检察机关涉足侦查活动形成了森严壁垒，侦查程序形成了一个封闭的"自由空间"，监督者没有渠道了解被监督者的侦查活动过程，难以介入监督。"互相配合、互相制约"在实践中则更多被体现为"配合有余，制约不足"。而检、警之间的"互相制约"关系又将监督者与被监督者置于同等地位，在监督者与被监督者地位相同，且还要接受被监督者反向制约的情况下，侦查监督必然无法摆脱软弱无力的局面。陈兴良教授曾指出，法律监督应当是单向，而且置身事外的，带有强制性的监督。① 这应当成为我国侦查监督调整的方向。

另一方面，检、警之间实际形成"警主检辅"的格局。一是侦查机关在侦查活动中拥有广泛的侦查权力，但受到监督制约的只有部分侦查行为，如违法立案（不立案）、逮捕、刑讯逼供等，还有很多侦查行为并不在检察机关的监督制约范围内。二是检察机关对法律规定的监督权力也难以充分落实。即使对法律规定的立案监督、审查逮捕和侦查活动监督等方面，在实际执行中也常常因为知情渠道受阻，监督方式单一，调查违法手段有限，以及重配合轻制约的错误观念等各种主客观原因下，被打了折扣。三是检察机关与侦查活动基本脱离。侦查活动基本处于侦查机关设置的封闭、秘密的侦查程序中，监督者检察机关缺少进入、了解侦查活动的渠道，基本脱离侦查活动本身，使监督活动很难开展。目前，主要通过审查逮捕和审查起诉时，通过审查案卷发现侦查活动违法线索开展监督。尽管检察机关从工作机制层面推动建立了提前介入侦查制度，对侦查活动打开了突破口，但也仅限于有限的重大案件。总体上说，检察机关与侦查过程还存在时空脱节，介入侦查活动的方式相当有限。四是侦查机关地位强势，对司法工作形成隐性制约。实践中，

---

① 陈兴良：《限权与分权：刑事法治视野中的警察权》，载《法律科学》2002 年第 1 期。

公安机关的实际地位远远高于检、法机关，不少地方的公安局长兼任政法委书记，对整个政法工作进行实际领导；而公安机关负责社会治安、维护稳定等各个方面，社会维稳形势的需要也使公安机关具有了强势职能地位和话语权。公安机关与检察机关之间实际形成了"警主检辅"的关系，这使检察机关难以对公安机关形成有效的制约。在被监督者比监督者更强势、拥有更多控制权的情况下，监督难以顺畅运行就不足为奇了。

2. "检警一体"模式的提出与评析

对我国检、警关系的异位以及由此产生的侦查监督不力、侦查效率低下、侦查质量不高等问题，许多学者进行了较深入的研究并提出了一些颇有见地、具有建设性的意见。对检、警关系调整最具代表性的两种观点是"检警一体化"模式和"检察引导侦查"模式。

（1）"检警一体化"模式的提出

检警一体是指"检察官有权指挥刑事警察进行对案件的侦查，警察机关在理论上只被看作是检察机关的辅助机关，无权对案件作出实体性处理"。[①]有的观点提出，将目前公安机关的行政职能与刑事侦查职能分离，将负责刑事侦查的警察纳入检察机关统辖，侦查活动受检察机关指挥和节制。[②]也有同持"检警一体"观点的学者区分性地认为，"检警一体"不是从组织上将警察机关归属检察机关，他们的"一体"是指业务上的服从关系，检察机关有权对侦查进行指导甚至指挥。[③]无论是组织体例上的一体化，还是组织体例不变，职能职权上的一体化，"检警一体化"观点的实质都是，检察机关在侦查程序中是侦查活动的决策者和侦查程序的主导者，侦查机关是检察机关的辅助机构，要服从和听命于检察机关的指挥和领导。

"检警一体"的关系模式来源于以法国、德国为代表的大陆法系国家。大陆法系国家中，刑事诉讼程序被分为审判阶段与审前阶段两大阶段。审判阶段是由法官主导的庭审程序。大陆法系国家检察官的地位较高，检察官被法律定义为侦查主体，是审前程序的主导，司法警察作为检察官的助手，在检察官的领导和指挥下实施具体的侦查活动，检察官对侦查的结果和证据的

---

①　陈兴良：《从"法官之上的法官"到"法官之前的法官"——刑事法治视野中的检察权》，载《中外法学》2000年第6期。

②　陈兴良：《限权与分权：刑事法治视野中的警察权》，载《法律科学》2002年第1期。

③　陈兴良：《建立科学的检警关系》，载《检察日报》2002年7月15日。

可靠性承担最终责任。① 如在德国，"以检察官为侦查程序之主导者，负责发动、进行以及终结侦查程序"。② 大陆法系国家之所以形成"检主警辅"的侦查模式，是源于对警察权力的警惕。为了避免警察权力过大，甚至造成警察国家的危险，为了有效制约警察权滥用，法律规定将警察置于检察官之下，让检察官成为警察的领导者，警察仅作为检察官的辅助人员。这甚至是大陆法系国家设立检察官的最初目的，"就控制警察而言，创立检察官的重要目的之一，在于摆脱警察国家的梦魇，因而需要一个严格受法律训练及法律控制的检察官来监督控制警察侦查活动的合法性"。③ 因此有学者就建议我国应当在侦查模式的改造中借鉴德国的做法，实行"检警一体"模式，方能遏制侦查权滥用。④

（2）对"检警一体"模式的评析

笔者认为，对我国检、警关系进行"检警一体化"改造的主张还值得商榷。"检警一体化"模式虽然具有一定遏制侦查权滥用的优势，但其只适用于特定的司法制度之下。"检警一体化"模式无论是从结构建构、履职能力、侦查资源、实际运行等各方面都存在着诸多不能，与我国司法制度也不相匹配，难以为我国效仿和移植。

一是"检警一体"模式拆解了诉讼三角构造，制约侦查的功能丧失。在诉讼中形成"控、辩、裁"的三角构造是现代法治的基本属性，侦查程序也不例外。我国侦查权之所以难以被制约，是因为在侦查程序中没有真正落实"控、辩、裁"三角构造。我国检察机关虽被定位为侦查程序中的裁判方，但由于立法、实践等各种原因，裁判方的职能行使并不到位，如我国没有建立令状制度等，因此造成对侦查权监督制约不足。但若侦查权主体由警察变为检察官时，检察官就不再是中立的裁判者了，其身负的侦查职能使其自然地成为了侦查者、追诉者。检察官并不天然客观公正，警察也不是天生追诉，之所以检察官客观公正而警察追诉，是由其相应的法律地位和职能决定的。"由于监督机关与被监督机关力量聚合，犯罪嫌疑人的自由必将招致更大的

---

① 参见陈瑞华：《侦查模式之比较研究》，载陈瑞华：《比较刑事诉讼法》，中国人民大学出版社 2010 年版，第 272 页。

② 林钰雄：《刑事诉讼法》（上），元照出版有限公司 2004 年版，第 137 页。

③ 林钰雄：《刑事诉讼法》（上），元照出版有限公司 2004 年版，第 117 页。

④ 董邦俊：《侦查权行使与人权保障之平衡——德国侦查权制约机制之借鉴》，载《法学》2012 年第 6 期。

侵害。"① 因此若让检察官行使侦查权，检、警由控、裁两方成为控方一体，检察官则会为了完成侦查使命而站在追诉立场，侦查程序的中立裁判方则不存在了，侦查权力将更加失去制约。那大陆法系国家为何采用"检警一体"模式遏制侦查权滥用呢？因为大陆法系国家是由法官对侦查措施进行司法审查，充当侦查程序中的中立裁判方，其诉讼三角结构在侦查程序中仍是完整的。况且大陆法系国家虽名义上检察机关是侦查主体，但由于专业技能所限，实际检察官也无法真正实现领导侦查的职责。

二是检察官在侦查能力上难比警察。检察官与警察虽然都为刑事专业的法律人员，承担着刑事诉讼不同阶段的职责，但"术业有专攻"，二者仍然存在专业能力上的侧重。警察侧重于侦查技术而检察官则侧重于法律判断，让检察官从法律的角度发表意见可能信手拈来，但要具体到侦查谋略和侦查方法上发表看法恐怕要甘拜下风。在奉行检警一体、检察领导侦查的我国台湾地区，"检察官即使实际参与侦查也主要限于法律控制，而侦查方案的制订与实施则由作为'行动官署'的司法警察进行，检察官难以实际承担多数案件的侦查责任"。② 可见在侦查的专业素养上，检察官也难堪此任，让其领导警察进行侦查，不免有外行领导内行之嫌，可能会导致侦查效力的降低。

三是检察机关不具备警察系统的综合资源。部分学者主张从组织上将刑事警察从警察系统中剥离，归属检察机关，由检察机关领导。但这种划分将削弱警察的侦查能力，将刑事警察从警察体系中剥离将不利于警察系统综合资源的利用。警察除了前面所说的侦查专业技能外，还有着强大、多元的警察系统的支撑：边检、交警可以为侦查中的限制出入境、缉捕、道路管控等提供支持；户籍可以为人口状况查询提供支持；派出所可以为区域内人员排查提供支持；技术侦查、法医鉴定更是直接的侦查技术措施，而检察系统却不具备这些可供侦查运用的系统资源条件。虽然法律可以规定检察机关在侦查中可以利用警察系统的上述资源，但从整体配合、协同作战、时间效率等方面都无法与同属一系统的警察机关相比。因此，检察机关若成为侦查主体，也会面临客观侦查资源上的很大困难。

四是实践中"检警一体"的模式难以如愿运行。我们从法律条文上获知的"检警一体"的内容在实际运行中却是完全脱节的，虽然不少国家的法律

---

① 左卫民、赵开年：《侦查监督制度的考察与反思——一种基于实证的研究》，载《现代法学》2006 年第 6 期。

② 龙宗智：《评"检警一体化"兼论我国的检警关系》，载《法学研究》2000 年第 2 期。

上规定"检警一体",由检察官领导侦查,但实际却呈现警察可以独立侦查的另一番景象。以"检警一体"的典型德国为例,根据《德国刑事诉讼法》第 161 条规定,检察院可以要求所有公共机关部门提供情况,并且要么自行,要么通过警察机构部门及官员进行任何种类的侦查,警察机构部门及官员负有接受检察院的请求、委托的义务。第 163 条规定,警察机关及其警察官员应当毫不迟延地将侦查结果送交检察院。第 160 条规定,检察院不仅要侦查对犯罪嫌疑人不利的情形,而且还要侦查对犯罪嫌疑人有利的情形。检察院的侦查,也应当延伸到对行为的法律后果的确定具有重要意义的情节。① 可见在侦查刑事犯罪范围内,警察只担负着辅助检察院侦查的责任,而实际情况却是警察常常自主地将侦查程序进行到底,然后才向检察院移送侦查结果。检察院在没有足够人员的情况下,也不可能执行法律规定的程序。② "据实际考察,德国侦查程序的主宰者为司法警察而非检察官,警察可以独立而不受影响地从事犯罪侦查,全部犯罪案件中约有 70% 是由警察单独侦查的。"③ 例如,法国作为享有侦查指挥权的检察官在实践中也是很少亲自负责侦查,而是由警察承担绝大多数的侦查工作。④ 我国台湾地区的情况也基本类似,检察官实际放弃了侦查指挥权。⑤ 其实从常理上不难想象,让一个本不擅长侦查的检察官指挥更专业的警察开展侦查,检察官既会感觉力不从心、勉为其难,警察也会觉得碍手碍脚,久而久之,自然会各归其位,法律规定也就成了一纸象征。

　　五是与我国政治体制和司法体制不相符。持此种观点的问题主要是对我

---

　　① 参见《世界各国刑事诉讼法(欧洲卷·上)》,《世界各国刑事诉讼法》编辑委员会编译,中国检察出版社 2016 年版,第 287-288 页。

　　② 《德国刑事诉讼法典》,李昌珂译,中国政法大学出版社 1995 年,第 3 页。

　　③ 龙宗智:《评"检警一体化"兼论我国的检警关系》,载《法学研究》2000 年第 2 期。

　　④ See Richard S. Frase, Comparative Criminal Justice as a Guide to American Law. 78 Calif. L . 539, at 557 (1990). 转引自卞建林:《论我国侦查程序中检警关系的优化——以制度的功能分析为中心》,载《国家检察官学院学报》2005 年第 2 期。

　　⑤ 台湾《联合报》曾刊载一位检察官指挥侦查的情况:一遇重大刑案,警方要求前往坐镇指挥时,心里就发毛。老实说,要谈法律,这些大我二三十岁的警察"叔叔""伯伯"们不是对手,可要谈"侦查方法",我却不得不承认甘拜下风……每遇坐镇指挥情事,我即宣布二事。其一,刑案"何人所犯",全权委由警察机关去侦查,如何调兵遣将那是司法警察官的事。其二,侦查到"嫌犯"了,他"该当何罪""应否起诉""是否搜捕"等法律问题,则属于我的事。这种"指挥"他们都欣然接受,我却苦笑不置。我如此做,已违背法令了啊! 引自杨仁寿:《检察官与警察》,刊于台湾1979 年 4 月 28 日《联合报》。转引自龙宗智:《评"检警一体化"兼论我国的检警关系》,载《法学研究》2000 年第 2 期。

国检察机关的根本属性认识不清晰。我国检察机关是宪法规定的法律监督机关，其承担的是法律监督职能，而非仅承担追诉职能的单纯追诉机构。将检察机关定位为侦查领导者的观点是忽视了检察机关法律监督的根本属性，这种定位也与我国政治体制和司法体制不相符。而且"检警一体"模式的前提是将司法审查的主体改由法官行使。关于侦查监督主体的选择问题本章第一节中已经进行了充分的分析论证，我国并不宜由法官承担司法审查主体之职。

3. "检察引导侦查"模式——中国检警关系的探索

当前，我国检警关系的错位使检察机关难以实现对侦查权的有效监督制约，从而使侦查权运行缺少约束，侦查阶段"保障人权"的诉讼目的难以实现。解决"侦查权缺乏制约"这一我国刑事诉讼领域的长期恶疾，保障侦查阶段犯罪嫌疑人的基本人权，使侦查监督真正有效运转，成为促使我国检警关系调整的主要动因。通过检警间权力义务、关系地位的调整，增强检察机关对侦查权运行的监督力度，加强对侦查权的有效制约，实现侦查程序中的人权司法保障是检警关系调整的重要目的。但在检、警关系调整过程中，保障侦查程序"查明案件、证实犯罪、提高效率"的目的也是检验检警关系调整方向是否科学合理的基本标准的重要尺度。"检警关系是侦查程序的重要组成部分，恰当的检警关系模式，应当具备能够顺利实现侦查程序发现和收集证据、查获犯罪嫌疑人、为公诉提供证据和事实准备、规制侦查权力、保障公民权利目的的功能。"[①] 中国检警关系的优性选择应当使侦查监督与侦查权实现良性循环，检、警机关之间工作运转顺畅，侦查权得到有效约束、规范行使，侦查监督获得有力、有效监督途径，犯罪嫌疑人人权得到充分保障，侦查活动能够迅速有效查明犯罪，侦查效能得到提升。

为了扭转我国检、警之间"警主检辅"的错位关系，法律同仁遍寻良方，除"检警一体化"模式被反复研究论证外，"检察引导侦查"模式也获得了许多学者的认可。笔者认为"检察引导侦查"模式是理顺检警关系，增强侦查监督，适合我国司法制度的可行途径。

（1）"检察引导侦查"的基本含义

最先在实践中探索此项改革的是河南省周口市人民检察院，其将"检察引导侦查"模式概括为，"检察机关通过参与公安机关的重大案件的侦查活动，对侦查机关的证据收集、提取、固定以及侦查取证的方向，提出意见和

---

① 卞建林：《优化侦查程序中的检警关系》，载《检察日报》2008 年 02 月 22 日第 003 版。

建议，并对侦查活动实行法律监督"。① 这一改革对刑事司法中侦查与起诉的衔接和检察机关对侦查活动的介入监督提供了新的视野。笔者认为，"检察引导侦查"的诉讼阶段主要发生于侦查阶段（当然也不排除在侦查程序终结后的审查起诉过程中，检察官通过补充侦查的途径提出引导补充证据的意见），检察官通过对强制性侦查措施进行司法审查签发令状的方式和提前介入侦查的方式，参与公安机关重大案件的侦查活动，了解掌握侦查进度和方向、引导取证、并对侦查活动同步开展法律监督。在参与过程中，检察机关应从司法判断的视角，特别是从是否符合逮捕条件和起诉条件的视角，对侦查机关收集、提取、固定证据的方式和内容，拟采取的强制措施是否必要和准确，以及侦查取证方向、内容等向侦查机关提出意见和建议。

（2）"检察引导侦查"的性质

检察引导侦查的性质决定了它的内容与方式，也影响着检警关系的基本定位和侦查模式的转型。对"检察引导侦查"的性质主要存在两种理解：一种观点认为"检察引导侦查"是法律监督（侦查监督）性质；另一种观点认为"检察引导侦查"是公诉权的延伸及具体体现。② 笔者认为"检察引导侦查"的目的是检察官在客观公正的立场上，从法律判断的专业视角，引导公安机关侦查活动方向的过程。既包括发现并证实犯罪，也包括证否事实和否定犯罪嫌疑人，还包括对侦查活动合法性的监督，绝不是仅站在控方立场上引导侦查机关指控犯罪，否则将成为检察指挥侦查、检警一体化了。这里的"引导"有"纠偏""把关""监督"三种含义。"纠偏"就是防止侦查方向偏离、包括侦查中可能出现的，对没有犯罪的人展开不当侦查的纠正，这种情况通常是在首先发现犯罪事实的情况下，侦查机关对错误的犯罪嫌疑人展开了刑事侦查，这时要及时纠偏，防止侵犯公民的合法权益和错过发现真正犯罪嫌疑人的时机。包括对不存在的"犯罪事实"进行侦查的纠正，这种情况通常是对被举报人进行侦查，对其并不存在或不构成犯罪的事实强行或不当认定。包括对此罪与彼罪认识错误的纠正，指对犯罪事实、性质等认识不清、侦查方向发生错误，在不构成的彼罪上花费侦查精力而错失对此罪的取证时机。"把关"和"监督"的实质意义相似，"把关"是从支持侦查的角度出发，"监督"是从制约侦查权的角度出发，二者更直接地体现了引导侦

---

① 但伟、姜涛：《侦查监督制度研究——兼论检察引导侦查的基本理论问题》，载《中国法学》2003 年第 2 期。

② 参见周口市人民检察院：《"检察指导侦查"研讨会观点摘编》，载《国家检察官学院学报》2002 年第 5 期。

查的"侦查监督"性质，检察官对案件事实、证据、程序的合法性进行把关，对违法侦查行为及时进行监督纠正。由此可见，"检察引导侦查"的根本属性是法律监督性质。通过对"检察引导侦查"的推动，将我国侦查模式从"互相配合""警主检辅"转向"监督制衡""检主警辅"的新型检警关系，将"侦查中心主义"向"审判为中心"转型。因此，"检察引导侦查"的内容和方式首先都应当体现监督制衡，"在制衡下引导，在引导中制衡"。

（3）"检察引导侦查"的具体内容

"检察引导侦查"模式既要构建工作机制强化引导，又要避免变"引导"为指导、领导。检察机关不是侦查机关的领导者，要坚持警察机关的侦查主体地位，不能以引导侦查的名义指挥、领导侦查，特别是在侦查谋略、侦查方法、侦查技术等侦查机关擅长的领域，检察机关更不能进行干涉，否则不仅影响侦查效率、效果，还将减损检察机关客观中立的立场。检察机关的"引导"应当侧重发挥检察官的法律专长，从法律运用、司法判断层面，利用检察官的法律素养、法律分析能力、法理逻辑能力，秉持客观中立裁判者的立场，在证据层面、法律适用层面、程序合法性层面进行合理引导。在证据层面，检察官首先应对证据的合法性严格把关。通过对非法证据予以排除、对瑕疵证据要求补正或合理解释等方式，规范侦查取证行为，确保证据能力合法，为案件事实的认定提供坚实可靠的证据基础。其次要对证据的证明力进行判断。通过对强制性侦查措施的司法审查和审查起诉等方式，审查证据是否能够达到法律所要求的相应证明标准，进而作出是否需要补充证据等决定。在法律层面，检察官应当对侦查方向是否正确进行引导。检察机关根据案件的犯罪构成，结合犯罪要件和案件证据情况，提出引导侦查方向的意见建议，包括对罪与非罪方向的引导，也包括对此罪与彼罪方向的引导。这里的"引导"既是为支持公诉而进行的准备，也是为保障人权所进行的监督。例如，在罪与非罪的引导上，河北省王某雷故意杀人案就是典型的成功案例。

2014年，河北省顺平县王某雷涉嫌故意杀人案移送检察机关提请批准逮捕，检察机关通过审查，认为王某雷遭受刑讯逼供，不是本案的犯罪嫌疑人，作出了不捕决定，并将证据疑点和不捕理由反馈给公安机关，同时列出了引导侦查、转变侦查方向的建议，在检察机关的引导下，十多天后，真凶落网。①

① 徐盈雁：《纠正王玉雷冤错案：排除非法证据引导抓获真凶》，载《检察日报》2015年2月13日第02版。

这里检察机关就是通过审查逮捕这一方式，既审查了证据的合法性，排除了非法证据，又审查了证据的证明力，认为不符合逮捕标准并作出不捕决定，还从证据和法律层面引导侦查机关抓获真凶。"引导"还可以体现在对此罪与彼罪的引导上，这种引导在实践中更为常见。例如，公安机关对一起集资诈骗案进行立案侦查，久侦不结，难以起诉，检察机关在引导侦查中发现，行为人非法占有公众存款目的的证据并不充分，若在此罪名下侦查难以获得起诉支持，遂引导公安机关在非法吸收公众存款罪方向开展侦查，则能有效地提升侦查效率。这种引导既是为提起公诉做准备，也提升了侦查效率和效果，更是符合对犯罪行为的客观评价的。这种引导在实践中很有必要，侦查机关往往收集了不少证据，但众多证据种类单一，局限于犯罪构成要件的某一方面，而对证明其他构成要件的证据却缺乏收集，导致侦查方向偏离，很可能还因取证方向问题而错过了取证机会、放纵了犯罪。在程序合法性方面，这样引导更是侦查监督职能的直接体现，"检察引导侦查"方式拓宽了检察官对侦查活动的知情渠道，对侦查程序违法行为了解更为及时，也能更及时提出监督意见，规范侦查程序。

（4）"检察引导侦查"的主要方式

一是建立我国强制侦查措施司法审查制度。通过构建司法审查制度监督制约侦查权，进行防御型引导。世界法治国家对强制侦查措施都建立了司法审查制度，而我国只有逮捕措施由检察机关进行审批，其他各项强制措施仍处于侦查机关自我授权状态。司法审查通过对强制侦查措施事先审批授予令状方式控制侦查行为的运行，引导侦查行为的采取和侦查方向的调整。司法审查对侦查活动的引导是通过否定侦查行为不当行使的方式被动进行的，因此可称为防御型引导。建立司法审查制度是重构检警关系的关键。二是建立检察机关提前介入侦查制度。检察机关提前介入侦查制度指通过在侦查阶段提前参加公安机关对重大案件的侦查活动过程，以提出意见和建议等方式主动引导取证方向和侦查方向，并对侦查活动同步乃至提前实施监督的方式。通过建立检察机关提前介入侦查制度，进行主动预防型引导。有的观点提出"检察机关通过参与公安机关的重大案件侦查活动"的方式介入，甚至具体指出，检察官可列席现场勘验、搜查、检查、扣押活动，旁听讯问犯罪嫌疑人、询问被害人、证人的过程。[①] 笔者认为此种见解值得商榷。检察机关

---

① 参见周口市人民检察院：《"检察指导侦查"研讨会观点摘编》，载《国家检察官学院学报》2002 年第 5 期；董邦俊、操宏均、秦新承：《检察引导侦查之应然方向》，载《法学》2010 年第 4 期。

"参与"侦查，到底参与到何种程度、何种深度应当予以明确界定，"跟着侦查机关一起侦查""帮助侦查机关制定侦查方案"这样过多地"参与""介入"都难免干涉、影响侦查活动的正常进行。而侦查行为、侦查谋略也并非检察官所长，参与过深难免有指手画脚之嫌。因此，"参与"应当有限，应以发挥检察官的法律素养、证据意识，立足检察官的客观立场和履行检察官的监督职责为标准，限于参与公安机关对重大案件的讨论并发表意见的方式为宜。即检察机关既不能跟随公安机关一起奔赴侦查现场，也不宜帮助侦查机关制定具体的侦查方案，而仅限于参与公安机关对重大案件的讨论并就适用法律问题、证据合法性及证明力方面的意见、程序合法性问题、侦查取证建议等方面发表意见，就侦查取证中的违法行为，提出排除非法证据、重新取证、补正、作出合理解释、对相关人员处理等监督意见。检察机关的意见应是从法律层面、程序层面和监督层面提出的，具有一定的强制约束力和侦查引导作用的意见。是引导侦查和监督侦查的体现，对侦查机关后续采取强制侦查措施和案件的审查起诉具有推动作用。侦查机关应当听取并执行，如果侦查机关不采纳检察机关的参与意见，很有可能导致强制侦查措施或起诉难以达到法定条件。

（四）本章小结

1. 研究理论问题的基本立场

本章讨论了与侦查监督紧密相关的三个理论问题：一是我国侦查监督权应该由检察机关行使还是法院行使？二是检察机关对职务犯罪案件既行使侦查权又行使侦查监督权的矛盾如何破解？三是侦查监督改革的基础性前提"检警关系"该如何转型？这三个问题是我国理论界对检察制度争论最激烈、异见最突出的理论争点，也是侦查监督改革中不可回避、不能绕行的基础性问题。

上述问题正是因为我国与西方国家的制度设计和现实做法存在一定差异，才引起了一些学者的困惑与质疑。对这些问题的回答，具体说与本文研究的侦查监督问题密不可分，宏观说与中国检察制度和我国司法制度也息息相关。笔者将这三个问题单独列出分别探讨，既为厘清理论争点，回应理论质疑，也为文章的侦查监督制度构建奠定理论基础，排除理论障碍，更为我国检察制度的完善和司法制度的改革提供参考。

笔者认为在进行任何法学理论讨论和司法制度改革中一定要坚持和遵循我国的政治体制，这是不可突破和逾越的，要充分考虑我国司法传统和法治现状，选择更适合我国自身的改革方式。这样提出的理论建议，一是容易被当局立法者采纳，只有被立法采纳，才能跳出纸面上的争论，真正转化为促进法治进步的实际推动力；二是这样的建议才能与我国法治环境更好地融合，能够在实践中得以顺畅运行，而不会产生"排异反应"。这不是将就我国并不完善的司法制度，而是充分考量我国的法治国情。即"以世界的眼光看待中国问题，以问题导向引导制度变革"。正是在这样的研究立场和思路下，笔者更加客观理性地看待移植、效仿西方国家相关法律制度的做法。因为我国的政治制度、法律制度、法律文化等与西方国家差异较大，采取移植的办法，看似是对局部法律制度的借鉴，但会导致局部法律制度与整体法律制度与国家政治结构间的冲突不融合，最终将产生这样或那样的排斥反应。例如，侦查监督的行使主体若仿效西方国家改由法官行使，在我国不存在法官个人独立和没有建立单独的侦查监督法官体系的情况下，将会出现"逮捕即审判"的后果。又如，在检警关系改革中，若效仿德国等大陆法系国家实行"检警一体化"模式，则将客观中立的检察机关"控方化"，将加速检、警立场的统一，丧失检察机关的中立性。当然笔者不是、更没必要在为现有的侦查监督制度挖掘理论依据，论证现实合理性。因我国目前的侦查监督制度并不完美，甚至问题诸多，不但需要变革，而且需要大变革，如在职务犯罪案件的侦查监督改革上，在"打破自体监督"壁垒的思路下，主张对侦查权与侦查监督权主体相分离，将职务犯罪的侦查纳入法治轨道，并强化对职务犯罪侦查的法律监督。再如，对现行检警关系的改革上，主张打破现有"警主检辅""侦查中心"的错位检警模式，构建"检察引导侦查"的新型检警关系。

2. 贯穿三个理论问题的一条主线

我国侦查监督制度的问题不是局部的，靠个别权力（权利）的增减是无法解决的，它受整个侦查结构，甚至整个刑事诉讼结构的牵制和影响，是我国诉讼结构的一个缩影。我国侦查监督从最根本的监督者与被监督者关系上就存在着结构性缺陷，因此从侦查模式入手改善侦查监督主体间关系正是抓住了侦查监督的关键，也唯有如此，才能真正、彻底地改善侦查监督，解决侦查权缺乏制约的问题。

从侦查模式的视角看，我国侦查程序中并没有建立起三角形诉讼构造。首先，对侦查权力几乎没有设置司法审查。本应处于三角形顶点的裁判方缺位，只有检察机关行使逮捕权这一"类司法审查"的形式存在，但其无法支撑起侦查程序中的三角构造。其次，辩护方难以维护自身基本权利。辩方地位客体化、权利空虚化，罔论赋予辩护方足以和侦查权抗衡的诉讼权利，即便是维护自身基本人权的诉讼权利都尚难以实现，处于三角结构底端之一的辩方权利缺失。从侦查监督的现实结构模型不难看出，侦查权在侦查程序中缺少监督制约，实践中不断暴露出的冤假错案则印证了这种判断。在现有的侦查模式下，监督者检察机关和制约者辩护方再努力地行使现有权力（利）也难以对侦查权构成真正的威慑和制约。笔者虽不主张构建英美国家弹劾式的侦查模式①，我国的法律制度也不适宜这种变革，但我国目前的侦查模式却尚未达到现代纠问式模式的基本要求。侦查程序中建立司法审查、加强辩方的基本防御性权利、构建三角结构，是现代诉讼的基本要求，与这一要求相比，我国目前还只能说是一种超纠问式侦查模式。

构建侦查程序"三角形诉讼构造"就是贯穿这三个理论问题的一条理论主线。让三角形的顶点裁判方立起来，让三角形的另一底端辩护方强起来，是侦查监督模式改革的基本方向。

在构建三角模式中，首当其冲的是裁判方主体选择问题。西方大多数国家侦查程序中的裁判方都是法官，为何我国需要由检察官承担这一角色？本章第一节对侦查监督主体的选择中分析指出，我国的法律制度没有建立也未打算建立一套单独的，用以审批强制侦查措施的"侦查监督法官"体系，且我国的司法独立只是法院独立，而法官还远远不能做到独立。在这样的制度背景下，若由法官行使司法审查权将导致"逮捕即判决"的后果，影响司法公正。而检察机关从法律定位、诉讼角色、法律传统、人员素质等各方面都具备作为侦查监督主体的条件，相比而言更适合作为侦查监督的主体。

在确定了检察机关为裁判方主体后，侦查监督问题的关键就聚焦在"检警关系"模式的讨论上。因检警关系调整对侦查监督的重要意义，这一课题引起了学术领域的热烈讨论，其中最具代表性的观点是"检警一体模式"与

---

①　英美刑事诉讼的主要目标是通过公平的途径解决控辩双方（也就是国家与个人）之间的争端。为达成这一目标，控辩双方在诉讼中应进行平等的理性对抗，在所谓"平等武装"原则的规范下追求自己的诉讼目标；任何一方都不能被强迫为对方提供进攻或者防御的武器，裁判者也要尽可能地减少对控辩双方对抗的干预或限制，而尽量充当消极、中立的仲裁者角色。这种被英美学者称为"公平竞赛"或"公平游戏"的原则，实为英美刑事诉讼的核心理念。受这一理念的影响和支配，英美的刑事审判前程序尽管与其审判程序中的对抗式构造不可同日而语，但仍然具有较强的对抗性。在美国侦查程序中，嫌疑人或被告人拥有一系列防御权，基于对抗制的理念，刑事诉讼要由控辩双方通过平等的理性对抗来发动和运行，任何一方都不得强迫对方提供进攻或防御的武器。在英国侦查程序中，犯罪嫌疑人也享有包括沉默权、必然法律援助权、人身保护令、律师在场权等一系列重要的诉讼权利。陈瑞华：《刑事侦查构造之比较研究》，载《政法论坛》1999年第5期；陈瑞华：《侦查模式之比较研究》，载陈瑞华：《比较刑事诉讼法》，中国人民大学出版社2010年版，第267~272页。

"检察引导侦查模式"。"检警一体模式"是大陆法系国家检警关系的基本模式，由于大陆法系国家纠问模式与我国侦查模式的类似性，以及该模式彰显的制约侦查权的设计理念，现实模型的存在使一些学者提出了移植"检警一体模式"的观点。但通过深入分析发现，这种模式和我国的诉讼制度乃至政治制度有着难以融合、不能调和的根本性冲突。最本质的问题在于西方国家将检察机关主要定位于控诉方，而我国是将检察机关定位于整个国家权力结构中专司法律监督的、客观公正的法律监督机关。无论从检察机关的法律地位还是职能设置、能力要求等方面看，我国检察机关都与西方国家检察机关不尽相同。因此，这种移植会造成检察机关的法律监督职能难以开展，也与我国检察机关的宪法定位不符，反而有损侦查程序中三角结构的确立。"检察引导侦查模式"的检警关系更适合我国司法制度，并从该制度合理性、可行性与制度构建上进行了论述。

在用诉讼结构三角模型审视我国侦查程序时，职务犯罪侦查的"同体监督"则凸显其有违三角构造的问题。笔者从诉讼结构入手，首先提出了要使侦查权与侦查监督权主体相分离的改革前提，其次分别阐述了分离职务犯罪侦查权和分离职务犯罪侦查监督权两条路径的优势与困难。在我国选择了分离职务犯罪侦查权路径的前提下，提出将职务犯罪侦查纳入法治轨道，强化对职务犯罪侦查的法律监督的构建期望。

第四章　我国侦查监督制度的改革与发展

一、侦查监督法律梳理及其立法发展

了解我国法律中对侦查监督的基本规定和发展脉络，是检视我国侦查监督问题和完善侦查监督制度的前提。"侦查监督"这一术语虽然并未在法典中正式出现，但不代表我国没有关于侦查监督的规定。对侦查监督的法律规定是以"立案监督""审查逮捕""侦查活动监督"为内容具体体现的，散布于刑事诉讼立法和相关司法解释中，各分散的条文构成了侦查监督的法律规范主体。本章从侦查监督立法规定的具体完善、发展趋势、实践的主要成效入手，归纳、梳理侦查监督的发展与进步。

我国《刑事诉讼法》在1996年和2012年分别进行了两次修改，在坚持全面推进依法治国的法治理念，坚持现代诉讼观念，坚持尊重和保障人权的基本精神下，两次法律修改对侦查监督都有所加强。特别是2012年的修改，增强了审查逮捕程序的司法性、细化了审查逮捕条件、确立了非法证据排除规则、增加了捕后羁押必要性审查、开展讯问同步录音录像制度等。进一步扩大了侦查监督范围、完善了侦查监督途径、提升了侦查监督效果，充实了我国侦查监督法律规范，为形成我国侦查监督制度体系打下了良好基础。

（一）侦查监督的立法体现

1. 立案监督

侦查程序的启动分为随机型启动与程序型启动。我国是典型的程序型启动模式，即将专门的立案程序作为启动侦查程序的开始，案件只有通过立案程序之后才能正式展开侦查，"立案"是法律上刑事诉讼中的第一个环节。随机型启动主要确立在英美法系国家，这些国家的法律并没有规定开始刑事诉讼要办理专门手续，侦查的开始就是刑事诉讼的开始，或者法律虽然规定开始诉讼要办理一定的手续，但并未把它作为一个独立程序，如日本、法国、意大利等。① 我国的立案程序来源于苏联的刑事诉讼制度。在我国，立案决定是由侦查机关作出的，案件能否进入刑事诉讼程序，能否运用刑事侦查手段，都取决于侦查机关的立案与否。

在 1996 年《刑事诉讼法》修改之前，立案环节并没有被纳入法律监督范围，因此对侦查机关有罪不究、以罚代刑等滥用立案权力的问题，当事人是告状无门的。为解决这一问题，1996 年对《刑事诉讼法》修改时完善了检察机关侦查监督范围，正式增加了检察机关对刑事立案进行监督的规定。1996 年《刑事诉讼法》第 87 条规定："人民检察院认为公安机关对应当立案侦查的案件而不立案侦查的，或者被害人认为公安机关对应当立案侦查的案件而不立案侦查，向人民检察院提出的，人民检察院应当要求公安机关说明不立案的理由。人民检察院认为公安机关不立案理由不能成立的，应当通知公安机关立案，公安机关接到通知后应当立案。"将侦查机关"应该立案而不立案"的行为纳入了检察机关监督范围。立案环节纳入法律监督视野是对我国侦查监督体系的重大完善，自此，也标志着侦查监督的三个主要方面予以确立。

鉴于当时该立案不立案的问题较为突出，所以 1996 年《刑事诉讼法》只针对被害人投诉无门的状况，规定了对侦查机关"该立案而不立案"案件的监督。立案监督的空白虽然得以填补，但监督范围仍存在明显缺陷，没有将"不该立案而立案"的情形囊括。为弥补这一立法缺陷，后中央将关于"加强和规范刑事立案监督工作"作为了上一轮深化司法体制和工作机制改革的项目之一。2010 年，最高人民检察院与公安部落实中央司法改革部署，联合印发了《关于刑事立案监督有关问题的规定（试行）》，对监督侦查机关"不该立案而立案"和"立而不侦"②的问题进行了补充规定，完善了立案监督领域的监督空白。《关于刑事立案监督有关问题的规定（试行）》第 6 条规定："人民检察院对于不服公安机关立案决定的投诉，可以移送立案的公安机关处理。人民检察院经审查，有证据证明公安机关可能存在违法动用刑事手段插手民事、经济纠纷，或者办案人员利用立案实施报复陷害、敲诈勒索以及谋取其他非法利益等违法立案情形，且已采取刑事拘留等强制措施或者搜查、扣押、冻结等强制性侦查措施，尚未提请批准逮捕或者移送审查

---

① 宋英辉主编：《刑事诉讼法学研究述评（1978~2008）》，北京师范大学出版社 2009 年版，第 258~259 页。

② "立而不侦"指侦查机关在案件立案后怠于侦查，不积极履行侦查职责，实质上致犯罪嫌疑人没有受到法律追究，影响对被害人及相关方合法权利的维护。

起诉的，经检察长批准，应当要求公安机关书面说明立案理由。"第 8 条第 1
款规定："人民检察院经调查核实，认为公安机关不立案或者立案理由不成
立的，经检察长或者检察委员会决定，应当通知公安机关立案或者撤销
案件。"

　　遗憾的是，2012 年《刑事诉讼法》修改时，对《关于刑事立案监督有关
问题的规定（试行）》中的上述内容并未予以吸收补充，有关立案监督的法
律规定在修改后的《刑事诉讼法》第 111 条中保持了原《刑事诉讼法》条文
的内容，未予增改。《刑事诉讼法》修改中有意无意地"忽视"，使公安机关
对此问题的态度发生了变化，进而在 2012 年对《公安机关办理刑事案件程序
规定》的修改中，由明确的接受对"不该立案而立案"的监督，变为对检察
机关提出的监督纠正意见进行调查核实后予以回复的暧昧态度。① 这一变化，
使检察机关对"不该立案而立案"案件的监督由刚性监督变为依赖于被监督
机关自我调查的软性监督。

　　2. 逮捕制度

　　逮捕，是由法律指定的执法机构，依照正当的法律程序，针对可能判处
一定刑罚的犯罪嫌疑人、被告人采取的有时限羁押、剥夺其人身自由的最严
厉的刑事强制措施。② 我国法律规定，审查逮捕是检察机关的一项职权，检
察机关对逮捕措施行使批准决定权。对逮捕措施进行司法审查、签发令状，
形成事前刚性制约，事实上确立了我国逮捕的司法审查原则。司法审查的实
质是一种法律监督之权，无论司法审查还是法律监督都起源于权力制衡。③
可以说，司法审查由法律监督派生，也是法律监督的具体方式和途径。检察
机关的法律监督地位强化了检察官的客观义务，决定其更适合履行司法审查
职责。④ 2012 年《刑事诉讼法》修改时，在逮捕条件和逮捕程序等方面，都
体现了构造司法化和程序精细化的发展趋势，体现了逮捕制度在我国立法中
的发展。

　　一是在逮捕条件上，体现了司法规范化和精细化倾向。修改后的《刑事

---

　　① 《公安机关办理刑事案件程序规定》第 180 条规定：人民检察院认为公安机关不应当立案而
立案，提出纠正意见的，公安机关应当进行调查核实，并将有关情况回复人民检察院。
　　② 孙谦：《司法改革背景下逮捕的若干问题研究》，载《中国法学》2017 年第 3 期。
　　③ 叶林华、周建忠：《检察机关司法审查职能研究》，载《中国刑事法杂志》2009 年第 1 期。
　　④ 朱孝清：《检察官负有客观义务的缘由》，载《国家检察官学院学报》2015 年第 3 期。

诉讼法》第 79 条①将逮捕条件由原来的一种扩增为三种，即分为一般逮捕条件、径行逮捕条件、违反取保候审和监视居住规定转为逮捕的条件。针对犯罪嫌疑人涉及罪刑的严重程度不同，对应不同的逮捕条件，从而使逮捕更有区分度和针对性。第 79 条第 2 款规定："对有证据证明有犯罪事实，可能判处十年有期徒刑以上刑罚的，或者有证据证明有犯罪事实，可能判处徒刑以上刑罚，曾经故意犯罪或者身份不明的，应当予以逮捕。"对于之前被取保候审或监视居住的犯罪嫌疑人，在其严重违反取保候审或监视居住规定时，可以予以逮捕。上述两种情形，只要符合上述条件，无需再审查犯罪嫌疑人的社会危险性，而是由法律拟定其具有社会危险性，可以直接作出逮捕决定。针对逮捕条件中最难把握、裁量性较大的社会危险性条件，法律将其细化为五种具体情形，使之更具操作性。司法实践中，为了准确理解这五种情形，2015 年 10 月，最高人民检察院会同公安部共同出台了《关于逮捕社会危险性条件若干问题的规定（试行）》，细化了对五种社会危险性情形的理解以及证明要求。逮捕条件的不断深入细化，既体现了司法的规范化和精细化倾向，也彰显了人权保障的司法理念。对司法裁量权的规范，使人权司法保障有了更具体的依托。

二是在逮捕程序上，彰显了逮捕的司法化和诉讼化倾向。一直以来，对我国逮捕制度的批评中，主要就包括逮捕程序过分行政化、司法化不足的问题。即逮捕审批方式行政化、逮捕信息来源单向、缺乏辩护意见来源渠道、缺乏司法救济途径等弊端，逮捕制度司法属性不显著。为解决上述问题，完善人权司法保障，《刑事诉讼法》增加了审查逮捕中讯问犯罪嫌疑人、询问诉讼参与人、听取辩护律师意见的规定②，创造了"兼听则明"的程序性条件，增强了逮捕环节的司法性。既弥补了审查逮捕过分行政化的弊端，也表

---

① 《刑事诉讼法》第 79 条规定，对有证据证明有犯罪事实，可能判处徒刑以上刑罚的犯罪嫌疑人、被告人，采取取保候审尚不足以防止发生下列社会危险性的，应当予以逮捕：（一）可能实施新的犯罪的；（二）有危害国家安全、公共安全或者社会秩序的现实危险的；（三）可能毁灭、伪造证据，干扰证人作证或者串供的；（四）可能对被害人、举报人、控告人实施打击报复的；（五）企图自杀或者逃跑的。对有证据证明有犯罪事实，可能判处十年有期徒刑以上刑罚的，或者有证据证明有犯罪事实，可能判处徒刑以上刑罚，曾经故意犯罪或者身份不明的，应当予以逮捕。被取保候审、监视居住的犯罪嫌疑人、被告人违反取保候审、监视居住规定，情节严重的，可以予以逮捕。

② 《刑事诉讼法》第 86 条规定，人民检察院审查批准逮捕，可以讯问犯罪嫌疑人；有下列情形之一的，应当讯问犯罪嫌疑人：（一）对是否符合逮捕条件有疑问的；（二）犯罪嫌疑人要求向检察人员当面陈述的；（三）侦查活动可能有重大违法行为的。人民检察院审查批准逮捕，可以询问证人等诉讼参与人，听取辩护律师的意见；辩护律师提出要求的，应当听取辩护律师的意见。

明了逮捕制度的诉讼化转型方向。同时，法律还确立了非法证据排除规则和讯问同步录音录像制度。① 两项制度的确立为逮捕中的证据审查提供了更多有效的途径，增强了逮捕的准确性和有效性。司法实践中，检察机关也在逐步进行逮捕诉讼化、司法化的探索。据不完全统计，全国范围内上海、北京、重庆、安徽、四川、江苏、浙江、山东、福建、河南、湖北、湖南、黑龙江、广西等省市开展了逮捕诉讼化的探索。有的地方称之为"逮捕案件公开审查"，有的称为"抗辩式审查逮捕工作机制"，有的称为"公开听审"，还有的称为"公开听证"，最高人民检察院将这项制度确定为"逮捕诉讼化"。② 当然，我国逮捕制度诉讼化转型之路的完成还有相当长的距离，其中既有逮捕制度本身权力破茧的过程，也有相关制度机制构建完善的过程。但只要逮捕制度、强制措施制度司法化、诉讼化的方向坚定，逮捕制度的诉讼化转型目标就能够实现。

3. 强制措施监督

强制措施是刑事诉讼过程中，职权机关对被刑事追诉之人所采取的暂时限制或剥夺人身自由的方法。③ 刑事强制措施是为保障刑事诉讼顺利进行的暂时性预防措施，并非刑罚，实质上是对人身自由的限制或剥夺，因此只能适用于犯罪嫌疑人或被告人本人。强制措施是对犯罪嫌疑人、被告人影响极大的一项诉讼措施，因此，强制措施必须由法律予以规定。我国《刑事诉讼法》中规定了 5 种强制措施，分别是：拘传、拘留、逮捕、监视居住、取保候审，并对监视居住规定了"住所执行"和"指定居所"执行两种方式。同时，《刑事诉讼法》还赋予检察机关对其中强制程度最高的两种强制措施进行监督的权力，一是第 79 条规定的，检察机关通过批准或决定逮捕的方式，对逮捕措施的适用进行监督；二是第 73 条规定的，检察机关对指定居所监视居住的决定和执行进行监督④。除上述逮捕措施外，其他强制措施的法律监督情况相对薄弱。法律尚没有对拘传、拘留、取保候审、住所监视居住等强制措施专门规定法律监督的程序和方式，即这些强制措施尚未纳入专门的侦查监督范畴。实践中，检察机关只能在审查逮捕、审查起诉过程中，附带性地审查相关措施的合法性。尽管对强制措施的监督还比较薄弱，但立法上也

---

① 《刑事诉讼法》第 54 条，第 55 条，第 121 条等作出相关规定。

② 孙谦：《司法改革背景下逮捕的若干问题研究》，载《中国法学》2017 年第 3 期。

③ 王敏远主编：《刑事诉讼法学》（上），知识产权出版社 2013 年版，第 455 页。

④ 《刑事诉讼法》第 73 条第 4 款规定，人民检察院对指定居所监视居住的决定和执行是否合法实行监督。

在逐渐进步。

一是明确赋予检察机关对有关强制措施的监督。为了解决住所监视居住措施在实践中发挥作用有限、适用率低等问题，也为了将实践中纪委的"双规"措施法治化，增加非羁押性强制措施种类，调整强制措施体系，激发各项强制措施的适用价值，《刑事诉讼法》创造性地建立了"指定居所监视居住"方式。《刑事诉讼法》第73条第1款规定："……对于涉嫌危害国家安全犯罪、恐怖活动犯罪、特别重大贿赂犯罪，在住处执行可能有碍侦查的，经上一级人民检察院或者公安机关批准，也可以在指定的居所执行……""指定居所监视居住"是监视居住的一种执行方式，不是新的强制措施。由于这种执行方式对人身自由强制程度高，介于羁押与非羁押措施之间，法律规定对指定居所监视居住应当折抵刑期，同时赋予了检察机关对指定居所监视居住的决定和执行是否合法进行监督的职能[①]。《人民检察院刑事诉讼规则（试行）》第118条至第120条细化了检察机关监督的程序规定，被指定居所监视居住人对指定居所监视居住决定不服或认为执行违法的，可以向检察机关控告举报，检察机关审查发现违法应当通知有关机关纠正。为了进一步增强对指定居所监视居住监督的可操作性，2015年12月，最高人民检察院印发了《人民检察院对指定居所监视居住实行监督的规定》，对指定居所监视居住的监督部门、监督内容、监督方式、监督程序、监督结果等作出了细化规定。

二是完善对继续羁押的监督。从我国刑事诉讼法来看，羁押并不是一种独立的强制措施，而是由拘留和逮捕的适用所带来的持续限制犯罪嫌疑人、被告人人身自由的当然状态和必然结果。[②] 以往，犯罪嫌疑人一旦被逮捕，将被持续羁押到法院作出判决，"一个完整的刑事羁押期限，既包括侦查阶段的羁押期限，又包括审查起诉和法院审理阶段的羁押期限"。[③] 对延长侦查羁押期限的审查，也仅限于程序性审查，很难涉及对犯罪嫌疑人羁押必要性变化的实质性审查。这就容易导致超期羁押、久押不决，严重侵犯了犯罪嫌疑人的诉讼权利。为解决羁押制度中这一弊端，借鉴西方国家的羁押复审制度，结合我国实际，《刑事诉讼法》增加了第93条规定："犯罪嫌疑人、被

---

① 《刑事诉讼法》第74条规定，指定居所监视居住的期限应当折抵刑期。被判处管制的，监视居住一日折抵刑期一日；被判处拘役、有期徒刑的，监视居住二日折抵刑期一日。《刑事诉讼法》第73条第4款规定，人民检察院对指定居所监视居住的决定和执行是否合法实行监督。

② 陈瑞华：《未决羁押制度的理论反思》，载《法学研究》2002年第5期。

③ 万春、刘辰：《羁押必要性审查制度的思考》，载《人民检察》2012年第16期。

告人被逮捕后，人民检察院仍应当对羁押的必要性进行审查。对不需要继续羁押的，应当建议予以释放或者变更强制措施。有关机关应当在十日以内将处理情况通知人民检察院。"自此，检察机关的法律监督增加了对羁押状态的持续性审查。

在对捕后羁押状况的关注中，"延长侦查羁押期限"在实践层面也正在逐渐进行从形式审查到实质审查的转变。2016 年，最高人民检察院下发了《人民检察院办理延长侦查羁押期限案件的规定》。该《规定》要求，审查延长侦查羁押期限案件，应当以程序审查与实体审查并重为原则，并提出，审查的具体内容应包括：逮捕决定是否符合法律规定、捕后侦查进展及下一步侦查计划是否具体、有无继续羁押必要、有无侦查违法，以及相关程序性问题等。① 这是权力机关第一次对延长侦查羁押期限作出制度规范，也对延长侦查羁押期限审查中长期困扰的实体审查还是形式审查的问题正面作出了回应，对保障犯罪嫌疑人、被告人的诉讼权利实现了质的突破。

4. 侦查活动监督

侦查活动是侦查机关各项侦查行为的总称。侦查活动监督是指检察机关依法对侦查机关侦查刑事案件时的侦查活动是否合法而进行的监督。② 检察机关对侦查活动的监督对侦查权的正确行使和当事人诉讼权利的保障发挥着重要作用。广义上的侦查活动监督包括对所有侦查行为，至少是强制性侦查行为的监督，但鉴于法律将立案、逮捕等侦查措施的监督进行了专门规定，实践中对此采取了狭义的理解。即除单列的立案监督和审查逮捕外，对其他侦查行为的监督列为侦查活动监督范畴。

《刑事诉讼法》第 98 条规定："人民检察院在审查批准逮捕工作中，如果发现公安机关的侦查活动有违法情况，应当通知公安机关予以纠正，公安机关应当将纠正情况通知人民检察院。"这是立法中对侦查机关的侦查活动进行监督最直接的法律依据。该规定从授权的角度，赋予检察机关侦查活动监督权。但仅规定了检察机关在审查批捕中进行监督的权力，范围较窄，实

①《人民检察院办理延长侦查羁押期限案件的规定》（高检发侦监字〔2016〕9 号）第 9 条规定，人民检察院侦查监督部门办理延长侦查羁押期限案件，应当审查以下内容：（一）本院或者下级人民检察院的逮捕决定是否符合法律规定；（二）犯罪嫌疑人逮捕后侦查工作进展情况；（三）下一步侦查计划是否具体明确；（四）延长侦查羁押期限的理由、日期是否符合法律规定；（五）犯罪嫌疑人有无继续羁押的必要；（六）有无超期羁押等违法情况；（七）其他需要审查的内容。
② 孙谦：《人民检察院刑事诉讼规则（试行）理解与适用》，中国检察出版社 2012 年版，第 403 页。

际在审查批捕之外，检察机关也有权对侦查活动进行监督，这是法律监督职能在侦查程序中的具体化体现。《刑事诉讼法》注意到了侦查权缺乏监督制约的弊端，增加了对侦查活动进行监督的条款，包括：第 115 条规定了检察机关对强制措施超过法定期限、保证金违法不退还、对财物违法采取强制性侦查措施等违法行为，应当进行监督；第 73 条第 4 款规定，人民检察院对指定居所监视居住的决定和执行是否合法实行监督；第 93 条羁押必要性审查条款，检察机关能够通过羁押必要性审查对侦查活动开展监督；立法还确立了非法证据排除规则，运用非法证据排除对违法取证行为进行调查也是检察机关在侦查程序中的重要监督方式；以及对侵犯当事人诉讼权利的监督，等等。《人民检察院刑事诉讼规则（试行）》第十四章第二节专节对"侦查活动监督"进行了规定，并在第 565 条中列举了 20 项应当监督的侦查违法行为，完善了侦查活动监督的范围。但上述法律和司法解释规定的监督内容还局限于对强制程度较轻的侦查行为上，对当事人基本权利强制程度较高的侦查措施或未纳入监督范围，或监督方式、监督手段有限。实践中，侦查活动监督职能的履行还主要依附于审查逮捕，缺少独立开展监督的具体制度依托。侦查活动监督也呈现出分散化、不系统的特点，存在着监督程序不规范，监督方式匮乏，监督措施乏力等问题，造成选择性监督、不敢监督深层次严重违法行为、监督意见不被重视等监督质量不高的现状。

（二）侦查监督立法发展主线与基本理念彰显

公民个人私权利与国家公权力在刑事诉讼这个载体中，就像跷跷板的两端，一方强时另一方则弱。对公民私权利保障程度越高，国家公权力自然受到束缚越多；对公权力缺少监督制约，私权利必然难以保障，二者呈现此消彼长的形态。在当今更加注重人权司法保障的法治发展趋势下，加强对公民私权利的保障与对国家公权力的制衡是世界法治发展的方向，也是我国司法改革的方向，更是贯穿我国刑事诉讼立法发展的主线。侦查程序中，国家权力与公民权利的冲突最为激烈，"加强权利保障与权力制约"应当也必须是贯穿我国侦查程序立法发展的主线。在这条主线的引领下，我国侦查监督在立法发展中彰显了人权保障、正当程序、权力制约和提升侦查能力几个基本理念。在这些理念的指引下，制度的构建也彰显了对上述司法理念和司法价值的追求。

1. 监督范围逐渐完善，彰显人权保障理念

侦查监督中问题最集中的反映就是监督范围狭窄。很多侦查行为，甚至有些对基本人权侵犯程度较高的侦查行为，尚未纳入检察机关的监督视野，

仍处于侦查机关自我授权、自我运行、自我监督状态，因此监督范围的完善是侦查监督立法发展的主要方向。《刑事诉讼法》对此作出了诸多完善，包括：通过建立非法证据排除规则和赋予检察机关对侦查违法行为调查权，对刑讯逼供、侦查违法等行为进行监督；扩展了侦查活动监督的范围，增加对当事人人身自由、财产等诉讼权利的保障；通过增设捕后羁押必要性审查，将监督范围延伸至逮捕羁押的持续过程中，彰显了对人权保障的持续关注，等等。法律从上述方面进行的完善，直接体现了人权保障、权力制约的法治理念。

2. 监督程序不断规范，彰显正当程序理念

正当程序，也即程序公正的观念起源于英国，发展于美国，从自然公正观念演变而来。美国法学家博登海默认为自然公正有三个原则，即"未违反法律者不应被判有罪""双方当事人都应当获得机会陈述己见""任何人在自己的案件中都不能是法官"。① 正当程序体现了正义对法律程序的基本要求，合乎程序公正要求的程序就是正当程序。我国对程序公正的标准虽存在不同理解，但确定程序公正的最低标准应当包括以下原则：法官中立原则、当事人平等原则、程序参与原则、程序公开原则。② 侦查监督行为本身也是法律行为，在对侦查行为是否符合正当程序进行监督的同时，也必须遵循"正当程序"。侦查监督在监督程序的构建上，也不断向正当程序方向迈进：审查逮捕程序进行了诉讼化改造，增强了辩护方的程序参与度，法律要求对是否符合逮捕条件有疑问的，或者犯罪嫌疑人要求当面陈述的，或者侦查活动可能有重大违法的情况，必须讯问犯罪嫌疑人。实践中，不少地方都做到了"每案必问"，增强了逮捕程序的司法性；捕后羁押必要性审查时也注重对辩护方意见的听取，等等。侦查监督程序的完善贯彻了正当程序理念。

3. 监督力度有所强化，彰显权力制约理念

增强对侦查权力的监督制约，除扩大监督范围外，增强监督力度也是重要方面。监督是呈现刚性监督还是软性监督，取决于监督手段的强弱。虽然监督手段应根据监督内容分层次设置，但目前我国侦查监督在手段上，总体面临着监督力度不足的问题，普遍呈现手段薄弱之势，难以实现监督效果。为了丰富监督手段，增强监督刚性，《刑事诉讼法》新增了丰富侦查监督手段的规定。例如，建立了非法证据排除规则，检察机关可以在逮捕和起诉的

---

① ［美］E·博登海默：《法理学：法哲学及其方法》，邓正来、姬敬武译，华夏出版社1987年版，第267页。

② 参见樊崇义主编：《诉讼原理》（第2版），法律出版社2009年版，第159~168页。

审查中对证据合法性进行审查判断，通过排除非法证据这种否定侦查结果的方式，遏制违法侦查行为，制约侦查权。例如，增加了讯问同步录音录像制度，通过生动再现讯问情景的方式，丰富了对侦查讯问活动的监督，对侦查讯问活动形成了制约。这些规定都赋予了监督机关更有力度的监督手段，直接体现为对侦查权的制约。

4. 侦查手段科技性增加，彰显侦查能力提升

司法领域对科技的追求与容纳是与现代犯罪智能化相伴而生的，是增强控制犯罪能力、加大打击犯罪力度的必要手段，[1] 也是保障侦查监督水平的需要。《刑事诉讼法》不仅增加了电子证据这一证据种类，更是明确赋予了侦查机关对一定范围的案件可以采取技术侦查措施的权力。技侦侦查、秘密侦查的合法化，是在犯罪行为大量智能化的同时，提升侦查能力的重要手段，也是技侦措施纳入法治轨道、加强监督制约的需要。是将人权保障维持在一定水平动态平衡的需要。

人权保障、正当程序、权力制约理念及理念指导下的制度措施，不言而喻是增强了侦查监督能力，提升了监督水平，制约了侦查权行使。而如何理解提升侦查能力也是保障侦查监督水平的需要？这要从刑事诉讼目的着眼。刑事诉讼的根本目的是打击犯罪与保障人权，二者要达到平衡不可偏颇，而这种平衡应该是高水平的平衡而非低水平的平衡。在加强人权保障的同时必然会对侦查权进行限制，进而影响到打击犯罪的能力，为了打击犯罪能力的不降低，必须要提升侦查能力，而非为了适应低水平的侦查能力而降低人权保障程度。侦查能力的提升，保证了打击犯罪的能力，保证了社会稳定和社会秩序，才得以使司法人权保障继续维持在高水平。例如，侦查技术的运用可以使侦破案件和认定犯罪不依赖口供，甚至可以零口供定案，这才有能力保障犯罪嫌疑人不强迫自证其罪的权利，否则，在没有口供完全难以破案的情况下，难以想象还能保障被告人的自白自愿。因此，侦查能力的提升也是侦查活动中为了保障人权水平不降低的需要。

二、侦查监督的规范发展及实践成效

司法实践推动着刑事诉讼的立法发展，刑事诉讼的立法发展也带动和影响刑事司法实践。实践中，不仅要对法律有明确规定的内容落实执行，还要对法律规定的比较原则的内容或尚未作出规定的内容予以执行，遵循"打击

---

[1]　孙谦：《关于修改后刑事诉讼法执行情况的若干思考》，载《人民检察》2015 年第 7 期。

犯罪和尊重与保障人权并重"的法治精神,通过司法解释或规范性文件等形式细化或实践。从侦查监督的实践视角观察,法治精神得到不同程度体现,侦查监督取得了一定实践成效:遏制纠正刑讯逼供,防止冤假错案,纠正违法立案,纠正违法侦查,降低逮捕羁押率,提升逮捕质量,关注捕后羁押过程,延伸监督职能,保障当事人诉讼权利等,体现我国法治建设的积极进步。

(一)逮捕措施体现司法谦抑与人文关怀

1.逮捕率逐年下降,特殊人群降幅明显

逮捕措施是强制措施中最严厉的一种,也是侦查监督手段中最具实效的一种。我国20世纪八九十年代,在"重打击轻保护"的诉讼观念下,在强调"稳定压倒一切"的严打政策下,逮捕常常被作为打击犯罪的重要诉讼手段之一。甚至形成了"构罪即捕""以捕代侦"的局面,逮捕率曾维持在90%以上高位运行。在人权保障理念尚未充分树立的严打时期,逮捕甚至和定罪被画上了等号,犯罪嫌疑人的人身权利在诉讼阶段难以受到尊重和保障。随着我国人权保障理念的不断进步和觉醒,随着国家法治建设的不断发展完善,司法也逐渐向宽容、谦抑、平和、理性方向发展,在逮捕这种最严厉的强制措施适用上,也得到了体现和转变。

全国普通刑事案件的批捕率逐年下降,从2005年的90%以上下降至2015年的80%以下,① 提起公诉时被告人被羁押比例从2012年的68.7%降至2015年的60.5%。② 特别是2013年《刑事诉讼法》实施以来,由于对逮捕条件的规定更为细化,对逮捕证据、审查程序的要求更高,使逮捕率降幅更为显著。2013年1月至2016年9月,全国检察机关共批准逮捕各类刑事犯罪嫌疑人324.8万余人,不批准逮捕81.9万余人,案件的批捕率为79.9%。③ 与此相关的是非羁押措施运用的增长,通过发挥取保候审等非羁押措施的替代作用,而降低对逮捕羁押措施的依赖程度,降低审前羁押的比例,如河南省检察院通过与省高级法院、省公安厅会签非羁押诉讼的相关规定,构建了减少羁押的保障体系,2015年全省审前羁押率已降至一半左右;山东省检察机

---

① 参见黄河:《侦查监督的现状、问题及发展方向》,2016年8月最高人民检察院侦查监督厅厅长黄河在中国刑事诉讼法学研究会2016年年会上所做专题报告。

② 曹建明:《最高人民检察院关于加强侦查监督、维护司法公正情况的报告(摘要)》,载《检察日报》2016年11月7日,第2版。

③ 参见《忠实履行法律赋予的侦查监督职能,努力让人民群众感受到社会公平正义》,曹建明在十二届全国人大常委会第二十四次会议上所作最高检关于加强侦查监督维护司法公正情况的报告,载《检察日报》2016年11月06日,第01版。批捕率根据该报告的基础数据计算而得。

关借力科技手段，探索利用智能监控手表进行监管，确保诉讼活动顺利进行，最早运用电子监控手段的山东省东营市河口区检察院，至 2015 年审前羁押率更是降至 30%。①

对未成年人、老年人等需要特殊关照的弱势群体，检察机关适用逮捕措施时则更为慎重。检察机关在对未成年人的司法保护上重点着力，不仅最高人民检察院成立了专门的未成年人检察机构，也推动全国各级检察机关建立未成年人检察机构或安排专门的检察人员。通过建立社会调查制度，改变简单的就案办案方式，全面了解涉罪未成年人相关情况，为能否采取强制措施、能否适用附条件不起诉等提供参考。通过落实法律援助和合适成年人到场制度，畅通辩护意见听取途径，充分保障涉罪未成年人的司法诉讼权利。未成年人犯罪案件与普通案件的犯罪嫌疑人在适用强制措施上体现了较明显差异。

全国刑事案件逮捕率十余年来已经形成了平稳下降的趋势。可以看到的是，这种趋势不是基于某个个案的不捕或对某类类案的标准降低而产生的逮捕比率暂时下降，而是基于全国每年近百万件报捕案件的主流做法而形成的基本趋势。在我国犯罪基数巨大的前提下，在改革逐步深化、城市化进程加剧、社会人口流动性迅猛增强的情况下，在维持打击犯罪的基本司法需求和百姓期待下，逮捕率十余年来持续下降趋势不变，非常难得，着实不易。这种趋势足以彰显我国审查逮捕环节，已逐渐树立了"保障人权""少补慎捕""慎用羁押措施"等现代司法理念。法学领域长期倡导并被宪法所确立的人权保障原则，在审查逮捕的司法实践中实实在在地显现了成效。而立法以及司法工作机制的不断精细化、规范化，也为保障人权理念的贯彻执行提供了制度支持。通过逮捕这一强制措施的谦抑适用，体现了司法在诉讼措施上的人文关怀，逐渐回归了强制措施保障诉讼的诉讼本质，这都是我国法治不断进步的体现。

2. 逮捕裁量权得到发展

《刑事诉讼法》第 79 条第 1 款对一般逮捕条件规定："对有证据证明有犯罪事实，可能判处徒刑以上刑罚的犯罪嫌疑人、被告人，采取取保候审尚不足以防止发生下列社会危险性的，应当予以逮捕：（一）可能实施新的犯罪的；（二）有危害国家安全、公共安全或者社会秩序的现实危险的；

---

① 参见黄河：《侦查监督的现状、问题及发展方向》，2016 年 8 月最高人民检察院侦查监督厅厅长黄河在中国刑事诉讼法学研究会 2016 年年会上所做专题报告；黄河、赵学武：《侦查监督的现状、问题及发展方向》，载《人民检察》2016 年第 21 期。

（三）可能毁灭、伪造证据，干扰证人作证或者串供的；（四）可能对被害人、举报人、控告人实施打击报复的；（五）企图自杀或者逃跑的。"据此，逮捕条件可分为证据条件、刑罚条件和社会危险性条件（也称逮捕必要性条件）。同时符合上述三个条件的犯罪嫌疑人，应当作出逮捕决定，反之，不符合上述任一条件，则不能作出逮捕决定。故"不批捕"则可以根据不符合逮捕条件的类型，分为"不构成犯罪不批捕""证据不足不批捕""无社会危险性不批捕"三类。

其中，"社会危险性条件"离不开检察人员的主观裁量和预判，与证据条件和刑罚条件的相对确定相比，成为逮捕条件中最灵活、裁量性最强的要件。以往，有些检察人员对只要符合了逮捕条件中"证据条件"和"刑罚条件"的犯罪嫌疑人，不顾其社会危险性是否存在即予以逮捕，忽视了对"社会危险性"条件的审查，造成所谓"构罪即捕"现象。这一做法有违强制措施适用的比例性原则，不利于对犯罪嫌疑人的人权保障。为扭转这一状况，充分考虑犯罪嫌疑人可能不具有社会危险性的情况，在检察高层多年来少捕、慎捕、加强逮捕必要性审查的工作要求下，以及法学理论界对强制措施适用必要性的不断呼吁下，2013年施行的《刑事诉讼法》中，将逮捕的社会危险性条件予以细化。分为五种相对明确的情况，这就缩小了司法人员对逮捕必要性的裁量空间，提出了更明确的审查要求。结合实践中并不是对逮捕必要性条件滥用——以无逮捕必要为由作出不捕决定，而是对逮捕必要性条件怠于运用——不考虑逮捕必要而直接根据前两条件作出逮捕决定，这一实际，立法对逮捕必要性条件的明确，无疑是对不考虑逮捕必要性而机械的"构罪即捕"的情况，通过明确审查要求，进行了纠正。2015年10月9日，最高人民检察院会同公安部共同制定了《关于逮捕社会危险性条件若干问题的规定（试行）》，又进一步细化了社会危险性条件的五种情形，明确社会危险性标准及相关证据材料收集、移送和审查程序，缩小了裁量空间，让忽视逮捕必要性审查变得越来越困难。

对逮捕必要性的考量是逮捕裁量权的体现。立法上对逮捕必要性条件的明确，看似是缩小了司法人员在审查逮捕时的裁量空间，但结合我国逮捕实践则不难发现，对"有社会危险性"情形的明确，实际是将实践中不加区分一律认定犯罪嫌疑人"有社会危险性"的情形堵住，而促使司法人员积极发挥对"社会危险性条件"的主观裁量权，充分运用逮捕条件中的社会危险性条件，尽量不用或少用逮捕措施的举措。在这样的立法意图下，检察官的逮捕裁量权实际是得到了激发和运用，从近几年的数据看，效果已经初显。

2013 年至 2016 年 9 月, "对构成犯罪但无社会危险性的不批准逮捕 330529 人, 占不逮捕总数的 40.4%"。① 因 "无社会危险性" 不捕的案件占到了不捕案件的将近四成, 且呈现逐渐上升趋势, 逮捕必要性已逐渐成为检察机关作出不捕决定的重要因素。可见, 逮捕裁量权在立法与实践中的发展方向, 也是促使逮捕措施向着少用、慎用, 强化逮捕的谦抑性, 加强诉讼中司法人文关怀的方向迈进。

3. 逮捕质量不断提升

逮捕, 以保障诉讼顺利进行为根本目的和基本定位。在保障诉讼的目的下, 判断逮捕措施适用是否得当, 可以从案件捕后的司法处理结果这一侧面予以窥见。从公开渠道获知的逮捕数据来看, 捕后撤案、不起诉、判无罪的案件仍始终保持较低的占比。2013 年至 2015 年, 全国检察机关受理审查逮捕案件 210 余万件近 300 万人, 逮捕后撤案率、不起诉率、无罪判决率分别为 0.007%、1.4% 和 0.016%, 保持了较低水平。② 说明逮捕案件对事实证据条件的把握较为严格, 为防止和减少错捕及冤假错案发挥了积极作用。此外, 从捕后案件判处轻缓刑的情况来看, 近几年全国法院判处刑事案件管制、拘役、单处附加刑、免予刑事处罚和徒刑缓刑的轻刑率接近 60%, 但捕后判轻缓刑比率基本保持在 20% 左右的较低水平。说明逮捕措施在适用中基本贯彻了必要性原则, 逮捕案件质量较高。同时, 在不捕率持续上升, 不捕案件绝对数增大的情况下, 公安机关对不捕案件提请复议复核的数量始终维持在较低水平, 且还在不断下降。复议复核人数占不捕比率由 2005 年的 5.5% 下降至 2015 年的 1.52%。③ 案件并没有因不批准逮捕导致公安机关的大量异议, 说明不捕案件的决定得到了公安机关认可。

(二) 防止冤假错案作用渐显

从冤假错案的形成过程分析, 冤假错案基本产生于侦查环节, 发展定型于起诉环节、审判环节。侦查环节往往因为忽视有利于犯罪嫌疑人的证据, 或制造、伪造证据而形成冤假错案。逮捕、起诉、审判环节若证据意识不强、审查能力不高、法治理念缺失, 则无法发现、纠正冤假错案, 还会一步步将案件往错案的道路上推进, 以致最终形成错误的判决。

---

① 曹建明:《最高人民检察院关于加强侦查监督、维护司法公正情况的报告 (摘要)》, 载《检察日报》2016 年 11 月 7 日第 2 版。

② 黄河、赵文武:《侦查监督的现状、问题及发展方向》, 载《人民检察》2016 年第 21 期。

③ 参见黄河:《侦查监督的现状、问题及发展方向》, 2016 年 8 月最高人民检察院侦查监督厅厅长黄河在中国刑事诉讼法学研究会 2016 年年会上所做专题报告。

　　审查逮捕是检察机关审理刑事案件的首道关口，这一环节对发现、防止冤假错案，及时保障人权有着重要的法治意义和程序优势。近几年来，逮捕职能扭转了"橡皮图章"的形象，除履行审查犯罪嫌疑人是否具备逮捕条件、是否需要予以羁押的职能外，还将侦查活动中的违法行为纳入了审查视野。特别是在我国确立了非法证据排除规则后，审查逮捕中通过对证据合法性的审查，监督侦查活动，取得了立竿见影的效果。2013 年至 2015 年，全国检察机关在审查逮捕中共排除非法证据 1200 余件，因排除非法证据不批准逮捕 1500 余人。① 审查逮捕不仅在总体质量上体现出逮捕率下降，捕后判处轻缓刑比例较低等提升，在个案上，也发挥了纠正冤假错案、贯彻疑罪从无、监督侦查违法等重要作用。同时也让我们看到，逮捕环节在阻止和纠正冤假错案方面的作用毫不逊于起诉、审判环节，甚至还有着它独有的程序优势和起诉、审判环节无法比拟的时间优势。对此，从以下两个典型案例分析可知。

　　1. 典型不捕案例一："王某雷故意杀人案"——避免冤假错案

案例一：河北王某雷涉嫌故意杀人不批准逮捕案

　　案件基本情况：2014 年 2 月 18 日 22 时许，河北省顺平县公安局接王某雷报案称：当日 22 时许，其在回家路上发现一名男子躺在地上，旁边有血迹。次日，顺平县公安局对此案立案侦查。经排查，顺平县公安局认为报案人王某雷有重大嫌疑，遂于 2014 年 3 月 8 日对王某雷进行刑事拘留。2014 年 3 月 15 日，河北省顺平县公安局以涉嫌故意杀人罪提请审查批准逮捕犯罪嫌疑人王某雷。顺平县检察院在审查逮捕过程中发现案件存在多处重大疑点和矛盾：王某雷接受的 9 次讯问中，前 5 次一直为无罪供述，后 4 次改为有罪供述；王某雷供述的作案工具有三种不同说法，且所供作案工具均与尸体的创口切面不能同一认定；现场提取物未作 DNA 鉴定；王某雷手臂在侦查期间骨折受伤等，使检察人员对王某雷供述的真实性产生质疑。经检察人员耐心疏导后，王某雷消除顾虑，指出其在被羁押期间受到刑讯逼供，并非杀人凶手。因刑讯逼供非法取证，检察机关排除了王某雷的有罪供述，排除口供后，其他证据间仍存在重大矛盾，不能证明王某雷实施了杀人行为，遂于同年 3 月 22 日作出了不捕决定。检察机关同时向侦查机关发出补充侦查意见，依法

---

　　① 黄河、赵学武：《侦查监督的现状、问题及发展方向》，载《人民检察》2016 年第 21 期。

引导侦查取证，于不久后抓获了真凶王某。①

本案意义：河北王某雷案件可以被誉为我国批捕阶段排除非法证据、纠正冤假错案"第一案"。②王某雷案件中，侦查监督检察官通过审查逮捕过程中的细致审查和讯问，发现王某雷不仅供述前后不一致，所供作案工具与尸检鉴定不相吻合，而且胳膊骨折、多处淤青。检察人员对这些案件疑点没有忽视，而是坚持以证据为核心，特别是摒弃依赖口供的做法，注重发挥客观性证据的证明作用，坚持排除合理怀疑的证据标准，认真核实证据。经上述审查后，发现该案存在诸多疑点难以排除，并且存在刑讯逼供情形，排除非法证据后，坚持审查逮捕的证据标准，作出了不捕决定。这一案件的纠错成功印证了逮捕环节独具的纠错优势，并充分彰显了非法证据排除规则的制度价值，对我国司法公信力的树立起到了强烈助力作用。在我国非法证据排除历史上具有里程碑意义。

2. 典型不捕案例二："李某陆故意杀人案"——贯彻疑罪从无

案例二：河南李某陆涉嫌故意杀人不批准逮捕案

案件基本情况：河南省杞县公安局认定，2013年2月16日晚11时许，李某陆持木棍跳入被害人李某占家准备实施盗窃时被发现，遂打死李某占并盗走现金，后放火烧屋，将李某占及侄孙女李某香烧死。2013年3月28日，河南省杞县公安局以涉嫌故意杀人罪提请逮捕李某陆。杞县检察院在审查案件卷宗时发现，除犯罪嫌疑人李某陆在侦查机关的有罪供述外，缺少其他能够认定犯罪嫌疑人实施犯罪行为的客观证据印证。李某陆的供述前5次均不供认犯罪事实，后10次才作出有罪供述，且有罪供述间也有多处矛盾和疑点。例如，没有提取到嫌疑人作案的血衣、凶器和所盗现金；犯罪现场没有提取到嫌疑人指纹及其他到过现场的客观证据；未对嫌疑人无作案时间的辩解进行查证等。审查逮捕提讯时，李某陆翻供，全部否定有罪供述，并称受到了刑讯逼供。经调查核实，其身上确实有多处明显新伤，有被刑讯逼供的嫌疑，且公安机关不能提供侦查讯问时的同步录音录像。根据上述情况，检察机关排除了李某陆有罪供述这一非法证据，经排除后，无法达到逮捕条件，

---

① 参见最高人民检察院指导案例第27号：高检发研字〔2016〕7号，2016年5月31日颁布。

② 王某雷案件是否在时间上是第一个因审查逮捕时排除非法证据而避免冤假错案的案件，难以准确考证，但从非法证据排除规则确立于《刑事诉讼法》之后，是媒体公开报道的第一个有重大影响的批捕环节避免冤假错案的一起典型案例。从影响程度和非法证据排除规则在审查逮捕中的运用来看，其典型意义可以被誉为第一。

遂作出不批准逮捕决定。①

本案意义：李某陆案件和王某雷案件一样，该案也是在逮捕环节排除非法供述，作出不批准逮捕决定的案件。不同的是，王某雷案已抓获真凶，证实王某雷案是错案，而李某陆案目前真凶尚未出现，不捕的决定并不能排除李某陆是真凶的可能，理论上说，李某陆仍存在是真凶的可能性。但该案不批捕的意义，笔者认为毫不逊于王某雷案件。因为捕与不捕并不以是否实体上纠正了一起冤假错案为标准，而是遵循"证据裁判"与"疑罪从无"原则，运用非法证据排除等证据规则，根据案件的证据情况判断犯罪嫌疑人是否符合逮捕条件为标准的。换言之，并不是只有纠正了冤假错案的不批捕才是正确的，即使没有纠正冤假错案，对不符合逮捕条件的案件不批捕同样是正确的，而且这样的正确更加来之不易，即不以实体真实来判断逮捕的正确与否。从这个意义上说，该案严格遵循了证据裁判原则、疑罪从无原则、正当程序原则，不符合法定程序和标准的，不论其是否为真凶，都不予批捕，其意义就在于此。这是非常难能可贵的理念转型，体现了检察人员的证据意识、程序意识、人权保障意识等司法理念的转变。倘若以后有新证据证实李某陆就是该案真凶，也不影响这一不捕决定的正确性和积极意义。

3. 案例延伸：逮捕环节防范冤假错案的独特优势

（1）逮捕环节具有发现刑讯逼供的独特时间优势

一是逮捕环节与侦查环节紧密衔接，间隔时间短，更容易通过犯罪嫌疑人所带伤情发现刑讯逼供行为。刑事案件中，特别是重大刑事犯罪案件，采取逮捕羁押是必不可少的诉讼措施。刑事案件通常在侦查机关立案后，拥有短则7日长则30日的刑事拘留时间，在这一期间内，侦查机关需要收集到必要的证据，证明犯罪嫌疑人有犯罪事实并达到逮捕条件要求。而后，提请检察机关的审查逮捕才有可能获得批准。因此，侦查机关在案件立案并进行初步侦查之后，紧接着就会进入审查逮捕环节。若侦查期间存在刑讯逼供行为，特别是情节严重的刑讯行为，犯罪嫌疑人的伤情通常难以在短时间内恢复。在审查逮捕时，一般要求检察人员应当面讯问犯罪嫌疑人，对于明显的伤情，则很容易被发现。正如王某雷案一样，检察人员提审时，一眼就发现了王某

① 参见：《把好"入口关"，严防冤假错案——十八大以来检察机关开展侦查监督工作综述（上）》，载《检察日报》2016年11月06日，第01版；最高人民检察院侦查监督厅：《侦查监督指南》2016年第2辑，中国检察出版社2016年版，第14~20页。

雷右臂被石膏固定且行动吃力，这首先引起了检察官的警觉。后经过讯问负伤的具体情形，顺藤摸瓜，就发现了侦查人员刑讯逼供的违法行为。正是由于审查逮捕与初步侦查之间的紧密衔接，时间上的优势极大地有利于检察人员对刑讯行为的发现，以及后续对刑讯所造成的伤情进行鉴定、保全、固定工作，及时收集侦查人员非法取证的证据。若非逮捕阶段的及时性，待案件流转到公诉环节或者审判环节，大多还需要几个月甚至一年半载的时间，界时伤情可能已经痊愈，侦查人员刑讯的证据可能灭失或调取困难。即使司法人员对刑讯的存在有所怀疑，有发现纠正冤错之心，恐也丧失时机，难有纠错之力了。逮捕环节的及时性优势使其在发现刑讯逼供中具有独特优势。

二是办案主体变换，犯罪嫌疑人更敢于揭发侦查中的违法行为。在侦查期间，向侦查机关举报侦查人员存在违法侦查行为，犯罪嫌疑人通常会担心难以奏效，甚至担心还会招致违法侦查人员对举报者的威胁报复。故犯罪嫌疑人常常不敢举报违法侦查行为，甚至有的到了检察机关或法院后，仍慑于对侦查阶段所遭受的刑讯的恐惧，而不敢举报违法侦查行为。审查逮捕期间，办案主体由侦查机关更换为检察机关，犯罪嫌疑人也由面对侦查人员到面对检察人员，办案主体的变化，使犯罪嫌疑人有对违法侦查行为，特别是刑讯行为进行控诉的动力和可能，也才更容易和敢于提出对侦查违法行为的控告、举报。这也成为诉讼中发现冤假错案的重要途径。王某雷案仍可以证明这一点。王某雷在审查逮捕期间接受讯问时，虽然其身上被刑讯后的伤情仍很严重，但其最初因心怀顾虑而不敢承认侦查期间被刑讯逼供的事实，而是当检察人员耐心疏导、法律讲解后，面对与施加刑讯不同的审讯主体，他才逐渐消除顾虑，承认了被侦查机关刑讯逼供的事实，并承认之前作了违心的有罪供述。这起冤假错案才得以昭雪，及时得到纠正，没有进一步发展恶化下去。逮捕环节的主体变更使其在发现刑讯逼供中具有独特优势。

三是逮捕阶段犯罪嫌疑人记忆清晰，能够较准确地提供违法侦查线索。由于逮捕阶段紧接着拘留侦查期间，犯罪嫌疑人对侦查期间刑讯逼供的时间、次数、方式、人员、情节等记忆仍较为清晰准确，可以为检察机关调查非法证据提供较为准确、可靠的线索和依据，证明力更强。王某雷案中，正是由于在审查逮捕时的讯问，王某雷在讲述被刑讯逼供的过程时能够保持清晰记忆，描述准确，根据其描述，对相关侦查人员开展调查也相对容易，对案件的及时纠错起到了重要作用。反观多年前的赵作海杀妻案，案发十余年后因"被害人""亡者归来"才得以纠正。而其本人对刑讯逼供的具体情节、细节已经记忆模糊，对相关人员、证据的调查、取证也因时过境迁、人员变动而变得难上加难。若非亡者归来，该案恐仍难以洗雪。因此，逮捕环节时间上的及时性，比其他诉讼阶段对非法取证行为展开调查更有优势，程序上的及时纠错设计，增强了纠错的成功率，也遏制了违法侦查的侥幸心理。

（2）逮捕环节具有引导侦查及时查获真凶的天然优势

由于逮捕及时否定了在案犯罪嫌疑人的嫌疑，使寻找真正的犯罪嫌疑人的行动可以尽早开始。且不捕后，检察人员通常将从法律视角提出引导侦查取证的意见，使侦查活动得以在擅长法律判断的专业人士指引下更有针对性地开展。结合重新侦查的及时启动，案件的相关证据仍然存在并样态较好，仍然具有调查、提取、鉴定的可能，使得及时查获真凶的概率更大，比后面发现再予侦查更有优势。在王某雷案中，通过对受害人王某与他人是否存在矛盾等线索展开调查，通过手机信息提取以及村民走访等，锁定了重点嫌疑人王甲。又经对案发现场提取的手套与王甲的 DNA 进行鉴定比对，作出同一认定，遂锁定王甲为犯罪嫌疑人。到案后，王甲供述的作案工具与被害人伤口吻合，并通过其供述"由供到证"查找到作案工具这一隐蔽性证据。从 3 月 22 日不批捕王某雷到 6 月 30 日抓获真凶王甲，百余天案件即迅速告破，得益于重启侦查时间及时。王某雷案中，被害人手机信息仍在电信后台保存期限内，具备提取条件，是发现犯罪嫌疑人的重要线索；现场手套 DNA 仍然具备同一鉴定条件，是锁定犯罪嫌疑人的关键；真凶王甲尚未来得及筹备逃跑，为顺利将其抓获提供可能；王甲供述的作案工具也尚未遭到毁灭或遗失，是印证口供的关键物证，对定案起到至关重要的作用；证人等其他重点人员并未散失且对此案发案当天情形仍留有较清晰的记忆，提供了可靠的证言，等等。可以说，逮捕阶段否定在案嫌疑人并引导侦查机关重新开启侦查，锁定并查获真凶的可能性较此后阶段大大提升。

（3）逮捕环节排除非法证据具有及时保障人权的优势

越早纠错将越有利于犯罪嫌疑人人权的保障和司法权威的树立。法谚曰："迟到的正义非正义。"此话虽有些绝对，但却表明，正义也是有时效的，需要在尽早的时间内实现正义，才能取得正义的最大效果，对犯罪嫌疑人的人身自由、名誉等权利的侵犯也越小。或者说正义的效果是和时间成反比的，时间越久，正义效力越弱，反之越强。冤假错案如果能够在审判、起诉甚至逮捕环节就发现、纠正，与数年或十几年后"亡者归来""真凶再现"时再予纠正的效果不可同日而语，对被告人人权的保障和司法公信力的树立更是不言而喻。

（三）法治理念初步彰显

1. 由"犯罪控制观"向"权利保障观"转型

"理念"是指导人行为的基本原则，正确的理念是法律良好运行之基。诉讼理念变化的根源是诉讼价值观的变化。以往，我国刑事诉讼是在犯罪控制价值观的影响下运行，认为打击犯罪、维护社会秩序与安全是刑事司法的根本价值，而忽视对自由的维护，并主要通过惩罚犯罪的方式来实现维护个人自由。在犯罪控制观的影响下形成了"重实体轻程序""重打击轻保护""重经验轻证据"等错误的刑事司法理念。而在国际人权观念的不断发展下，在我国法治国家建设的推动下，我国诉讼价值观也发生了由"犯罪控制观"向"权利保障观"的转型。权利保障观认为，刑事诉讼在控制犯罪的同时，还应同等重视个人合法权利，认为个人具有政府无权干预的某些基本权利，国家在进行司法活动时必须慎重。① 在权利保障观的影响下，形成了与上述传统理念相对的程序正义、人权保障、证据裁判等现代司法理念。

"理念"虽然抽象概括，但并非空中楼阁，而是蕴含着丰富内涵的凝练表达，是落实在具体法律制度中、运用在日常司法实践里的精神指引。正是因为历史上我们曾经忽视现代先进司法理念，固守错误的理念行事，才造成一桩桩触目惊心的冤假错案出现。以致国家司法公信力受到严重创伤，岌岌可危。最高人民检察院孙谦副检察长在分析冤假错案的原因时指出，封建司法的惯性思维加上"斗争意识"长期占据许多政法干警的思维空间，"运动式"执法和"命案必破"的口号也是催生"勇夫"，导致冤假错案的重要原因，"冤假错案的出现，与我们没有真正领会法治精神和人权观念淡薄有最直接的关系"。② 反思历史教训，中央决定将推进全面依法治国作为治国理政的基本方略，并将现代先进的法治理念逐步确立于我国法律制度之中。近些年来，我国法治建设的各个方面都对现代刑事司法理念进行了贯彻和体现。例如，出台了"两个证据规定"③，确立了尊重和保障人权原则，不得强迫自证其罪原则，非法证据排除规则，建立了讯问同步录音录像制度，扩大了辩护律师执业权利，中央以及"两高"在不同场合都明确提出了无罪推定原则，等等。程序合法、诉讼权利保障得到了前所未有的重视，依靠证据定案、

---

① 参见胡志风：《刑事错案的侦查程序分析与控制路径研究》，中国人民公安大学出版社 2012 年版，第 275 页。

② 孙谦：《关于冤假错案的两点思考》，载《中国法律评论》2016 年第 4 期。

③ 2010 年 6 月 13 日"两高三部"出台《关于办理死刑案件审查判断证据若干问题的规定》和《关于办理刑事案件排除非法证据若干问题的规定》。

特别是更加注重客观性证据的作用，这些诉讼理念在制度层面和实践层面都得到了前所未有的贯彻落实。从侦查监督来看，通过监督范围的拓展、监督力度的增强和监督能力的提升等视角，能够看到程序正义、人权保障、证据裁判等法治理念在侦查监督中得到了初步彰显，取得了实实在在的效果。

一是监督侦查违法行为的范围更广泛。从监督侦查机关侦查活动违法情形来看，既包括监督刑讯逼供、排除非法证据、纠正超期羁押、监督违法适用强制措施等严重侦查违法行为，也包括监督纠正处理涉案款物违法、鉴定程序违法、权利告知违法等相对轻微的违法侦查行为。在以往的监督中，犯罪嫌疑人的诉讼权利，特别是侦查阶段的诉讼权利往往难以受到重视，但现在对一些仅仅阻碍当事人诉讼权利的违法行为，如没有进行权利告知、没有及时通知家属、对辩护权保障不足、诉讼程序违法等，也投入了监督的目光。侦查监督种类更加丰富，监督范围更加广泛。

二是侦查活动监督力度增强。与以往相比，侦查活动监督逐渐从逮捕工作的辅助、陪衬角色中走到侦查监督的前沿，侦查活动监督的力度明显增强，独立性明显增加。以往对侦查机关配合有余监督不足，对侦查行为的监督仅仅停留在轻微违法层面，对严重问题不敢监督。侦查机关对待所提出的监督意见也较随意，有的改正，有的则置之不理，而违法人员有的甚至连内部批评都不会遭受，这样的监督很难对规范侦查行为起到长效作用和威慑效果。近些年来，这些情况得到了一定程度改观。随着侦查活动监督地位的逐渐增强，法律对监督的权力、手段的赋予，使检察人员对一些严重的违法行为敢于监督，违法侦查行为也能够及时得到纠正，违法人员有的因违法行为受到处罚甚至被追究刑事责任，有的还促进了对侦查行为建立长效、规范的监督机制。

三是侦查监督能力水平得到提升。监督能力是开展监督的人员所应具备的素能基础。监督能力体现在善于发现监督线索、调查核实违法行为准确有效、监督实效明显等方面。近些年，检察人员在上述方面均有不同程度的提升。监督能力的提升，其一是源于司法人员法律素养的普遍增强。现在的司法人员绝大部分都具有法学专业的本科学历，甚至研究生学历，具备较强的法学素养，在实践中专业能力提升则比较迅速。其二也是先进的法治理念不断提倡后在司法人员专业素养上的投射。经过我国多年来法治建设的推动，先进的法治理念投射在司法人员身上，必然提高其包括监督能力在内的专业法律能力。其三是立法的推动。立法、司法解释对侦查监督范围的扩展、方式的增设、手段的赋予等，如构建监督机关与被监督机关信息共享平台、赋予调查核实非法证据的权力、延伸对捕后羁押的监督、对指定居所监视居住的监督等，都是提升检察人员监督能力的直接原因。

2. 典型案例及其延伸

"理念，不只是口号，需要变成自己内心深处的真实想法才有用。"① 证据裁判、程序正义、人权保障等先进司法理念的落实，通过转变为办案人员的实际行动，体现在侦查监督的案件办理中。

(1) 非法证据排除——程序意识、证据意识、人权观念的觉醒

案例三：李某国、陈某园涉嫌抢劫案②

案件基本情况：2015 年 8 月 14 日，山东省青岛市公安局市北分局以涉嫌抢劫罪提请批准逮捕犯罪嫌疑人李某国、陈某园。青岛市市北区人民检察院在审查逮捕时，二嫌疑人均翻供，称侦查期间受到刑讯逼供。检察机关经调取讯问犯罪嫌疑人同步录音录像，发现侦查人员有殴打犯罪嫌疑人行为、对犯罪嫌疑人供认犯罪时的讯问没有进行同步录音录像、实际讯问时间与笔录记载的讯问时间不一致等违法行为。遂启动非法证据排除程序，经排除非法证据后，综合全案证据，不符合逮捕条件，遂以事实不清、证据不足为由作出了不批准逮捕决定。

同时，检察机关向市北分局发出了不捕案件补充侦查提纲，引导公安机关继续补充侦查。并对本案中发现的公安机关对犯罪嫌疑人拘留后 24 小时内未送看守所、24 小时内未通知家属、讯问时殴打犯罪嫌疑人、录音录像不全程等问题，发出了《纠正违法通知书》。

案例四：熊某明涉嫌运输毒品案③

案件基本情况：2015 年 10 月 1 日 15 时许，犯罪嫌疑人熊某才邀约熊某明从马关县前往平远镇进行贩卖毒品活动，并约定由熊某才骑摩托车在前面探路，犯罪嫌疑人熊某明驾驶微型车在后面运输毒品。当日 20 时 20 分，熊发明驾车经过马塘镇交警中队斜对面 50 米处公安边防检查站时被当场查获，

---

① 张明楷：《网络时代的刑法理念——以刑法的谦抑性为中心》，载《人民检察》2014 年第 9 期。

② 参见最高人民检察院侦查监督厅：《侦查监督指南》2016 年第 2 辑，中国检察出版社 2016 年版，第 90~95 页。

③ 参见最高人民检察院侦查监督厅：《侦查监督指南》2016 年第 2 辑，中国检察出版社 2016 年版，第 96~103 页。

侦查人员从微型车上查获疑似毒品物5块，并将其同伙熊某才在不远处抓获。

案件审查逮捕期间，检察机关在提讯犯罪嫌疑人熊某明时发现，侦查人员在审讯中可能存在刑讯逼供行为。经调查查明，侦查人员在首次审讯中存在向犯罪嫌疑人眼、口、腰、腹及下体等多部位喷洒胡椒水的非法取证行为。经对同步录音录像的审查和对其同监舍人员的询问，予以证实，遂排除了犯罪嫌疑人的供述。

案例意义：程序价值具有了独立意义。

同是排除刑讯逼供非法证据，上述两起案例与案例一、案例二最大的不同在于，在案例一、案例二中，犯罪嫌疑人是"由案推人"，进而锁定犯罪嫌疑人的，这就很可能存在弄错人的情况，可能冤枉了无辜的人，后来王某雷案的告破即被证实确实如此。因此，程序上对非法证据的排除，实体上还具有保障实体真实、准确的重大意义。但这两起案件则有所不同，从案情看，犯罪嫌疑人都是被当场抓获的，出于司法人员乃至正常人内心确信的常理判断，犯罪行为就是犯罪嫌疑人所为，人头确信没有弄错。在这种情况下，检察人员坚持了"打击犯罪与保障人权并重"的理念，没有对有助于查明实体真实的违法行为视而不见，而是果断作出了排除非法证据的决定。

也就是说，在实体真实和程序正义产生冲突时，程序正义被作为了首选价值，而没有被作为实体真实的辅助，程序价值具有了独立意义。这两起案件让人感觉到，在审查逮捕中，检察人员"重实体轻程序"的固有传统思维已发生了悄然转变。有违程序正当性取得的证据，即使是真实的也不能予以采用。这就是司法人员在办案中对程序意识、人权保障意识的真实彰显。

这两起案件中，检察机关均向侦查机关提出了纠正违法意见，违法人员均受到了不同程度处理，有的进行了通报、处分，有的还被调离了岗位。侦查机关也都相继开展了执法规范整顿行动、组织先进执法理念教育活动、提升程序意识、人权意识活动等，对侦查机关产生了不小的警醒和震撼。正确的司法理念就是要通过一件件这样让人记忆深刻的案件逐渐传导。从某种角度看，这种个案的传导甚至比形而上的法治教育更让人印象深刻。从法治国家的高度看，上述案件这样的不捕决定对侦查机关执法理念的警醒所产生的积极意义，远远超出了几件确保了实体真实而无视程序正当的案件所产生的价值。从法治国家的长远看，只有程序意识、人权保障意识、证据意识的觉醒，才能真正从制度上、从根源上确保实体正义的稳定输出。

（2）监督侦查活动违法——程序意识、证据意识的升华

案例五：万某故意伤害案委托鉴定违法①

案件基本情况：2014 年 2 月 22 日，犯罪嫌疑人万某与被害人张某斗发生争吵，用手击打被害人面部，致其右眼受伤。公安机关委托麻城市人民医院法医司法鉴定所和湖北同济法医司法鉴定中心两个鉴定机构进行鉴定，均鉴定被害人右眼伤情为轻伤二级，遂提请检察机关批准逮捕。

检察机关在审查逮捕时，犯罪嫌疑人万某申诉表示被害人右眼曾受过伤，此次伤情鉴定可能不准确，针对上述线索，检察机关启动了侦查违法行为调查核实程序。审查发现，第一次司法鉴定时，确实未对同一部位的陈旧伤进行考虑，并未按鉴定结论降一等级的规定出具鉴定意见书，鉴定人承认工作疏忽，否定了原鉴定意见。针对第二份伤情鉴定意见，则是在侦查机关未写明鉴定目的和伤情成因，没有陪同的情况下，由被害人自行委托作出的，违反了鉴定程序，鉴定中也同样没有考虑陈旧伤的存在，鉴定机构也否定了原鉴定意见。后经检察机关再次组织鉴定，认定被害人伤情未达到轻伤标准。

案例六：聂某危险驾驶案违法没收保证金②

案件基本情况：2013 年 8 月 9 日，犯罪嫌疑人聂某酒后驾车，被派出所民警检查违章车辆时发现，经血液检验，酒精含量为 173 毫克/100 毫升，遂聂某以涉嫌危险驾驶罪被刑事拘留。后办案民警伪造笔录，让聂某缴纳 2 万元保证金后将其取保候审。2 个月后，又伪造证据证明聂某违反"未经执行机关批准擅自离开居住地"的取保候审规定，没收其 2 万元保证金。

在审查逮捕中，犯罪嫌疑人聂某向检察机关反映了公安机关上述违法事实。后经检察机关调查核实，侦查机关存在以下违法侦查行为：一是侦查人员伪造聂某父亲笔录情况属实；二是侦查人员以欺骗方式诱使聂某等人作虚假供述和证言，证明聂某未经批准擅自离开居住地，并以此为由没收保证金；三是公安机关在不符合监视居住的条件下滥用监视居住强制措施情况属实。检察机关向公安机关发出了《纠正违法通知书》，提出了监督意见，并要求向当事人全额返还保证金。

---

① 参见最高人民检察院侦查监督厅：《侦查监督指南》2016 年第 2 辑，中国检察出版社 2016 年版，第 150~154 页。
② 参见最高人民检察院侦查监督厅：《侦查监督指南》2016 年第 2 辑，中国检察出版社 2016 年版，第 155~161 页。

案例意义：侦查监督向细微领域延伸。

除了监督刑讯逼供这种严重违法行为外，实践中，针对较轻微的违法行为或单纯的违反程序的行为，这些非主流的监督领域也逐渐受到了关注，如上述案例五、案例六中出现的，侦查机关委托鉴定程序违法和没收保证金违法等方面。鉴定意见是证明案件事实的关键证据，但由于其专业性强，检察人员受到专业知识的局限往往很难发现鉴定意见的瑕疵、失真问题。对待这种有难度的监督事项，关键在于严格的证据审查意识。检察人员在审查委托鉴定程序是否合法并注重听取辩护方意见的基础上，发现侦查违法线索，并克服调查核实困难，没有盲目信任鉴定意见，是监督人员证据意识、程序意识提升的体现。除对侵犯人身权利进行监督外，侵犯当事人财产权利是侦查监督的薄弱环节。案例六中，对违法没收保证金的监督弥补了监督盲点。从这些监督点能感受到侦查监督已经开始向纵深发展，以往很多难以监督的环节、难于发现的违法行为、调查阻力大的监督难点等，也都有了成功的监督案例，侦查监督向更细微处延伸。上述案例中，不仅案件本身的违法行为得到了纠正，相关人员得到了处理，而且都促使侦查机关内部进行了规范执法的整改，有些还促使侦查机关完善了侦查制度。上述案件的成功监督，体现在对侦查行为监督越来越细致这一表面之下的，是检察人员敢于监督、善于监督的体现。更是监督人员证据意识、程序意识、人权意识的升华。

（3）监督强制措施违法——人权保障意识的提升

案例七：普布次仁受贿案违法指定居所监视居住①

案件基本情况：审查逮捕部门收到检察机关侦查部门报请审查逮捕的犯罪嫌疑人普布次仁受贿案后，进行审查。发现该案无论在初查还是在立案侦查阶段，均无证据证实属于重大贿赂犯罪，侦查部门却采取只能适用于重大贿赂犯罪的指定居所监视居住措施，属于违法适用强制措施。同时侦查部门还存在未对犯罪嫌疑人进行权利告知和未进行同步录音录像等违法行为。遂向侦查部门提出了监督意见。侦查部门对违法行为立即加以整改，此后，全省（区）自侦部门办理的案件60余件，再未出现类似违法情形。

案例意义：打破对内监督瓶颈，人权保障意识提升。

指定居所监视居住是《刑事诉讼法》新增的监视居住措施执行方式。由

---

① 参见最高人民检察院侦查监督厅：《侦查监督指南》2016年第2辑，中国检察出版社2016年版，第79~84页。

于其限制人身自由强度高，仅次于逮捕，出于人权保障的考虑，备受社会关注和警惕，也对监督提出了更高的要求。本案对违法指定居所监视居住进行监督，不仅聚焦了对这一强制措施的监督，扎紧监督的笼子不放松，而且更是将侦查监督的触角伸向检察机关内部，改变了内外监督"两张皮"的现象。该案没有因为是检察机关自侦部门所办案件就监督失之于宽、失之于软，打破了检察机关内部同级之间不愿监督、不敢监督和不善监督的监督瓶颈。具有典型意义。

（四）"向前""向下""向内"延伸监督途径

侦查监督"向前"延伸，即向刑事立案之前的行政执法领域延伸。因这一领域与刑事司法过程的紧密相连，为防止刑事案件被挡在立案之前，而延伸监督。侦查监督"向下"延伸，即向公安派出所的刑事侦查活动延伸。因公安派出所职能的重大发展变化，向刑事侦查领域的大量拓展，对这一范围的刑事侦查活动进行监督，不仅必要而且迫切。侦查监督"向内"延伸，指侦查监督从自我监督入手，向检察机关自己侦查的职务犯罪案件延伸。"向前""向下""向内"延伸监督途径，是侦查监督的自我完善，是法律监督的重要探索。

1. 立案监督向行政执法领域延伸

在行政执法领域，很多行政违法案件和刑事犯罪案件之间密切相关。行政执法机关处在案件治理的前端，其对某一行为的介入与性质认定，往往也决定了司法机关最终是否介入案件处理。行政违法案件根据违法行为严重程度，严重的可能涉嫌犯罪，可能向刑事案件转化。且行政执法领域的违法案件很多涉及危害民生，如危害食品药品安全、破坏环境资源，以及社会保障、工商管理、卫生医疗等领域的违法问题，与百姓生活息息相关。上述违法行为通常由行政执法机关首先介入，根据行为性质或危害后果的严重程度，决定是否对其进行刑事处罚。这些违法行为侵害了广大老百姓的切身利益，对构成犯罪的行为应当严密刑事司法触角，不能因受到了行政处罚而忽视其涉罪的情况，降低了打击力度，更不能因受害者范围广而稀释了刑事责任。行政执法机关处理的这类案件直接影响着刑事犯罪案件的打击力度，涉及行政执法案件向刑事司法案件移送衔接等问题，理应在检察机关立案监督视野之下。

为了防止行政执法机关有案不移、以罚代刑，即防止对已经涉嫌犯罪的案件不予移送，或者被行政机关降格处理，用行政处罚代替刑事处罚，也为防止上述案件有案难移、有案不立，即公安机关对行政机关移送的涉嫌犯罪案件错误地不立案侦查，使犯罪嫌疑人逃过刑事追究，因此，立案监督向行政执法领域进行延伸，是人民群众的期待和司法精细化发展的方向。对此，检察机关推动了一些机制的构建，通过在行政执法机关、公安机关、检察机关之间建立信息共享平台。通过案件通报、移送等方式，构建了行政执法与刑事司法的衔接，有利于刑事立案监督的线索发现，也有利于同行政机关的顺畅衔接。经过多年的推动，这种衔接机制在立法和实践中取得了一定进展与成效。

（1）立法层面逐渐步入规范轨道

立法上，为解决行政执法与刑事司法衔接时行政执法证据在刑事诉讼中的证据资格问题，2012 年《刑事诉讼法》修订时，增加了第 52 条第 2 款，即"行政机关在行政执法和查办案件过程中收集的物证、书证、试听资料、电子数据等证据材料，在刑事诉讼中可以作为证据使用。"明确了行政执法中所取得的证据在刑事诉讼中具有证据资格。在《人民检察院刑事诉讼规则（试行）》中，增加了检察机关监督行政执法机关移送涉嫌犯罪案件的规定，即第 553 条第 3 款规定"人民检察院接到控告、举报或者发现行政执法机关不移送涉嫌犯罪案件的，应当向行政执法机关提出检察意见，要求其按照管辖规定向公安机关或者人民检察院移送涉嫌犯罪案件。"这是检察机关监督行政机关移送涉嫌犯罪案件的法律支撑。2015 年 12 月，最高人民检察院会同国家食药监总局、公安部、最高人民法院、国务院食安办联合下发了《食品药品行政执法与刑事司法衔接工作办法》，2017 年 1 月，最高人民检察院会同环保部、公安部联合出台了《环境保护行政执法与刑事司法衔接工作办法》。上述两个《办法》在食品药品安全和环境资源保护两个重点领域，建立了行政执法与刑事司法衔接的长效机制。相应地，省级相关部门也通过指导意见、会议纪要、规定、办法等规范性文件的会签，使行政执法与刑事司法衔接工作逐渐具有了法定形式的依托，得以在规范层面开展。这是立案监督工作取得的重要成果。

（2）实践层面监督效果渐显

在实践中，通过行政执法与刑事司法衔接所带来的监督成效，是公众实实在在所关注的方面。在对行政执法领域立案监督的方面，腾格里沙漠环境污染案是监督的典型案例。2014 年 9 月，媒体报道，内蒙古自治区腾格里沙漠腹地部分地区出现排污池，牧民反映当地企业将未经处理的废水排入排污池，让其自然蒸发，然后将黏稠的沉淀物，用铲车铲出，直接埋在沙漠里面。一些地区的工业园一方面打着"生态循环经济"的旗号获得政府审批，另一方面却纵容很多高污染企业以及小作坊的生产，甚至一些国家明令关停的污染企业，也在这里集中排污，逃避监管，工业园区成了其违法经营的"保护伞"。① 最高人民检察院与公安部、环境保护部联合督导，检察机关建议环保部门移送涉嫌污染环境犯罪案件，对涉嫌污染环境犯罪的 6 家化工企业和 10 名责任人提起公诉，查处背后职务犯罪案件 4 件。② 这样的案例已不是个别，山东非法经营疫苗系列案件、重庆"10·29"特大地沟油生产销售有毒有害食品系列案、河南新乡"12·05"制售病死猪肉案、上海垃圾非法倾倒太湖案等，数量众多的行政执法领域涉罪案件得到监督。检察机关监督立案的案件来源中，行政执法机关认为公安机关应当立案而不立案向检察机关提出立案监督建议的比例不断增加。而通过行政执法与刑事司法衔接这一机制渠道，检察机关监督行政机关移送涉嫌犯罪案件的作用越来越大。2015 年，检察机关建议食品药品监管部门移送涉嫌犯罪案件 1646 件，监督公安机关立案 877 件，起诉危害食品药品安全犯罪 13240 人。最高人民检察院对 81 件制售假药劣药、有毒有害食品重大案件挂牌督办。③ 检察机关监督立案的案件中，90% 以上公安机关都予以了立案侦查。通过与行政执法的衔接，检察机关在立案监督中的作用得以更充分发挥，对依法行政和依法立案实现了双促进。

2. 侦查活动监督向公安派出所侦查延伸

派出所是公安机关的最基层单位，承担着基层行政管理、社会治安综合治理和刑事案件办理等多重任务。当前，在社会矛盾凸显、刑事案件高发的情况下，由于人案矛盾突出，大部分刑事案件的侦查工作实际是由公安派出所完成的，如广东省每年发生的七八十万件刑事案件中，2/3 是由派出所侦查的，④ 有的地方派出所办理的刑事案件数甚至占到当地办案数的近 80%。⑤ 在案件类型上，公安派出所所办理案件也已不局限于盗窃、轻伤害等"轻罪"案件，不少地方派出所也办理毒品、故意杀人等"重罪"案件，公安派出所已然成为重要的刑事侦查主体。但派出所民警与专业刑警相比，还存在侦查专业素养相对较低、办案经验能力不足等问题，容易出现偏重于破案而

---

① 参见百度百科"腾格里沙漠环境污染案"词条。

② 数据来自 2016 年 3 月第十二届全国人民代表大会第四次会议《最高人民检察院工作报告》。

③ 数据来自 2016 年 3 月第十二届全国人民代表大会第四次会议《最高人民检察院工作报告》。

④ 《广东每年发生七八十万件刑事案件，三分之二由派出所侦查》，载澎湃新闻网，http://news.ifeng.com/a/20160314/47838321_0.shtml，最后访问日期：2016 年 3 月 14 日。

⑤ "2011 年，C 区检察院共受理审查批捕案件 645 件 884 人，其中由派出所办理的为 489 件 609 人，占案件总数的 76%。"参见王建涛、杨辉刚、董阳：《侦查监督视野下公安派出所案件办理情况分析》，载《宿州教育学院学报》2012 年第 5 期。

忽视证据收集；倚重言词证据而忽视客观证据；侧重于控制嫌疑人而忽视现场证据提取；讯问中指供、诱供、逼供等侦查取证程序不规范，以及有案不立或先破后立、不破不立、不该立而立、撤案随意等问题。由于检察机关的基层单位为区县级检察院，对应监督区县级公安机关，而公安机关的派出所则缺少对应的同级别检察机关。以前公安派出所尚未办理如此大量的刑事案件，而今派出所的刑事办案量和承担的侦查职能已发生了巨大变化，因此，派出所侦查成为了侦查监督"盲区"。监督范围的不足，一方面可能导致派出所侦查活动违法问题层出，犯罪嫌疑人诉讼权利难以保障；另一方面可能导致案件侦查质量不高，难以继续推进批捕、起诉或审判程序，造成打击犯罪不利。而且派出所处于与人民群众接触最为密切的执法办案第一线，其执法能力和执法方式直接关系着司法公信力的树立。因此，加强对公安派出所的监督对保障人权、提高侦查水平、树立司法公信力都具有重要意义。

　　为解决这一监督空白，本轮中央司法体制改革将"建立对公安派出所刑事侦查活动监督机制"列为改革项目①。为落实此项司改任务，最高人民检察院从 2015 年 4 月起至 2016 年年底，在全国十个省（自治区、直辖市）开展了为期近两年的改革试点工作，1064 个基层检察院、8370 个公安派出所参与了试点工作。在监督模式上，试点地区探索了派驻检察室（检察官）、检察官联络员、巡回监督、联席会议、专项重点监督等多种模式，因地制宜地选取不同监督方式。试点期间，检察机关监督公安派出所立案 5243 件，对违法侦查活动提出纠正意见 15162 件次，一批违法立案、违法不立案、违法侦查等行为得到了纠正。② 例如，安徽省合肥、阜阳、芜湖 3 个试点市 15 个县（区）院，试点期间，共对 70 个派出所（队）开展了检察监督，共受理立案监督案件 59 件，向公安派出所发出《要求说明不立案理由通知书》21 份，《要求说明立案理由通知书》30 份，监督公安派出所立案 14 件，撤案 30 件 30 人，发出《应当逮捕犯罪嫌疑人意见书》27 份，监督公安派出所依法提请批准逮捕犯罪嫌疑人 43 人，向公安派出所发出《纠正违法通知书》35 份，发出《检察建议书》46 份。③ 经监督，派出所侦查的案件质量也在不捕率、

---

　　①　2015 年 2 月，中办国办印发《〈关于贯彻落实党的十八届四中全会决定进一步深化司法体制和社会体制改革的实施方案〉的通知》，要求"建立对公安派出所刑事侦查活动监督机制"。

　　②　参见王梦遥：《最高检：年底前全面铺开对公安派出所刑事侦查活动监督》，载新京报快讯，http：//www.bjnews.com.cn/news/2017/03/29/438268，最后访问日期：2017 年 3 月 29 日。

　　③　《探索对派出所办案监督，三个试点市有哪些成效？》，载搜狐号，http：//mt.sohu.com/20170207/n480111186.shtml，最后访问日期：2012 年 2 月 7 日。

捕后无罪率和撤案率上体现了不同程度的提高，促进了派出所侦查行为的规范。相应地，派出所执法公信力也得到提升，针对派出所侦查案件的控告申诉减少了，有的地方，如广东省东莞市北栅派出所几乎实现了零申诉。很多地方还建立了长效机制，如安徽省芜湖市检察院与公安机关建立了刑事案件数据交换机制，及时掌握派出所立案、破案、撤案信息和强制措施变更情况①；重庆市公、检两家会签了《关于派驻基层检察室开展对公安派出所刑事执法监督协作工作的意见》，南京市检察院联合该市公安局会签了《对公安派出所加强法律监督的指导意见》等，② 对监督范围、监督方式、工作机制等予以明确。

检察机关开展对公安派出所的监督，是将侦查活动监督向下延伸、向前延伸的重要尝试。变事后监督为同步监督，变被动监督为主动监督，完善了侦查监督体系，弥补了侦查监督盲区。同时，也是检察机关法律监督职能在监督领域上的一次重要拓展，有利于检察机关探索实现法律监督权能更多元的方式，摆脱依赖职务犯罪侦查实现监督权能的掣肘。

3. 职务犯罪侦查监督向检察机关内部延伸

在当前国家监察体制改革中，北京、山西、浙江三个试点省、市从 2016 年起，成立了监察委员会，由监察委员会负责职务犯罪案件的侦查工作。其他地区在监察体制改革全面推开前，职务犯罪案件侦查工作仍保持由检察机关反贪部门负责的现状。在职务犯罪案件的诉讼过程中，尽管检察机关将职务犯罪案件侦查权、逮捕权、起诉权分由不同部门行使，但由于仍属于同一机关，不免被诟病缺乏有效的外部制约，对职务犯罪的侦查监督出现了"重配合、轻监督"，甚至"服务侦查"的倾向。为扭转检察机关对自侦部门的监督失之于软的问题，检察机关对职务犯罪案件的侦查活动加强自身监督，将监督主动向内延伸，通过一系列制度机制的构建，用制度约束侦查行为，用制度为监督提供支撑，促使职务犯罪案件的侦查监督有了抓手。具体包括，在 2009 年上一轮中央司法体制改革中，检察机关对职务犯罪案件审查逮捕程序进行了改革，将省级以下检察院侦查的职务犯罪案件的逮捕权"上提一级"（简称"上提一级"），即"省级以下（不含省级）人民检察院立案侦

---

① 《探索对派出所办案监督，三个试点市有哪些成效?》，载搜狐号，http://mt.sohu.com/20170207/n480111186.shtml，最后访问日期：2012 年 2 月 7 日。

② 《重庆规范检察室对派出所执法监督》，载《检察日报》2014 年 11 月 26 日；《六年探索，创新对派出所监督机制》，载《检察日报》2016 年 2 月 15 日第 02 版。

查的案件，需要逮捕犯罪嫌疑人的，应当报请上一级人民检察院审查决定"，① 对职务犯罪侦查权与逮捕权进行了适度分离。除了这项改革措施外，检察机关还对职务犯罪案件要求必须进行侦查讯问同步录音录像，比《刑事诉讼法》的要求更为严格，既加强了对侦查讯问的监督制约，又对违法侦查行为提供了可供核实的条件。此外，在审查逮捕时，审查同步录音录像、讯问犯罪嫌疑人已成为审查的必经程序，听取辩护律师意见也成为审查的主要要求。2013 年 1 月至 2016 年 9 月，检察机关对职务犯罪侦查工作中妨碍律师会见、违法指定居所监视居住、违法查封扣押冻结涉案财物等，提出书面纠正意见 1070 件次。② 在正在进行的国家监察体制改革中，职务犯罪案件的侦查职能将由监察委员会行使，行使主体的变更使职务犯罪侦查权和监督权形成了实质的分离，这有助于对职务犯罪侦查活动的监督制约。因此，在职务犯罪案件侦查监督中如何适应改革变化，探索新的监督方式，加大对职务犯罪案件的监督力度，应当成为检察机关侦查监督的重要课题。不仅应通过审查逮捕、审查起诉等传统方式对侦查活动的结果和过程的合法性进行审查，还应继续完善落实现在已有的成功经验，在侦查过程中充分行使提前介入、同步监督、司法审查等职责，并依托律师执业权利保障、同步录音录像、非法证据排除等制度，加强对侦查职能的监督和对人权的司法保障。

（五）加强捕后羁押监督

"捕押不分""一押到底"是我国逮捕羁押制度的最大弊端。以往，犯罪嫌疑人一旦被逮捕，将持续被羁押到作出判决。在此期间，法律并没有对羁押是否仍是必要的强制措施进行审查的规定。侦查羁押期限届满需要延长时，对"延长侦查羁押期限"的审查，在实践中也基本是程序性审查，很难涉及对犯罪嫌疑人羁押必要性是否发生变化的实质性审查。因此，实践中甚至出现关多久判多久的"刑期倒挂"现象，严重侵犯犯罪嫌疑人诉讼权利和人身权利。为解决羁押缺乏监督的痼疾，《刑事诉讼法》增加了羁押必要性审查条款，自此，从法律层面到实践层面，对捕后羁押状况的持续关注、监督纳入了检察机关的法律监督视野。而在对捕后羁押状况的监督中，"延长侦查羁押期限"审查也发生了从形式审查到实质审查的转变。上述举措，对犯罪

---

① 2009 年 9 月 4 日，最高人民检察院下发了《关于省级以下人民检察院立案侦查的案件由上一级人民检察院审查决定逮捕的规定（施行）》。

② 《忠实履行法律赋予的侦查监督职能，努力让人民群众感受到社会公平正义》，曹建明在十二届全国人大常委会第二十四次会议上所作最高检关于加强侦查监督维护司法公正情况的报告，载《检察日报》2016 年 11 月 06 日第 01 版。

嫌疑人的诉讼权利保障延伸到了审判前的整个诉讼阶段，特别是弥补了逮捕后侦查阶段这一空白，实现了侦查监督质的突破。

1. 增加羁押必要性审查

在我国，对逮捕这一为保障诉讼顺利进行的强制措施和捕后持续关押的羁押状态未进行明确区分。"逮捕"将必然导致羁押，"羁押"是逮捕的当然结果，羁押时限和司法机关办案期间重合，犯罪嫌疑人一经逮捕，其未决羁押状态将一直持续至作出判决。即"捕押不分""一押到底"是我国逮捕羁押制度的特点和弊端。严格地说，这种粗放式、简单化的羁押方式与无罪推定、人权保障、羁押必要性等基本诉讼原则的要求相悖离。为解决我国"一捕了之"、捕后缺乏监督的制度弊端，《刑事诉讼法》突破性地增加了羁押必要性审查条款，第 93 条规定："犯罪嫌疑人、被告人被逮捕后，人民检察院仍应当对羁押的必要性进行审查。对不需要继续羁押的，应当建议予以释放或者变更强制措施。有关机关应当在十日以内将处理情况通知人民检察院。"《刑事诉讼法》这一条款的增设，说明捕后羁押状态纳入了检察机关审查、监督视野，一定程度上实现了我国当前刑事诉讼环节的"捕押分离"，或者说是在我国现有法律制度框架下捕押适当分离的探索尝试。有人认为这一规定是降低我国高羁押率的破冰之举。① 笔者认为，比解决高羁押率这一现实问题意义更为重大的，是该条款对诉讼中人权司法保障的巨大意义。这一制度，打破了逮捕后不顾案情发展变化和被羁押人身体状况而一押到底的困局，为变更羁押设置了制度途径，减少了不必要的羁押，是将人权保障精细化、实质化的重要举措。这一制度还有利于强制措施的恰当、准确适用，即促使多种类、分层次的强制措施的综合运用，促使逮捕措施适用的最小化、适当化，强化逮捕措施保障诉讼顺利进行的功能定位，逐渐卸载逮捕本身功能之外的附加功能。

《刑事诉讼法》对该制度的确立，标志着我国诉讼人权保障的重要进步，也得到了实践中前所未有的重视。2016 年 1 月，最高人民检察院出台了《人民检察院办理羁押必要性审查案件规定（试行）》，对规范人民检察院办理羁押必要性审查案件作出指导。从制度实践运行状况看，2013 年《刑事诉讼法》确立羁押必要性审查制度后，截至 2016 年 9 月，检察机关对捕后不需要继续羁押的犯罪嫌疑人有 115560 人，提出了予以释放或者变更强制措施的建

---

① 郭冰：《羁押必要性审查制度实践运行审视》，载《中国刑事法杂志》2016 年第 2 期。

议，有关部门采纳率达到 92.3%，① 说明该制度得到充分运行、状况良好。其中，"2016 年 1 月至 11 月，检察机关经羁押必要性审查认为不需要继续羁押的，向办案机关提出释放或者变更强制措施建议后，38606 人被释放或者变更强制措施，同比上升 60.8%；向办案机关提出释放或者变更强制措施建议 42159 人，91.6% 的建议被办案机关采纳"。② 这组数据反映出，经羁押必要性审查建于"捕后释放或变更强制措施"的人数全年可达 4 万人左右。2016 年，我国共批准逮捕各类刑事犯罪嫌疑人 828618 人，解除 4 万人的羁押约占到羁押总数的 5%。③ 全年经羁押必要性审查解除 4 万人的羁押状态，对降低我国高企的羁押率起到了实实在在的促进作用。从数据中还可直观地看出，对于检察机关提出的"予以释放或变更强制措施"的建议，相关"办案机关"基本上能够采纳，采纳率达到了 90% 以上，这也说明虽然法律并未赋予这一制度强制执行力，但实践中其效力得到普遍地、自然地认可与遵守，保障了该制度能够有效顺利施行，实现法律预期效果。

2. "延长侦查羁押期限"向程序审与实体审并重转变

批准延长侦查羁押期限指，对犯罪嫌疑人逮捕后，在两个月的法定侦查期限内无法侦查终结的案件，符合延长侦查羁押期限条件的，经报请相关检察机关批准，予以延长侦查期限的制度。根据《刑事诉讼法》第 154 条、第 156 条、第 157 条的规定，检察机关共有三次批准延长侦查羁押期限的权力。第一次可以由上一级人民检察院批准延长侦查期限 1 个月，第二次是由省级人民检察院批准延长侦查期限两个月，第三次仍可以由省级人民检察院批准延长侦查期限两个月，共可延长侦查期限 5 个月。延长侦查羁押期限是逮捕后对犯罪嫌疑人羁押状态的一项重要审查制度。特别是《刑事诉讼法》在羁押必要性审查制度确立之前，延长侦查羁押期限制度是逮捕后再次审查案件进展情况，并决定是否需要对犯罪嫌疑人继续羁押的唯一制度性安排，是我国"捕押不分"的羁押制度现状下有机会对捕押予以分离的唯一途径。即使在《刑事诉讼法》确立了羁押必要性审查制度后，延长侦查羁押期限制度仍

① 《忠实履行法律赋予的侦查监督职能，努力让人民群众感受到社会公平正义》，曹建明在十二届全国人大常委会第二十四次会议上所作最高检关于加强侦查监督维护司法公正情况的报告，载《检察日报》2016 年 11 月 06 日，第 01 版。

② 齐磊：《推动羁押必要性审查案件数量质量稳中有升——最高检刑事执行检察厅厅长袁其国做客高检网正义网接受访谈》，载《检察日报》2017 年 02 月 14 日，第 2 版。

③ 数据来自《最高人民检察院工作报告》，载最高人民检察院网，http://www.spp.gov.cn/gzbg/201703/t20170320_185861.shtml，最后访问日期：2017 年 3 月 20 日。

然是当前探索捕押适度分离的重要制度安排，也是羁押必要性审查制度的重要补充和实现途径。甚至有人将其重要性喻为"二次逮捕"。

然而，我国的延长侦查羁押期限制度还存在着诸多问题。不仅在法律上存在办案性质不明、报请程序权限不清、办案质量标准缺乏等问题，在实践中，更是存在延长侦查羁押期限形式化、手续化的状况。报请延长侦查羁押期限的案件，常常提请延长侦查羁押期限的材料、理由、依据简单而概括，捕后进展情况及继续羁押必要性简单笼统，甚至简化省略。但绝大部分报请延长侦查羁押期限的案件都能获得批准，造成延长侦查羁押期限审查流于形式，也造成对犯罪嫌疑人的羁押状态不能及时变更，而致长时间的审前羁押，犯罪嫌疑人的诉讼权利难以得到充分保障。

为扭转这种延长侦查羁押期限走过场的局面，2016年7月1日，最高人民检察院发布了《人民检察院办理延长侦查羁押期限案件的规定》。该《规定》规范了延长侦查羁押期限案件的报送程序、报送材料、审批方式等内容，特别是确立了延长侦查羁押期限应坚持"程序审查与实体审查并重"原则，首次将延长侦查羁押期限的审查性质予以明确。《规定》还要求，延长侦查羁押期限审查时应对侦查取证进展情况进行审查，并对下一步可能的侦查进展进行预判，根据侦查需要再结合犯罪嫌疑人的人身危险性，判断犯罪嫌疑人是否需要继续羁押，进而决定是否批准延长侦查羁押期限。《规定》还明确了延长侦查羁押期限审查中，可以采取讯问犯罪嫌疑人、听取辩护律师意见、听取侦查机关意见、调取案卷等审查方式。可以说，该《规定》将以往"走过场"的延长侦查羁押期限审查活动，转变为对犯罪嫌疑人能否继续羁押的实质性审查。这种制度设计可以一定程度实现我国捕押的适度分离，实现未决羁押时对犯罪嫌疑人诉讼权利的保障。①

---

① 《人民检察院办理延长侦查羁押期限案件的规定》中，第2条规定：人民检察院办理延长侦查羁押期限案件，应当坚持惩罚犯罪与保障人权并重、监督制约与支持配合并重、程序审查与实体审查并重的原则。第9条规定：人民检察院侦查监督部门办理延长侦查羁押期限案件，应当审查以下内容：（一）本院或者下级人民检察院的逮捕决定是否符合法律规定；（二）犯罪嫌疑人逮捕后侦查工作进展情况；（三）下一步侦查计划是否具体明确；（四）延长侦查羁押期限的理由、日期是否符合法律规定；（五）犯罪嫌疑人有无继续羁押的必要；（六）有无超期羁押等违法情况；（七）其他需要审查的内容。第11条规定：人民检察院侦查监督部门审查延长侦查羁押期限案件，对于案件是否符合延长侦查羁押期限条件有疑问或者侦查活动可能存在重大违法等情形的，可以讯问犯罪嫌疑人，听取律师意见、侦查机关（部门）意见，调取案卷及相关材料。

第五章 我国侦查监督问题检视与原因剖析

我国刑事诉讼制度在"人权保障与权力制衡"的司法理念引领下和"打击犯罪与保障人权"的刑事诉讼目的指引下不断发展完善，取得了长足进步。我们在认可立法及司法实践中对侦查监督不断改进完善的同时，更应清醒地认识到，我国侦查监督由于立法的缺位、监督机制的不足、监督理念的落后以及监督环境的制约等因素，其水平仍处于较初级的阶段。监督范围窄、监督空白多、监督力度弱、监督效果差等问题普遍存在，侦查权力并未受到应有的制约。如我国尚未建立审前羁押的司法审查制度，除逮捕外的强制措施仍停留在侦查机关自我审批状况；现有逮捕审查方式司法化不足；侦查监督范围较窄；侦查监督信息、线索来源不畅；监督途径方式单一、监督手段方法乏力，等等。侦查监督基本处于事后监督和温和监督的状况。

剖析侦查监督中的问题和导致这些问题的原因，是对侦查监督理性思考的过程，也是侦查监督改革重构的坚实基础。全面梳理提炼并理性分析侦查监督现存的问题，精准分析和深入查找桎梏侦查监督发展的原因，是构建合理、可行、科学的侦查监督体系的重要基础，是加强侦查权制约和侦查监督自我完善的必由之路。

一、我国侦查监督问题检视

（一）立案监督法律规定结构性缺失

1. 对不该立案而立案的监督缺少规定

立案监督最主要的问题之一即法律规定的结构性缺失——缺少对不该立案而立案进行监督的法律规定。为解决侦查机关有罪不究、以罚代刑等滥用立案权力的问题，1996年修改《刑事诉讼法》时，增加了检察机关对刑事立案活动进行监督的法律规定。这一条款虽然填补了立案监督的法律空白，但却只规定了对"该立案而不立案"的案件进行监督，而没有将"不该立案而立案"的案件纳入监督范围，存在明显缺陷。这一立法规定至今已二十余年，《刑事诉讼法》中仍保留着二十年前的条款没有变化，即《刑事诉讼法》第111条规定："人民检察院认为公安机关对应当立案侦查的案件而不立案侦查的，或者被害人认为公安机关对应当立案侦查的案件而不立案侦查，向人民检察院提出的，人民检察院应当要求公安机关说明不立案的理由。人民检察院认为公安机关不立案理由不能成立的，应当通知公安机关立案，公安机关接到通知后应当立案。"立案监督立法发展十分缓慢，立法范围的狭窄造成了立案监督法律依据的结构性缺失。

随着我国经济水平的迅猛发展，经济领域的纠纷和违法犯罪行为逐渐增多，出现了有些人利用刑事诉讼程序，报案让侦查机关对没有犯罪的人进行刑事立案，动用刑事手段违法插手民事、经济纠纷，打击报复纠纷相对方的违法情形。侦查机关对本属于民事纠纷的案件以涉嫌刑事犯罪进行立案侦查，将经济往来中的相对方列为"犯罪嫌疑人"，对其采取人身或财产上的强制侦查措施，如拘留、逮捕、查封财产、扣押款物等，严重影响了相对人的正常生产生活和基本人身权利。"犯罪嫌疑人"往往为恢复人身自由、恢复企业生产、摆脱涉刑事犯罪带来的各种不良影响，不得不在与所谓的"受害人"的经济往来中妥协，以寻求"私了"撤销刑事案件目的。"受害方"借助刑事司法手段从而实现了对经济对手的要挟打击。出现上述立案不当的情况，有些是因报案人提供虚假证据，致侦查机关法律判断有误而不当立案，也有些是侦查人员滥用立案权，故意违法立案，存在司法腐败的情况。这其中，不免有侦查机关徇私枉法、滥用职权的影子。

刑事领域违法立案问题在实践中逐渐突出，立案监督范围的结构性缺陷带来的弊端愈加明显。为了遏制这种情况，加强对刑事立案的监督，"加强和规范刑事立案监督工作"作为上一轮中央关于深化司法体制和工作机制改革的项目之一。2010年，最高人民检察院与公安部落实中央司法改革，联合印发了《关于刑事立案监督有关问题的规定（试行）》，对监督侦查机关"不该立案而立案"和"立而不侦"①的问题进行了补充规定，完善了上述领域的监督空白。《关于刑事立案监督有关问题的规定（试行）》第6条规定："人民检察院对于不服公安机关立案决定的投诉，可以移送立案的公安机关处理。人民检察院经审查，有证据证明公安机关可能存在违法动用刑事手段

---

① "立而不侦"指侦查机关在案件立案后怠于侦查，不积极履行侦查职责，实质上致犯罪嫌疑人没有受到法律追究，影响对被害人及相关方合法权利的维护。

插手民事、经济纠纷，或者办案人员利用立案实施报复陷害、敲诈勒索以及谋取其他非法利益等违法立案情形，且已采取刑事拘留等强制措施或者搜查、扣押、冻结等强制性侦查措施，尚未提请批准逮捕或者移送审查起诉的，经检察长批准，应当要求公安机关书面说明立案理由。"第8条第1款规定："人民检察院经调查核实，认为公安机关不立案或者立案理由不成立的，经检察长或者检察委员会决定，应当通知公安机关立案或者撤销案件。"《关于刑事立案监督有关问题的规定（试行）》是对侦查监督立法结构性缺陷的重大完善，是立案监督取得的重大突破。

但由于2012年在《刑事诉讼法》再次修改时对这项司法改革成果未予吸收，使这项改革未能如愿转化为立法规范，十分遗憾。尽管《刑事诉讼法》未予吸收上述规定并不意味着否定检察机关对不该立案而立案的监督权，《关于刑事立案监督有关问题的规定（试行）》仍然有效，且按照特殊法优于普通法的原理，上述规定仍是适用的。《人民检察院刑事诉讼规则（试行）》中仍然对不该立案而立案案件的监督作出了规定，修改后的《公安机关办理刑事案件程序规定》中也承认了检察机关这一监督权力。但由于《刑事诉讼法》中未予确认，加之公安机关在《公安机关办理刑事案件程序规定》中对此项监督处理方式的态度转变，没有作出接受监督的规定，仅以第180条的规定"人民检察院认为公安机关不应当立案而立案，提出纠正意见的，公安机关应当进行调查核实，并将有关情况回复人民检察院"予以笼统回应。使检察机关对不该立案而立案的监督变得有些尴尬，检察机关的立案监督除启动了公安机关的自行调查程序外，没有强制约束力。在公安机关仍不予纠正的情况下，检察机关只能求助于上级检察院与上级公安机关的协商。① 法律依据的冲突使检察机关监督底气不足，监督刚性也有所降低，监督被无形消解，检察机关对违法立案的监督则成了一厢情愿。《刑事诉讼法》未对已经进步的司法改革成果予以及时确认，实质上导致了被监督双方所认可并已经运行了数年的立案监督发生了部分倒退，影响了监督效果。

《刑事诉讼法》在该问题上实质意义的退步在实践中逐渐显现出来。2014年检察机关对公安机关应当立案而不立案、不应当立案而立案的案件数同比2013年，分别下降了27.7%和29.9%，检察机关监督立案和监督撤案的

---

① 《人民检察院刑事诉讼规则（试行）》第560条第2款规定："公安机关在收到通知立案书或者通知撤销案件书后超过十五日不予立案或者既不提出复议、复核也不撤销案件的，人民检察院应当发出纠正违法通知书予以纠正。公安机关仍不纠正的，报上一级人民检察院协商同级公安机关处理。"

数量明显下降。在检察机关要求公安机关说明不立案理由的案件中，公安机关主动立案的占 79.1%，同比减少 4 个百分点。对侦查机关不应当立案而立案的，公安机关已撤案占监督公安机关撤案比例下降 1.3 个百分点，公安机关接受监督的比例也逐渐降低。①

　　监督者每前进一步，都是对被监督者权力实实在在地限缩与约束，触及被监督者权力行使的核心利益，必然会遇到被监督者的抵触与阻力。因此，对违法立案问题被监督者能接受监督并接受刚性的监督方式是十分不易的。监督的每一小步完善都是监督与被监督双方不断博弈的结果，伴随着双方理念的转变和认识的不断提高，每一次监督进步都十分艰辛，蕴含着监督者和被监督者共同的心血与努力，是对我国法治进步的艰难推动。故对每一次法律监督的进步，立法都应及时、积极地作出肯定并吸收至法律中，以巩固、确立监督进步的成果。唯有如此，全面依法治国，建设社会主义法治国家的目标才能逐步实现。在未来国家全面依法治国的法治建设中，应当在合适的条件下，对不该立案而立案的监督予以立法确立。

　　2. 对职务犯罪案件立案监督缺乏规定

　　职务犯罪案件因缺乏直接的被害人和明显的犯罪现场，与普通案件相比，犯罪线索更易被忽视或被隐瞒，因此更需要加强对职务犯罪案件的立案监督。《刑事诉讼法》对职务犯罪案件的立案监督未予专门规定，《人民检察院刑事诉讼规则（试行）》中第 563 条进行了授权性的规定："人民检察院侦查监督部门或者公诉部门发现本院侦查部门对应当立案侦查的案件不报请立案侦查或者对不应当立案侦查的案件进行立案侦查的，应当建议侦查部门报请立案侦查或者撤销案件；建议不被采纳的，应当报请检察长决定。"但该规定过于原则，缺少具体的监督内容和监督程序，监督措施也明显偏软，仅为报请本院检察长决定，缺乏刚性的监督手段。从实践情况来看，监督效果也不乐观。2014 年检察机关在监督自侦部门立案方面，与 2013 年相比，建议立案案件数下降了 32.2%，建议撤销案件数下降了 21.8%，不仅纵向比较，监督立案和监督撤案数量都下降了较大幅度，而且意见被采纳率仅有 1/3 左右，也有所下降，说明检察机关对职务犯罪案件的立案监督十分薄弱②。

---

　　① 数据来自 2013 年和 2014 年《最高人民检察院工作报告》和《侦查监督工作年度报告（2014年）》，或由报告中相关数据计算而得。2013 年检察机关监督侦查机关立案数和撤案数分别为 29359件和 25211 件。

　　② 分析数据来自最高人民检察院侦查监督厅：《侦查监督工作年度报告（2014 年）》。

（二）审查逮捕司法化不足

逮捕是诉讼中最严厉的强制措施，会导致对犯罪嫌疑人的长时间羁押，各国对逮捕都无一例外的规定了最严格的批准程序，司法审查是各法治国家采用的普遍做法。我国逮捕也是由检察机关负责审查签发逮捕令状的。我国《刑事诉讼法》将逮捕条件细化为"一般逮捕、应当逮捕、违规转捕"三种情形，并细化了社会危险性条件，提高了可操作性。在审查逮捕程序中增加了讯问犯罪嫌疑人、询问证人等诉讼参与人、听取辩护律师意见的要求，增加了逮捕程序的诉讼性、民主性。逮捕措施经不断改进虽具有"准司法审查"的样态，也是目前我国各项强制侦查措施中最类似司法审查的一种，但由于受立法和司法实践中各种因素的影响，其与真正的司法审查还有一定距离。

我国逮捕制度存在的主要问题包括：逮捕行政化审批特征明显、司法属性不足，信息来源单向、无法兼听则明，缺少司法救济途径等，影响了审查逮捕功能的充分发挥。司法化不足是制度根源，主要表现为：一是审查书面化。逮捕的审查方式虽在不断改进，但仍以书面审查为主，案件的主要事实和证据主要来自侦查机关移送的案卷材料。根据《刑事诉讼法》第 86 条的规定，部分案件在审查逮捕时应当讯问犯罪嫌疑人，[①] 此外，对犯罪嫌疑人的讯问只能作为工作要求或倡导，并没有法律的硬性约束。另外，对证人、被害人和辩护律师意见的听取虽有法律的授权性规定，但在实践中应用较少，更没有形成侦查人员与辩护方当面对质、说明情况的审查构造。审查逮捕严重依赖于案卷材料的书面审查方式，信息仍主要来源于侦查一方，不利于对辩护方意见的考虑。二是审查封闭化。审查封闭化是与审查书面化紧密相连的。书面审查的方式使检察人员的审查封闭在侦查机关提供的书面材料上，缺乏两造对质、兼听则明的程序设置。既堵塞了辩护方提出辩护意见的通道，也不利于全面了解有利于犯罪嫌疑人的证据，不利于逮捕的客观判断。三是审查行政化。审查行政化是指我国检察机关实行的检察人员承办、部门负责人审核、检察长或检委会决定的办案方式。这种方式保障了检察权行使的集中性和统一性，但在一些司法属性明显的职能上，如逮捕，就表现出了有碍

---

① 《刑事诉讼法》第 86 条第 1 款规定，人民检察院审查批准逮捕，可以讯问犯罪嫌疑人；有下列情形之一的，应当讯问犯罪嫌疑人：（一）对是否符合逮捕条件有疑问的；（二）犯罪嫌疑人要求向检察人员当面陈述的；（三）侦查活动可能有重大违法行为的。

职能司法性运行的弊端。在司法办案亲历性、判断性、公正性以及人权保障方面呈现了制度不足。当前刚刚运行的司法责任制改革，将增强检察人员办案主体责任和去行政化作为改革目标，减少了行政审批环节，改革无疑对去行政化有所助益。但若达到逮捕真正的司法化审查，还需要完善制度构建。

在这种制度性障碍下，实践中导致了辩护律师参与意识不强、参与程度不高以及侦查人员对"逮捕必要性"重视不够等弊端，使对抗性更加薄弱。一方面，因为逮捕环节的封闭，律师很难知晓案件已经处于审查逮捕环节中，而审查逮捕期限只有 7 天，信息略有滞后就丧失了发表辩护意见的时机。加之律师在侦查阶段没有阅卷权，难以提出高质量的辩护意见，辩护意见少有被采纳的可能，致辩护律师对参与审查逮捕过程的辩护积极性不高，参与意识不强。根据调查显示，审查逮捕环节律师介入率很低，提出意见的只占同期审结人数的不足 1%。① 被告人甚至也少有在逮捕环节聘请律师的意识，律师作用的发挥受到局限。另一方面，侦查人员受"构罪即捕"传统观念的影响，尚未转变逮捕条件已变化的意识，在提请批捕时，往往只注重是否构罪的证据，而忽视对逮捕必要性的证明，甚至对逮捕必要性缺少必要的说明。而对逮捕必要性展开质证、辩论等就更缺乏现实基础。侦查环节侦查机关与辩护方诉讼地位过于悬殊，加之审查逮捕的司法化不足，这都不利于检察机关对逮捕决定作出客观准确的判断，更不利于犯罪嫌疑人的人权保障。

对逮捕制度来说，建立真正意义上的司法审查非常必要且迫切。逮捕诉讼化转型既是很多学者对逮捕制度发展方向的主张，也是检察机关逮捕制度改革的目标。2016 年 9 月 1 日最高人民检察院发布《"十三五"时期检察工作发展规划纲要》提出，"围绕审查逮捕向司法审查转型，探索建立诉讼式审查机制"。逮捕诉讼化转型，是指改变以往审查逮捕程序书面、封闭、行政化审查方式，构建一种检察官居中裁断，侦查机关、辩护律师充分参与、相互对抗的司法审查程序。② 逮捕的诉讼化转型是解决逮捕制度中存在的各种问题，完善我国审查逮捕制度的重要方向。

（三）强制性侦查措施缺乏监督

1. 强制性侦查措施概述

与《刑事诉讼法》明确界定了拘传、拘留、取保候审、监视居住、逮捕五种强制措施不同，强制性侦查这一概念并没有在《刑事诉讼法》中明确提

---

① 最高人民检察院：《检察机关贯彻执行修改后刑诉法情况的研究报告》，2014 年 10 月。

② 孙谦：《司法改革背景下逮捕的若干问题研究》，载《中国法学》2017 年第 3 期。

出，相应地，法律中也没有对其内涵和外延的具体界定。但在对侦查权的研究中，强制性侦查是一个重要的概念，其与任意侦查相对应，对于侦查行为运用与控制的研究具有重要意义。

强制性侦查是一个学理概念，学者们在学理层面对此进行的界定有，"强制性侦查行为是指采用强制性手段，对当事人的重要生活权益造成侵害的侦查行为"。① "强制侦查指为了收集或保全犯罪证据、查获犯罪嫌疑人而通过强制方法对相对人进行的侦查。"② 概念具体表述虽不完全一致，但都反映了强制侦查措施的强制性和侵权性的基本特征与内涵。与强制侦查相对，任意侦查是指不使用强制手段，不对当事人的生活权益造成侵害，而由当事人自愿配合的侦查行为，如讯问犯罪嫌疑人、询问证人等。③ 二者的区别包括：首先，是否带有强制性。强制性是强制侦查与任意侦查最核心的区别，强制侦查无论对人身自由、对财产、还是对个人隐私，都带有一定程度的强制性，无论相对人是否同意都可强制施行，如逮捕、搜查、监听等。而任意侦查则不带有对相对人的强制性，如询问证人、委托鉴定。其次，是否对相对人的重要权益造成了侵害。强制性侦查是对相对人的人身、财产、隐私等重要权利、基本人权造成了一定程度侵害，或进行强制干涉，而任意侦查则不会或很小程度地侵害当事人基本权利。最后，是否要征得相对人的同意。任意侦查需要相对人配合的，通常要征得相对人同意才能进行，如询问证人，也正因征得了相对人同意，因此不具有强制性和侵权性；而强制性侦查具有法律赋予的强制性，无需以征得相对人同意为条件，无论相对人是否同意配合都可以强制执行。

强制侦查与任意侦查的区分虽是学理意义上的，但其意义却不仅在于学理意义，而具有很强的现实意义：一是从保障人权的目的出发，侦查中能够以任意侦查实现侦查目的的则不能使用强制侦查，即"任意侦查原则"。这也是贯彻侦查中比例性原则的要求，能使用低强制度的侦查措施则不得使用高强制度的侦查措施。二是贯彻"强制侦查法定主义"的要求，即强制侦查必须由法律明确规定，没有法律明确规定的强制侦查行为不得采用。三是在适用中应当遵照"司法令状主义"原则，即有司法机关经司法审查后签发的令状为适用强制侦查措施的依据，否则不得适用。

---

① 谢佑平、万毅：《刑事侦查制度原理》，中国人民公安大学出版社 2003 年版，第 226 页。
② 孙长永：《侦查程序与人权——比较法考察》，中国方正出版社 2000 年版，第 24 页。
③ 谢佑平、万毅：《刑事侦查制度原理》，中国人民公安大学出版社 2003 年版，第 226 页

由于侦查行为数量众多，且处于不断发展变化中，加上对强制侦查和任意侦查所持理论观点有所出入，对一些交叉地带的行为产生认识分歧在所难免。如有的观点认为，秘密拍照行为并不直接对相对人进行强制，因而属于任意侦查。但有的观点认为秘密拍照属于对当事人重要权益"隐私权"的侵害，应属于强制侦查。本书为突出重点，拟仅就典型意义上的强制侦查措施进行讨论，对交叉地带、认识分歧的侦查行为暂搁置争议。仅对运行中带有强制性、对相对人的重大权益或基本人权造成侵害的侦查措施进行分类。从强制性侦查措施的客体区分，可以分为对人身的强制性侦查措施、对财物的强制性侦查措施、对隐私的强制性侦查措施三类。在我国，对人身的强制性侦查措施除拘留、逮捕、监视居住、取保候审、拘传等法律规定的五种强制措施外，还应当包括讯问犯罪嫌疑人、强制采样、通缉、测谎等措施①；对物的强制性侦查措施，包括查封、扣押、冻结、搜查、强制检查、勘验等措施；对隐私的强制性侦查措施，包括监听、监视、邮件检查、秘密侦查、网络技术侦查等措施。

2. 大量强制性侦查措施处于监督之外

对公民权利最大的威胁是国家公权力的滥用，任何不受监督制约的公权力都有滥用的可能。侦查权是公权力中最危险的权力，强制性侦查措施体现了侦查权扩张性和强制性的特点，是侦查权中强制力最高的，可能对相对人的重要权益和基本人权造成侵犯，必然应当在监督制约下运行。但我国的强制性侦查措施中，有很多仍处于监督视野之外。

对人身自由的强制措施中，法律仅对限制人身自由时间长的逮捕和指定居所监视居住措施设置了监督条款，此外则缺乏第三方的监督。拘留、据传、取保候审等强制措施只需侦查机关自我审批即可适用，并不需检察机关的审查批准。即使检察机关对上述强制措施开展事后监督，也面临着监督滞后和监督手段有限的掣肘，而导致监督效果欠佳。

除对人身自由的强制措施之外，对物的强制措施、对隐私的强制措施、

---

① 关于讯问犯罪嫌疑人是属于强制侦查措施还是任意侦查措施有不同观点。上述谢佑平、万毅教授在《刑事侦查制度原理》一书中，认为属于任意侦查措施。但笔者认为，在我国的具体司法实践中，讯问犯罪嫌疑人是融合了强制因素在内的侦查措施，我国并未确立侦查讯问中的沉默权原则，也缺乏律师在场制度保障，同步录音录像制度也刚刚起步尚难以做到全面覆盖，犯罪嫌疑人在讯问中的自愿自白不可避免地受到侦查机关的外部压力，甚至威胁、引诱、欺骗等方式在某种程度上也仍被认为是侦查策略而予以认可，因此讯问犯罪嫌疑人在我国应当被认为是一种强制侦查措施。这样界定，也有利于在讯问环节对犯罪嫌疑人人权的保障。

对基本权利的侵害程度并不亚于对人身的强制措施。如查封措施，侦查机关对涉案企业账户的查封，哪怕只持续了短暂的时间，或者是错误或过度地采取了查封措施，由此对企业停产停业造成的直接经济损失，以及涉案给企业带来的负面影响，对企业经营和企业声誉足以带来致命打击。实践中，不少企业，特别是中小民营企业因此一蹶不振，甚至就此倒闭破产。对个人财产的查封来说，超范围查封私人财产或无限期查封个人财产，不仅给当事人生活带来严重影响，也是对保护个人私有财产的宪法精神的公然违背。又如秘密侦查，通过秘密侦查手段对公民隐私权的侵犯后果更为严重。一旦对侵犯公民隐私的行为缺乏监督，将造成全社会人人自危的局面，任何人都将没有社会安全感。在这种状态下，人与人之间将缺乏基本的信任，社会生活必将陷入无序状态，社会发展也将无从谈起。之所以侵犯公民隐私的侦查行为更应当受到严格地约束，还因其行为的极端隐蔽性。如果说对人身自由的侵犯和对个人财物的侵犯，当事人作为被侵犯客体必定知晓的话，而对隐私的侵犯，由于技术侦查手段的隐蔽性，当事人本人基本无从知晓。秘密侦查措施一旦滥用，则是对人权保障的重大打击，对依法治国的严重破坏，后果不堪设想。

但上述对财产和对隐私的强制性侦查措施的监督还非常薄弱。适用时无须检察机关审批，基本以适用机关内部审批为主；适用中，也并不告知检察机关，检察机关主动监督缺乏知情渠道；对违法适用上述措施的申诉，检察机关虽被概括性地赋予了监督职能，[①] 但监督方式并未增加。监督手段非常有限，监督意见效力不高，仍以发出纠正违法通知书为主，直接变更或纠正违法行为的权力缺失，使监督效力大打折扣。造成大量强制性侦查措施实际上处于检察机关监督之外。

（四）强制措施司法审查缺位

1. 司法审查制度尚未确立

侦查程序中的司法审查制度也称令状制度，指在进行强制性处分时，关于该强制性处分是否合法，必须由法院或法官予以判断并签署令状；当执行强制处分时，原则上必须向被处分人出示该令状。[②] 有学者将令状制度的含

---

① 《刑事诉讼法》第115条新增了检察机关对查封、扣押、冻结措施的监督，增加了对羁押期限的监督，对取保候审保证金的监督等监督内容，赋予了检察机关针对财物的强制措施和对侦查羁押期限的监督权力。

② 宋英辉：《刑事审判前程序的理念与原则——兼谈我国刑事诉讼制度改革面临的课题》，载陈光中、江伟主编：《诉讼法论丛》（第5卷），法律出版社2000年版，第12~13页。

义分解为三个方面：一是侦查机关在实施重要侦查行为之前，应当向司法机关申请令状；二是司法官经审查认为侦查机关已具备实施强制侦查行为的实质依据时，有权签发令状并作出具体规定；三是除紧急情况外，侦查机关只有在获得令状具体授权的前提下，才能实施强制侦查行为。[①] 据此，侦查程序中的司法审查可以概括为，在侦查程序中，由中立的司法机关通过审查案卷、讯问（询问）当事人、听取辩护律师意见等居中审查的方式，对强制性侦查行为能否实施以及如何实施予以裁判，并签发令状，侦查机关凭司法令状予以执行，以实现对侦查行为进行监督制约的方式。司法审查是当今世界法治国家应用最广，被实践证明最为有效的侦查权制约方式。司法审查制度应用于对严厉的强制侦查措施的制约中。其意义被认为，"强制侦查的司法审查，关系国家权力尤其是国家强制权能否被制约及公民基本权利能否得到有效保障，因此其意义已经超出刑事程序领域，这一制度不仅是一种刑事诉讼制度，而且是一种宪法制度，是宪政原则的组成部分。而且就刑事程序本身观察，如果没有审前程序中对限制人身自由权、财产权等基本人权的强制措施的司法审查制度，就不可能有最终的公正审判制度"。[②]

但我国现行法律当中，除逮捕措施带有"准司法审查"性质外，虽具有检察机关审批签发逮捕令状的形式，但实则司法化严重不足，缺乏两造对质的构造和诉讼救济的制度设计，其他各项强制性侦查措施，甚至其他四种法定强制措施，都未设置司法审查，而基本呈现为行政式审批状态。对指定居所监视居住、拘留、查封、扣押、冻结款物等部分重要的侵犯基本权利的侦查措施，检察机关仅拥有事后监督权，难以对侦查权形成真正有力的监督制约。

加之我国法律规定的各项强制性侦查措施的法定适用条件过宽和批准程序过松，缺乏监督而导致强制侦查措施滥用、乱用则不难想象。适用条件上，如搜查、勘验、检查等，只要符合"为了收集犯罪证据、查获犯罪嫌疑人"的侦查目的，即可适用。即只要目的正当就符合侦查措施适用条件，对侦查机关的审批并没有设定特殊的条件。程序上，基本只需"经办案部门负责人批准"或"经县级以上公安机关负责人批准"，技术侦查措施需由"设区的市一级以上公安机关负责人批准"即可，均体现为"自批自用"的现状。我国侦查措施缺乏实质有效监督的根源就在于缺乏中立第三方的司法控制，没

---

① 参见高峰：《刑事侦查中的令状制度研究》，中国法制出版社 2008 年版，第 6~7 页。
② 龙宗智：《强制侦查司法审查制度的完善》，载《中国法学》2011 年第 6 期。

有为侦查权筑立真正有效的制度笼子。建立侦查环节的司法审查制度才是制约侦查权、防止侦查权滥用的最有效方式。

2. 强制侦查措施适用失范

我国强制性侦查措施司法审查制度的欠缺，是引发侦查环节各种问题的最主要原因，造成部分强制侦查措施适用失范。

（1）拘留时间顶格适用

根据《刑事诉讼法》第89条的规定，侦查机关可以对犯罪嫌疑人拘留3日，对"流窜作案、多次作案、结伙作案"的，报捕时间可以延长至30日，加上审查逮捕的7天，侦查机关的拘留措施最长可以羁押犯罪嫌疑人达37天。这一拘留期限成为目前世界上时间最长的拘留期限，也使这一临时性羁押措施变得不临时，与联合国刑事司法准则中"迅速带见司法官"的要求相去甚远。实践中，拘留措施缺乏司法审查的制约机制，侦查机关依仗拘留措施的自我审批规定，奉行效率至上、打击为主的侦查原则也就在所难免。往往并不考虑拘留措施适用的必要性，也不考虑是否有非羁押措施可替代适用，而是不予节制地大量运用。2013年1月至2016年9月，全国检察机关决定不批准逮捕的犯罪嫌疑人共81.9万余人，这些人在提请逮捕前，几乎全部被采取拘留措施。① 不少情况下，还擅自扩大拘留措施的适用期限，对法律规定"流窜作案、多次作案、结伙作案"曲意、扩大理解，导致拘留时间顶格适用的现象普遍，对犯罪嫌疑人人权造成侵害。

（2）指定居所监视居住措施滥用

指定居所监视居住是《刑事诉讼法》的一项重要变化，适用于危害国家安全、恐怖活动、特别重大贿赂犯罪三类案件。检察机关对"特别重大贿赂犯罪"进一步限定了适用条件，明确为：涉嫌贿赂犯罪数额在50万元以上，情节恶劣；有重大社会影响；涉及国家重大利益。但实践中，指定居所监视居住适用中存在以下问题：存在对不符合逮捕条件的犯罪嫌疑人违法适用的情况，导致指定居所监视居住功能被异化为侦破案件的侦查取证手段；存在扩大解释涉案数额50万元的现象，将不符合适用条件的案件千方百计往涉案50万的条件上靠，以扩大适用范围；存在不当指定异地侦查管辖、人为制造"无固定住所"的现象；存在只看涉案数额，不看案件情节是否恶劣而一概

---

① 不批准逮捕数字来源于《忠实履行法律赋予的侦查监督职能，努力让人民群众感受到社会公平正义》，曹建明在十二届全国人大常委会第二十四次会议上所作最高检关于加强侦查监督维护司法公正情况的报告，载《检察日报》2016年11月06日第01版。

适用的现象；存在自动扩大至不符合条件的行贿案件等关联案件的现象，等等。指定居所监视居住措施由于适用条件宽松、程序灵活，最主要是没有司法审查的制约，只需由侦查机关自行审批决定，出现上述滥用情形也就可想而知。尽管法律规定了检察机关对指定居所监视居住负有监督职责，但检察机关的监督仅限于事后监督，监督手段也只限于通知纠正、提出意见等软性手段，对职务犯罪案件而言还存在同体监督的弊端，与司法审查所构建的制约体系无法同日而语。缺乏司法审查的制约使这一措施出现刚一确立就被滥用的情况。

(3) 违法使用查封、扣押、冻结措施

查封、扣押、冻结是针对涉案财物的强制性侦查措施。由于不涉及人身自由，大多认为其没有强制措施违法的后果严重，成为更易被监督忽略的地带，因此反而容易为侦查机关随意运用财产强制措施留下隐患。而这其中的利益空间十分巨大，特别是在违法立案，插手经济纠纷的案件中，侦查机关以刑事案件侦查的名义对"犯罪嫌疑人"的个人财产、企业资金采取查封、扣押、冻结等措施，以刑事手段要挟"犯罪嫌疑人"在经济往来中进行妥协。这种做法不仅对社会经济发展造成严重伤害，也滋生了司法腐败行为。上述针对财物实施的强制性侦查措施并不需要司法机关签发令状，而是由侦查机关自身为适用主体，像扣押还往往随搜查而发生，由现场指挥人员直接行使扣押权，并没有扣押令的要求，缺乏司法权的必要制衡。

(4) 技术侦查措施存在滥用隐患

隐私权是人的重要权利，侵犯隐私权的技侦措施、秘密侦查措施由于主要依靠远程技术手段操作，难以为人发觉，很容易出现滥用、超范围使用以及泄露隐私的风险，对当事人的人权造成严重侵犯。因此世界各国对技术侦查措施都规定了比一般侦查措施更为严格的适用条件和审批程序。公民隐私权以前不为我国所重视，但随着世界人权保障理论的发展和我国人权保护水平的提升，我国也开始更加关注对隐私权的保护。将技术侦查、秘密侦查这些实践中早就开展运用的侦查措施纳入刑事诉讼的法律轨道，就是保障人权、规范侦查行为的重要体现。但法律的规定还相当原则，至今为止距技侦措施写入《刑事诉讼法》已近 5 年，尚没有关于技术侦查措施适用程序的细则出台。且法律对于技术侦查、秘密侦查的使用，仍未摆脱侦查机关自我审批的弊端，尽管审批的程序较其他措施更为严格，但仍无法避免侦查机关为了侦查便捷而滥用技侦措施的风险。秘密性、有限性是技术侦查措施的特征，但不是排斥第三方监督的理由，任何不受监督的权力都有滥用的风险，再严格的自我监督也不如他人监督更有作用。缺乏司法审查使技侦措施隐患重重，技侦措施一旦滥用将会演变成一场人人自危的社会灾难。

3. 司法审查缺位与法治理念相悖

司法审查最主要的功能是控制权力。英国法学家艾兰（Allan）在对立法控制行政权和司法控制行政权进行比较以后，认为立法与司法虽然都发挥着控制行政权力的作用，但司法控权对公民权利的保护更为有效。[①] 在监督行政活动的各种方式中，司法审查是最主要的监督方式，因为它是经常性的、局外的、有严格程序保障的、具有传统权威性的监督。[②] 它典型地反映了国家权力的分离与制约，保障人民的民主权利。缺乏侦查环节的司法审查是我国侦查监督的制度性缺陷，是导致侦查监督各方面问题最主要的症结。司法审查制度的缺失也与现代世界司法理念很不协调，也与我国依法治国、保障人权、加强法律监督的改革理念和目标方向不相一致。

一是与控审分离、权力制衡理念不符。体现为司法权制约侦查权的分权制衡思想是司法审查制度的理论基础。侦查机关在运用一项强制侦查措施的时候，必然会对公民的某项基本权利造成一定程度限制或损害，因此对侦查措施行使的是否准确、运行的是否合法、是否必要，必须加以严格制约，将这些侵害降低在最小范围内和最必要的程度内。"任何人不能成为自己案件的法官"，由第三方在双方参与的情况下作出司法裁决，将最能保证决断的客观公正，也才能对属于行政权的侦查权力形成有力制约。以侦查机关自我审批而非司法机关司法审查形式适用的侦查措施，有违了权力制衡，控申分离的理念。

二是与人权保障理念相悖。秩序和人权是诉讼的两大价值，司法审查更倾向于人权保障价值。侦查权虽属行政权性质，但并不妨碍其成为司法审查的客体。没有司法机关客观公正的裁决判断，没有对强制性侦查措施的制约机制，当事人诉讼中的合法权利将无从保证。任由侦查机关自我审查授权适用侦查措施，其将无不从有利侦查的角度出发，侦查与辩护双方将形成悬殊的诉讼地位，辩护方的权利无人保障。这与人权保障的现代刑事司法理念完全背离。

三是有违诉讼参与权、救济权的要求。侦查权的相对方享有对侦查行为的异议权，也即救济权，享有侦查行为决策中的参与权，这是现代诉讼中当

① 李娟：《行政法控权理论研究》，北京大学出版社2000年版，第74页。
② 王名扬：《美国行政法》，中国法制出版社1995年版，第567页。

事人的基本诉讼权利。只有让强制侦查措施接受司法审查，才能使这些具体行政行为具有可诉性，才能真正使当事人拥有保障自身权益的参与机会与救济途径。

因此，构建刑事侦查中的司法审查制度，是我国依法治国方略的必然要求，是构建现代法治国家不能忽略、无法回避的迫切需要。

（五）知情渠道不足使监督来源受限

侦查监督机关履行侦查监督职能应当享有知情权、质询权、纠正权，部分重要侦查措施还应拥有批准权。知情权是监督的基础，全面、及时地了解侦查权运行情况是有效开展侦查监督的前提，否则监督将如无源之水、无米之炊。但实践中，侦查监督线索大部分来源于检察机关在办理审查逮捕、审查起诉时，依靠审阅侦查机关报送的案卷材料、讯问犯罪嫌疑人或对捕后执行情况监督的方式得来，而来源于侦查部门主动报送、侦查监督部门主动获取、提前介入侦查、诉讼参与人申诉或控告、检察机关内部部门间沟通协作等途径较少，线索来源单一，渠道狭窄。检察机关由于缺乏对公安机关办理案件信息的获取渠道与工作机制，很难掌握公安机关提请逮捕、移送起诉案件之外的案件信息，难以全面获取立撤案不当、以罚代刑、适用强制措施以及强制性侦查措施违法等监督线索，致使监督效果大打折扣。

例如，发生在审查逮捕、审查起诉之前的查封、扣押、冻结或者指定居所监视居住等措施，如果侦查机关有选择的移送法律文书和材料，监督工作几乎无从下手，难以从书面审查中发现违法行为的踪迹。立案信息知情渠道不畅，使立案权存在滥用的可能，侦查机关隐瞒包庇、不破不立、违法插手经济纠纷等违法行为难以被监督；侦查活动监督信息渠道不畅，使侦查行为缺少监督，刑讯逼供、违法取证难于发现，发现违法线索难于调查取证。由于侦查权具有秘密封闭性特征和运行时追求效率的要求，这使侦查机关主观上并不希望他人知悉侦查情况，不愿主动接受监督，加之法律上也并未完全规定侦查机关采取侦查措施时应向检察机关告知、备案或报请批准等强制性要求，导致检察机关获取侦查监督线索缺乏法律支撑。

检察机关为拓宽监督渠道，近几年不断推动"行政执法与刑事司法衔接工作机制"。行政执法与刑事司法衔接是鉴于行政机关与司法机关属于不同执法领域，办案信息互不通畅，而通过构建网上信息交流的方式，实现执法信息互通共享，确保涉嫌犯罪的案件得到及时有效地移送司法机关处理的工作机制。围绕行政执法与刑事司法衔接开展了不少工作，特别是开展了多个立案监督和侦查活动监督专项活动，对强化案件信息共享起到了一定作用。

如最高人民检察院 2013 年开展的 "危害民生刑事犯罪专项立案监督活动"，2014 年、2015 年开展的 "破坏环境资源犯罪专项立案监督活动" 和 "危害食品药品安全犯罪专项立案监督活动"。① 专项活动虽有所成效，但这些通过专项活动推动的侦查监督方式普遍带有临时性、偶然性的特点，并未形成长期稳定的监督制度。侦查监督依靠运动式的专项行动只能解决特殊类型案件的知情不畅问题，而侦查监督应当探索更长久和可持续的制度建设来实现长久推动。而且监督行政执法机关移送的涉罪案件在数量上并非立案监督的主体，仅占立案监督案件的约 1/3 左右，大部分还是对公安机关办理案件的监督信息知情问题。因此畅通检察机关掌握监督信息渠道是侦查监督的当务之急，也是困扰侦查监督的瓶颈。

（六）监督滞后与手段乏力制约监督效果

1. 监督时间滞后

从监督方式上分类，监督可以分为事前监督、事中监督与事后监督，每种方式各有特点和优劣。事前监督是授权式监督，未经授权（签发令状）不能采取，可以避免侦查措施的不当适用。但事前监督会导致侦查权运行效率降低，提升司法成本。事中监督也称同步监督，是在侦查行为运行的同时予以监督，优点是可以及时指出被监督行为存在的问题，但不足是适用有限制，侦查行为因具有秘密性、迅速性的特点，客观上并非都能够同步监督。事后监督是在侦查权行使完毕后报告监督机关，由监督机关事后审查侦查行为适用的是否正确合理。这种监督方式不妨碍侦查权的行使，也不影响侦查权的运行效率，但由于只能对违法行为进行事后处罚，并不能阻止违法行为的发生。且事后监督依赖于对侦查措施信息的获取程度和法律赋予的监督手段的力度。因为侦查行为已经发生，如果知情渠道不畅，则难以获得监督信息，如果制裁手段乏力，则很难达到监督效果。但遗憾的是，我国目前对侦查行为的事后监督正遭遇着监督渠道不畅和监督手段单一乏力的困境，监督质量不高、监督实效不明显等问题长期存在。纠正违法取证、排除非法证据、监督侦查措施不当适用等重要违法行为所占比例较低，侦查违法行为屡纠屡犯的情况仍然存在，监督质量与监督实效均有待提高。我国除审查逮捕是事前授予令状外，其他绝大部分侦查监督方式都采用的事后监督。获取侦查违法

---

① 见《关于印发〈全国检察机关开展 "破坏环境资源犯罪专项立案监督活动" 和 "危害食品药品安全犯罪专项立案监督活动" 的工作方案〉的通知》，高检侦监发〔2015〕2 号。2009 年 12 月 29 日，最高人民检察院发布了《关于进一步加强对诉讼活动法律监督工作的意见》。

等监督信息主要通过审查案卷发现和当事人的控告申诉等，知情渠道不足；监督手段也以提出不具强制力的检察建议方式为主，较为乏力。根据侦查行为的特点，虽然不需要对全部侦查行为都进行事前监督或同步监督，但对于强制程度高的强制性侦查措施由事后审查变为事前审批是非常必要的，这也符合司法审查和监督比例原则。具体说来，就是扩大司法审查的范围，将目前以事后监督为主的监视居住、查封、扣押、冻结、监听等强制性侦查措施和基本游离在监督之外的取保候审、拘留等侦查措施变为事前审批，制约强制性侦查措施的适用。

2. 监督手段乏力

检察机关所提的监督建议如果被侦查机关采纳并对违法侦查行为予以纠正，则达到监督目的，如果被侦查机关抵制，则应当有更刚性的监督手段保障监督落实或者享有进一步的监督措施，否则监督目的无法实现，监督便会失效。但目前检察机关除了可以签发逮捕令状外，其他监督方式基本限于口头提出纠正违法意见和发出纠正违法通知书（书面提出纠正意见）两种，类型单一，制裁乏力。违法侦查行为是否能够得到纠正要根据侦查机关自身重视程度而定。以立案监督为例，立法在立案监督监督手段上沿袭了侦查监督结构性缺失的弊端，只赋予了对该立不立案件的监督手段，即质询和通知纠正，并作出"公安机关接到通知后应当立案"的强制规定。但对违法立案的案件，检察机关进行质询和纠正后，只能等待公安机关自己的调查核实结果，若公安机关置之不理、不予纠正，则只能报上级检察院与公安机关协商处理。即是说，监督意见的落实仍然要依靠公安机关的自觉接受，而检察机关没有任何法定手段可以略施刚性，只能回归到"协商"这种带有明显人治色彩的方式上去。监督违法立案的这种无力状况可以视作对侦查行为监督的一个缩影。

监督阶段的滞后性与监督手段的匮乏性，是对我国侦查监督中调查权与纠正权现状的概括描述。侦查监督的滞后合并知情渠道受限和监督手段匮乏，使侦查监督难上加难，客观上难以对侦查权形成有效制约。存在监督立案后立而不侦、侦而不结，提出纠正违法后纠而不改、屡纠屡犯的现象，监督工作流于形式、刚性不足。侦查监督也是检察机关法律监督的一个缩影。

（七）侦查讯问监督差距明显

讯问在押的犯罪嫌疑人在有些国家看来属于强制侦查还是任意侦查在理

论上尚存争议，① 但在我国，讯问犯罪嫌疑人应当被认为是一项强制性侦查措施。虽然其在强制程度上不如强制措施高，但其适用时并无须犯罪嫌疑人本人同意，且法律还要求犯罪嫌疑人应当如实供述，坦白从宽，使讯问带有不容抗拒的强制性。之所以将讯问措施单独列出，是因讯问在我国侦查措施中的极端重要性。作为获取证据方式之一的讯问措施比其他侦查措施更受关注：一是源于"口供"目前仍是刑事案件定案最重要的证据，其重要性无其他能及；二是因为讯问过程秘密封闭，最易产生刑讯逼供等非法讯问情形，是造成冤假错案的根源。我国对讯问措施的监督状况可以用"进步较大，差距明显"来概括。

讯问环节在侦查中具有非常重要的地位，也因其秘密封闭的特征，成为刑讯逼供，产生冤假错案的源头。为遏制刑讯逼供，防范冤假错案，几轮司法改革和《刑事诉讼法》修改对讯问环节格外关注。"进步较大"是与我国以往法律规定基本空白的状况相比而言的。《刑事诉讼法》对侦查讯问活动设置了一系列制度予以严格约束，很多还具有标志性意义。一是在法律层面正式确立了非法证据排除规则。非法证据排除规则通过否定非法证据效力的方式，遏制侦查人员非法取证的动力，以减少刑讯逼供的出现。这也是当今各国普遍采用且被证明最为有效的遏制刑讯逼供的方式之一。我国从 2010 年的"两个证据规定"到 2013 年的《刑事诉讼法》，正式确立了我国的"非法证据排除规则"，为司法机关排除非法证据确立了法律依据和操作规则，这对遏制刑讯逼供具有划时代的意义。二是确立了侦查讯问同步录音录像制度。讯问同步录音录像是借助科技手段对讯问过程进行监督，为侦查监督拓宽了监督途径，也为检察机关在法庭上履行证明责任提供了必要手段。《刑事诉讼法》第 121 条规定了对可能判处无期徒刑、死刑的案件或者其他重大犯罪案件，应当对讯问过程进行同步录音录像，加上检察机关自身对办理职务犯罪案件要求必须进行同步录音录像的规定②，目前共有三类案件必须进行同步录音录像。三是规范了讯问场所。《刑事诉讼法》第 116 条第 2 款规定："犯罪嫌疑人被送交看守所羁押以后，侦查人员对其进行讯问，应当在看守

---

① 　[日] 田口守一：《刑事诉讼法》，张凌、于秀峰译，中国政法大学出版社 2010 年版，第 33 页。

② 　2005 年 12 月 15 日，最高人民检察院发布的《人民检察院讯问职务犯罪嫌疑人实行全程同步录音录像的规定（试行）》，规定人民检察院办理直接受理侦查的职务犯罪案件，每次讯问犯罪嫌疑人时都应当进行同步录音录像；2014 年 5 月 26 日修订印发的《人民检察院讯问职务犯罪嫌疑人实行全程同步录音录像的规定》延续了这一规定。

所内进行。"结合拘留、逮捕后应当于 24 小时以内送看守所羁押的规定，犯罪嫌疑人在被羁押的 24 小时内就必须送往看守所。由于看守所具备较完备、规范的讯问场所，并配有入所体检、同步录音录像等规定，从时空上一定程度阻断了讯问环节进行刑讯逼供的可能。上述三项措施为讯问活动合法进行提供了制度保障，相对我国以往对讯问活动的监督空白来说是一次巨大飞跃。

监督讯问过程，防止刑讯逼供，立法上的努力不可否认，也取得了一定效果，传统的采取殴打、违法使用戒具等暴力方法或者变相肉刑的刑讯行为，实践中已经大量减少。但讯问活动在我国传统的"口供中心主义""口供乃证据之王""口供是定案的主要依据"等传统观念和实践惯性的影响下，仍然没有摆脱秘密封闭、难于监督的状况，新确立的各项制度规则也遭遇了不少实践障碍。

1. 非法证据排除认知争议较多，调查核实困难

一方面，非法证据排除规则认知争议较多。随着规范司法行为的推进和法律规定的愈加严格，实践中，传统意义上殴打、肉刑等暴力造成犯罪嫌疑人身体伤害的典型刑讯行为已大量减少，取而代之的是冻、饿、晒、烤、疲劳审讯等新型违法手段的增长。这些讯问方式对犯罪嫌疑人意志造成极大伤害，产生极大痛苦而导致违背意愿供述，但却很难留下伤痕证据，强迫手段更为隐蔽。且因手段施行程度不同也处在违法与否的难于界清的边缘。这些非典型的迫使当事人违背意愿进行供述的手段是否属于刑讯逼供，所获的口供应否被排除；威胁、引诱、欺骗等方法与侦查谋略如何区分，曾争议不断。2017 年 11 月 27 日，最高人民法院出台了《人民法院办理刑事案件排除非法证据规程（试行）》，对上述非典型刑讯给出了官方的明确意见。上述《规程》第 1 条规定，采用变相肉刑、采用以暴力或者严重损害本人及其近亲属合法权益等进行威胁的方法，使被告人遭受难以忍受的痛苦而违背意愿作出的供述，属于非法证据，应予排除。即采用变相肉刑和威胁的方法需要达到使被告人难以忍受而违背意愿的程度，可以排除。刚刚出台的规范性文件对困惑实践已久的"非法证据"范围问题给予了一定程度的回应和释疑。但非法证据与瑕疵证据如何界定，重复自白、自书材料能否认定等，理论争议尚存。实践中对"非法证据"把握不一，存在"排除过严"案件难以侦破和"排除过宽"放纵违法行为两种倾向。

另一方面，检察机关调查核实非法证据困难多。一是调查核实手段途径少。检察机关在审查逮捕和审查起诉过程中，应当对证据合法性进行审查，对存在非法证据可能的，需要调查核实。由于侦查过程封闭进行，检察机关

主要以"审查案卷而非案件"的间接式、被动性方式进行，书面审查的方式很难发现侦查活动中的非法取证行为。检察机关在核实犯罪嫌疑人、被告人提出的违法取证线索时，常常遇到侦查机关以"一纸说明"自证合法的情况。在调取看守所健康记录等材料时，也存在个别看守所以各种理由不愿提供的情况。二是调查核实非法证据与办案期限矛盾突出。《刑事诉讼法》赋予了检察机关调查核实非法证据的职责，却没有专门赋予检察机关调查核实非法证据的时间。检察机关只是在审查逮捕或审查起诉的办案期限内挤出时间进行调查。往往时间仓促，相关部门难以在规定时间内提供证据，调查难以深入，导致庭审中检察机关履行证明责任、支持公诉效果不佳，监督效果也难以保证。三是逮捕环节排除非法证据积极性不高。在逮捕环节排除非法证据，具有距离违法侦查行为时间近、违法取证据好取得等优势，是调查和排除非法证据的最好时机，逮捕环节本该发挥重大作用。但囿于调查违法行为时间的紧迫性和调查核实难度大、排除非法证据困难多等原因，加之有的审查逮捕检察官认为后面还有公诉环节能够弥补等惰性观念，实践中，逮捕阶段排除非法证据的数量并不多。2013 年至 2014 年，全国因排除非法证据而证据不足不捕、不诉共 1285 人，[①] 占不逮捕、不起诉总人数的 0.2%。2014 年，检察机关排除非法证据后不捕 406 人，占不逮捕总人数的 0.19%，排除非法证据的案件数量还非常少。

2. 同步录音录像操作不规范，影响监督效果

在讯问犯罪嫌疑人同步录音录像制度的落实中，由于部分侦查人员受传统封闭办案思维、口供至上和落后侦查习惯的长期影响，存在畏难情绪和操作不合法的行为，削弱了该制度的实施效果。一是存在录制不全程、不同步，选择性录制、"先审后录"等现象。"全程同步录音录像"是指，侦查机关在讯问犯罪嫌疑人时，应当对每一次讯问的全过程实施不间断的录音、录像。实践中，录制不能全程、同步，甚至有选择地进行录制等情况时有发生。还不乏事先"制服"犯罪嫌疑人后再进入讯问室接受讯问和录音录像的情况，规避了同步录音录像对讯问活动的监督制约。二是存在审录人员不分、录制效果差、录音录像资料保管不规范等问题。上述问题看似只是操作不规范的问题，但不规范的操作却造成审查逮捕、审查起诉中，为证明证据合法性而调取同步录音录像对讯问进行核实、印证时，出现声音不清晰、图像不稳定、缺少设备显示等问题。甚至有的只有图像没有声音，有的摄像角度刚好遮挡

---

① 孙谦：《关于修改后刑事诉讼法执行情况的若干思考》，载《人民检察》2015 年第 7 期。

了脸部，等等。而难以用录音录像来确认讯问笔录的真实性与合法性，严重影响了讯问同步录音录像作用的发挥。三是对同步录音录像性质认识不清，不会审查运用的情况不在少数。有的检察人员在录音录像中录制的内容与讯问笔录中记录的内容不一致时，不知该采用哪个排除哪个；有的检察人员面对长达十余小时甚至数十小时的同步录音录像时，不知该如何有效、高效、科学的审查；有的又过于依赖同步录音录像，想当然地认为同步录音录像更全面准确，而忽视对其他证据的综合审查。

3. 诉讼权利保障有限

若说刑事诉讼是国家权力与公民权利冲突碰撞最为激烈的领域，那侦查环节则是刑事诉讼中国家权力与公民权利冲突碰撞的"主战场"，而侦查讯问则是侦查环节中二者矛盾最突出，对立最尖锐的交锋阶段。我国《刑事诉讼法》虽然进步性地确立了"不得强迫自证其罪"原则，但并未对落实该原则配套性的规定"自白自愿"等制度予以保障，而相反地仍保留规定了犯罪嫌疑人应当"如实供述"的义务。立法的这一矛盾规定，大大地削弱了"不得强迫自证其罪"原则的确立意义。过于关注案件实体真实的实现而忽视人权保障的思维惯性仍未根本改变。在这样的思维惯性和理念惯性下，必然出现有法律硬性要求的地方曲意理解，打折落实，没有硬性要求的地方更不会主动从人权保障出发，保障犯罪嫌疑人合法诉讼权利。因此，犯罪嫌疑人的诉讼权利落实非常困难，辩护律师几乎被挡在讯问活动之外，在讯问环节没有任何作为的可能。检察机关对侦查讯问活动的监督缺乏介入途径，还停留在审查讯问笔录的事后监督上，难于发现讯问违法问题，也难于对非法讯问指控证明。同步录音录像制度除了在落实中存在上述问题以外，实践中，还有大量除了法律规定的三类应当同步录音录像的案件以外的案件，讯问活动仍是在侦查机关主导的自我封闭的环境下开展的，没有同步录音录像，也没有辩护律师在场，讯问过程仍然处于高度封闭的状态。而这些"三类案件以外的"案件才是实践中刑事案件的主体部分。

讯问活动之所以难于监督，与其仍保持着高度秘密性和封闭性有着直接关系。讯问中，没有任何第三方人员在场，侦查方与犯罪嫌疑人地位悬殊。而对这一秘密封闭的讯问过程，事后监督也不得不陷入难以发现监督线索、对监督线索难以调查核实、调查核实难以摆脱依赖侦查机关配合等困境。对讯问过程监督的困难加之口供对定案的重要影响，导致讯问中的刑讯逼供、违法取证成为侦查活动违法的重灾区，也是造成冤假错案的最主要原因。立法增加的同步录音录像制度和非法证据排除规则确实是解决这一困扰的良策，但制度运行仍未达到预想效果。因此，解决制度运行中的各种制约因素，进一步增加讯问过程的透明度，打破讯问环节的封闭性，加强辩护方的权利保障，加大监督制度落实和监督手段完善，是强化对讯问活动的监督制约，彻底解决刑讯逼供、防止冤假错案的有效路径。

（八）未决羁押监督刚刚起步

羁押是限制人身自由的一种关押状态，对已被法院判处刑罚的人予以关押称为已决羁押，未决羁押指对尚未被法院判决确定有罪的人被剥夺人身自由后所持续的一种状态。[①] 未决羁押起始于侦查，是为保障刑事诉讼顺利进行而采取的强制措施，是在国家实现刑罚权和无罪推定之间的平衡，因此各国对未决羁押都非常慎重。英国、德国等西方国家中，未决羁押是与逮捕相分离的一种独立的强制措施，而我国则体现为"捕押不分"的状况。在我国，羁押是逮捕或拘留措施产生的自然结果，羁押状态并没有一个独立的期间，而是跟随逮捕或拘留时间的长短而定，自进入审查起诉阶段后，就跟随办案期限而定，形成了"羁押期限与办案期限合二为一"的特点。[②] 在较长的羁押期间里，对犯罪嫌疑人的羁押是否正确、案情是否出现变化而不再需要继续羁押等无人问津。"延长侦查羁押期限"的审查在实践中也基本只作出形式审查，出于对侦查的配合很少有不批准延长侦查羁押期限的情况。再加上有些办案部门无视办案期限，超期办案，造成判决前超期羁押、久押不决等状况并不鲜见。2013 年最高人民检察院开展的清理久押不决案件专项行动显示，我国 2013 年核查出的羁押 3 年以上未结案的有 4459 人。[③] 我国实际上呈现出的是"一押到底"的羁押现状。羁押中的这些问题由来已久，相应制度的缺失是产生根源。

为解决这些问题，借鉴德国的羁押复审制度、韩国的羁押撤销制度等，我国在 2012 年修改《刑事诉讼法》时增加了第 93 条，羁押必要性审查条款。该条规定："犯罪嫌疑人、被告人被逮捕后，人民检察院仍应当对羁押的必要性进行审查。对不需要继续羁押的，应当建议予以释放或者变更强制措施。有关机关应当在十日以内将处理情况通知人民检察院。"这是我国首次对未决羁押设立监督条文，是侦查监督范围的重大完善。

---

①　万春、刘辰：《羁押必要性审查制度的思考》，载《人民检察》2012 年第 16 期。
②　万春、刘辰：《羁押必要性审查制度的思考》，载《人民检察》2012 年第 16 期。
③　参见《忠实履行法律赋予的侦查监督职能，努力让人民群众感受到社会公平正义》，曹建明在十二届全国人大常委会第二十四次会议上所作最高检关于加强侦查监督维护司法公正情况的报告，载《检察日报》2016 年 11 月 06 日，第 01 版。

由于这项监督职责起步晚，仍处于探索阶段，不免还有诸多待完善之处。检察机关根据法律的授权，通过司法解释和内部文件等形式，对羁押必要性审查的启动方式、启动时间、认定标准、审查手段、建议程序等基本程序进行了细化。① 尽管如此，制度设计仍存在不足，制度功效也未完全显现。2013 年至 2014 年，经羁押必要性审查建议解除羁押 5.7 万人，② 占同期逮捕总人数的不足 3%，比例较低。制度运行中还存在对羁押必要性审查属性、任务、方式的认识分歧，审查周期难以把握，部门间配合不畅，办案部门对建议有抵触情绪等问题。这些尚属工作层面和操作层面的问题，经一定时期磨合可以予以解决。但更深层次的问题在于，检察机关对未决羁押的监督权仅具有不具强制约束力的建议性质，缺乏调查的手段性和纠正的权威性。西方国家，如德国的羁押复审制度，是由羁押法官经复审后最终作出决定的。《德国刑事诉讼法》规定，被羁押人可以向羁押法官提出羁押审查之申请，羁押法官应对是否解除羁押进行审理，如果被羁押人在羁押 3 个月时仍未提出申请，也未聘请辩护人，则羁押法官应主动依职权进行审查。③ 又如《韩国刑事诉讼法》规定，羁押后，发现没有羁押事由或羁押事由消灭时，法院应依职权或根据控辩方的请求，决定撤销羁押。④ 可见，对羁押进行审查的司法官员都有最终决定是否撤销羁押的权力。羁押必要性审查是对羁押状态的监督，这种监督影响着犯罪嫌疑人在被判决有罪前的人身自由和社会名誉，应当秉持极其审慎之心态，因此羁押必要性审查是人权保障的必然之举。又因审判前的侦查期间，案件进展和证据情况随时可能发生变化，犯罪嫌疑人的羁押状态需要随之进行重新评估，因此羁押必要性审查对及时性要求较高。故将羁押必要性审查仅设计为监督机关享有建议权是难以满足对审前羁押监督的上述需求的，也使监督效果大打折扣。除对羁押必要性审查制度进一步规范，使其更具常态操作的可行性外，从立法层面，将羁押必要性审查刚性化是制度的基本需求。同时，将延长侦查羁押期限审查实质化也是羁押必要性审查的重要制度依托。

---

① 参见《人民检察院刑事诉讼规则（试行）》第 616 条至 622 条，和《人民检察院办理羁押必要性审查案件规定（试行）》（2016 年 1 月发布）。

② 孙谦：《关于修改后刑事诉讼法执行情况的若干思考》，载《人民检察》2015 年第 7 期。

③ ［德］克劳斯·罗科信：《刑事诉讼法（第 24 版）》，吴丽琪译，法律出版社 2003 年版，第 299~300 页。

④ 马相哲译：《韩国刑事诉讼法》，中国政法大学出版社 2004 年版，第 30 页。

（九）权利监督困难重重

检察机关的侦查监督是权力机关对侦查活动的监督，属于权力监督性质。除此之外，当事人一方行使诉讼权利对侦查活动的监督是另一重要的监督渠道，属权利监督性质。基于无罪推定、人权保障原则，以及辩方与侦查权平等对抗等诉讼原理，赋予犯罪嫌疑人及其近亲属和辩护律师通过行使诉讼权利的方式对侦查权形成监督制约，是各国的普遍做法。一般包括赋予犯罪嫌疑人不得强迫自证其罪的权利、沉默权、诉讼程序参与权、知悉权、获得有效辩护权、申请异议权、诉讼救济权、合比例适用强制侦查措施，等等。赋予被告方的辩护律师以会见权、阅卷权、调查取证权、讯问在场权等辩护权利。"权利监督"与"权力监督"从两个不同方向，共同构成了对侦查权监督制约的重要途径。

在越来越关注人权保障的现代法治国家中，对诉讼当事人权利的广泛赋予和有效保障是制衡侦查权力、保障人权的重要途径。我国在《刑事诉讼法》的修改中，在犯罪嫌疑人诉讼权利的赋予和辩护律师执业权利的保障方面不断进步：将保障人权原则写入《刑事诉讼法》；确立了犯罪嫌疑人"不得自证其罪"原则和非法证据排除规则；在侦查阶段扩大了法律援助范围；律师行使辩护权提前到了侦查阶段，并对律师会见权、阅卷权等执业权利予以强化和完善；建立了律师履职受阻时向检察机关控告或申诉的救济制度等，权利监督在法律层面有了较大程度的提升。但仍然要看到，我国人权保障、权利保护起步较晚，立法司法中观念转变较慢，与保障程度较高的国家相比仍存在着明显不足。

1. 权利监督、救济途径缺乏

法谚曰："无救济即无权利。"虽然公民个人的权利监督与检察机关的权力监督相比弱小而单薄，但因为侦查权侵犯的是当事人的切身利益，其本人最具有监督的积极性和动力。当事人也是侦查行为的相对方、当事者，最清楚侦查权的行使情况，进行监督更具有准确性。因此，当事人的权利监督是检察机关权力监督的重要来源和补充，是不可忽视的监督力量。《刑事诉讼法》对当事人诉讼权利进行了完善，包括：增加了第93条，犯罪嫌疑人、被告人捕后可以要求进行羁押必要性审查；增加了第95条，犯罪嫌疑人、被告人"有权申请变更强制措施"；增加了第97条，规定了犯罪嫌疑人、被告人"对强制措施法定期限届满的，有权要求解除强制措施"；增加了第115条，对部分侦查措施违法的控告、申诉权利。法律通过增加多个条款，对强制措施的适用赋予了犯罪嫌疑人、被告人一定的救济权利，其可以申请对强制措施予以变更、要求解除、重新审查，使犯罪嫌疑人、被告人诉讼权利的保障有了法律依据。

但这种权利救济并不彻底，行使起来也困难重重，如"不得强迫自证其罪"权利虽予确立，但由于缺乏沉默权的配合，且还冲突性地要求犯罪嫌疑人"如实供述"，实质上导致这一重要讯问原则被架空，意义明显削弱。例如，犯罪嫌疑人的知悉权和获得有效辩护权，大多情况是通过辩护律师的有效辩护进行保障的，而辩护律师在侦查阶段介入非常有限，故上述权利的实现难以保障。又如，诉讼程序参与权与合比例适用强制措施的权利，各国都是通过对强制性侦查措施的司法审查予以实现的，但我国目前尚未建立真正的司法审查，导致上述权利的保障大打折扣。

究其原因，首先，权利救济范围较窄。现有的救济范围基本局限于对强制措施和查封、扣押、冻结措施的救济，而对此外的其他强制性侦查措施则缺少救济途径。其次，权利救济是"复议式"而非"诉讼式"。当事人的救济方式是向采取强制措施的机关申请重新审查，而非由中立的司法人员以居中裁判的方式作出司法裁决。即使少数情况可以申请由检察机关进行审查，也仍然没有改变检察机关单方书面审查的方式和无法最终裁定的状况。我国强制侦查行为不可诉，只能以申请变更、要求解除等方式寻求救济。这严重制约了对当事人诉讼权利的救济，在侦查环节建立司法审查的基础上，应建立强制侦查措施的司法救济途径。最后，救济程序粗疏。《刑事诉讼法》中关于权利监督与权利救济的几个条款只是授权性、原则性的规定，并没有设计具体的监督救济程序，相关司法解释规定的也比较原则，故当事人的诉讼权利难有实现的途径，或申请救济被重视和采纳的比例较低。

2. 律师作用难以充分发挥

《刑事诉讼法》修改对律师辩护权进行了重大调整。确立了律师在侦查阶段的辩护人地位，使辩护律师正式进入诉讼、行使辩护权的时间提前到了侦查阶段；除三类特殊案件外，明确规定律师会见、阅卷无障碍，对律师执业中的会见难、阅卷难问题直接予以解决；法律援助提前至侦查阶段并扩大了援助范围；建立了律师履行职责受阻时向检察机关控告或者申诉的救济制度等。《刑事诉讼法》对辩护律师执业权利的完善和保障进步显著，有目共睹。

法律完善后，律师执业中传统"三难"问题基本得到解决，但律师执业并非一帆风顺，特别是在侦查环节，有些问题仍然存在甚至凸显。一是审查逮捕阶段律师介入有限。侦查机关由于存在对犯罪嫌疑人翻供的担心，并不主动告知辩护律师犯罪嫌疑人已被报请逮捕的情况，导致律师不能及时知晓案件所处的诉讼环节，更无法在诉讼阶段变更后及时履行辩护职责。特别是审查逮捕阶段，因法定期限时间短，律师稍迟延得知报捕信息或路途距离较远的，就会错过在审查逮捕期间发表辩护意见的机会。造成审查逮捕中辩护方意见难以表达，检察人员兼听则明不够，审查环节对抗性不足，不利于审查逮捕时客观准确地判断。2014年，检察机关审查逮捕环节律师提出辩护意见的只占同期审结人数的不足1%。① 二是辩护意见有效性不足。"有效辩护"原则不仅要求犯罪嫌疑人、被告人充分享有辩护权，还要求辩护律师应具备履职的能力并提供有效的辩护。国家对律师执业权利的充分保障是其有效辩护的前提条件。目前侦查阶段律师辩护呈现"三低"特点：律师提供法律服务的比例低、发表辩护意见的比例低、发表意见被采纳的比例低。这一方面是由于侦查机关对辩护律师履行辩护职责的保障不尽如人意。部分侦查人员对辩护律师仍有抵触思想和对立情绪，出于对犯罪嫌疑人翻供的担心，对律师执业权利行使设置各种障碍，对律师意见不反馈、不说明，致部分律师对提出辩护意见缺乏积极性。另一方面，辩护方和律师对侦查阶段的辩护重视不够。犯罪嫌疑人在侦查阶段聘请律师的比例低，律师本人则更愿意在法庭上发表辩护意见。三是出现了职务犯罪案件侦查期间律师介入不充分，贿赂案件会见难问题。② 部分职务犯罪侦查部门滥用对"特别重大贿赂犯罪案件"会见权的限制，扩大理解《人民检察院刑事诉讼规则（试行）》中对"特别重大贿赂犯罪案件"的"涉嫌犯罪数额在五十万以上"的适用条件。③ 对不符合涉案数额在50万以上的案件，千方百计往50万的要求上靠，导致会见许可权被无端扩大。

侦查阶段是防止刑讯逼供、防范冤假错案的重要阶段，理应对诉讼各方，特别是辩护方意见加以重视。但目前，侦查机关主观不愿辩护方行使权利，客观制造各种行使障碍；犯罪嫌疑人地位过低、知情受限、诉讼手段不足、权利保障薄弱，处于有心无力的状况；辩护律师则认为侦查阶段障碍多，行使权利难度大，没有法庭上辩护影响力大等，各种主客观因素造成侦查阶段辩护权行使不充分，权利监督乏力。

---

① 数据来源于最高人民检察院：《检察机关贯彻执行修改后刑诉法情况的研究报告》（2014年10月）。

② 孙谦：《关于修改后刑事诉讼法执行情况的若干思考》，载《人民检察》2015年第7期。

③ 《人民检察院刑事诉讼规则（试行）》第45条。

（十）小结

我国当前侦查监督存在的问题可以概括为选择性监督、滞后监督、软性监督、零散监督。

选择性监督是针对侦查监督范围而言，由于监督信息知情渠道不畅，造成建立在部分知情下的侦查监督只能是选择性的，这是被动的选择；而侦查监督体系不健全使监督人员主观上缺乏全面而宏观的监督视野，什么属于监督范围，什么不在监督范围，不甚清晰，重点不准，这是主动的选择，如在侦查活动监督中，鉴于对非法证据的审查排除难度大，这一影响案件事实认定的重要内容尚未成为司法实践中的侦查监督重心。而受考核评比的影响，对文书瑕疵等较易监督又体现监督"成绩"的侦查瑕疵的监督成为实践热衷的方面。选择性监督的另一面就是监督缺位，缺乏体系性的监督布局和统筹，必然对某些该监督的侦查活动有所遗漏和缺位。

滞后监督是针对监督时间而言。总体上，我国实践中侦查监督的同步性、事前性不强，事前授权性监督只有逮捕措施的运用，此外皆是事后监督，不可避免地存在一定滞后性。增加事前授权性强制措施的运用，即增加司法审查强制措施的种类，以及增强事中的监督引导，即完善检察机关介入侦查方式，都是解决侦查监督滞后性问题的有效举措。

软性监督是针对监督手段而言。监督手段偏软偏弱，监督力度不足，监督机关的监督措施往往要转化为侦查机关的自觉接受才能产生实际效果，而法律上缺乏赋予监督机关能直接产生实质监督效果的监督手段，这是监督偏软偏弱的主要原因。再加之监督机关的实际地位低于被监督机关，畏难思想、不敢监督的主观心理使监督更加难以强硬。

零散监督是对侦查监督实践状况的概括评价。侦查监督体系性差，监督重点因工作重心和社会热点的变化而变化，长期性、制度性缺乏，顾此失彼，甚至顾及不暇，如对立案活动是否合法而进行的立案监督，基本依靠各类专项活动集中打击某一类型的刑事立案问题进行推动，造成对专项之外其他案件立案问题的忽视，即是监督制度性不足的表现。

二、侦查监督问题原因剖析

在对侦查监督问题检视过程中，相关问题的直接原因已经自然地引出了分析。挖掘产生问题的根源，剖析表象原因背后的深层次原因，对直接原因进行归类和升华，既是研究过程的不断深化，也是合理完善、对策构建的必然要求。

（一）理念原因——法治理念滞后、监督理念偏颇

法治理念是指导我国法治国家建设、司法体制机制改革、实现依法治国的指导思想。"没有正确的理念，好的法律也会被曲意执行，而正确理念下，则可以完善矫正法律的不足，可以充分彰显法律的内在精神与价值。"① 反思司法人员在法律执行中出现的怠于执行法律、曲意理解法律、扩大解释法律、违法滥用法律等种种问题，反映出的核心问题是我们一部分执法者，并未真正懂得自己在国家社会生活中的定位、责任和使命，没有树立真正的法治信仰和先进的法治理念，作用于人的理念原因是最根源的原因。

"权利保障、正当程序、证据裁判、法律监督"等理念，是被当代世界法治国家普遍认可的先进诉讼理念，是诉讼制度发展至今经不断洗礼后的法治精华。但我国司法人员在对上述理念的树立中，尚未完全从内心真正接受和理解。有的仅仅停留在表面的宣讲而不能切实贯彻于具体办案中，有的还保有着对传统执法观念的惯性习惯，有的则为追求破案成果而对现状妥协，无暇顾及。"理念，不只是口号，需要变成自己内心深处的真实想法才有用。"② 这些法治理念不能仅仅作为标签，出现在会议讲话和法学文章中，而应切实转化为引领司法工作、提升司法品质的内在动力。唯有如此，我们才能在法律规定不明确时，依照立法精神和法律原则执法办案，才能遵循诉讼规律理解运用法律，才能杜绝变通执法、选择性执法等违法现象。

就侦查监督而言，司法实践中，一是普遍存在着"重配合轻制约""重打击轻保护""重实体轻程序"等落后的执法观念。有的司法人员将犯罪嫌疑人、被告人、辩护律师视为对立面，公、检、法机关"齐心协力"惩治被告人的落后执法观仍然大量存在。当侦查活动的监督者与被监督者都站到了"打击犯罪"的同一方时，检察人员对侦查活动的监督必然是睁一只眼闭一只眼，对人权保障也肯定是能退则退，能缓则缓。二是有的检察人员存在"监督无用论"和"监督庸俗化"等偏颇的监督思想。有的认为检察机关的监督手段偏软偏弱，提的监督意见没有刚性约束力，作用不大，还容易招致侦查机关反感，影响工作配合，即产生了"监督无用论"的思想。有的则认为，绩效考核项目里要求什么就监督什么，考核指标之外的违法行为则视而不见，考核项目中哪项加分多就监督哪项，甚至不惜弄虚作假，使侦查监督

---

① 孙谦：《全面依法治国背景下的刑事公诉》，载《法学研究》2017年第3期。
② 张明楷：《网络时代的刑法理念——以刑法的谦抑性为中心》，载《人民检察》2014年第9期。

变成了应对业绩考核的工具，存在"监督庸俗化"的思想。

尽管我们也客观认识到，我国封建社会人治历史悠久漫长，导致我国的法治土壤、法治环境仍相当脆弱。而树立法治信仰是个复杂持久的过程，树立先进的司法理念也非一朝一夕的事情。但是，我们仍要坚持不懈、持之以恒、循序渐进地在转变司法理念的道路上一往直前，通过立法确立、制度完善、理论研究的逐步推动，影响、促进司法理念的彻底转型。

（二）立法原因——法律规定缺失，监督依据不足

立法是监督理论的直观反应，又是监督制度、监督实践的直接依据。侦查监督的问题是综合性的，但很多问题的根源还在于法律规定缺失，以致侦查监督无法可依或依据不足。一是侦查监督范围法律规定的明显过窄，不少监督内容遗漏、缺失。侦查监督是以审前侦查活动为监督对象的完整监督体系，目前法律只零散地规定了一些具体监督项目，如立案监督、审查逮捕、监督刑讯逼供、监督查封扣押冻结是否违法等，正如前文所述，大部分强制性侦查措施的监督缺乏法律的明确规定。二是法律对监督渠道、监督方法、监督效力等具体制度设计存在缺陷。法律没有明确确定监督者获取侦查信息的途径，致监督者知情渠道不畅，自行获取监督信息困难重重。监督方法不足、监督效力不高都直接导致监督不力、监督不能，造成这些问题的根源在于法律对此没有规定或没有授权，在法律没有明确授权的情况下，侦查监督无法自行突破法律规定，只能维持在软性、低效力、有限监督的范围内。三是侦查活动的程序性规定不足。侦查措施种类较多，有些侦查措施法律并没有对其适用程序作出规定，或者规定的非常粗疏，导致侦查措施本身适用无法可依，检察机关的监督更成为无本之木。

总体来看，法律对侦查监督的监督内容、监督方式、监督途径以及对侦查措施的适用规范还存在很多空白，在这种情况下，监督侦查违法行为就变得非常困难。为了寻找侦查监督的法律支撑，让侦查监督能在规范层面顺利开展，加大侦查监督力度，有些地方检察机关与公安机关就某一方面的侦查监督工作会签了规范性文件，创造了制度依据。监督者与被监督者双方自觉达成了监督与接受监督的工作机制，如检察机关2015年起开展的对公安派出所刑事侦查活动监督的试点工作，全国十个省、市、自治区的部分地方参与了改革试点，很多试点地区公、检两家以规范性文件形式共同明确了监督原则、范围、重点、途径等。这种自觉自发的地方性法律规定无疑是对现行法律规定缺失的积极探索和有益补充，也反映了实践的强烈需求。但这种地方性会签规定面临着法律效力不高，规范内容不统一，容易反复、不稳定等问

题，呈零散状、临时性的特点。上述派出所监督的改革在某些地方就遭遇了抵制，有的地区公安机关明确表示不参与此项改革。规范性文件能否成功会签并顺利执行，还依赖于领导机关的推进力度以及监督者检察机关与被监督者公安机关两家的关系。因此，侦查监督作为检察机关法律监督的重要内容之一，应当尽早在法律层面弥补空白，完善侦查监督法律规定，为各项侦查监督工作的开展提供充分的法律依据。

（三）理论原因——理论积淀薄弱，研究体系分散

若将侦查监督面临的各种实践问题归结于法律规定的不足，则立法中的缺陷则根源于侦查监督理论的不成熟。理论是支撑法律制度完善的思想根源，侦查监督目前面临的深层问题就是理论体系缺乏，理论基础薄弱。

侦查监督这一概念并非是《刑事诉讼法》中的法律名词，而是存在于法律实践和法学研究中的法律概念。从其发展渊源看，检察机关在1999年将批捕部门从刑事检察部门中分离出来，并于次年更名为侦查监督部门，职能定位于审查逮捕、立案监督、侦查活动监督三大项，确立了侦查监督的司法实践渊源。在检察实践中将侦查监督从法律监督中予以分支是其重要来源之一，因此，某种程度上可以认为侦查监督脱胎于检察机关的职能分立。之后才在理论研究中出现了侦查监督的概念，并逐渐进入研究视野。从中国知网的搜索引擎中可以得到印证，2000年以前，以"侦查监督"为题发表的学术论文每年不超过4篇，而2000年一跃发表了13篇，2000年后不断增多，近些年来每年平均在百余篇左右。侦查监督这样的诞生背景自然使侦查监督的理论研究受检察机关三项职能定位的影响颇为深厚。时至今日，大部分以侦查监督为主题的理论研究，也主要局限在审查逮捕、立案监督、侦查活动监督三项职能内开展，少有对侦查监督体系的宏观思考和全面构建。

侦查监督研究过分集中于上述三项职能，研究体系的局部化和研究范围的局限性导致侦查监督理论层面出现了以下方面的问题，影响了侦查监督的长远发展。

一是侦查监督缺乏宏观而系统的理论支撑。目前对侦查监督的研究基本都是围绕审查逮捕、立案监督、侦查活动监督三项职能展开的对策性研究，缺少对整个侦查监督体系的宏观思考和对整体构建的理论研究。侦查监督理论研究陷入到三项职能的局部完善和具体制度构建等技术层面，难以跳出三项职能的框框而从宏观视角观察侦查监督的问题。

二是缺乏对侦查监督体系的宏观研究桎梏了侦查监督的长远发展。缺少理论支撑的侦查监督难以从宏观上布局发展，没有系统理论的支撑，侦查监

督研究领域难以拓展。实践方面，近二十余年来三项职能仍然保持着其在侦查监督的基本职能定位，且逮捕职能相对强大，立案监督与侦查活动监督则发展较为缓慢。缺少理论根基的对策性建构难免自说自话，甚至被职能桎梏，难以实现从理论到制度的顺畅拓展。对本应属于侦查监督范围内的事项缺少关注，监督范围始终过窄，长远谋划受限。

三是缺乏体系性研究使侦查监督研究价值被忽视。侦查监督由于没有形成体系性、系统性，研究局限在三项职能的制度修构上，研究范围的局限使许多学者认为该领域乏善可陈，缺少理论研究价值，难以吸引研究人才。研究视野宽泛些的学者在研究法律监督制度、检察制度；研究视野微观些的学者则研究强制措施制度、逮捕制度，侦查监督不上不下成了被忽视、被遗忘的领域。这一点从理论研究成果的数量和质量都不难看出。且该领域的研究人员大部分仍是检察人员，法学学者和其他部门司法人员较少，可以说部门本位的思维局限也使研究思路难以跳出三项职能的圈子。

四是缺乏系统性研究使研究深度难以深入。研究范围的局限和研究人才的缺乏，致侦查监督领域的理论研究给人感觉浮于表面制度构建，理论深度不够，理论积淀薄弱，气血不足，难以产出高质量的研究成果。

因此，建立侦查监督理论体系，完善侦查监督理论基础，增进侦查监督理论深度，是侦查监督实践发展和理论拓展的智力支持，是解决侦查监督制度层面问题的思想基础。

（四）体制原因——司法体制掣肘，检警关系错位

所谓体制是指国家对各权力主体的权力范围、地位作用、相互关系进行设定而形成的基本制度。影响侦查监督的体制问题主要来自以下三个方面：

一是"警主检辅"的错位检警关系造成监督机关弱势侦查机关强势，难以形成有效的监督制约。西方法治国家大多都是"检主警辅"的检警关系，而我国监督者与被监督者地位倒置，检、警之间实际形成了"警主检辅"的关系。造成了我国刑事诉讼侦查中心主义的格局，使检察机关监督作用难以发挥。侦查机关在侦查活动中拥有广泛的侦查权力，其几乎可以自我审定各项侦查措施，而不受检察机关的监督制约，或名义上接受监督而实际中监督难以落实和发挥效果。

二是侦查监督权"位高体弱"的特点，反映其配置不科学。检察机关的法律监督是宪法所赋予的权力，拥有最高的法律地位。但《刑事诉讼法》以及相关司法解释中却没有完全落实检察机关的法律监督权力行使方式，没有赋予检察机关履行监督职责时的刚性效力，没有规定侦查机关对监督意见必

须遵守的义务，等等。具体部门法对检察机关高高在上的宪法定位缺乏具体有效的落实措施，使检察机关的监督权力成了空中楼阁，位高体弱，陷入有权无实的尴尬境地。

三是侦查模式缺乏"诉讼"形态。侦查阶段"司法审查"制度的缺失是我国侦查程序弊端丛生的重要根源。我国的侦查程序呈现的是自我授权、封闭运转的程序特点，缺乏中立裁判者的介入和侦查行为的可诉性。互相制衡的三角诉讼结构没有搭造起来，而形成了侦查一方独大，单方追诉的线性结构。

（五）队伍原因——资源配置不足，监督能力不强

纸面上的法要变成实践中的法，以及法律发挥的作用大小，依赖于执行运用法律的人。之所以实践中还有片面理解法律、选择性执法甚至故意曲解法律的现象，就是执法者落后的执法理念和粗糙的执法能力顽固存在。就侦查监督人员队伍整体而言，检察机关最主要、最精锐的力量基本放在了反贪部门和公诉部门，在专司侦查监督的部门中主要精力又放在了审查逮捕工作上，其他方面的侦查监督不同程度地受到忽视，侦查监督力量薄弱，专门人才非常稀缺。侦查活动监督往往没有专门的办案力量或缺乏专门的业务培训，检察人员的监督能力和专业水平难以大幅度提升。监督重点不准、监督手段不多、监督效果不强等问题普遍出现，发现和调查违法侦查行为的能力、进行审查判断的能力、提出纠正意见的能力等与法律的要求和公众的期待还存在较大差距。就侦查监督工作方式而言，由于办案力量有限，侦查监督部门的大部分精力都投入审查逮捕工作中，对立案监督、侦查活动监督等其他监督常无暇顾及或只落实专项和考核的任务，往往都是在办理审查逮捕案件之余，顺带开展立案监督和侦查活动监督，作为附带性工作兼顾。因此，提升司法水平，打造高素质、专业化的侦查监督队伍，是破解侦查监督不力的必然要求。

三、侦查监督制度体系尚未建立

（一）侦查监督体系的缺失对侦查监督的影响

在对我国侦查监督的检视中，侦查监督缺乏体系化是导致监督零散杂乱、重点偏离、偏软偏弱、问题丛生的根本制度性原因。侦查监督制度缺乏体系化不利于侦查监督的发展：

一是造成侦查监督缺乏宏观思维与指导原则。侦查监督在没有以一个体系化的制度整体呈现时，则不会有统筹整体的指导原则和宏观思路。而更多是考虑具体监督方式和监督局部，对侦查监督整体性、全局性问题容易忽视，

监督容易呈现零散化、临时性、选择性等特征。

二是导致侦查监督缺乏范围界定，使监督覆盖面窄、内容遗漏。我国大量的强制性侦查措施不在监督范围之内，强制措施中也只有逮捕和指定居所监视居住属于监督范围，难以对侦查行为形成全面制约。因为体系性的制度缺失，缺乏逻辑层面的梳理，则难免遗漏和偏颇。

三是导致监督标准不统一、重点不清晰。缺乏对侦查监督的体系性构建，则无法从全局把握侦查监督的通例性要求和普适性标准，也把握不准监督重点，容易偏离监督目的，使侦查监督呈现宽泛化、庸俗化趋势，如对侦查活动监督时，对刑讯逼供、超期羁押等严重侵犯人身权利的行为缺乏监督途径和调查手段，畏于监督困难而往往不愿监督，监督不能；而对法律文书笔误、公章捺印不规范等细小的侦查不规范问题抓住不放，为迎合考核加分等大费周章。监督方式也缺乏统筹协调，如对轻微违法和对超期羁押、违法查封财产等严重违法行为都一样采用提出纠正违法意见的方式监督，没有根据违法程度区分监督层次。呈现层次不分、各行其是的特征。

四是造成侦查监督理论研究受阻、发展较慢。目前，侦查监督的理论研究大多是以审查逮捕、立案监督、侦查活动监督为内容点状式展开的，大多以对策性研究为主，缺乏整体思维和体系性的理论研究，难以对侦查监督的深入发展积淀理论基础。建立侦查监督制度体系和完善侦查监督理论体系是互为因果的两个方面，侦查监督理论研究的滞后拖累侦查监督制度的构建，而侦查监督制度的缺失客观上也阻碍了侦查监督理论的发展。

五是阻碍了侦查监督工作发展。侦查监督目前的工作部署、考核评价都是围绕审查逮捕、立案监督、侦查活动监督这三个主要工作职责而开展的，对具体监督内容设有工作要求。而这三项监督范围之外的其他监督工作长期空白，实践中既无开展的动力，也无开展的方法，致侦查监督工作偏居一隅式发展，难以形成整体推动力。

（二）构建侦查监督体系的必要性

侦查监督体系是指包括监督原则、监督范围、监督方式、监督目标、监督措施等在内的一整套侦查监督制度内容。既包括理论上的清晰厘定，也包括制度上的搭造构建。侦查监督属于检察机关法律监督的一部分，也许有人质疑单独建立一套侦查监督体系是否必要。笔者认为，侦查监督与法律监督是种属关系，法律监督的理论体系与制度体系是侦查监督的理论依托和制度基础，但不能代替侦查监督体系。侦查监督是检察机关法律监督的重心，与审判监督、执行监督相比，侦查监督难度更大，与法律监督相比，侦查监督有其独有的特点和规律。因此，建立完整有效的侦查监督体系十分必要。

1. 侦查程序在诉讼程序中的重要地位决定应当加强侦查监督

侦查环节为庭审收集证据、准备材料，是整个诉讼的准备阶段。但我国长期以来形成了侦查阶段的证据和结论决定了审查起诉，审查起诉内容决定了审判结果的状况，造成了审判过于倚重和依赖侦查活动的弊端。某种程度上，侦查质量的高低决定了审判结果正确与否，形成了实质上的"侦查中心主义"。这一状况造成一旦侦查证据出错，一步错将步步错，最终导致裁判错误的结果，近几年不断曝光的冤假错案无不是侦查环节违法取证所致。为解决这一弊端，2014年党的十八届四中全会《关于全面推进依法治国若干重大问题的决定》提出，"推进以审判为中心的诉讼制度改革"，这一重大司法改革直指"侦查中心主义"和由此导致的冤假错案。因此，为避免冤假错案的出现，一方面要保障审判中心落到实处，另一方面必须监督整个诉讼的基础"侦查活动"依法进行，杜绝违法侦查行为。

2. 侦查行为众多需要统筹监督力量实现有重点有效果的监督

司法资源与监督力量是有限的，要发挥监督的最大作用，达到监督的最佳效果，必须统筹监督力量与监督方法。侦查监督的监督对象是种类众多的侦查行为，且侦查行为在运行中是个开放发展的体系，需要对应犯罪行为的发展变化而变化。如果对每一个侦查行为都进行监督，势必难以实现，也没有必要；如果对各种侦查行为的监督都平均用力，势必难分重点，难以有效。因此，侦查监督应当遵循何种原则，如何确立监督重点，如何根据监督对象的特点选择监督方式，统筹监督方法，都是侦查监督面临的重要课题。这需要从侦查监督的全局统筹侦查监督资源，谋划侦查监督布局，厘清侦查监督思路，这都离不开对侦查监督从宏观上的思考和进行系统性的构建。

3. 侦查活动封闭性需要整合监督力量实现更有力更有效的监督

侦查活动是最易侵犯人权的一项公权力，因其本身的暴力强制性和秘密封闭性特点，需要对其进行有效而有力的监督。受长期落后的侦查习惯和打击犯罪忽视人权保障思维的影响，部分侦查人员对监督存有抵触情绪，加之侦查过程的秘密封闭性，监督部门难于介入，使侦查监督比其他诉讼监督活动更难开展。因此，更需要将监督力量予以整合，区分监督层次与监督重点，合理配置监督人员，科学选取监督方式，将监督力量集中于最易滥用和最易侵权的侦查行为上。而且对某些较难监督的重点侦查活动，必须集中较强的监督力量才能应对。因此，有效而有力的监督都离不开对侦查监督的总体思考和部署，需要在全面厘清侦查监督理论的基础上区分重点地进行谋划。

第六章　我国侦查监督体系展望

为巩固提升党的执政能力，党的十八届四中全会提出了全面推进依法治国，建设中国特色社会主义法治国家的重要战略举措。在全面推进依法治国的过程中，广大民众首先期盼的就是对冤假错案的防范和纠正。加强侦查监督是防范冤假错案，切实保障人权的直接抓手，是实现全面依法治国的重要方面。侦查监督中存在的各种问题，归根结底是侦查监督的虚化、弱化、零散化造成的。要从根本上解决这些问题，必须将支离零散的侦查监督整体化，将悬于空中的侦查监督实质化。构建具有真正法律意义的，在刑事司法体系内具有可操作性、可实现的侦查监督制度体系。实现权力有制约、制约有效果、违法有救济的基本要求，才是制约侦查权、保障人权、防止冤假错案的有效的路径。

构建侦查监督制度体系，需要从侦查监督制度整体着眼，从全局把握侦查监督的通例性要求和普适性标准，确立体系的构建目标、指导原则、基本理念、构建前提等整体架构。在侦查监督宏观思维的统筹下，在侦查监督基础理论的指引下，在侦查监督体系的基本架构搭建下，再进行对策性的具体制度构建与完善。

一、侦查监督体系构建应彰显现代刑事诉讼价值观

（一）我国刑事诉讼价值观的转型

我国刑事诉讼价值理念正在不断转型，贯穿诉讼理念转型的一条主线是对公权力的监督制约和对私权利的有效保障。在这条主线的引领下，《刑事诉讼法》通过构建相应地具体制度予以彰显：一是通过确立保障人权原则、不得自证其罪原则，以及确立辩护律师侦查阶段的辩护地位、拓展辩护权等，保障犯罪嫌疑人、被告人在诉讼中的基本人权；二是通过确立非法证据排除规则、建立讯问同步录音录像制度、细化逮捕条件、增强逮捕程序参与度等，

从丰富监督手段和完善程序结构的角度强化侦查监督；三是通过完善简易程序检察人员出庭、扩大二审开庭范围、增加侦查人员等诉讼参与人出庭、增设死刑复核法律监督等，从完善诉讼结构的角度强化审判监督；四是从同步监督刑罚执行、建立羁押必要性审查、加强减刑、假释、强制医疗监督等，完善刑罚执行监督；五是通过增加对指定居所监视居住和刑事诉讼特别程序的监督，拓宽法律监督范围；六是通过确立秘密侦查、技术侦查，将技术侦查等秘密侦查措施纳入法治轨道；七是通过扩大简易程序适用范围、建立庭前会议制度，提升司法效率。上述具体制度的背后，是对多年来我国法学研究和司法实践进步的反映和呼声的回应。

我国刑事诉讼价值观的转型，除了体现在《刑事诉讼法》确立的具体制度中外，还体现在刑事司法的实践转变中。在对案件的审查认定中，从客观真实逐渐转向法律真实，从重实体轻程序转向实体程序并重；在对刑事法律的定位上，从斗争哲学转为和谐哲学，从国家本位转向国家与个人本位并重；在对待犯罪嫌疑人、被告人上，从有罪推定转向无罪推定，从打击对象转为权利保障；在对待证据上，从口供本位转向言词实物证据并重，从只注重证据证明力转向更注重证据能力，等等。[①] 这其中，有《公民权利和政治权利国际公约》《联合国反酷刑公约》等国际公约、世界人权理论的发展等国际司法趋势的推动，有对我国暴露出的一桩桩冤假错案的反思警醒，也有法学同仁对先进法治理念的不断传播呼吁，更有国家全面依法治国、尊崇法治的高远决心。

（二）转型视野下侦查监督理念的确立

1. 树立"权力制衡"理念是侦查监督实质化的根本

掌权者行使权力时的自我约束固然与放任权力行使相比有一定抑制权力滥用的作用，但几千年来的人类社会发展史表明，人类利己的本性决定通过自我约束遏制权力滥用是不可能的，只有对权力进行监督制约才能使权力运行不敢也不能恣意行使。在对权力监督制约的各种控权方式中，以一种公权力制约另一种公权力被证明最为有效。因为公权力是以国家强制力为后盾保障的，具有强制性和权威性，与被制约的公权力可以对等抗衡。我国侦查监督的问题寻根究底是没有树立和真正落实权力制衡的理念。除逮捕权要经受审批外，其他侦查权力基本处于自我约束和孱弱的检察监督之下，缺乏有力

---

①　参见樊崇义：《刑事诉讼法再修改理性思考》，中国人民公安大学出版社 2007 年版，第 1~45 页。

的权力制衡，呈现出无力的约束状态。因此，树立权力制衡的理念并体现在具体制度上，才能使侦查监督实质化。目前，我国最迫切的就是建立强制侦查措施司法审查制度，和增强侦查监督方式的监督刚性。

2. 树立"权利救济"理念是侦查监督实质化的保障

"无救济则无权利"。写在法律条文中的个人权利再多，若没有救济条款也将是一纸空文。侦查监督制度体系必须是以权利救济为保障的体系，这是实现人权保障的基本手段，也是侦查监督实质化的制度保障。公民权利天生弱小，侦查权一旦违法滥用，必然会对公民权利造成侵害，因此为公民权利提供一种保障方式——权利救济，是侦查监督的必然要求。而且权利救济行使本身，或可为侦查监督提供线索，或可对侦查监督进行补充，也是个人权利对侦查权力制约的有效途径。我国刑事诉讼中的权利救济十分薄弱，以"申诉""控告"为主要方式，这样的救济途径并不必然导致救济程序的启动，除此之外的救济方式几乎空白。更新权利救济方式，增强权利救济效果，是侦查监督体系构建中应当思考的问题。

3. 树立"正当程序"理念是侦查监督实质化的基础

为每一项侦查权力运行设置正当的法律程序，侦查权行使遵循法律正当程序，既是确保权力合规运行，也是侦查监督的基本依据。没有正当程序，侦查监督就是无本之木，正当法律程序是侦查监督实质化的基础。目前，我国侦查权运行虽有法律程序，但正当程序理念尚未树立，表现为：一是法律程序本身粗疏，很多程序条款不多、设置不细，为侦查权的扩张、恣意留下了空间；二是遵守程序的理念欠缺，轻微违法、低程度僭越程序等问题比比皆是，如单人讯问、辨认程序瑕疵、选择性录音录像等。侦查人员遵守程序理念欠缺，认为小毛病无伤大雅，只要案件侦破程序问题，则不是问题。但殊不知，对程序的僭越日积月累会养成无视程序的惯性，这与证据合法性和人权保障的要求背道而驰，而程序违法正是冤假错案形成的根源。

二、侦查监督制度体系目标与原则

（一）构建目标

为将支离零散的侦查监督整体化，将悬于空中的侦查监督实质化，实现权力有制约、制约有效果、违法有救济的基本要求，构建侦查监督制度体系是基本路径。侦查监督体系的构建将使侦查监督具有宏观的监督视野和监督格局，在总体格局内实现监督范围明晰、监督重点突出、监督层次分明、监督措施有力、可持续、有成效。故侦查监督体系的构建目标为：有效制约侦查权行使和保障侦查职能合理运行。

1. 有效制约侦查权力行使

"有效制约侦查权行使"是侦查监督实质化的要求，也是侦查监督体系构建的核心目的。侦查监督体系的各方面建构都应围绕于此。实现有效制约侦查权，应以监督机关的权力制约为主，以公民个人的权利制约为辅，以法律规定的正当程序为保障，共同协调作用，配合运行。检察机关的"权力制约"，是指检察机关通过侦查监督权的行使对侦查权运行进行制约的方式。具体有：建立强制侦查措施司法审查制度、畅通侦查监督信息渠道、丰富侦查监督手段、加强讯问监督措施、增强捕后羁押必要性审查等，具体制度措施是将侦查监督实质化途径。公民"权利制约"，是指通过完善犯罪嫌疑人享有的诉讼权利，以及保障辩护律师执业权利行使，达到监督制约侦查权运行目的的方式。包括：扩大并保障辩护律师执业权利，完善犯罪嫌疑人、被告人等诉讼参与人的诉讼权利，赋予当事人权利救济途径等，确立疑罪从无、不得强迫自证其罪、自白自愿等人权保障的诉讼原则，并构建相应制度予以落实。"正当程序"保障包括两个方面，一方面，是指对侦查权力运行应当设定详细的运行程序，弥补程序缺位、粗疏、遗漏的立法现状，使每一项侦查权力的行使都有法可依、依法运行，缩小侦查行为随意行使的空间。同时，正当程序的构建也是为侦查监督提供标准和依据。另一方面，要求侦查监督自身也应当完善监督的正当程序。与侦查权这项实体性权力相区别的是，侦查监督权是项程序性权力。程序性权力也需要有法定程序规范运行，否则可能会导致"监督口号化"或"监督任意化"的倾向。"监督口号化"，是指缺乏法定程序规范后，使侦查监督缺乏运用途径，难以开展，成为悬于空中，难于落地的，口号性的空权力。"监督任意化"，则是需要提防的另一种错误倾向，防止监督权力利用法律规定空白而任性行使，致监督无孔不入却无法可依，影响侦查权的正确运行。

2. 保障侦查职能合理运行

"保障侦查职能合理运行"是侦查监督体系构建的另一个目标。监督制约侦查权必然会对侦查能力造成一定程度减损，这是法治社会和现代诉讼的必然代价。但侦查监督是否应当不顾侦查职责履行而一味钳制侦查权运行，这自然不是侦查监督的初衷。纵观人权保障的历史，人权保障的程度一直以来是和侦查能力的发展相辅相成的，只有当侦查能力提升了，人权保障才能更上新高度。例如，技术侦查的发展运用是促进对公民隐私权保障的推动力，DNA 鉴定技术的普及也减少了侦查对口供的依赖，而能够更好地保障自白自愿的实现，等等。忽视侦查职能作用的监督是盲目监督，也是罔顾社会公共利益的不负责任的监督，容易导致侦查权合理运行受阻，进而影响社会治理功能的实现。因此，"保障侦查职能合理运行"也是侦查监督体系构建时需要考虑的目标。"保障侦查职能合理运行"既包括对我国现有"侦查中心主义"的侦查模式进行改革，对"口供至上"的错误侦查理念以及由此衍生的侦查方式进行转变，对侦查技术进行革新等，也包括对侦查监督而言的，侦查监督体系顶层设计的科学构建，合理监督方式的选择，兼顾保障侦查能力和侦查效率等。

（二）构建原则

1. 监督中立原则

监督的本意是从旁监视、督察。西方有句法律名谚："任何人不得为自己的法官。"自身裁决与自身有关之事时，内心难免不会有所偏袒，难以公允，即使能够克服自身狭私，在外人看来，也难以令人信服。因此"不为自己的法官"是从人性自身到社会心理上保障实现公正的制度设计，毋庸置疑是司法公正的制度保障，已演变为现代司法的基本原理。在这样的基本原理下，自然要求司法官中立、无涉，监督同样如此。"监督中立"是监督有效性的基本保障。监督中立的基本前提是排斥同体监督，强化第三方监督。这就要求我国目前侦查行为中，大部分由侦查机关自我授权行使强制侦查措施的做法应当改革。建立强制性侦查措施司法审查制度，将对人权强制程度较高的侦查措施交由中立的第三方审查批准后，签发令状授权行使，保证权力运行的公正性。监督中立原则的另一个要求是监督者本身要客观公正，这是对监督者所处位置与自身素养的要求。各国都是确立司法官作为这一中立主体，以保证其客观公正、不偏不倚。在我国，检察机关被宪法定位为法律监督机关，履行客观中立的法律监督职责，在我国的政治结构、法治传统下，由检察机关行使这一司法审查职责是合理的，甚至相较于法官行使而言，更有助于对侦查权的制约和客观公正职责的履行。①

2. 监督比例原则

监督比例原则，是指侦查监督方式、手段、结果处置在法律设置和司法适用时，应当与侦查行为可能侵犯人身权利的严重程度成比例。即根据侦查行为的性质与强制程度，选择相当的监督方式。包括：一是对可能剥夺当事

① 本书第三章第一节"关于侦查监督主体的讨论"中论述了，我国若由法官行使侦查程序中的司法审查，将使法官更容易形成先入为主的预判和陷入自我否定的困境。

人人身自由和可能严重侵犯当事人财产权利的侦查行为，如逮捕、监视居住、取保候审、查封、扣押、冻结款物等，应当由中立的第三方作出司法裁判，采取事前授权、签发令状的方式进行。没有授权令状，侦查机关则无权行使。二是对可能侵犯当事人核心权利之外的其他权利的侦查行为，如辨认、指认犯罪现场、身体检查等，为保障侦查的连续性和迅捷性，可以采取事后报送备案审查、控告、申诉等方式监督。三是对容易发生侵权行为的侦查环节，如讯问犯罪嫌疑人，可以采取同步录音录像、讯问律师在场等方式，同步监督。除了监督方式和监督手段应与侦查行为的严厉程度成比例以外，监督结果处置也应遵循比例原则。根据侦查行为造成强制后果的严重程度不同，相对应地选择不同程度的监督处理方式：口头提出纠正意见、书面纠正违法、非法证据排除、不予签发令状、变更强制措施、撤销强制措施、建议给予行政处分、移送违法犯罪线索等，分层次运用。避免侦查违法无后果，也防止轻微违法重处罚，保障侦查权力合理运行。

3. 监督有限原则

监督有限原则也可称为监督适度原则。之所以监督要有限，因为监督不是万能的，监督机关不能依仗监督之名对侦查活动无孔不入。监督应当是有范围、有边界的，只有恰当的、准确的、适度的监督才能实现有效制约侦查权和充分发挥侦查职能作用的平衡。侦查监督若能做到使侦查行为在运行中心有畏惮、心怀警戒，但又能喘息腾挪、不觉妨碍，则将达到最佳的监督效果，也应是侦查监督追求的目标。虽然我国目前侦查监督面临的主要是监督范围过窄、监督不足的问题，似乎尚未达到监督过限的程度，但仔细观察，也不难发现侦查监督存在监督重点偏差、主次不分，夸大轻微违法等问题，甚至出现监督偏离、影响侦查的情况。在实践中，有的地方检察机关书面纠正的主要是法律文书笔误、错别字、未盖公章、回执未及时送达等微违法或非违法行为，有的甚至还对讯问力度不够、侦查思路偏差等侦查自主事项也作为纠正事项发出纠正违法通知书。这种适用书面纠正违法过于泛滥甚至乱发纠正违法通知书的现象，使侦查监督面临无孔不入、无处不为的危险境地。监督重点不明、主次不分，不仅会干扰侦查权的合理运行，而且会耗费侦查监督的有限精力，冲淡和无暇顾及对重大违法侦查行为的监督。要避免侦查监督偏离监督方向，偏离监督严重侦查违法行为、防止冤假错案、保障人权的目的。"监督有限原则"就是要避免这种无限扩张、主次不分的监督现象。因此，监督有限原则是我们在构建侦查监督体系时从顶层设计上应予考虑的问题。突出监督重点，把握监督方向，防止监督范围过宽和监督方式不合比例。

三、侦查监督体系构建需处理好的几个关系

（一）打击犯罪与保障人权的关系

"打击犯罪"与"保障人权"是刑事诉讼的最终目的。在诉讼过程中，每个诉讼阶段的具体目的在二者之间各有侧重，但没有任何一个诉讼阶段是只顾一个目的而完全忽视另一个诉讼目的的。例如，侦查阶段侧重于发现犯罪、打击犯罪，但侦查过程中也要注意保障犯罪嫌疑人和被害人的人权；侦查监督侧重于制约侦查、保障人权，但也必须同时兼顾打击犯罪的需要；审查起诉与审判阶段均具有客观公正义务，要平等兼顾打击犯罪与保障人权目的，在二者冲突时，还要首先考虑人权保障目的的实现。故在侦查监督改革中，要正确看待我国法治发展现状和侦查发展水平，各种改革措施要充分考虑打击犯罪与保障人权的平衡。在是否构建、如何构建、如何运行相关制度中发挥顶层设计的智慧，把握好"度"，改革措施不可脱离现实搭建制度的空中楼阁。

在遵循打击犯罪与保障人权平衡的理念指导下，为保持侦查能力在一定的水平，在建立和完善侦查监督制度措施时需要宏观思维和整体策略，分层次设置。一是对制约侦查权力力度强的监督制度，设置时应控制适用范围。例如，司法审查制度，由于其事前授权而形成的刚性制约特点，决定其应限制在可能严重侵害当事人权益的强制性侦查措施范围内适用。在非法证据排除规则运用中，确定应当排除的"非法证据"范围时，要将刑讯逼供、变相肉刑、严重威胁等严重侦查违法行为取得的证据，和轻微违法取得的证据相区别。对严重违法取得的证据适用排除规则，轻微违法取得的证据则应允许补正和作出合理解释。二是对配套资源尚不充足的制度，构建时可分步骤、分阶段实施。例如，讯问律师在场制度的构建，鉴于我国刑事律师队伍规模有限，刑事辩护律师的数量还远远不能满足刑事犯罪案件的需求，还存在辩护律师集中于发达地区、发展不平衡的问题。故可先建立"值班律师制度"，赋予值班律师在讯问指挥室进行"能看不能说"的"在场"监督权，再逐步向辩护律师单独、逐案履行"能看又能说"的"在场"监督过渡。三是对目前理论基础尚不成熟和法治环境尚不支持的制度，可暂缓建立。对一些需要法治文化传统思想逐步转变积淀的制度，一些我国法治环境接受和适应需要较长过程的制度，可考虑暂不建立，有待司法环境、法学理论都较成熟时再予考虑，如沉默权制度。

简言之，侦查监督在保障人权的各种制度构建中也不能忽视打击犯罪的目的，要充分考虑二者在我国现有法治环境下的动态平衡。只有刑事诉讼目的充分实现，侦查监督各项制度措施才能设置得恰到好处，也才能得以长久运行，并获得最佳的效果。

（二）法律真实与客观真实的关系

讨论侦查监督，不得不在法律真实与客观真实的基本诉讼观上进行探讨。法律真实与客观真实是刑事诉讼证明标准的两种观点，也是诉讼中的两种价值观。客观真实指刑事证明应当查清犯罪事实真相，裁判者只有在所认定的案件事实正确反映犯罪事实真相时，才能裁判被告人有罪。法律真实指公安司法机关在刑事证明过程中，运用证据对案件事实的认识应当符合刑事实体法和程序法的规定，达到从法律的角度认识真实的程度，即可认为构成有罪。① 客观真实是法律认知的理想状态，法律真实是法律认知的理性状态。长期以来，客观真实统领证明标准和法学理论许多年，但近些年来，法律真实逐渐获得了普遍认同并成为通说。暂不论可知论与不可知论这一哲学命题，仅从人的认识有限性来说，一个人即使认知能力再强，在特定的时空条件下其认知都是有限的。因此，法律真实诉讼观为我们如何认知案件、认知到何种程度给出了可遵循的路径，是我们应当选择和秉持的理性的证明观。

"法律真实"的证明观不仅适用在案件的实体判断中，在案件的程序判断中更要适用。在案件实体判断中的"法律真实"包括实体法和程序法；而在案件程序判断中的"法律真实"则仅指程序法。即"法律真实"体现在诉讼中的基本理念就是"正当程序"，遵守正当程序即践行法律真实。侦查监督任务是监督侦查行为是否合法行使，也就是说，监督侦查行为是否遵循了正当程序。当侦查行为遵守了正当程序时，不论侦查的实质结果如何，都符合侦查监督的要求；若侦查行为违反了正当程序，即使获得了内容客观真实的证据，也为监督所不容，应当予以排除，如对非法证据的排除。换句话说，就是在法律真实和客观真实出现冲突时，侦查监督必须选择法律真实，而不能为了实体客观真实而牺牲法律真实。法律真实与正当程序是侦查监督的基本遵循和唯一标准，这是程序性监督的基本要求和立身之本。侦查行为在不断追求客观真实的目标，侦查监督则是控制约束侦查行为要在遵循正当程序，遵守法律真实的前提下探究客观真实。

在侦查监督中，具体体现为：一是侦查监督改革是程序构建而非实体构

---

① 樊崇义等：《刑事诉讼法再修改理性思考》，中国人民公安大学出版社 2007 年版，第 30 页。

建。侦查监督各项改革措施的实质，就是设立、健全、完善侦查监督程序乃至侦查程序的过程。二是可操作的正当程序是侦查和侦查监督的基本遵循。侦查机关收集、固定、运用证据，开展侦查行为，以及监督侦查行为，都要符合证据和诉讼的具体规则和程序要求。三是法律真实是侦查监督的唯一标准。侦查行为是否合法就是是否符合既定法律程序，不符合正当程序的侦查行为以及由此获得的证据，即使有利于证明客观真实也应提出监督意见，甚至排除不能采用。总之，侦查监督就是围绕法律真实展开的法律活动，侦查监督改革就是不断加强程序法律构建的过程，不能为了实体真实而牺牲正当程序。

（三）"以审判为中心"改革下的新型检警关系

党的十八届四中全会提出，推进以审判为中心的诉讼制度改革，这是党从全面推进依法治国，促进刑事司法公正考虑所作出的重大改革部署。"以审判为中心"的诉讼制度改革就此拉开帷幕。"以审判为中心"的诉讼制度改革不仅是审判机关和审判环节的事，而是对刑事诉讼的整体要求。要求侦查、起诉、辩护等各个诉讼环节都应当围绕审判展开。侦查程序是审判的基础，为审判环节所作最好的准备就是提供合法、有效、完整的证据，为此则需要加强对侦查权运行的引导和监督。对侦查权有效开展引导和监督则需要对我国现有"警主检辅"的错位关系进行调整，构建新型的检警关系，以实现有效监督制约侦查权，保障取证合法性和完整性，为审判提供证据能力和证明力合格的证据体系。

检警双方是侦查监督的两造，侦查监督的改革措施很多都是围绕这两方权利义务而展开的，二者关系的调整既是侦查监督改革的重要组成部分，也是关系侦查监督其他改革措施成败的前提和基础。我国长期以来形成的"警主检辅""侦查中心"的关系地位影响了侦查监督的开展，在侦查监督的改革中，如果二者关系不予改变，侦查监督的其他改革将举步维艰，"以审判为中心"的诉讼制度改革目标也难以达到预期效果。侦查监督改革的必要条件是对监督者与被监督者的关系，即检警关系进行调整。经分析"检警一体"和"检察引导侦查"两种检警模式的利弊，笔者赞同我国构建"检察引导侦查"的新型检警关系的构想。在侦查监督体系构建中，应牢牢把握好"检察引导侦查"的检警关系，各项侦查监督制度改革要从有助于构建"检察引导侦查"的检警关系角度出发。检警关系的转型需要主动调整，依托具体制度，如司法审查制度、重大案件提前介入制度等。检警关系的良性转型也是促进侦查监督改革取得实效的"必要条件"。

（四）权力监督与权利监督、社会监督的关系

从监督权的分类上，根据行使主体不同，可以分为权力监督与非权力监督，其中，非权力监督又包括权利监督与社会监督。权力监督是以国家权力机关为行使主体，国家权力为后盾而开展的监督，如检察机关的法律监督。权利监督是法律赋予公民相应权利，以个人权利行使对公权力的监督，如犯罪嫌疑人、被告人的诉讼权利。社会监督是社会公众通过新闻媒体、民间组织等进行监督的形式。在对侦查权的监督上，由于侦查权本身是一项国家权力，而且是比较强势的、充满扩张性和暴力性的国家权力，对其进行监督应当以权力监督为主，即我国检察机关的法律监督为主。只有权力机关的监督是不够的，以当事人自身和法律赋予当事人一方的诉讼权利监督为主，以及新闻媒体、公众百姓为主的社会监督为辅，作为检察机关权力监督的补充，将会更加完整的实现侦查监督内涵。因此，这三者的关系是主体和补充的关系，共同构成侦查监督体系的内容。一方面，要求在侦查监督改革中，不仅应关注对权力监督的改革完善，还应关注对权利监督和社会监督的完善。在法律上更多地赋予当事人诉讼权利，以权利监督为实现手段，如落实律师辩护权利，完善犯罪嫌疑人、被告人诉讼权利等。另一方面，非权力监督最终要转化为权力监督，这要求非权力监督向权力监督转化的路径要畅通。直接产生制约效力的权利监督还是少数，非权力监督更多地体现为对权力监督的程序启动或线索提供上，因此应畅通权利行使、转化过程，以实现对侦查权的有效制约。

四、侦查监督体系构建的制度前提

侦查监督改革不能仅在既有的法律架构下进行制度构建。不从整体上对侦查程序既有制度进行全面而深刻地调整，就无法从根本上解决对侦查权监督不力的问题。因此，在侦查监督改革具体制度构建、修订、完善之前，应首先从侦查程序这个视角，对侦查程序中的权力行使主体、强制措施体系等进行重构。包括，对我国现有侦查模式进行转型，将我国"警主检辅""侦查中心"的侦查模式向"检察引导侦查""增强侦查抗辩"方向转型。这就要求，重新配置侦查程序中各个主体的权力，使其符合侦查监督行使主体与侦查主体分离，并进行居中裁判、司法审查的正当程序要求。作为司法审查主要内容的刑事诉讼强制措施体系，也需要改进现有缺陷，构建层次分明、范围完善、非羁押措施种类丰富的强制措施体系。因此，构建侦查监督制度体系的基本格局，从宏观上至少需要进行四项制度改革：重新配置侦查程序

中各项权力、构建强制性侦查措施司法审查制度、调整检警关系促进侦查模式转型、完善强制措施体系，以作为侦查监督制度体系的基础和具体制度改革的前提。上述基础性改革中，侦查模式转型在本书第三章第三节中已经专门论述，接下来对其他三项制度改革构想进行阐述。

（一）合理配置侦查程序中各项权力

侦查程序中各项权力的合理配置是对侦查权力监督制约的前提与基础。侦查程序中的权力包括侦查权与侦查监督权，侦查监督权又分为检察机关的法律监督权与当事人的诉讼监督权。目前，侦查权与侦查监督权行使主体尚未完全分离的弊端，是导致侦查权缺乏有效监督制约的根源。因此，侦查环节中相关权力需要重新配置，目的是通过对权力主体的调整，使权力行使主体分离，能更好地遵循权力运行规律，更好地发挥对侦查权的监督制约功能。

1. 我国侦查程序中的权力配置现状

普通刑事犯罪案件侦查权主要由公安机关行使，职务犯罪案件侦查权即将由检察机关转移至监察委员会行使。侦查程序在权力配置方面存在的问题主要有：一是普通刑事犯罪案件侦查权呈现内部审批为主，外部监督不足的样态。普通刑事犯罪案件除逮捕需由检察机关批准外，其他侦查措施，包括秘密侦查措施在内采用的都是公安机关负责人内部审批即可。检察机关的侦查监督以事后监督和外部监督为主要方式，且这两种监督途径还遭遇了监督信息不畅和监督手段乏力两大梗阻，对侦查权的监督制约手段不足、方法不多。二是职务犯罪案件侦查权缺少必要的监督。与普通刑事犯罪案件的侦查监督状况相比，对职务犯罪案件侦查的监督现状更不乐观。此前，职务犯罪侦查权与侦查监督权集中于检察机关一体行使，虽然两项权力分别由检察机关的不同部门行使，也采取了"逮捕权上提一级"和由不同检察长分管等自我监督制约的办法，但同属检察机关一个行使主体和同一检察长领导下，让人不得不产生瓜田李下、难以监督的联想。国家监察体制改革将职务犯罪侦查权从检察机关剥离，客观上使侦查权和侦查监督权相分离。但是否能实现强化对职务犯罪案件侦查活动的监督制约，行使主体相分离只是前提，还需要相关的制度设置。目前，根据试点情况和相关规定来看，尚未涉及有关侦查监督的详细规定。监察委员会的调查具有国家强制性，其功能作用与刑事诉讼中的侦查一致，留置等措施涉及对公民人身自由和财产权利的剥夺，因此需要程序制约，需要接受第三方的司法审查。① 三是当事人权利监督严重

---

① 参见上海昌言公众号：《谢佑平教授关于监察制度的四点建议》，2017 年 11 月 9 日推送。

不足。当事人的权利监督在行使中虽然不及检察机关的权力监督有力量，但因其与侦查活动的相对性和与侦查对象的紧密相关性，使其在诉讼中的监督作用并不亚于检察机关的权力监督。我国在当事人及其辩护律师权利赋予和权利保障上还存在很大的差距。自白自愿、律师在场等权利没有规定，已被赋予的权利落实起来也障碍重重，难以保障，造成权利监督非常困难。

可见，侦查权与侦查监督权实质上大多由侦查主体自身在行使，将对侦查权的制约寄希望于侦查权行使者自身，这样的权力配置本身是侦查监督乏力的根源。在这样的权力配置下，侦查监督单方面的强化，尚无法从根源上解决侦查监督不力的问题。

2. 合理配置侦查程序中各项权力

（1）加大对侦查权的权力制约

现代社会，权力的配置既要考虑权力作用的发挥又要考虑对权力的制衡，二者平衡才是科学配置的权力。几百年来的历史经验表明，权力制衡最有效的方式是以权力制约权力。西方国家以"三权分立"从政权结构方面实现权力制约权力，从而对权力进行控制；我国是"一元多立"的政治结构，特点是将对权力的控制倚重于监督。但我国的监督并非排斥权力制约，在大的监督概念下，本就包含了制约的含义，如批捕权就是侦查监督下的权力制约。因此，我们的监督是包含制约在内的广义监督。目前问题存在于，我们在权力的控制上，"制约"的比重还很低，力度还不够。在对侦查权的控制方面这一弱点尤为明显，因此，应当丰富对侦查权的权力制约方式，扩大权力制约范围。

（2）制约侦查权应有限度

权力制约是非常有效的控权方式，但不是万能的。权力制约的优势是制约程度高，缺点是导致被制约的权力运行效率低下。西方国家的"三权分立"也是在国家权力一级分支上对部分权力内容采取分权制约的，各项权力具体运行中并无法做到随时制约。采用权力制约方式控制权力一般应用于对权力效率要求不高或者需要严格制约的权力上，如美国国会对政府预算的审议权。侦查权的特殊性在于，其对人身权利可能造成剥夺的严重性和对犯罪行为侦查的紧迫性集于一体。侦查权既属于需要严控的权力，又属于需要效率的权力，集二者矛盾于一身。因此，在加大对侦查权制约的同时应当准确界定被制约的侦查权范围和制约方式，把握好制约限度。

（3）侦查程序中权力配置调整

针对我国侦查中权力配置的上述弊端，从权力配置合理性上看，同一主体不应行使两种法律性质不兼容甚至是完全相反的权力，有悖权力制约原则和裁判中立原则。因此，将侦查权与侦查监督权分由两个主体行使，避免同体监督，是对侦查权力制约的前提，也是侦查程序中权力配置的原则。检视我国侦查程序，普通刑事案件的侦查权在公安机关，但除逮捕外的大部分侦查权力又由侦查机关自我审批，检察机关虽名义上拥有侦查监督权，但侦查权的实际行使又基本不受其制约。因此，我国应当确立司法审查原则，将剥夺人身自由、财产权利、隐私权利的强制性侦查措施审批权赋予检察机关，使检察机关拥有对强制性侦查措施行使签发令状的有效制约力。职务犯罪的侦查权移交监察委员会行使，实现了权力行使主体与监督主体的分离。但需要认清的是，主体分离只是强化监督的第一步，接下来需要跟进的是，应尽快确立检察机关对职务犯罪侦查权行使的监督职责和具体监督方式、途径、后果。与普通刑事侦查监督同理，职务犯罪案件侦查监督同样应当确立司法审查原则，还应当丰富监督形式，加大提前介入侦查等同步监督和事后监督的力度。这样，才能在加强反腐败打击力度的同时避免反腐力量的腐败。重新配置后，形成普通刑事案件由公安机关侦查，职务犯罪案件由监察机关侦查，侦查监督由检察机关行使的，权力行使主体与权力制约主体相分离的侦查程序权力配置新格局。

（二）构建强制性侦查措施司法审查制度

构建强制性侦查措施司法审查制度，是现代刑事诉讼的基本特征，当今世界法治国家基本都建立了强制性侦查措施的司法审查制度。强制性侦查措施司法审查制度构建，是对一系列侦查传统制度与规则的变革，是侦查监督体系中最为重要的制度性安排。"强制侦查的司法审查，即以独立、中立的司法权，对强制侦查进行事先审查，以司法令状批准并将其作为强制侦查正当性与合法性的依据，或以司法权对已实施的侦查行为进行事后审查及诉讼救济，以实现公民权益保障的目的。"[①] 强制侦查的司法审查是各国经实践证明最为有效地防止侦查权滥用，保障公民诉讼权益，保障审判公正的现代司法制度。在我国审前捕押不分、审前羁押对审判结果影响大、对财产权益保障程度低等特殊司法环境下，构建强制性侦查措施的司法审查，对确保审前羁押的准确性、必要性和保障当事人基本权益而言意义尤为凸显，也是目前我国侦查阶段最为必要和迫切的制度需求。司法审查制度的构建要求决定了

---

① 龙宗智：《强制侦查司法审查制度的完善》，载《中国法学》2011 年第 6 期。

侦查监督改革的基本方向，构建成败也决定了侦查监督改革的成败。①

1. 确立监督中立与分类审查原则

审前司法审查制度的构建，首先应当遵循监督中立原则，即监督者与被监督者在主体上实现彻底地分离。目前，侦查机关除逮捕外的侦查措施均自我审批，以及职务犯罪案件逮捕权"上提一级"的做法都未实现监督者与被监督者主体上的彻底分离，不符合司法审查的基本要求，需要予以改革。根据上文的论述，可以构建普通刑事案件由公安机关侦查，职务犯罪案件由监察机关侦查，对上述侦查活动的侦查监督由检察机关行使的，权力行使主体与权力制约主体相分离的侦查程序权力配置新格局。为构建强制性侦查措施司法审查制度奠定了基础。

其次应当遵循分类审查、区别对待原则，即在强化对侦查权制约的同时还应兼顾侦查效率和侦查效果，把握好司法审查的运用程度。审查范围过广、条件过高则桎梏侦查运行，影响侦查效率。审查范围过窄、条件过于宽松，则制约侦查效力减弱，侦查权滥用、侵犯人权、导致冤假错案等问题则难以遏制。因此，应遵循分类审查、区别对待的原则构建司法审查制度。根据我国当前的侦查水平、司法传统和法治现状，可以根据侦查行为的强制程度大小进行分类：对高度强制性、侵权性的侦查措施采取严格的司法审查令状制度；对强制程度较低的普通侦查行为以及需要紧急采取的侦查措施，可暂不予以事前司法审前，保留侦查机关自我审批方式，保障侦查效率，而代之以司法权对已实施的侦查行为进行事后审查及诉讼救济的方式制约侦查权。

2. 司法审查的具体范围

司法审查，是针对强制性侦查措施而建立的。强制性侦查措施从对象上分为：对人身的强制措施，包括拘传、拘留、逮捕、监视居住、取保候审、通缉、人身搜查、身体样本采集等；对财物的强制侦查措施，包括查封、扣押、冻结、搜查、账户财产查询、鉴定等；对隐私的强制侦查措施，包括监听、记录监控、行踪监控、通信监控、场所监控、普通邮件和电子数据检查等技术侦查措施，以及隐匿身份侦查、控制下交付等。为达到制约侦查权与保障侦查效率的平衡，不能将所有的强制侦查行为均作为令状制度的适用对象。而是遵循分类审查、区别对待的原则，对强制侦查措施中的部分措施构

---

① 鉴于司法审查制度设置中有些影响侦查监督全局性的机制性改革已单列出来。例如，对司法审查主体的论述已在第三章第一节"关于侦查监督主体的讨论"中阐述，对与司法审查制度相关的"捕押分离"内容将在第七章第二节"实现捕押分离与羁押定期审查"中阐述。为避免重复，上述内容此处简述或略。

建司法审查。

（1）对人身的强制侦查措施通过对人身自由限制时间的长短进行区分

通常，对人身自由限制时间长的强制措施强制程度较高，应当由司法机关进行司法审查，签发审批令状后行使，不能由侦查机关自行采取。逮捕、监视居住、取保候审、通缉等侦查措施，因采取后限制人身自由的时间长，应当属于司法审查授权令状的范围。拘留措施应缩短拘留时间。

一是监视居住和取保候审措施限制人身自由时间长。取保候审、监视居住分别有12个月和6个月的期限，长时间限制人身自由。虽然二者强制程度上比逮捕稍弱，但因其限制人身自由的时间久，应当进行司法审查。此外，《刑事诉讼法》对监视居住措施增加了指定居所的情形，实践中有的还将指定居所监视居住演变为变相羁押，对人身自由的限制程度几乎不亚于逮捕，故不能降低审查力度。取保候审、监视居住本质上是逮捕的替代性措施，在对犯罪嫌疑人是否采取逮捕措施进行审查的同时，司法官也将对不能逮捕的情况进行同步判断，取保候审、监视居住就为不能逮捕的情形提供了可供选择的替代性方式。即能否羁押有些情况下应当是由司法官同步判断的，逮捕、取保候审、监视居住分别是判断结果的三种形式，故司法审查也可能是同时完成的，是其应有之义。

二是关于拘留措施的一点思考。"拘留"在法律上的定位是一项临时性强制到案措施，与限制人身自由较长时间的逮捕措施有本质区别。各国在拘留时间的设定上也基本限制在24小时或48小时以内。[①] 我国1996年《刑事诉讼法》在废除收容审查制度后，规定了长达37天的世界最长拘留期限，该规定保留至今，致使拘留措施违背了临时性到案措施的设置初衷。因此，拘留期限亟待改革。参考世界上多数国家的做法，我国拘留期限应缩短至96小时以内，以恢复其临时性措施的本质。在立法作出上述修改的前提下，为了保障侦查效率，笔者认为，拘留措施可以由侦查机关自行采取，而由监督机关予以事后审查与救济。有学者主张遵循国际惯例，对拘留措施也应进行事前司法审查。笔者认为，拘留本意是对突发、临时情况采取的限制人身自由的强制措施，如果遵循令状原则，必然影响侦查及时性的要求，待审批授权后再采取拘留措施显然会错失侦查时机。若适用司法审查中"紧急情况例外"的规定，可以预料，实践中将会大量出现采用"紧急例外"的情况，造

---

① 西方很多国家将临时性羁押的强制措施称为逮捕，实质相当于我国的拘留措施，而相当于我国逮捕措施的制度称为羁押。

成事实上以"例外"为原则，难以真正做到事前司法审查的情况。因此，与其设置司法审查而难以执行，破坏法律规定，不如缩短拘留时间，而后将其交由侦查机关自行行使，采用事后监督和救济的方式制约拘留措施。事后监督救济措施包括，当事人可以向检察官提出异议，要求复审，或检察官在审查逮捕时对拘留措施是否恰当予以监督等。但在拘留措施未作出立法修改的情况下，鉴于产生的长时间羁押后果已经违背了拘留制度的设置初衷，对人身自由的强制程度也足以达到需要令状授权的程度，故应当接受司法审查。

三是对强制程度较低的侦查措施，可以不在司法审查范围内。对人身搜查、身体样本采集等侦查措施，由于持续时间短，对人身侵害程度较轻，有些甚至无须强制，如身体样本的采集、对毛发采集、身体遗留物采集等，有的不需对人体进行接触或强制。为保障侦查的迅捷性，可以由侦查机关自行审批。

（2）对财物的强制侦查措施通过强制程度大小进行区别

我国目前所有针对财物的强制性侦查措施都是由侦查机关自行审批，造成了处置涉案财产执法方式的随意、混乱的现象。特别是对公司、企业、民营企业主财物的随意查封、扣押、冻结等，造成对企业的负面影响与极大伤害，以及对当事人合法权益的侵害。因此，对财物的强制侦查措施也需要纳入司法审查范畴。

对司法审查范围的确定，可以通过强制侦查措施强制程度的大小进一步区分。一是查封、搜查属于高强度的强制侦查行为，对当事人的财产及声誉影响较大，应当进行司法审查，授予许可令状才能采取。而对扣押、冻结、账户查询、司法鉴定等程度较轻的、对当事人影响较小的强制性侦查行为，为保障侦查职能迅捷有效，遵循有限监督原则，可以由侦查机关自行审批。二是在执行逮捕或拘留时临时需要进行的附带搜查，因时间紧迫不可能报批的，可以不经事前许可，但要事后及时补报；在执行逮捕或拘留前即拟同时开展搜查的，也应当事前报请审批，取得令状许可。三是需要对当事人全部财产进行扣押、冻结的，应当报经司法机关审批。这样的规定也可促使侦查机关严格审查拟扣押、冻结的财产在合理、必要的范围内，防止不加甄别的、粗放式的全部扣押、冻结，违法扩大侦查措施的适用。

（3）对隐私的强制侦查措施根据可能侵犯的强度和保密的需要进行区别

对隐私的强制性侦查措施在实施中，基本不会与当事人进行直接接触，因此不能以强制措施的强制程度高低进行判断。是否远程即可实现的技术侦查措施和秘密侦查措施可以认为侵犯性不强而无须司法审查呢？笔者认为不能以此判断。对隐私权的保护是在人权概念不断发展进步中完善的。以往我们较注重保护健康、自由、财产等有形的人权，随着人权内涵的扩大完善，隐私权这种无形的人权进入人们视野，纳入司法保护，这是时代与社会进步的体现。联合国文件对以司法审查控制技术侦查手段有明确规定："鉴于电子侦查的干扰性，通常必须对之进行严格的司法控制，并且必须从法律上订立许多保障措施以防止滥用。"[①] 在现代社会上，隐私权是人们不可或缺甚至更为重视的基本人权，对隐私权的保护也可以反映出一国人权的保障程度。2012 年，我国首次将技术侦查和秘密侦查写入《刑事诉讼法》，是人权保障的重要进步。即使如此，仍不足以形成对技术侦查行为的有力制约和对隐私权的有效保障。具体来说，监听、监控措施属于连续性的、同步的，甚至需要通过安装相应设备才能进行的强制性侦查措施，对隐私的侵犯强度大，应当经过司法审查才能采用[②]；对普通邮件、邮包、电子邮件、电子数据检查等技术侦查措施，属于一次性的、事后的强制侦查措施，可以由侦查机关自行审批；对于隐匿身份侦查、控制下交付等措施，由于对侦查行为保密要求极高，出于对侦查人员生命的保护，可以通过设置严格的程序条件，赋予侦查机关自行采取的权力。

3. 司法审查制度的相关构建

除前文已经论述的司法审查主体、司法审查原则、司法审查范围以外，在构建司法审查制度中还涉及下列相关的内容：

(1) 确立紧急情况例外制度

侦查行为对效率的要求比司法行为要高很多，许多关键证据的取得稍纵即逝，侦查行为的这个特点不能罔顾。因此，在坚持司法审查的前提下，应当允许紧急情况作为"例外"存在，这也是各国司法实践中的通例。按照上述司法审查的范围，在紧急情况下，侦查机关可以直接实施查封、搜查等需要授予司法令状的侦查措施，也可以直接实施拘留、扣押、冻结等需要侦查机关自我审批的侦查措施。但事后必须毫不迟延地向有权批准的机关提交申请，申请审批机关事后对许可的追认。如果相关机关经审查，对紧急情况下采取的侦查措施未予确认，侦查机关则应当及时执行审批机关的决定，立即撤销或者变更已经采取的侦查措施，及时终止已经采取的侦查行为。这体现

---

① 参见联合国《打击跨国有组织犯罪公约立法指南》第 385 条，《反腐败公约》第 634 条。

② 监控措施分为针对不特定群体的监控，如道路监控、治安监控、酒店监控等，还有针对特定个体采取的监控，如住宅监督、跟踪监控等，本书中提及的监控措施是指对特定个体采取专门监控行为，针对不特定群体的监控不属于侦查行为，也不属于本书所指的监控措施。

了侦查行为程序正当性与及时性价值的相互协调，与阶段性优位。

（2）赋予司法审查决定可诉性

我国《刑事诉讼法》第115条规定了当事人和辩护人、诉讼代理人、利害关系人对于司法机关及其工作人员有违法实施人身强制措施，以及违法采取搜查、查封、扣押、冻结等侦查措施，以及其他违法行为的，有权向该司法机关申诉或者控告。受理申诉或者控告的机关应当及时处理，对处理不服的，可以向同级人民检察院申诉。赋予相对人司法救济途径是《刑事诉讼法》修改的一大进步。但目前法律规定的救济途径仍以"准司法救济"的形式予以体现。即以当事人一方享有"申诉"权利和侦查机关一方可以申请"复议、复核"的形态实现救济的，对侦查行为的救济尚未体现为"诉讼"形态。对司法审查决定具有"可诉性"是司法审查制度的重要特征，也是与非司法审查的重要区别，提出"上诉"应成为当事双方享有的法定诉讼权利。对于经过司法审查、授予司法令状采取的强制侦查措施，应将目前当事人申诉和侦查机关复议、复核的救济方式，变更为对强制侦查措施以"上诉"进行司法救济的方式。对于未经司法审查，由侦查机关自行审批适用的侦查措施，则应赋予当事人诉讼的救济权利。

在提请主体方面，"不告不理"是制约程序的基本要求，没有提请的情况下，司法审查及其救济程序均不能主动启动。司法审查的启动主体是侦查机关，被害方不能作为侦查措施提请的主体，但其可以向侦查机关提出相关请求，由侦查机关决定是否启动报请程序。对启动司法救济程序而言，根据"无利益则无抗告"原则，有权提请司法救济的主体应限于与裁判结果有利益关系的一方，① 包括侦查机关与当事人及其辩护人、诉讼代理人、利害关系人。

可诉性具体包括：一是当事人和辩护人、诉讼代理人、利害关系人对侦查措施决定不服的，可以向监督机关（检察机关）提出诉讼，请求监督机关对侦查措施决定进行再次审查。即对检察机关或者法院作出的司法审查决定不服的，可以向上一级检察机关或法院提出诉讼；对公安机关和监察机关自我审批的侦查措施不服的，可向检察机关提出诉讼。二是受理上诉的部门要在客观中立审查的基础上作出裁决。诉讼行为应当遵循诉讼形态，审查机关应当平等听取双方意见，必要时可以让双方进行对质后，客观中立地作出裁

---

① ［德］克劳斯·洛克信：《德国刑事诉讼法》，吴丽琪译，台湾三民书局股份有限公司1998年版，第559~560页。

决。三是上诉裁决具有司法效力，具有终局性。经上诉后作出的司法裁决具有终局性，如果上诉裁决作出撤销或变更侦查措施的决定，应当立即执行。

（3）以正当程序保障司法审查实质化

司法审查制度的有效运行离不开正当程序的保障。一方面，要构建"兼听则明"的司法审查方式。我国审查逮捕中仍是以书面审查为主的审查方式，听取辩护方意见，特别是辩护律师意见的做法还很有限。书面审查容易形成偏听侦查机关一面之词的弊端，因此，司法审查应加大听取辩护方意见，构造"两造对质""兼听则明"的司法审查程序，增强司法审查的实质化。虽然侦查中的司法审查有时间较短的问题，但借助现代科技网络视频技术，在审查期间听取犯罪嫌疑人意见、甚至是异地辩护人意见是可以实现的。目前，在我国有些发达省份已经实现了审查逮捕过程"每案必问"，很多都是利用远程视频技术实现的。另一方面，令状的内容应当具体明确。令状内容越具体明确越能减少侦查人员随意执法的空间，准确执行司法官的授意。对人身采取强制措施的令状，除写明犯罪嫌疑人姓名、涉嫌罪名外，还应当有具体的羁押期间、羁押场所，不服决定的上诉期间与上诉机关。对财产的强制措施令状也应写明财物的名称、金额、性质、所有人、所处地点，采取强制措施的时间、保管地点，以及上诉期间与上诉机关等。对隐私的强制措施更要写明采取措施的内容、范围、时间段、针对人员等。以严格防止超范围、超时间，扩大对强制性侦查措施的适用。此外，还应包括增强非法证据排除规则的可操作性，赋予司法审查决定的可诉性，等等。

4. 树立侦查中的抗辩观

行政化色彩浓厚是我国侦查权当前运行的基本形态和重要弊端。侦查权虽然本质上属于行政权，但其与典型的行政权还有很大不同。因其与司法权紧密相连，因此其在运行中除体现大量行政权特征外，还应遵循打击犯罪与保障人权的刑事诉讼目的要求，体现出部分司法权的特征。我国侦查模式的重要缺陷就是行政化色彩过浓、人权保障不足、司法特征彰显不够。犯罪嫌疑人一方基本权利缺乏，诉讼权利行使困难，抗辩意见被严重忽视。侦查环节呈现侦查机关居于绝对主体地位单方调查，犯罪嫌疑人被完全置于客体地位的严重失衡局面，形成超纠问式侦查模式。

侦查程序司法性不足的重要原因就是侦查中的抗辩观没有树立。一方面表现为没有建立起司法审查制度，另一方面则表现为忽视辩护方权力行使。没有将犯罪嫌疑人一方的辩护权利重视起来，忽视辩护权对查明案件事实的重要作用，忽视对犯罪嫌疑人诉讼权利的保护。因此，侦查模式在转型中应当树立"侦辩对抗"的正当法律程序观，并在此观念指引下，建立司法审查制度，完善辩护方的诉讼权利，以形成对侦查权的制衡。完善辩护方诉讼权利包括：增加犯罪嫌疑人的防卫权和辩护律师的辩护权；取消犯罪嫌疑人讯问时应当"如实回答"的规定，逐步确立我国的自白自愿原则；赋予犯罪嫌疑人对强制性侦查措施的司法救济权；赋予讯问犯罪嫌疑人律师在场权，增强辩护方在侦查程序中的地位作用；等等。以增强侦辩双方的对抗能力，削弱侦查权行政化色彩。

（三）完善强制措施体系

强制措施是强制程度最高的侦查行为，也是最易被滥用和造成侵害的侦查行为。除了对强制措施的监督制约不力外，我国强制措施体系本身也存在诸多设置问题。

1. 强制措施体系的设置问题

（1）强制措施体系不完整

我国刑事诉讼中的强制措施特指针对人身自由实施的拘传、拘留、逮捕、监视居住和取保候审五种，而不包括针对财物的强制性措施和针对公民隐私实施的强制性措施。针对财物实施的查封、扣押、冻结等措施和针对公民隐私实施的监听、监控、跟踪等措施，都带有不同程度的强制性，可能导致侵犯公民的宪法性权利，学理上称其为强制性侦查措施，法律上作为侦查手段规定于"侦查"一节。以前我国刑事司法中对人权保障关注不足，法律上仅将针对人身自由的侦查措施规定为强制措施，对规定为强制措施的侦查行为设置了一定监督。而针对公民财物和隐私权利的侦查措施则规定为强制性侦查措施，造成对这部分侦查措施监督力度不足。近些年来，随着我国人权保障程度的不断提高，"尊重与保障人权"和"保护公民合法财产所有权"都已写入我国宪法。将这两类强制性侦查措施纳入刑事强制措施体系，并确立对其适用司法审查原则势在必行。

（2）强制措施体系扁平化

强制措施设置的目的是确保犯罪嫌疑人到案，防止其干扰侦查，保障刑事诉讼顺利进行。在能达到保障诉讼目的的前提下，应尽量降低适用强制措施的强度，因此，强制措施应是一个从轻到重、层次分明的措施体系，以便针对犯罪嫌疑人的不同情况采取相应强度的强制措施种类。我国法定的五种强制措施，理论上也区分了层次。即将逮捕定位为较长时间羁押的最严厉的强制措施；将拘留定位为临时性羁押措施；拘传、取保候审与监视居住均定位于非羁押措施。但强制措施的层次区分不明显，特别是在实际运用中，层次性更加难以体现。一是临时羁押措施不临时。我国临时羁押措施拘留最长可达 37 天，立法规定上即远超很多国家羁押措施。侦查机关在适用中，只要能牵强够条件的，都会用满 37 天的拘留时间，拘留这种临时性措施逐渐演变为固定性措施。二是非羁押措施羁押化。监视居住与指定居所监视居住措施本身定位于非羁押措施，是逮捕措施的替代性措施。但实践中，二者都从非羁押措施成为了变相羁押措施，只是更换了羁押场所，其他方面与逮捕羁押并无差别，甚至羁押时间比逮捕更长。三是非羁押措施空置化。取保候审措施实践使用率较低，基本处于能不用即不用的地位。由于对非羁押人员管理水平的低下，取保候审的犯罪嫌疑人人身自由难以受控，出于担心犯罪嫌疑人脱保，难以顺利诉讼的顾虑，侦查机关对不少符合取保候审条件的犯罪嫌疑人，并不敢适用取保候审，而是升格报请予以逮捕羁押。四是羁押与类羁押措施经常化。指能够达到羁押效果的强制措施，即逮捕和指定居所监视居住措施，在实践中使用率较高。出于和非羁押措施空置化同样的原因，在实践中，侦查机关往往能用羁押措施的则不用非羁押措施。导致羁押措施和能达到羁押效果的措施，适用成为常态。

总之，我国强制措施的适用现状是基本不区分强制程度，而以适用羁押措施为原则。故我国强制措施无论名义上是否区分了层次，实践中都变相为青睐适用羁押措施或能够变相产生羁押效果的措施。具体措施，本身设置的趋同加上在实践中的故意曲解，模糊了强制措施体系的层次性，最终造成强制措施体系扁平化。

（3）强制措施设计缺陷阻碍功能发挥

强制措施除了体系性的弊端外，现有措施本身也存在法律设置中的问题。导致在实践中要么被弃之不用，要么被歪曲适用，使其难以发挥应有的功能作用。一是拘留措施时间设置过长。拘留作为一项临时性限制人身自由的强制方法，法定时间最长可达 37 天，远远超出世界上其他国家，限制人身自由时间过长有违临时措施的定位。这一设置也使实践中对常见的和较轻微的刑事案件的侦查提前到了拘留期间，即逮捕前就已经完成了案件侦查，而捕后程序虚置。二是取保候审与监视居住期限被人为延长。由于缺乏明确的司法解释，公、检、法三机关都认为取保候审，监视居住措施在不同诉讼阶段可以重新采取，重新计算执行期限。这一认识使这两项措施累计期限可长达 36 个月和 18 个月，其有违立法本意，也侵害了犯罪嫌疑人的诉讼权利。三是监视居住执行难度大。监视居住因执行难度大、执行成本高，在实践中，则很少被采用。即使采用要么对犯罪嫌疑人放任自流，要么成为变相羁押，没有充分发挥羁押替代性措施的作用。四是指定居所监视居住的设置易导致规避逮捕。在实践中有司法人员认为指定居所监视居住措施适用条件宽松、程序灵活，视其为理所当然的羁押措施，用来作为突破案件的"利器"，规避逮捕。而指定居所监视居住由于在看守所外的地点羁押，封闭性更强，也丧失了对其监督的渠道。五是取保候审措施可操作性不强。取保候审因法律规定不详细、可操作性不强，且没有明确脱逃人员的法律责任，为防止犯罪嫌疑人脱逃，实践中取保候审在强制措施体系中并不被重视，适用面窄，使用率低，替代羁押的作用难以发挥。

强制措施法律设置的时间过长，以及适用条件、适用方式的不当，都为实践中曲意执行法律提供了空间，阻碍了强制措施功能的正常发挥。

2. 完善我国强制措施体系

（1）扩大强制措施体系范围

扩大强制措施体系范围是构建司法审查、完善对强制措施的制约与完善强制措施司法救济的基础。扩大强制措施体系范围指除限制人身自由的措施外，对针对财物的强制侦查措施与针对隐私的强制侦查措施都应当纳入强制措施体系范畴，增加对财物和对隐私的法律保护，完善对人身自由的保护。

（2）建立司法审查与司法救济制度

根据强制措施的强制程度、对宪法性权利可能造成的侵害程度，以及侦查保密的需要等标准，确定强制措施体系的司法审查范围，建立司法审查与内部审批相结合的强制措施审批体系。增加对各项措施的救济制度，根据批准方式不同，建立对强制措施的上诉、申诉等救济手段。

（3）以科技引领强制措施变革

法律虽不是科技的直接服务对象或发展的直接动力，但法律必将随着科技的进步而深受影响。例如，DNA技术的发展对物证关联性判断有极大助益；电子证据扩展了证据种类；监听、测谎等新型侦查手段也走入了侦查领域。强制措施是诉讼的保障手段，诉讼保障的水平与社会管理水平密不可分，社会管理水平达到一定发展阶段很大程度上必将依赖于科技水平的提升。总之，强制措施要实现彻底变革必须依靠科技引领，特别是在非羁押措施的改革中，加强对先进科技的运用才能创新和增加非羁押措施种类。首先，引入应用卫星定位技术的电子手铐技术。通过佩戴在犯罪嫌疑人手腕上的电子手铐，实现远程卫星定位，实现对犯罪嫌疑人行动位置的实时监控。其次，运用通信监控技术，实现对犯罪嫌疑人的通话进行远程监控。最后，运用个人信息社会化管理系统。即通过边控系统、信用卡系统、购票管理系统等大数据体系，设定犯罪嫌疑人活动权限，实现对犯罪嫌疑人衣食住行的管控。在这样的社会严密管理水平下，非羁押措施适用中就可以减少对脱逃的顾虑。

（4）现有强制措施的完善

我国限制人身自由的强制措施还存在羁押措施数量大，非羁押措施适用率低，适用扁平化以及替代性不足的缺陷。因此扩大非羁押措施种类，改革部分强制措施适用条件与适用方式，构建层次分明，有利于分流诉讼保障功能的强制措施体系，是改革各项强制措施的主要目标。

一是大幅缩短拘留时间。拘留应当体现并发挥其临时性羁押措施的功能，应当将拘留时间大幅度缩短，建议缩短为 24 小时，最长不超过 72 小时，恢复拘留在强制措施中灵活、临时羁押的功能定位。只有减少拘留措施对人身自由可能造成侵犯的严厉程度，才能将其从需要司法审批的范围中剥离，保留其由侦查机关自行行使的方式，以保证侦查的灵活性，提升侦查效率与侦查能力。

二是借鉴保释制度权利观，完善取保候审措施。保释制度是英美等国家的一项羁押替代措施，其对我国最主要的借鉴意义在于引导诉讼观念的变革。取保候审措施更多被认为是一项国家权力，而保释更多体现在保障个人权利和权利制衡的观念。借鉴保释制度的权利观，构建强制措施"以不羁押为主、以羁押为辅"的适用原则。加强对取保候审适用对象、适用条件、适用程序、担保方式、救济程序的完善，增强取保候审的可操作性。增加脱保惩罚措施，运用大数据技术增强社会对人的治理管控能力，如取保候审人员不得乘坐火车、飞机、长途汽车等跨地市的交通工具，不得进行信用消费，必要时也可以采取电子定位方式，以增强取保候审的诉讼保障功能和执行效果。

三是改造监视居住制度。监视居住制度本身问题较多，存在执行成本高、适用不方便的缺陷，在实践中束之高阁，难以发挥替代羁押的作用。指定居所监视居住方式从执行情况来看，和羁押无异，甚至比普通的看守所羁押更为严格，对犯罪嫌疑人限制更多，侦查权力也更不受监督。与监视居住的非羁押定位相悖。因此，监视居住措施要发挥其比羁押措施逮捕略轻，比非羁押措施取保候审略重的功能定位作用，还需要对其进行较大幅度改造。

《刑事诉讼法》第 72 条规定，监视居住适用于符合逮捕条件但不宜羁押或不宜集中羁押的犯罪嫌疑人。不宜羁押指犯罪嫌疑人因自身不便（如身患重病）或者家庭需要（如需要哺乳的妇女或需要照顾不能自理的家人等）不宜在看守所羁押的。不宜集中羁押指因案情重大，即涉嫌危害国家安全、恐怖活动、特别重大贿赂犯罪三类案件，集中羁押可能有碍侦查的。既要满足这两类人群不宜羁押或不宜集中羁押的需求，又要使监视居住充分发挥羁押替代作用而不沦为羁押手段，则应当将监视居住融入现代科技进行改造。

①对不宜羁押的情况，建议将监视居住改造为"指定范围控制"措施。具体为，利用电子手铐与卫星定位等高科技技术，对犯罪嫌疑人设定活动坐标与活动范围，允许犯罪嫌疑人在设定范围内自由活动。例如，在自己家里自由活动，到家门口一定范围内购买生活必需品等。但犯罪嫌疑人在指定范围内的活动将受到通信监听或视频监视等监控措施。一旦犯罪嫌疑人活动范围超出事先的设定，将警报侦查机关，侦查机关可以立即对其变更为羁押措施，并施以违反规定的相应处罚。现代的卫星定位技术已非常精准，完全可以实现定点监控。融入现代科技后的监视居住措施既能节省人力成本，又保障了犯罪嫌疑人的非羁押性权利，还能够防止犯罪嫌疑人逃跑、串供、毁灭证据等情况发生。这样，即可将监视居住恢复为羁押的替代性措施。

②对不宜集中羁押的情况，建议将监视居住改造为"看守所内单独羁押"。不宜集中羁押的情况，多是针对罪行严重且集中羁押容易串供等使证据发生变化的情况，这种情况确实有单独羁押的必要。指定居所监视居住的设置更多是出于侦查便利的考虑。但目前指定居所监视居住实际就是在一个指定的地点建造了一个微型看守所，而且还不如看守所设施完善，制度规范，监管严格。而在指定地点内，侦查机关自由度大，缺乏看守所的监督制度，非常容易滋生侦查腐败，造成违法讯问、刑讯逼供等情况。这种情况建议取消指定居所监视居住，改造为"看守所内单独羁押"。即在看守所内建立单独羁押区域，完善安全保障设施。将这类情况纳入正规的羁押场所，遵守羁押场所关于讯问、出入所等各项规定。通过对监视居住措施的分流改造，实现监视居住的合理定位。

第七章 侦查监督体系的制度构建

　　侦查监督应作为一个整体进行体系性研究和系统性构建，将其构建为从理论到制度的完整体系。体系构建的基本原理、原则、目标是骨架，从源头上筑牢侦查监督体系的法理基础。制度构建是血肉，对侦查监督进行对策性、操作性的制度构建，从体例上完善侦查监督体系。在制度构建中，分为宏观制度构建与具体制度构建。侦查监督的宏观制度构建，既是制度构建的前提又是具体制度的保障，包括转型侦查模式、配置侦查权与侦查监督权、建立司法审查制度、完善强制措施体系等。继第六章对宏观制度构建阐述后，本章力争对当前我国亟需构建或亟待完善的具体制度，提出制度构想。

一、构建完整有效的立案监督机制

（一）立案程序存废之争

1. 存、废两种观点

　　"立案"作为我国刑事诉讼的启动环节，承担着开启刑事诉讼的功能。立案程序主要分为"随机型启动模式"和"程序型启动模式"两种模式。随机型启动模式指："侦查程序的启动以获悉犯罪消息为前提，一旦侦查机关通过各种途径获悉犯罪消息，就立即启动侦查程序加以调查，并不需要经过特别的案件处理程序如立案程序等。"[1] 英美法系国家以及法国、德国等大陆法系国家都采用的随机型启动模式。程序型启动模式与随机型启动模式相对，排斥侦查程序在启动上的随机性而强调程序性，指"通常必须经过一道专门的开启程序（一般称为"提起刑事案件程序""提起追究刑事责任程序""提起刑事诉讼程序"或"立案程序"）之后，才能正式启动侦查程序，展

---

[1] 万毅：《程序正义的重心：刑事侦查程序论——兼论我国侦查程序改革》，载《金陵法律评论》2002年秋季卷，第112页。

开侦查。"① 苏联、我国及继受苏联法制的国家通常采取程序型启动模式。立案的两种启动模式也形成了对我国立案程序"存、废"的两种基本观点。

鉴于立案权在我国实践运行中存在滥用、违法运用的现象，表现为对符合立案条件的案件，该立不立和对不符合立案条件的案件不该立而立。因此有观点提出了取消我国专门立案程序的主张，即对刑事诉讼程序采取"随机启动模式"。废除论者的主要理由包括：立案程序的设置导致该立不立（或不破不立）或者不该立而立现象；立案程序与无罪推定原则相背离，有审前预断之嫌；导致立案程序以及立案前侦查行为的法律性质不清；与侦查的效率、随机性相悖；英美国家等没有设置立案程序，因此没有这一程序是可行的。② 与此相对，也有观点主张保留立案程序，主要理由为：立案程序可以对侦查权力进行遏制，有利于对公民权利的人权保障；确立独立的立案程序，可以解决立案前审查行为的性质；且有利于法律的稳定。③ 还有观点主张不将立案作为提起侦查的条件，不作为诉讼的起点，而可以出现在侦查的任何阶段。④ 上述观点原则上可分为两大类，即废除立案程序采用"随机启动模式"的观点和保留立案程序维持"程序启动模式"的观点两类。

2. 我国保留立案程序利大于弊

讨论改革立案程序的动因是什么？是因为我国立案程序本身存在诸多问题，最突出的就是立案程序的存在导致了一些该进入侦查程序的案件无法进入，以及一些不该进入侦查程序的案件却进入了。这一问题正是由于法律赋予了侦查机关立案权，而立案权又被滥用导致的。因此，改革的一种方案就是彻底废除立案程序，从根本上剥夺侦查机关的立案权。权力取消了，皮之不存毛将焉附，滥用权力自然也不可能存在，上述问题也就不复存在了，而且也随之消除了立案程序在法律定位、审查性质等方面困扰已久的理论问题。但笔者认为，取消立案程序的观点看似解决了侦查机关对立案权滥用的问题，但跳出立案程序来看，解决了立案中的"小问题"却导致了侦查中的"大问题"。侦查程序乃至刑事诉讼程序中最让人担忧和警惕的权力是刑事侦查权。

① 万毅：《程序正义的重心：刑事侦查程序论——兼论我国侦查程序改革》，载《金陵法律评论》2002年秋季卷，第112页。
② 参见吕萍：《刑事立案程序的独立性质疑》，载《法学研究》2002年第3期；袁军、孙世萍：《刑事诉讼立案的独立性》，载《人民检察》2008年第7期；刘瑞榕、刘方权：《刑事诉讼程序启动研究——对我国现行立案制度的质疑》，载《中国刑事法杂志》2002年第1期。
③ 参见袁军、孙世萍：《刑事诉讼立案的独立性》，载《人民检察》2008年第7期；邹思平：《论立案与侦查的关系——关于初查的法律思考》，载《政法学刊》2001年第6期。
④ 邹思平：《论立案与侦查的关系——关于初查的法律思考》，载《政法学刊》2001年第6期。

立案程序设置的初衷是对侦查权力的遏制、制约。因为刑事立案起到了"公示"作用，立案后才能启动侦查程序，动用侦查手段开展侦查活动；反之，没有立案的案件则不能随意动用侦查手段和侦查措施。这样的作用无异于保障了公民权利不被侦查权随意侵犯。但如果取消了专门的立案程序，即侦查主体不论通过什么途径获得犯罪线索，都无须立案环节的"公示"，就可以随时动用侦查措施，那无异于侦查权获得了更大的自由，对侦查权也更加难以制约和规范。恐怕违法滥用的情况会更加严重，可能造成公民时时刻刻有陷于被刑事侦查的恐慌，后果更为严重。

也有人指出，世界上多数法治国家并没有专门的立案程序，也没有造成侦查权滥用、人人恐慌的局面，认为上述顾虑是多余的。实则不然，在借鉴别国法律制度的时候，应通盘考虑我国司法体制与拟借鉴的具体制度之间的继受可行性和配套措施匹配度。对立案程序而言，暂不论我国与西方国家政治体制、司法体制上的重大区别，仅就立案制度本身来看，英美等西方法治发达国家在侦查程序中有着严格的司法审查制度，可以通过司法机关的司法审查实现对侦查权力运行过程的有效制约。而我国尚未建立司法审查制度，各种侦查措施几乎都由侦查机关自我授权决定，逮捕措施的审查也没有摆脱司法化不足的桎梏。即使我国将来会逐步建立侦查措施司法审查制度，也会有一个过程，短期内实现对各种强制侦查措施的全覆盖监督难度较大，故在司法审查制度建立完善前，不宜贸然取消立案程序。我国应当对侦查各个环节增加制约手段而非相反。此外，英美等西方国家非常注重辩护方与侦控方权力的平等对抗。赋予了辩护方调查取证权、沉默权等较完善的辩护防御权，从公民权利的角度对侦查权形成了较有力的制约。而我国相比而言，权利制约还相当薄弱，难以对强大的侦查权形成制衡。从制约侦查权、保障人权这层意义上，我国对待侦查权的方向应当是加强监督制约，即"收紧"侦查权的运行空间。立案环节的设置有助于侦查中侦查措施启动的"有法可依"，有助于对侦查权的监督制约，保留立案程序利大于弊。

解决立案权滥用的问题不应是取消立案程序，而应是加大监督力度，有针对性地解决立案中存在的该立不立、立而不侦、不该立而立等问题。

（二）立案监督机制构建

1. 完善监督法律依据

立案监督法律依据不足、立法规定结构性缺失是立案监督机制最突出的基本性问题。首先，尽快在《刑事诉讼法》中确立侦查监督机关对违法立案与违法不立案均具有监督权。将部门会签的司法改革成果的核心内容，即对不该立案而立案的监督规定尽快纳入刑诉法，尽快在法律层面弥补立案监督法律依据不足的结构性弊端，是完善立案监督结构的基本要求，也是完善立案监督其他方面的基础。其次，从法律上赋予监督机关可操作的、可运行的监督手段、途径、后果。将对不该立案而立案和对该立案不立案的监督切实赋予刚性的监督方式，监督机关可以通知变更或直接变更侦查机关的立案或不立案决定，而非需要转化为侦查机关的认可，才谈得上对立案监督运行的完善。

2. 畅通立案信息渠道

信息是监督的来源，立案信息的畅通是立案监督的基本要求。畅通立案信息来源可以通过以下几个方式：

一是建立信息共享平台。只有完善信息来源途径，充分知悉侦查立案情况，才能履行监督职责，否则监督就是无本之木。完善立案线索发现机制应当借助现代科技手段和网络技术，建立监督机关与被监督机关之间的网络信息平台，并强制侦查机关对立案信息进行录入、共享。检察机关应与侦查机关和行政执法机关之间建立起"检警信息共享平台"和"行政执法与刑事司法衔接平台"，推进"网上衔接、信息共享"。上述平台的建设在实践中已经推进了多年，现代网络技术已不是阻碍平台建设的障碍，而被监督机关解放思想、容纳监督的胸怀，以及愿意提供立案信息接受监督的思想转变，才是阻碍平台建成的关键因素。

二是规范侦查机关受案录入制度。侦查机关对立案信息应当如实录入，明确案件信息共享范围、录入时间、录入内容等，使监督机关可以通过信息共享平台看到立案信息，并跟踪受理案件的处理情况，进而能够监督案件是否符合立案标准，以及根据案件进展情况提出监督建议。侦查机关不仅应对已经立案案件录入信息共享平台，对不予立案的案件信息也应录入信息平台，并写明不立案的理由。通过案件信息平台建立，使立案活动透明度大大地提升，立案活动运行尽在监督之下，有迹可循。减少了立案权力滥用和寻租的空间，为立案监督提供了案件信息基础。

三是科学设置监督信息筛选方式。信息共享平台是立案监督的数据基础，但数据量庞大，监督机关不可能也没必要进行逐案监督。要准确发现违法立案线索必须对平台中的信息进行有效筛选。通过科学设置筛选条件，使平台能够自动筛选出需要重点监督的案件。根据实践经验，设置易产生违法立案的案件条件，如不立案的信息中如果满足有明确的控告人（举报人），且有两项以上证据的，自动筛选出来进入监督视野；如，已经立案的案件信息中最易滥用立案权的经济纠纷类案件自动进入监督视野；再如，侦查环节由侦查机关撤案的案件自动进入监督视野；等等。经过筛选，监督重点基本清晰，在这一范围内，监督人员再予以详细审查，则监督的精准度更高，工作量也大幅减少。

四是重视知情人员的控告、举报以及媒体报道。控告、举报、申诉以及媒体报道的违法立案和违法不立案线索是监督的重要来源。目前，监督机关对控告、举报、申诉以及媒体报道的违法立案或违法不立案线索存在不重视，缺乏规范的受理审查程序等问题。完善相关案件立案方面的反映渠道也是重要的监督信息来源。

3. 创新立案监督方式

立案信息是海量的，而监督资源是有限的。有限的监督资源应用到最需要监督的地方，才能取得最佳的监督效果。除科学筛选监督信息外，改进监督的方式方法也是重要方面。目前的立案监督主要是以开展专项活动的形式推动，虽然有所侧重，但监督案件的范围不免局限，而若扩大监督案件范围，又难免陷入平均用力而减损监督效果的困境。笔者认为，应当创新立案监督方式。一是区分案件类型，明确监督重点。立案监督可以分为主动监督与被动监督两种方式，经过区分监督类型，最大限度利用好监督资源并充分发挥群众的监督力量。根据案件类型，将主动监督的重点放在严重破坏市场经济秩序和严重影响社会治安的案件上，如涉众面广的非法集资类案件，对百姓危害大的食品药品安全案件，命案、大要案以及社会影响大的案件等。对于受害面小、案情简单轻微的案件以被动监督为主，即主要依靠控告、申诉、举报渠道，不主动出击，有当事人提起时再进行监督。二是推进繁简分流，提高监督效率。充分利用立案监督信息网络平台进行审查并繁简分流。简单案件实现网上查询、网上审查、网上敦促说理与监督流程，实现批量监督，批量处理，提高监督效率。同时应区分违法程度，综合运用口头纠正违法、书面纠正违法、检察建议、发催办函、直接立案或直接撤案等不同层次的监督方法，只对严重违法的案件才予以书面纠正。在司法责任制改革下，对部分立案监督事项应放权给检察官本人行使，减少审批环节，提高监督效率。

4. 强化立案监督措施

没有有效监督措施的监督终会流于形式。长此以往，监督将丧失约束力和权威性，最终导致监督被架空，权力缺少制约。立案监督应当确立监督机关拥有自行立案权与撤案权等处理手段。对于提出监督意见，侦查机关没有正当理由拒不纠正的情况，检察机关在掌握相关证据，符合立、撤案条件的情况下，可以自行立案或撤案，主动启动或终止侦查程序。对立案权形成强制约束力，增强监督刚性。

二、实现捕押分离与羁押定期审查

（一）构建"捕押分离"制度

西方国家的逮捕与羁押分别是两个相分离的程序。逮捕是相当于我国拘留措施的短期羁押措施，而羁押则是相当于我国逮捕的，较长时间限制人身自由的措施。逮捕与羁押二者的期限并不必然重合，各国对长时间的羁押都有着严格的控制。"捕押不分"是我国诉讼程序中的一大弊端，若说犯罪嫌疑人捕后羁押在侦查阶段尚有确定的羁押期限的话，（首次为2个月，之后可以根据情况延长3次共5个月），但移送起诉以后的羁押期限则与起诉期限、审判期限等司法机关办案期限重合，检法机关的办案时间就成为犯罪嫌疑人的羁押时间。若办案期限延长或者出现法定情况而重新计算，则羁押期限也要随之延长。导致这一状况的根本原因就是"捕押不分"的制度弊端。

羁押期限不独立，"捕押不分"带来的制度弊端包括：一是造成"一押到底"。未决羁押本是保障诉讼顺利进行的手段，应以保障诉讼进行为限。这一目的注定未决羁押可能是变化的，如侦查早期证据尚未收集固定，为防止犯罪嫌疑人串供毁灭证据而对其予以羁押，但随着侦查进展，证据固定，犯罪嫌疑人已没有干扰诉讼的可能，这时即可以不予羁押。但羁押不独立造成对羁押中的变化缺乏动态认识，而将注意力完全放在案件办理中，忽视了对犯罪嫌疑人羁押状态的关注，造成"一押到底"，未决羁押时间过长。二是与无罪推定原则相悖。无罪推定原则要求任何人未经法院审判都应被认为是无罪的。但审前羁押直至判决显然是将犯罪嫌疑人早早贴上了罪犯的标签，与无罪推定的精神相悖。有的观点认为，犯罪嫌疑人的审前羁押期限都会在所判刑期中得到折抵，并不会对犯罪嫌疑人的羁押时间造成实质性延长，没有实质侵犯其基本权利，但这种观点也恰好证明了有罪推定观念的存在。三是容易出现"刑期倒挂"现象。"捕押不分"的做法对最终被判决无罪的人来说显然使其自由受到了无端限制，且这种限制还难有挽回弥补的可能。即使对有罪的人来说也容易导致关多久判多久的"刑期倒挂"现象，并非不会对犯罪嫌疑人造成实质性损害。

因此，我国应彻底改变"捕押不分"的状况，将羁押期限与逮捕期限、办案期限相分离。由签发逮捕令状的检察官在作出批准逮捕决定的同时根据案情预设犯罪嫌疑人的羁押期限，待羁押期限届满前，根据侦查进展情况，予以审查判断是否需要继续羁押，再确定羁押的期限长短。这样，羁押期限是由侦查进展情况和犯罪嫌疑人的具体状况而定，与办案期限进行了分离。即使案件没有办理完毕，办案机关可以申请延长办案期限，但不会因此导致犯罪嫌疑人的羁押期限被同时延长。检察官作出羁押决定时所预设的羁押期限不要求统一，而应根据案件具体需要确定，需要延长羁押期限的再根据侦查进展和犯罪嫌疑人或被告人的自身状况重新审查确定。"捕押分离"不仅能够避免"一押到底"，还能更加关注犯罪嫌疑人在羁押中各项合法权利的保障。羁押期限与办案期限的分离，也避免了犯罪嫌疑人为司法机关的办案拖延埋单。

结合前文所构建的司法审查制度，"捕押分离"只是个象征性说法，完整的应当是构建"强制措施期限与司法办案期限相分离"制度。即除逮捕期限外，取保候审、监视居住等期限都应当与办案期限实现分离。待各自期限到期后，根据各自的条件要求，分别重新审查，作出是否继续采取强制措施、变更强制措施、不批准强制措施，以及是否延长办案期限的决定。

（二）建立羁押定期审查机制

"捕押分离"的基本要求是对犯罪嫌疑人的羁押状态进行定期或不定期的重新审查，以确定是否需要继续羁押。故与"捕押分离"相配套的制度就是"羁押定期审查机制"。我国《刑事诉讼法》第93条首次设置了"羁押必要性审查制度"，这一制度开创了捕后羁押期间跟踪审查的先河，是我国法律关注未决羁押，保障犯罪嫌疑人诉讼权利，强化检察机关对羁押状况监督的重要体现，是尊重和保障人权的制度彰显。这一制度也在我国现有制度框架内，为实现捕押的适度分离创造了制度条件。在这一制度应当被高度赞扬的同时，也应当看到其因首次确立而不可避免地存在法律规定比较原则的弊端。如以何种形式审查、间隔多长时间审查、是主动审查还是被动审查、审查的内容包括哪些、审查的标准怎样确定、审查的方法与步骤是什么，等等，都需要进一步确立。特别是审查后，监督机关除了享有建议释放或变更强制措施的建议权外，应否具备直接处分权的问题，更值得深入探讨。目前的迫切任务应是对第93条确立的羁押必要性审查制度进行具体构建，并推动该制度在实践中的广泛应用。这里暂不对上述内容的具体构建提供方案，一是囿于篇幅所限，二是本书重在提出哪些具体制度需要构建以及构建的基本方向，具体构建内容不作为讨论重点。

目前，《刑事诉讼法》第93条，羁押必要性审查制度与"捕押分离"制度构建后的羁押定期审查制度肯定还存在制度层面的构建差别。"捕押分离"

制度构建后，构建一个羁押到期定期审查，与羁押未到期附条件审查，和羁押未到期不定期审查相结合的"审前羁押审查制度"是必需的，也是对"捕押分离"的制度支持。届时，如何科学构建羁押定期（不定期）审查的具体制度，形成羁押案件甚至部分限制人身自由案件的全面审查，是制度构建的远期目标。同时，另一个必备的制度是赋予监督机关监督处分权。在监督意见没有正当理由不被采纳的情况下，赋予检察机关对符合条件的案件直接作出相应处分的权力，是监督实质化的要求，也是改变监督乏力、流于形式的最好方式。不仅羁押定期审查应当赋予监督机关相应的监督处分权，各种监督行为的最终处理方式，也都应当设立可以落实到实质性处分的制度上。

三、提前介入引导侦查制度

（一）提前介入侦查的意义

在侦查监督体系构建和制度改革中，监督机关除通过排除非法证据监督违法取证行为，通过当事人申诉、控告监督侦查活动违法等事后监督方式外，还可以进行同步监督乃至事前监督，预防违法侦查行为发生。建立检察机关在审前提前介入引导侦查制度是监督制约侦查行为的另一种重要方式。检察机关提前介入侦查的必要性可以概括为：一是有利于检察机关对侦查活动进行监督；二是有利于侦查机关规范、完善证据收集；三是有利于准确、及时地完成审查逮捕和审查起诉工作。提前介入侦查实际上是侦查监督模式的新发展，与静态的、被动的、事后的监督方式不同，检察机关基于法律监督职能提前、主动深入侦查过程中，对侦查活动实施动态的、主动的、同步的监督。如前文所述，调整我国现有检警关系，构建"检察引导侦查"的检警模式，有助于检察官在审前程序中，发挥在证据引导、法律判断、证据合法性审查等方面的长处，进行引导侦查。充分发挥检察机关在审前程序中的主导作用。

进行侦查监督，事前引导侦查可以分为"防御型引导"与"预防型引导"两种方式，司法审查制度与提前介入侦查制度分别是两种引导方式的制度形式。一是通过构建司法审查制度监督制约侦查权，进行"防御型引导"。司法审查是通过对强制侦查措施事先审批、授予令状方式制约侦查措施的运用，达到监督侦查权运行、防止侦查措施滥用的目的。由于司法审查采取被动审批方式，对侦查的引导是通过"否定"其不当行使的方式被动进行的，故可称为"防御型引导"。司法审查过程对侦查效率会产生一定的影响，采用司法审查方式只能限于最易侵犯人权的少数侦查措施。司法审查的制度功能侧重于监督制约侦查活动。二是通过建立检察机关提前介入侦查制度，进行"预防型引导"。检察机关提前介入侦查制度是通过在侦查阶段提前参与侦查机关对重大案件的侦查活动过程，以提出意见建议等方式主动引导取证方向和侦查过程，并对侦查活动同步乃至提前实施监督。介入侦查的制度功能侧重于主动引导侦查工作。

检察机关提前介入侦查的意义在于：

首先，监督侦查违法行为。检察机关通过介入侦查过程，可以对正在采取或即将采取的侦查行为合法性进行同步监督，及早制止、纠正，防止侦查行为陷入违法的境地。例如，侦查机关在侦查中拟对犯罪嫌疑人采取指定居所监视居住措施，检察机关发现犯罪嫌疑人并不属于指定居所监视居住的情形，则可以同步开展监督，避免了侦查违法的发生。在事前监督方面，司法审查是主要方式，提前介入引导侦查是辅助方式，两种方式互相配合，相互补充，使侦查监督在侦查措施采取前铸就一道防止违法侦查的牢固的防火墙。

其次，引导侦查取证方向。引导侦查包括对取证方向的选择、对证据效力的认定、对法律适用的把握。检察机关对这些内容发表意见本身，就会对侦查行为进行限制约束。检察机关利用法律判断专长从法律视角，特别是从逮捕和起诉的视角，告知侦查机关哪些证据还需要补充、哪些证据合法性有问题、避免哪些无用的取证等，对取证方向、取证程序、证据效力等方面发表意见建议，减少侦查权的滥用，也降低侵犯人权的可能。例如，有的受贿案件中，侦查机关将侦查重心放在了行受贿双方言词证据的采集上，而忽视了受贿人"利用职务便利"这一法定要件证据的收集。检察机关的法律审查和靠前引导可避免案件因证据欠缺而无法认定以及侦查措施的无畏运用。提前介入引导侦查为检察机关尽早把关证据提供了制度基础，有助于侦查机关规范、完善的收集证据。

最后，有利于准确、及时地审查逮捕与审查起诉。提前介入引导侦查，使检察机关有条件以逮捕或起诉的标准提前审视案件证据情况，为检察机关尽早把关证据提供了制度基础。在有助于侦查机关规范、完善收集证据的同时，也有助于检察机关在审查逮捕和审查起诉时能够更为准确、及时。

（二）提前介入侦查制度建构

1. 提前介入案件范围

为合理利用司法资源，也避免引导的随意性和检察官借引导之名而大包大揽，提前介入侦查应限于对法律要求高且有必要的案件。可以包括：一是较为复杂的经济类案件，如证券类、非法集资类案件等，这类案件多为新型经济犯罪案件。这类案件专业性强，证据量大，取证要求高，属于"高智商"犯罪，很多犯罪嫌疑人具备很高的专业素养和专业技能，法律审查与认定的要求高、难度大。提前介入可以及时引导对关键证据的补充，加强对法律适用的判断。二是重大、疑难、复杂案件，如命案、暴恐案件、涉黑案件等。这类案件对社会影响大，通常涉案人数多，有组织实施，命案等对证据标准的要求更为严格，且是容易发生冤假错案的主要领域，提前介入即可加强法律判断，也可加强对侦查行为的监督，避免冤假错案发生。三是职务犯罪案件，一方面，这类案件言词证据多、客观性证据少；犯罪嫌疑人社会关系广泛、知识水平较高，反侦查能力和干扰侦查的能力强；证据获取难度大，容易发生变化，应当加强取证引导与固定。另一方面，这类案件由监察委调查，由于侦查过程秘密封闭度更高，留置等剥夺人身自由的措施也未设置司法审查，留置时间长，加强对侦查行为的监督更有必要。

2. 提前介入的原则与方式

一方面，检察机关应当把握提前介入是"引导"侦查，而非"指挥"侦查、"领导"侦查的原则。检察机关不能大包大揽，以引导之名干扰侦查，要避免过分强势的"主导"侦查，甚至替代侦查。检察机关是客观的法律监督机关，不能作为侦查的领导者，将自己作为侦查机关追求追诉犯罪，否则容易忽视无罪、罪轻证据的收集，丧失客观立场。"引导"的方式就是在客观公正的立场和法律适用的角度提出意见建议。检察机关所提的意见建议，供侦查机关参考，并不必然产生约束力。检察机关在审查批捕和审查起诉环节把好证据关和逮捕、起诉标准，侦查机关自然会对检察机关的意见建议慎重对待。

另一方面，要遵循"引导"与"监督"并重原则，避免过分"弱势"的辅助侦查。检察机关切忌站到侦查追诉的立场而忽视自身监督职能。"引导"是引导发现犯罪事实与获取有效证据，并非单纯为追求成功追诉。"监督"更是介入的重要目的，要同步审视证据取得和程序运行方式的合法性，防止产生冤假错案和违法侦查行为。要避免对自身职责认识不清，成为侦查机关的辅助者，也要避免在后续审查逮捕和审查起诉中产生"不得不捕""不得不诉"的负担。

3. 提前介入引导侦查与逮捕、起诉的关系

提前介入引导侦查的重要目的是加强侦查监督、引导证据有效获取、为逮捕起诉的审查工作做必要准备。但并非因检察机关"引导侦查"而必然导致逮捕与起诉的结果，二者虽有一定关联但绝非必然的因果关系。这主要是

受以下几个因素的影响：一是侦查机关的侦查效果是否尽如人意。检察机关提出引导侦查的建议，甚至列明侦查提纲后，侦查机关是否会严格认真执行，是否能完全实现侦查提纲所列的证据要求，这将直接影响到逮捕、起诉决定的作出。二是案件适用刑事政策的情况。案件在侦查过程中，案情也可能不断发生变化，如犯罪嫌疑人出现不适宜羁押的身体状况，此时即使证据符合逮捕要求，也可能不予批准逮捕；再如被告方与被害方可能在诉讼中达成了刑事和解，或者被告人认罪态度好，并选择了认罪认罚从宽程序等，则不捕、不诉是程序上允许并鼓励的从轻方式，这也会影响检察机关作出是否逮捕、起诉的决定。三是引导能力水平的局限。不排除有的检察官引导侦查能力水平欠佳，即使进行了审前引导，也未能使案件达到逮捕、起诉的证据标准的情况。四是案情本身不符合逮捕、起诉条件。有的案件犯罪情节轻微，本不应采取逮捕措施或提起公诉；有的案件重要证据难以取得，丧失了继续完善取证的条件，不符合逮捕或起诉的标准；有的案件侦查严重违法，排除非法证据后不符合逮捕或起诉标准；等等。

因此，能否被批捕、起诉是由检察机关以审查逮捕、审查起诉时的案件证据和标准，综合审查，具体判断而得出。并不能因检察机关提前介入了侦查过程就当然地导致逮捕或起诉的结果。提前介入侦查，既有引导取证的目的，更有监督侦查的职责，监督机关并不是侦查机关的助手、队友。要避免逮捕、起诉程序被"提前介入"程序"绑架"，避免出现一旦介入侦查就不得不捕、不得不诉的情况。当然，也不能因此陷入"引导侦查无用论"的另一极端。提前介入侦查毕竟是提前以逮捕和起诉的视角审视过案件证据，通常对后面的逮捕、起诉是具有积极作用的。而且监督侦查活动正确实施的职责本就是监督机关提前介入的重大意义。

四、完善侦查讯问程序监督

在我国传统"口供本位"观念的影响下，侦查讯问几乎成为侦查中最重要的侦查方式之一，获取口供成为了侦查活动的重中之重。实践中的大部分案件，特别是重大案件，没有口供定案是十分困难也是分外谨慎的。因口供对于定案的极端重要性，加之我国曾对诉讼中人权保障的重视不足，造成侦查机关为获取口供往往竭尽所能，甚至不择手段。因此，侦查讯问环节成为刑讯逼供、违法取证的高发阶段，是冤假错案形成的重点环节。对侦查监督而言，侦查讯问理应成为侦查环节的监督重点。但侦查讯问程序由于秘密封闭性强，监督机关难以介入，且讯问往往时间久、次数多、频率高，监督机关也难有条件完整的介入讯问过程进行监督。与强制侦查措施主要由检察机关进行监督不同，侦查讯问程序的上述特点考验着监督者的智慧，提出了需要另辟蹊径的更高的要求。

秘密封闭的环境下不可能有监督，只有让权力运行在阳光下才能防止滥用。对讯问过程的监督，要求必须打破"程序封闭"的壁垒，从增加讯问程序透明度入手。具体可以建立四种制度：一是全面设置看守所内讯问制度，将看守所视为侦查讯问的法定地点和讯问原则，非法定特殊情况外，看守所外的讯问属于违法讯问，所获证据将不具备证据效力；二是建立讯问过程同步录音录像制度和律师在场制度，这两项制度分别是打破讯问程序封闭性的技术路径和权利路径，是增强讯问透明度的直接方式；三是充分发挥非法证据排除规则作用，通过排除非法证据进行事后有重点的监督，通过排除违法取证结果的方式，遏制违法讯问的动力。因非法证据排除规则的极其重要性，将放在第五点中专门论述，此处对其他三项制度进行阐述：

（一）确立"看守所讯问"原则

讯问场所对讯问过程合法性的影响很大。实践中大量的刑讯逼供都是发生在看守所以外场所的讯问中。侦查机关在其控制下的秘密封闭的讯问场所内，引诱、威胁甚至刑讯逼供就变得易如反掌。之所以在看守所讯问能防止违法讯问的发生，主要因为：一是看守所职责所在。看守所本身属于为羁押场所，不是侦查机关，从工作职责上，它负责安全地看管好犯罪嫌疑人，而非侦查追诉犯罪，职责使命与侦查机关完全不同。反之，保障犯罪嫌疑人人身安全的职责要求还制约了侦查机关对犯罪嫌疑人的刑讯逼供，否则犯罪嫌疑人人身安全、健康发生问题看守所将负有不可推卸的责任。二是看守所内装有专门的讯问设施并设有规范的讯问规定。看守所设有专门的讯问区、讯问室，讯问室内配备录音录像设备；讯问前后要求对犯罪嫌疑人进行健康检查与提讯登记；安全警戒高，并配有专门医生以应对意外情况，等等。完善的硬件设施加之规范的讯问规定，不仅能防止刑讯逼供，为合法讯问奠定基础，而且也能够防止犯罪嫌疑人自杀、逃跑、突发疾病等有碍诉讼的特殊情况发生。

因此，应全面设置看守所内讯问制度，将看守所作为侦查讯问的法定地点。并将在看守所内讯问在押犯罪嫌疑人作为侦查讯问原则，非法定情况的看守所外讯问是违法行为，所获证据将被排除，不具备证据效力。看守所讯问原则还是同步录音录像制度和律师在场制度的构建基础与前提。这两项制度必须依赖于看守所的设施条件和人员条件，若没有看守所讯问作为基础和保障，同步录音录像制度和律师在场制度也就缺乏了构建基础，对侦查讯问的监督将很难有效。

《刑事诉讼法》第 116 条第 2 款规定，犯罪嫌疑人被送交看守所羁押以后，侦查人员对其进行讯问，应当在看守所内进行。拘留后 24 小时内开展的紧急讯问可以作为例外。该条是对侦查讯问地点的限制，也是我国首次对讯问地点作出规定。但还不能认为我国已经确立了看守所讯问制度。违反在看守所内讯问取得的证据是否就为非法证据而予排除，法律对此并没有作出肯定的答复。在 2017 年 6 月两高三部发布的《关于办理刑事案件严格排除非法证据若干问题的规定》中，对此甚至还给出了变通的意见。规定侦查机关在看守所讯问室以外的场所进行讯问取得的证据，侦查机关应当作出合理解释。① 也即侦查机关作出合理解释的，口供则可以采用。这对该项制度的完全确立留出了很大的操作空间。

（二）完善讯问同步录音录像制度

1. 我国同步录音录像制度现状

打破讯问程序封闭性的技术路径就是建立讯问活动同步录音录像制度。《刑事诉讼法》第 121 条首次将该制度入法，确立对可能判处无期徒刑、死刑等重大案件，讯问时必须进行同步录音录像，其他案件可以进行同步录音录像。检察机关要求职务犯罪案件侦查讯问全部实现同步录音录像。根据我国目前的经济社会发展状况，上述同步录音录像案件范围比较符合实际。重大案件由于破案压力大，往往成为发生刑讯逼供的重点领域，因此应严加防范，加强监督。且这类案件基本都由地市级侦查机关负责侦查，硬件设备配备较强，能够保障录音录像的开展。当然，在我国经济水平不断发展和科技水平日益提高的未来，当能够满足"每案必问"的经济需求和海量信息涉密存储的保密技术要求时，实现全部案件的全程同步录音录像自然是大势所趋，也是彻底规范讯问活动、保障人权、减少冤假错案的期许。但我国目前同步录音录像制度还存在不少不规范的问题：录音录像不同步、不清晰，看不清、听不见，审后再录，"打服"再录等。导致同步录音录像制度在实践中适用效果欠佳，失去了真实记录讯问过程、监督侦查、证实证据合法性等作用，没有完全实现制度初衷。

---

① 2017 年 6 月 20 日，最高人民法院、最高人民检察院、公安部、国家安全部、司法部《关于办理刑事案件严格排除非法证据若干问题的规定》第 9 条规定："拘留、逮捕犯罪嫌疑人后，应当按照法律规定送看守所羁押。犯罪嫌疑人被送交看守所羁押后，讯问应当在看守所讯问室进行。因客观原因侦查机关在看守所讯问室以外的场所进行讯问的，应当作出合理解释。"

2. "审录分离"解决录音录像不规范问题

解决同步录音录像不规范问题最有效的方法是在看守所讯问原则基础上建立"审录分离"。即由看守所专门安排技术人员承担录制任务，与侦查讯问人员相分离，录制人员和讯问人员从属于两套人员体系，互不干扰，互不隶属。录制人员在侦查人员办理完提讯手续后，即应按规定开启讯问室录音录像设备直至讯问结束，同步完成录制。随后录制人员应当场复制所需录像份数，并备份封存。在录制过程中，侦查讯问人员无法接触录制过程，更无法选择、控制录制时间，完全实现录制与审讯的人员、技术隔离。以保障同步录音录像的同步性、完整性、真实性。

3. "该录不录"所获讯问笔录应当排除

对于应当进行同步录音录像的案件没有同步录音录像时，应当规定讯问笔录应当予以排除，不具证据能力。因为，法律规定应当同步录音录像的案件，都是对言词证据依赖性强且最容易出现刑讯逼供的案件。在法律已经明确这类案件应当进行同步录音录像而侦查机关仍然不予录制的，这一作法本身就足以使人们对讯问的合法性产生合理怀疑。况且，即使确实因为录制设备故障或录制不清晰等技术原因导致没有录制同步录音录像的，言词证据应当重新获取，予以补救。重新取证时若犯罪嫌疑人推翻有罪供述，首先说明原取得的口供合法性值得怀疑；即使原来的供述确系合法取得，但反复翻供的证据，也说明其极不稳定，该口供本身也经不住法庭的审查和庭审质证。因此，对法律规定应当录音录像的证据若没有同步录音录像的，则应当直接否定讯问笔录的效力，排除该笔录。

（三）建立讯问律师在场制度

关于讯问时律师在场制度设置的必要性看法不一。赞同的观点认为，律师在场能够有效遏制刑讯逼供和其他违法审讯发生；并对侦查人员的执法活动起到了证明作用，有效防止犯罪嫌疑人在起诉和审判中翻供；还可以消除犯罪嫌疑人的恐惧心理，保障其辩护权和维护其合法权益。[1] 反对设置律师在场观点的理由主要集中于两个方面：一是认为没有必要，徒增办案成本，并指出西方国家是律师在场制度确立在前，由于科技的进步，同步录音录像制度确立在后，我国已经确立了同步录音录像制度，则没必要反过来再确立律师在场制度了；二是从操作层面考虑，指出虽然我国目前律师总人数达到

---

[1] 樊崇义主编：《刑事审前程序改革与展望》，中国人民公安大学出版社 2005 年版，第 362~381 页。

了 27 万,① 但其中刑事代理律师不足 10%, 且分布很不均衡, 很多经济欠发达地区和广大农村地区没有刑辩律师。律师队伍从数量上难以满足每年百万余件刑事案件的需求。

反对的意见虽有一定道理, 但笔者认为, 律师在场制度在我国目前环境下仍有设置的必要, 其中的操作问题也是能够合理解决的。

首先, 律师在场制度是同步录音录像制度的重要补充。律师在场和同步录音录像本质上相同, 都是对侦查讯问活动进行监视, 一个用"人"监视, 一个用"机器"监视。在科技尚不发达时期, 西方国家确立律师在场制度以监督讯问, 保障犯罪嫌疑人诉讼权益。我国人权保障起步较晚, 目前的科技水平已经能够实现同步录音录像, 因此, 我国跨越了律师在场阶段而直接进入了同步录音录像时期。但是, 我国同步录音录像制度确立后的执行情况并不乐观, 侦查人员自审自录、审录不分, 最主要是难以保证全程同步。"需要"时才录、"制服"后才录, 严重影响了录音录像的"见证"作用。因此, 律师在场制度是对同步录音录像制度落实不到位的补充制度。律师以辩护方的代表身份履行"见证"职责, 可以有效抑制侦查讯问违法。

其次, 通过建立"值班律师制度"可以缓解律师数量不足问题。法律规定侦查讯问原则要求在看守所内进行, 律师完全可以在看守所的讯问指挥室内通过电脑屏幕看到所有讯问室的讯问情况, 通过这种方式, 一个律师可以同时见证多组讯问。律师通过屏幕可以"看"、可以"听", 满足了"见证"的需要, 是对同步录音录像的重要补充。每天轮换安排律师在看守所内值班, 从大屏幕上监控讯问情况, 这样可以大大节省对律师数量的需求。值班律师费用应由国家司法财政负担。

最后, 犯罪嫌疑人聘请的律师可以同时行使"辩护"职能。对律师在场的定位兼具"见证"和"辩护"功能。看守所内值班律师的设置可以实现"见证"功能, 除此之外, "辩护"也是律师在场的重要作用。根据法律规定, 犯罪嫌疑人在侦查期间自被侦查机关第一次讯问起, 就可以聘请律师为自己辩护和提供法律帮助。对于犯罪嫌疑人自己聘请的律师, 则可以到讯问现场为其提供法律咨询, 同时履行"见证"和"辩护"的职能。因此, 律师在场不仅是必要的, 也是可行的。当然, 这一制度的全面推行还应循序渐进, 不断试点, 并有赖于我国律师队伍的不断发展完善。

---

① 参见对 "2015 年全国律师工作会议" 的报道, 载新华网, http://news.xinhuanet.com/legal/2015-08/20/c_1116322590.htm。

（四）小结

在加强对侦查讯问的监督中，最有效的办法是打破讯问封闭性、增加讯问透明度。确立看守所讯问原则是同步录音录像、律师在场、非法证据排除等讯问监督制度建立的制度基础与外部保障。否则，若侦查机关仍封闭在自己的场所内进行讯问，则构建任何制度都将是徒劳的，都将会遇到执行阻力。由于讯问过程往往持续的时间久、次数多，对讯问过程的监督应当充分发挥科技手段和当事人诉讼权利的监督作用，依靠技术监督和权利监督完成对讯问过程的同步监督。同步录音录像制度和律师在场制度分别是对讯问过程的技术监督与权利监督途径。为实现对侦查讯问过程的监督目的，我国《刑事诉讼法》中确立了讯问同步录音录像制度，但该制度实践中执行情况不甚乐观，制度功能严重萎缩。因此，律师在场制度被学者再次呼吁，作为同步录音录像制度的补充机制，共同构成对侦查讯问过程的监督。侦查讯问中公权力的监督方式主要表现为排除非法证据。检察机关通过对证据合法性的审查，从侦查结果"证据"入手，反观讯问活动的合法性，实现对讯问过程的监督。通过这几个制度的配合运用，讯问过程的封闭性被打破，讯问过程和讯问结果都受到不同力量的监督与牵制。再加之侦查人员执法理念的不断转型、考核评价机制的科学改进，可以期待侦查讯问活动将越来越规范。

当然，监督侦查讯问活动肯定将对讯问有效性产生一定影响，但讯问有效性的取得决不能不择手段以牺牲人权为代价，况且违法手段获得的讯问结果其真实性也难以保障。提高讯问有效性可以通过制度改革和讯问水平的提升来实现。例如，我国目前正在积极推进中的认罪认罚从宽制度、速裁程序、简易程序、刑事和解制度等一系列刑事司法制度，通过量刑上的政策优惠，使犯罪嫌疑人有动力、有理由在权衡现实利害关系的基础上，自愿选择如实供述。上述制度都是力求在获取口供的合法性与有效性之间寻求平衡。促使如实供述成为犯罪嫌疑人理性的利益之选。除了制度鼓励外，还应提升讯问水平，改进讯问方式，从法律、道义、情感等角度全面激励、感化犯罪嫌疑人，促使其真心悔过，认罪伏法，自愿供述。

五、增强非法证据排除规则可操作性

非法证据排除是检察机关在庭审前，通过审查证据合法性对侦查活动进行监督的方式之一。非法证据排除不仅指法院在庭审中对违法取得的证据排除，还包括检察机关在侦查环节、审查起诉环节对违法取得的证据进行排除。2013 年，自《刑事诉讼法》确立了非法证据排除规则后，实践中该制度功效初步彰显，社会各界对该制度也寄予了较高期许。然而制度推行之路磕磕绊绊，执行中争议尚存，操作程序不足，排除比率偏低。2013 年至 2014 年，因排除非法证据不捕、不诉共 1285 人，2014 年因排除非法证据而不逮捕呈下降趋势。① 非法证据排除是一项被西方国家司法实践证明行之有效的侦查活动监督方式。为建立畅通有序的运行程序，增强排除规则的可操作性，有关部门相继出台了规定。2017 年 6 月，最高人民法院、最高人民检察院、公安部、国家安全部、司法部出台《关于办理刑事案件严格排除非法证据若干问题的规定》，同月，最高人民法院印发《人民法院办理刑事案件排除非法证据规程（试行）》，明晰排除规则的认识分歧，增强排除规则的可操作性，提升排除规则的适用度，防止排除规则被实践架空。在侦查环节上，以下方面是完善重点：

（一）"非法证据"范围应予厘清

非法证据排除规则适用中最主要的问题是相关概念、范围认识不清，导致"排除过宽"或"排除过严"两种倾向。随着侦查活动的日趋规范，传统意义上的刑讯逼供已大幅减少，取而代之的是变相刑讯逼供、指供、诱供，以及取证瑕疵、程序失当等问题。例如，冻、饿、晒、烤、熬等疲劳审讯，违反讯问地点和同步录音录像规定等程序性规定的讯问，威胁、引诱、欺骗所取得的证据，以及重复自白等，这些证据是否属于法律意义上的应当排除的"非法证据"，引起了广泛的争议，是实践中的难点。

1. "非法证据"界定原则

适用好一项司法规则，不能孤立的、抽象的谈适用，而应结合这一规则所处的社情、国情与司法环境综合考量。非法证据排除规则在西方经过百年洗礼，发展至今历经不断修正才基本成熟，与西方发达国家的经济、法治状况基本适应。我国从理论领域开始研究这一规则不过二三十年，法律上确立这一规则仅四年多，发展时间尚短。且我国当前处于经济转型期，社会矛盾凸显、犯罪数量居高不下的现状不容忽视，我国社会经济发展状况使我们在侦查设备、侦查力量以及侦查能力上都与西方发达国家存在较大差别。非法证据排除规则适用中，排除范围过宽则案件侦破困难，影响人民群众社会安全感；排除范围过窄则人权保障不足，法治发展难行。因此，既不能简单拿西方国家的标准套用我国，也不能固守以前的做法故步自封。况且，西方国家在排除规则的发展中也在不断修正，逐渐转变了"一律排除"的僵硬做

① 参见孙谦：《关于修改后刑事诉讼法执行情况的若干思考》，载《人民检察》2015 年第 7 期。

法，不断增加排除规则的"例外"。例如，美国，非法证据排除规则就存在善意的例外、"毒树之果"的例外、切断来源的例外、公共安全的例外等十余种例外情况。① 因此，适用排除规则应该在保持"保障人权与控制犯罪平衡"，与"程序公正与实体公正平衡"原则下开展。并借鉴"基本人权保障论"和"重大违法控制论"的基本内核，② 对"非法证据"的范围作出恰当理解。

2. 对"非法证据"的厘清

一是对"其他非法方法"的理解。在判定是否属于"刑讯逼供等非法方法"上，《关于办理刑事案件严格排除非法证据若干问题的规定》中的界定比较客观，符合实际。第 2 条规定："采取殴打、违法使用戒具等暴力方法或者变相肉刑的恶劣手段，使犯罪嫌疑人、被告人遭受难以忍受的痛苦而违背意愿作出的供述，应当予以排除。"该《规定》对非法方法解释为"暴力方法或变相肉刑"，即与刑讯逼供的侵害力度"相当"的方法。冻、饿、晒、烤、熬等非法方法当然地包含于变相肉刑内。

二是区分侦查策略与"威胁、引诱、欺骗"的区别。当"威胁、引诱、欺骗"严重侵犯犯罪嫌疑人合法权利，违法程度和强迫程度与刑讯逼供相当，甚至更有甚之时，迫使犯罪嫌疑人、被告人违背意愿作出供述的，应当属于非法证据予以排除。《规定》第 3 条中，将"采用暴力或者严重损害本人及其近亲属合法权益等进行威胁的方法"列为非法证据，即将严重威胁行为列为非法取证行为。对于学界讨论较多的"引供、诱供、欺骗"等问题，《规定》尚有所保留，并未将其列为非法取证手段。侦查策略是开展犯罪侦查的高级思维活动，出于侦破案件的需要，应当有一定的法律容许性，秘密侦查、控制下交付等就是侦查策略的合理体现。侦查策略与引诱、欺骗等方式，在司法实践中确实很难区分和认定。但尽管如此，对于严重的、明显的欺骗、诱供等行为，也应当列为非法取证手段，所获证据应当予以排除。

三是对于"重复自白"的认定。"重复自白"指在对犯罪嫌疑人、被告人以刑讯逼供等非法方法获取的口供进行排除后，又对其进行了合法的讯问，所获得的后面的供述，被称为"重复自白"。"重复自白"是侦查活动中时常发生的现象，是否可以作为证据使用存在争议。许多学者对"重复自白"持

① 参见杨宇冠：《非法证据排除规则研究》，中国人民公安大学出版社 2003 年版，第 75～100 页；林辉煌：《论证据排除——美国法之理论与实务》，北京大学出版社 2006 年版，第 68～95 页。

② 孙谦：《平和：司法理念与境界——关于法治、检察相关问题的探讨》，中国检察出版社 2010 年版，第 248 页。

批判态度，而实务界则倾向于"重复自白"可以使用。"重复自白"若一律排除，则会导致"一次非法讯问将使此后的所有合法讯问失效"的后果，容易放纵犯罪。从打击与保护平衡考虑，"重复自白"不宜绝对排除，而应赋予可补正的机会。"重复自白"是否能够采用可以通过后面的合法供述与前面的非法供述间的关联度来判断。即要看前面的违法刑讯行为对后面的合法讯问是否影响尚存，是否足以影响犯罪嫌疑人二次供述的真实意愿，结合二者的因果关系及联系的紧密程度进行判断。① 后面的自愿供述若与前面的被迫供述切断了因果关系，消除了被迫供述的影响，足以保证合法供述的自愿性时，则可以采用，否则应予排除。例如，后面的供述是在更换了讯问人员，且完整告知犯罪嫌疑人诉讼权利，并已经告知其之前违法供述已予排除的情况下，严重减弱或切断了非法讯问对二次讯问的影响时，新供述则可以使用，反之则应当排除。

四是关于违反法定程序的证据。对"未依法同步录音录像""录音录像存在选择性录制、剪接、删改""未在规定场所讯问"等违反法定程序取得的证据，应当予以排除，重新取证。但目前《人民法院办理刑事案件排除非法证据规程（试行）》中采取了"容错"的态度。即对上述违反法律程序性规定取得的证据，因上述证明方式的缺失，若在案证据不能排除以非法方法收集时，所取得的证据才予以排除。② 也即证据是否排除，要看证据本身是否可能涉嫌刑讯逼供等违法方法取得，若涉嫌违法取得，而又因违反程序性法律规定而无法证明证据合法性时，才予以排除。也就是以不排除为原则，以有条件的排除为例外，这是规范不彻底的地方。

五是对于补正与合理解释的理解。对证据形式存在瑕疵的证据，如笔录中讯问时间、讯问人填写有误等，要进行补正或者作出合理解释，能够补正或合理解释的，可以采用。而补正与合理解释，不是"随意解释"与"一般

---

① 刘辰：《新〈刑事诉讼法〉非法证据排除适用中的若干问题》，载《四川警官学院学报》2014 年第 4 期。

② 《人民法院办理刑事案件排除非法证据规程（试行）》第 26 条规定，经法庭审理，具有下列情形之一的，对有关证据应当予以排除：（一）确认属于以非法方法收集证据情形的；（二）对于应当对讯问过程录音录像的案件没有提供讯问录音录像，或者讯问录音录像存在选择性录制、剪接、删改等情形，现有证据不能排除以非法方法收集证据情形的；（三）对于侦查机关没有在规定的办案场所讯问，现有证据不能排除以非法方法收集证据情形的；（四）对于检察人员在重大案件侦查终结前未对讯问合法性进行核查，或者未对核查过程同步录音录像，或者录音录像存在选择性录制、剪接、删改等情形，现有证据不能排除以非法方法收集证据情形的；（五）其他不能排除存在以非法方法收集证据情形的。

说明",而要从解释的方式、内容、来源等方面进行审查判断。解释应当合乎情理,能够帮助确信物证、书证收集方法的合法性;解释所依据的事实应当有证据加以证明;要综合审查物证、书证,能够与案件其他证据和事实相互印证。不合情理的解释、牵强的解释,一般性的工作说明,只有肯定性结论而没有理由,更没有证据予以证明的说明,都不能认为是合理解释。

(二)加强对非法证据调查程序的构建

排除非法证据应坚持早发现、早排除,尽量在庭审前审查逮捕、审查起诉环节就进行。这既有利于保障庭审的集中连贯性,又有利于对证明证据合法性证据的收集固定。审查逮捕距离侦查环节时间短,方便收集固定刑讯逼供、违法取证的证据,犯罪嫌疑人对侦查违法行为也记忆清晰,是发现、调查、固定非法证据的黄金时期。但审查逮捕只有7天期限,往往难以完成对非法证据的审查认定。审查逮捕对于非法证据排除的优势与弊端都十分明显。可以探索将审查逮捕与对侦查活动的监督和审查起诉相结合,解决这一问题。

一是尽可能赋予检察机关相应的调查手段。对证据合法性开展调查,是在案件审查过程中对有疑问的证据进一步深入调查的程序,是对"案中案"的调查,应当赋予相应的调查手段作为检察官履行调查职能的支撑。除了讯问犯罪嫌疑人,听取辩护律师意见,审阅案件材料外,还应当包括询问证人、被害人、办案人员、在场人员等一切可能对调查证据知情的有关人员,包括查看、调取讯问录音录像、出入看守所体检记录、侦查内卷及相关文书,包括对犯罪嫌疑人伤情进行检查、鉴定等。

二是对非法证据的调查应贯穿于审前程序全过程。(1)审查逮捕期间发现证据可能系非法取得的,应当启动对相关证据或人员的调查程序;(2)能够在审查逮捕期间确定证据合法性的,则根据调查结论,对所调查证据予以排除或保留;(3)若在审查逮捕期间内调查工作尚未结束,证据合法性难以确定的,该存疑证据不能作为认定逮捕的依据,应根据存疑证据之外的证据作出是否逮捕的决定;(4)逮捕与否的决定作出后,存疑证据不能就此一直存疑,而应继续对存疑证据的合法性进行调查,后面的调查工作属于对侦查活动的监督,并不受逮捕期限的影响,可以调查直至侦查终结;(5)侦查终结前,得出调查结论的,调查结论连同调查材料应当告知并移送公诉部门,仍没有调查结论,证据仍然存疑的,应将调查材料和调查进展报告移送公诉部门;(6)公诉部门在审查起送时,对非法证据已得出的调查结论,应予认可并作为审查起诉的依据,对仍然存疑的证据,应继续调查,并作出结论。即对证据合法性的调查始于审查逮捕但不终于审查逮捕。将逮捕程序与对侦查活动的监督过程和审查起诉过程相衔接，是非法证据调查程序的应有路径，法律对此应当作出明确规定。

三是调查程序应作出明确规范。调查程序应经批准启动，并通知被调查人员，以避免随意调查和秘密调查的出现；在调查中，不能采取限制被调查者人身自由、财产自由、个人隐私的调查行为，这些强制性侦查行为已经超出"调查"的范围，只有在立案后才能采取，要避免越权调查；调查后认为不存在违法行为的，应当向侦查机关和侦查人员说明情况，并在一定范围内予以澄清、消除影响，调查结果应反馈控告、举报人；认定存在违法行为的，应当根据违法严重程度，分别作出提出纠正意见、更换办案人员、建议给予行政处分或移送犯罪线索的决定

六、增强辩护方权利保障

权利监督是对侦查活动监督制约的重要方面，也是检察机关权力监督的重要来源和补充。当事人是侦查行为的相对人、亲历者，更清楚侦查活动违法的内容，最具监督的动力和积极性，增强辩护方的诉讼权利内容并加强对辩护方诉讼权利运行保障，是监督制约侦查活动的另一个重要方面。侦查监督在制约侦查权的同时，虽然也同是对辩护方诉讼权利的保障，但除此之外，还应当专门赋予辩护方享有特定的诉讼权利。

（一）会见通信权

在我国，犯罪嫌疑人的会见权是通过辩护律师会见犯罪嫌疑人的方式体现的。会见难曾经是我国律师执业权利三大难之一，被广为诟病。《刑事诉讼法》在律师会见权利的保障上有了很大改善，除危害国家安全、恐怖活动、特别重大贿赂犯罪三类案件外，① 辩护律师凭"三证"，即律师执业证、律师事务所证明、委托书或法律援助公函，即可不经侦查机关批准直接会见犯罪嫌疑人。根据《人民检察院刑事诉讼规则（试行）》第46条的规定，特别重大贿赂犯罪案件在侦查终结前律师也至少可以会见犯罪嫌疑人一次。律师会见权基本可以较顺利的实现。

目前会见中出现的新问题，主要是经许可会见的案件在执行中被曲意理解：有的案件故意曲解"特别重大贿赂犯罪案件"条件而阻碍律师会见；有的对"涉嫌犯罪数额在50万元以上"的规定曲意理解、扩大适用，或以报

---

① 《人民检察院刑事诉讼规则（试行）》第45条规定，有涉嫌贿赂犯罪数额在50万元以上，犯罪情节恶劣的；有重大社会影响的；涉及国家重大利益的情形之一的，属于特别重大贿赂犯罪。

案数额为准，或以初查线索为准，或以犯罪嫌疑人供述为准，等等，想方设法往 50 万元特别重大的标准上靠，以阻碍律师会见；有的对"特别重大贿赂案件"只看数额不看情节；有的将许可会见的范围扩大至与之相关的关联案件上，如扩大到不符合条件的行贿案件上。此外，律师会见少还有律师自身会见意愿不高、会见动力不强的原因。由于看守所位置通常较为偏僻，律师会见一次犯罪嫌疑人可能耗费一天甚至更长的时间，因此有些律师不愿多次会见，无须审批凭"三证"即可会见的案件会见次数仍然不多就是例证。

　　解决会见中的问题，首先，要对故意曲解现象进行纠正，通过司法解释等规范性文件细化许可条件，减少曲解空间。其次，要加强侦查监督力度，惩处曲意执行法律、规避法律规定的违法行为。此外，还可以通过完善犯罪嫌疑人与辩护律师间的通信权利来实现。通信权利目前在我国尚未得到重视，若律师能够通过电子邮件等方式与犯罪嫌疑人及时沟通、提供法律帮助，则将会更快速便捷的实现对犯罪嫌疑人权利的保护。

　　（二）知悉权

　　"合理的告知、获得庭审的机会以及提出主张和辩护等都体现在'正当法律程序'之中。"① 对案件诉讼情况的知悉不仅是犯罪嫌疑人拥有的一项重要诉讼权利，也是犯罪嫌疑人行使各项辩护权利的前提。我国《刑事诉讼法》在犯罪嫌疑人知悉的范围、内容、方式、程序、后果等方面尚缺乏完善的规定。犯罪嫌疑人一方掌握诉讼信息途径闭塞是导致其难以充分行使诉讼权利、难以开展辩护防御的重要原因。当然，要求将侦查活动中的侦查信息都予以告知是不合理的，也不符合侦查要求和规律，知悉权应有合理范围与恰当限度，应与犯罪嫌疑人的诉讼权益相关，应以犯罪嫌疑人有能力行使各项诉讼权利为必要。故"知悉"应限定在诉讼信息而非案情信息上。

　　1. 知悉的内容

　　一是有权知悉自身所处的法律状态。即当事人是犯罪嫌疑人、被告人还是被调查人、证人等在诉讼中的身份情况；接受的问询是讯问还是询问；案件所处的诉讼阶段是初查、侦查、还是逮捕、起诉、审判阶段等；被采取的强制措施是刑事拘留、逮捕还是留置、传唤、取保候审、监视居住等。当事人知悉自身所处的基本法律状态是其了解、判断自身享有何种法定诉讼权利，以及行使相应诉讼权利的基础，是参与诉讼，维护自身合法权利的前提。

　　二是有权知悉所涉嫌的罪名和理由、人身自由和财产的法律处境。包括

---

① 《布莱克法律词典》（第 5 版），"正当法律程序"词条。

犯罪嫌疑人、被告人涉嫌何种罪名；被采取的强制措施种类与理由；人身羁押地点与期限；对财产的查封、扣押、冻结的范围、数额与地点。人身自由权、财产权都是受宪法保护的基本人权，对这些基本权利进行限制或剥夺时，让权利所有人了解被剥夺的基本情况无可厚非。知悉这些情况，当事人才能对侦查机关所采取的侦查措施是否合法、是否合理提出意见或异议，才能考虑是否需要律师等人员的帮助。

三是有权知悉上述法律措施、法律状态的变化情况。办案机关对上述法律措施、法律状态情况的告知不应是一次性的，而应及时更新、随时告知变化情况。犯罪嫌疑人、被告人被采取强制措施情况、财产被强制情况、涉嫌罪名、量刑情节等都可能会随着侦查进展发生向严重或轻缓方向的变化。由此可能导致其羁押被延长期限或解除、羁押措施被变更、财产措施发生变化、诉讼阶段发生变化等。这些变化会引起犯罪嫌疑人相应诉讼权利的增减，故有必要让犯罪嫌疑人及时掌握情况，以对侦查措施的变化提出意见，行使自身合法权利。

四是有权知悉侦查人员的身份和有权文书等情况。在非特殊案件保密需要的情况外，侦查人员在行使相应侦查措施时，应当告知相关人其自身身份，出具身份证件，出具具有法律效力的法律文书。亮明侦查人员身份和法律授权的有权文书，是法律程序正当性的基本要求，有利于当事人对侦查行为的确认和监督。

2. 知悉的方式与程序

我国目前采取限制人身自由的强制措施时，会在宣布强制措施的同时将上述情况进行告知。但在采取强制性侦查措施和对财产采取强制性措施时，则缺乏上述信息的告知途径。建议在首次讯问（询问）时，首先将上述基本内容向当事人告知并记录于笔录，保证当事人的知悉权。告知方式应以书面告知、事前告知为原则，口头告知、事后告知为例外。也可以拟就格式化的"诉讼权利告知书"，或列明于强制措施决定书中，或记录于讯问笔录中。除向当事人本人告知外，还应告知其家属和相关权利人员。

3. 法律后果

检察机关负有对侵犯当事人知悉权的违法行为进行纠正和监督的责任。若犯罪嫌疑人、被告人所应享有的知悉权被隐瞒，甚至影响了其重要诉讼权利的行使，或造成了严重后果，应当排除因此所取得的证据，或对违法侦查人员提出监督纠正意见。

（三）救济权

"无救济则无权利"，救济权是当事人享有的一项保障其他权利得以实现的诉讼权利。任何法律赋予当事人的权利若缺少救济措施都无异于一句空洞的口号。1996 年《刑事诉讼法》曾规定了禁止侦查人员讯问中进行刑讯逼供的条款，但因没有建立非法证据排除规则，犯罪嫌疑人不受刑讯酷刑的权利则难以依托制度落实。救济权本身并无法单独行使，而是在其所保障的原权利受到侵害后才得以发挥作用。我们所创建和设定的若干制度机制都是在创设原权利，在没有救济权下的原权利是缺乏保障的，只有赋予原权利以救济途径，才能算真正享有该项权利。

在救济权上我国存在的问题，一方面，是救济范围尚不够广泛。并非所有法律赋予当事人享有的诉讼权利受到侵害时都能够实现救济，如告知类权利在法律上就缺少救济途径；此外，有法律规定的有救济途径的权利，也存在实际执行中难获救济的情况。另一方面，是救济方式以行政救济为主，司法救济途径缺乏。我国法律确立的救济方式主要体现为申诉、控告、申请复议、复核等行政救济途径，申诉机关也是行政式审查方式。行政方式救济大多是向原机关而非司法机关提出，进行救济的主体客观性不足、程序不规范。

对此建议：一是从法律层面完善救济权的覆盖范围。赋予犯罪嫌疑人、被告人一方法律所规定的各项诉讼权利的救济权，避免有权利无救济的权利存在。二是统一救济权行使机关。在侦查阶段应由侦查监督机关，即检察机关统一行使救济权。向采取侦查行为的侦查机关自身或其上级机关申请救济，都难以保障救济的客观中立性。三是改善并丰富救济方式。建议增加诉讼式救济方式，特别是对于相对人基本权利强制程度高的侦查行为，赋予当事人可上诉的救济权利。例如，对需经司法审查的强制性侦查措施、非法证据排除等进行司法救济。除诉讼的救济方式外，保留多层次、灵活的救济方式。四是规范权利救济的法定程序。赋予当事人行使救济权利的法定程序，执行规范。五是健全国家赔偿制度。完善国家赔偿范围、赔偿额度、赔偿程序，对于违法侦查行为除监督纠正外，同时，对当事人造成的损害应当通过国家赔偿有效地弥补。

（四）"无罪推定"原则的权利具体化

"无罪推定"是指，只要没有依照法定程序被法院认定有罪，犯罪嫌疑人在法律地位上都是无罪的,不得将其等同于"罪犯"①。无罪推定被视为现代刑事诉讼基本原则,为世界各国所确立。根据无罪推定原则的要求,犯罪嫌疑人在被确定有罪之前,应尽可能地以无罪的方式对待他,不应该毫无节制地使用直接暗示犯罪嫌疑人是有罪之人的措施,并禁止国家机关发表犯罪嫌疑人是有罪之人的言论。② 无罪推定原则下,更涵盖了犯罪嫌疑人丰富的诉讼权利,应当将该原则所涵盖的诉讼权利从口号式权利转化为具体化权利,赋予权利能够行使的制度规定,使无罪推定原则能够具体落地。

1. 无罪推定原则包含了"反对强迫自证其罪"的权利

"反对强迫自证其罪"要求国家机关承担证明犯罪事实成立的证明责任,犯罪嫌疑人、被告人没有证明自己无罪的义务。我国《刑事诉讼法》确立了犯罪嫌疑人享有不得强迫自证其罪的权利,也建立了非法证据排除规则予以保障,与以往保障口供自愿的制度空白相比迈出了重要的一步。③ 但对"反对强迫自证其罪"权利的保障仍然不足,《刑事诉讼法》还同时矛盾地保留了犯罪嫌疑人应"如实回答"讯问的规定。"如实回答"是刑事诉讼法中的原有规定,在强调坦白从宽、抗拒从严的法治时代里,如实回答是对犯罪嫌疑人带有明显的追求实体真实色彩的法律要求,往往鼓励了侦查人员为得到"如实供述"而不择手段,侵犯人权。与自白自愿的要求,与反对强迫自证其罪的精神,已背道而驰。因此,应当尽早取消要求犯罪嫌疑人"如实回答"的义务条款。并对保障犯罪嫌疑人口供的自愿性建立具体的保障制度。例如,建立讯问时律师在场制度、完善讯问同步录音录像制度等,甚至在时机成熟时,构建沉默权制度也未尝不可。

2. 无罪推定原则要求未决羁押必要化

无罪推定原则要求将犯罪嫌疑人、被告人在被法院判定有罪之前,视为无罪的人对待。因此,对其进行的审前羁押应当作为保障诉讼的一种特殊情况,是人身自由权利在保障诉讼面前的必要退让。既然如此,未决羁押就应当被最大限度的抑制,非必要情况、非不得已之下不能采取,即"未决羁押必要化"。我国的未决羁押长期以来过度适用,逮捕率长期高位运行,"一押到底"状况普遍,且还存在预防性羁押刑罚化趋势,严重违背了无罪推定原则的要求。因此,应重新构建层次分明的强制措施体系,将羁押措施只适用

① 孙长永等:《犯罪嫌疑人的权利保障研究》,法律出版社2011年版,第157页。
② Stefan Trechsel , Human Rights in Criminal Proceedings , Oxford University Press, 2005, p. 156.
③ 《刑事诉讼法》第50条规定:"……严禁刑讯逼供和以威胁、引诱、欺骗以及其他非法方法收集证据,不得强迫任何人证实自己有罪……"

于少部分最有必要的犯罪嫌疑人。建立侦查阶段司法审查制度，严格对羁押措施的审查适用，努力创造非羁押措施运行条件与运行环境，创造未决羁押必要化的制度条件。

3. 无罪推定原则要求减少"舆论定罪"与"媒体审判"

随着互联网、信息化的迅猛发展，网络对刑事司法的影响巨大而深刻。互联网以智能手机为载体，被人们随时掌握在手中，人人都成了新闻记者与评论员。有些重大案件或具有较大社会影响的案件，从发生到侦查初始到整个诉讼过程和结果，都在媒体的追踪报道之中，处在万众瞩目、众人评说之下。网络媒体在加强公众监督的同时，也容易导致"舆论定罪"的现象。社会舆论特别是网络舆论，是"交织着理智与情感、意识与潜意识、理性与非理性、正义与非正义的矛盾统一体"。① 有的网络舆论将部分事实片面夸大，有的将双方身份差异、情节标签化地放大，有的甚至掌握的是不真实、不全面、不正确的"事实"，也在网络上发表"定罪"的看法，甚至是强烈的呼声。但不容忽视的是，网络舆论毕竟存在非专业性、无责性、从众性的一面，会出现不理性的声音和不专业的见解。而法律是专业性很强的工作，又关乎社会公平正义的底线。"舆论定罪"与"媒体审判"这种做法，大有舆论绑架司法之势，不仅是对犯罪嫌疑人获得公正审判权利的侵犯，更与诉讼中的无罪推定原则相悖，影响司法公正。前些年药家鑫故意杀人一案，舆论曾一边倒的"喊杀"，甚至升级为城里人与农村人之间的对垒，使得司法不得不考虑汹涌的民意，给司法的客观、理性裁判带来了强大的舆论压力。因此，司法公开应准确把握好"度"，建立司法公开规则，要防止"未审先判"，减少"舆论定罪"。司法人员也要保持定力，坚持法治理念和职业操守，严守法律规定，不被汹涌网意所裹挟，不向非理性舆论所妥协，要坚持理性、独立的司法判断，坚守司法公正的底线。

七、构建层次明晰的监督手段

侦查监督手段单一、制约力不强是监督乏力的重要原因。除逮捕措施为签发令状外，侦查监督主要以"提出纠正违法意见"和"发出纠正违法通知书"两种监督方式为主。这两种建议性质的监督方式最终能否真正纠正违法行为，还要视侦查机关自觉的落实情况而定。若侦查机关重视监督意见，则违法行为被纠正的顺利，如若侦查机关对监督意见置之不理，很多情况下，

---

① 梁根林：《公众认同、政治抉择与死刑控制》，载《法学研究》2004 年第 4 期。

检察机关并无更进一步的应对方式与纠错机制。目前的监督方式过于单一，且措施不够有力。

为提升监督效果，使监督更具实效性，应当通过丰富侦查监督手段和增强侦查监督刚性来实现。将侦查监督处理方式形成由轻到重、层次分明的多种类监督处理体系，监督机关根据侦查行为的违法程度，选择相应的监督手段。包括但不限于：

（一）口头纠正违法

对于轻微违法行为，或具有可能产生违法风险的行为，可以"口头监督"。例如，在讯问之初，检察机关通过提前介入侦查发现侦查机关只派出了一名侦查人员前往讯问，则应当及时进行口头纠正。口头监督方式，起到了及时纠正和预防违法的效果，较容易被侦查机关接受，运用灵活，具有及时、灵活、易接受的优势。但因不具备正式的书面监督函件，缺少审批认可，不产生法律强制力，只发挥提醒、提示的作用，只宜应用于轻微侦查违法或预防可能发生侦查违法的风险点。"口头监督"也应当记录于检察官的内部监督报告或审查报告中。若侦查机关对所提出的"口头监督"意见不予理睬，对违法行为继续行使，检察机关可以采取进一步的监督措施，如向侦查机关发出书面纠正违法意见等。

（二）书面纠正违法

对于侵害当事人非基本人权的较轻程度的违法侦查行为，可以"书面提出监督建议"，或者"书面提出纠正意见"。相比口头监督意见而言，书面监督意见则更为正式。其所纠正的违法行为也相对严重，而且是对已经发生的违法行为的监督纠正，非预防型监督。例如，对法律明确规定应予告知犯罪嫌疑人家属而未告知的行为、应征得同意才能询问而未征得同意的、辨认过程违法的、录音录像程序不规范的，等等，应当发出书面纠正意见。书面纠正意见具有较高的法律效力，侦查机关应当根据监督意见对违法行为予以纠正。如果对纠正意见不服，可以提请监督机关的上级进行复议。书面监督意见可以用于各类违法侦查行为，也可以和其他监督方式共同使用。

（三）司法审查

对于可能侵害当事人基本权利的侦查措施，如剥夺人身自由的逮捕、监视居住、取保候审等措施，侵犯财产权的查封、扣押等措施，侵犯隐私权的监听、监视等措施，应当进行司法审查，签发"令状"后才能采取。司法审查方式是侦查监督的重要方式，通过司法审查，对已经进行的侦查活动的合法性进行审查，对侦查结果是否达到继续侦查或羁押的标准进行判断，对即将开展的侦查措施进行批准。司法审查以签发令状为载体，是侦查监督中效力最高、强制力最强的监督手段，未经签发令状，绝对不能采取相应强制措施。司法审查应当成为侦查监督的最主要方式，这一方式在我国还应得到充分确立并扩大审查范围，侦查行为则能受到有效的制约。

（四）撤销、变更违法决定

对于侵害当事人基本人权的严重违法行为，或者没有正当理由，对于所提监督意见不予采纳或不予纠正的违法侦查行为，监督机关可以采取进一步的监督手段，即"直接撤销违法决定""直接变更强制措施"或"直接作出有关决定"等。检察机关的法律监督是宪法赋予的国家权力机关的权力监督，监督侦查活动合法行使是其职责所在，因此，监督必须能产生纠正违法行为或制止违法行为的直接效果。即有效性是法律监督的应有之义。故检察机关拥有在被监督机关不采纳监督意见时的直接决定权，是监督有效性的保障，也是公权力监督与公民权利监督和社会监督的重要区别。没有有效性的保障，监督机关将无法正当履行职责。在这方面，我国法律规定的还相当薄弱，很多监督都在书面发出纠正违法后没有了后续监督手段。对待侦查违法行为，若侦查机关对监督意见置之不理，监督机关则束手无策，这是法律监督的重大弊端。若遇有重大违法行为，当事人的基本权利很难受到有效保障。故监督机关对违法侦查行为享有"直接撤销违法决定""直接变更强制措施"或"直接作出有关决定"的权力，是履行好法律监督职责的保障。当然，监督机关应首先立足于侦查机关的自我纠正，除紧急情况外，直接作出撤销、变更侦查措施的监督方式通常应在提出监督意见无效时使用。

（五）排除非法证据

对于刑讯逼供、变相肉刑或严重威胁等违法侦查行为取得的证据，严重侵犯了当事人基本人权，检察机关享有"排除非法证据"的权力。上述四项监督手段针对的是违法侦查行为，排除非法证据则针对的是违法侦查行为所获得的证据。通过排除违法侦查的结果，阻断侦查人员违法取证的动力，这也是非法证据排除规则建立的重要理由之一。同时，对于严重侵犯人权的侦查行为，惩戒应当是全方位的，排除非法取得的证据就是其中的重要方式。这是对人权保障的有力举措，也是对正当程序的遵守。对非法证据排除规则，我国关注较多，特别是理论层面的研究较为丰富，将该规则在实践中运用好、落实好，是侦查监督的重要手段。

（六）违法证据调查

对违法证据进行调查，是非法证据排除的应有之义，只有经过调查确属于非法证据的，才能予以排除，不属于非法证据的，应予以认定。故调查权是监督的重要方式。在对证据合法性的调查中，必然涉及对相关侦查人员侦查行为合法性的调查，这是调查不可分割的两个方面。对证据和侦查人员的调查，应当在法律层面作出规范，对调查程序、调查方式、调查范围、调查手段等作出明确规定。这既是对监督机关合法监督的要求，也是监督机关履行调查职责的依据。经调查后，监督机关应当提出处理意见，或排除非法证据，或认定证据合法，或移送犯罪线索，或提出纠正意见等。

（七）违法人员处置建议

对于违法侦查的行为，通过前面的方式，可以提出纠正意见，或撤销、变更违法决定，或排除非法证据。但对于违法侦查的人员，监督机关因其监督职责所在，也最了解违法行为性质和严重程度，故有责任对违法人员提出处置建议。对于侦查人员涉嫌犯罪的，应当向相关部门"移送犯罪线索"；对于尚未达到犯罪程度，但有违法行为存在的，可以"提出行政处分建议"；对于尚不足以达到上述两种情形的，也可以提出"更换办案人"的意见。检察机关这里的建议是基于调查行为的后续处理，基于对相关情况的了解而提出，故这里的建议应是建议性质。是否应予立案、能否给予行政处分、是否适宜更换人员，还应由有权机关具体调查后根据相关规定作出。

上述监督手段在运行中还应遵循：一是比例原则。侦查监督手段要与侦查行为违法程度相当。轻违法则轻监督，严重违法才能重监督，不能罔顾违法程度随意运用监督手段。对轻微违法重监督，将有损侦查能力并可能放纵犯罪，对严重违法轻监督，将纵容违法侦查行为，甚至可能造成冤假错案。二是权责原则。侦查监督权也是一种国家权力，有权力就有责任。监督决定的正确与否，监督方式恰当与否，都应由监督者负责。若最终认定监督决定错误，则应由监督者承担相应法律责任或职务责任，用责任来约束监督者慎重、准确地行使监督权。

结　　论

英国思想史学家阿克顿说："权力导致腐败，绝对权力导致绝对腐败。"任何权力都需要监督制约，这是毋庸置疑的现代国家治国理政的基本方式。侦查环节是刑事诉讼中人权保障与国家权力冲突最为激烈的领域，也是冤假错案产生发展的源头。对侦查权力监督制约不足就会造成实践中冤假错案频出，侵犯人权现象屡禁不止。故加强对刑事侦查权的监督制约，是我国诉讼制度改革必须面对的现实课题，在理论与实践层面上都具有不容忽视的重要意义。

探究对侦查权的有效监督制约，必须要遵循侦查权的本质属性和基本特点，以遵循权力的运行规律为基点探索监督制约路径。因此，从侦查权的发展渊源、性质归属、权力特征、基本目的、主要功能等方面入手考察，析明侦查权是一项具有司法性特征的国家行政权力。侦查权具有国家垄断性、暴力强制性、秘密封闭性、积极主动性、追诉倾向性等权力特征，以"秩序、人权、效率"为行使己任，是为对监督对象的客观认知。对权力的监督涉及国家权力与权力间的基本结构，故国家政治权力结构是影响权力运转方式的基本考虑。我国在政体结构上与大多西方国家存在根本区别，正确认识这种权力运行方面的区别，是布局权力监督制约的基础。我国"一元分立"的政治结构与西方国家"三权分立"的政治结构不同，几千年来的中华法律传统、法律文化以及现代法治环境也不尽相同。这些差异都决定了我国对侦查权的监督制约方式不能照搬西方，而应探索一条属于自己的监督之路。

"以世界的眼光看待中国问题，以问题导向引导制度变革。"在这样的研究路径下，采撷西方司法文明先进之光，关照我国法治发展现状之局，引进有效的司法制度设计，并与我国法治结构相调和改良，以"监督为主、制约为辅"的方式，构建权力有制约、制约有效果、违法有救济的我国侦查监督体系，形成制约侦查权、保障人权、防止冤假错案的有效路径。

应予肯定的是，近些年来，我国侦查监督在立法领域和司法层面均取得了一定进展。侦查监督的范围有所完善，向前、向后、向内不断延伸；逮捕比例不断降低，逮捕质量逐年提高；逮捕在防止冤假错案上作用初显；法治理念、诉讼观念不断转型；捕后羁押审查予以确立，等等。但也应看到，我国侦查监督的问题仍然存在：立案监督立法规定结构性缺失；强制性侦查措施缺乏司法审查；知情渠道不足使监督来源受限；监督滞后与手段乏力制约监督效果；权利监督落实困难；未决羁押监督亟待完善；侦查讯问监督差距明显，等等，都是我国侦查监督当前面临的突出问题。理念层面、立法层面、理论层面、体制层面、队伍层面等的不足，都是导致侦查监督上述问题的原因。各种直接原因的根源，是我国侦查监督体系未予确立，影响了侦查监督的理论研究、制度完善与工作发展。因此，构建我国侦查监督体系是解决侦查监督各类问题的"总纲"。

侦查监督体系构建需要厘清一些基本理论问题，搭建可对话的制度平台。其中，侦查监督主体的问题、职务犯罪案件侦查监督的问题、侦查模式转型的问题最为突出，这三大问题的理论明晰对构建侦查监督体系而言势在必行、迫在眉睫。首先，在侦查监督主体的选择上。由于我国法律制度、政治制度与西方国家不同，由法官行使侦查监督权容易造成法官先入为主的预判，并容易导致法院陷入自我否定的困境。而检察机关是法律监督机关这一定位，决定检察机关可以承担侦查监督职责，并能够同时履行追诉职能，而不会造成职能冲突。在坚持客观中立的定位和基本要求下，检察机关是行使侦查监督权，特别是司法审查权的适格主体。其次，检察机关同时拥有职务犯罪侦查权和侦查监督权于一身的现状受到诟病。对此，在分离职务犯罪侦查权或分离职务犯罪侦查监督权的问题上需要进行论证。在我国监察体制改革的大背景下，对做好职务犯罪案件侦查监督工作提出了新的课题。最后，在强化对侦查活动的监督中，必然涉及对我国"警主检辅"的现行检警关系的改革。"检察引导侦查模式"与"检警一体模式"是两种主流观点，相比而言，"检察引导侦查模式"更适合我国的司法制度。构建"检察引导侦查"的检警关系成为我国侦查监督体系的构建前提。

在构建侦查监督体系过程中，以监督中立、监督比例、监督有限为原则，以实现有效制约侦查权行使和保障侦查职能合理运行为目的，以合理配置侦查程序中的各项权力、构建强制性侦查措施司法审查制度、完善强制措施体系为前提，从构建完整有效的立案监督机制、实现捕押分离与羁押定期审查、提前介入引导侦查、完善侦查讯问监督、增强排除非法证据可操作性、增强辩护方权利保障、构建层次明晰的侦查监督手段等具体制度入手，提出了我国侦查监督体系的构建愿景。

参考文献

一、著作文献

[1] 中共中央文献研究室：《习近平关于全面依法治国论述摘编》，中央文献出版社 2015 年版。

[2] 中共中央宣传部：《习近平总书记系列重要讲话读本》，学习出版社、人民出版社 2016 年版。

[3]《马克思恩格斯选集》（第 1 卷），人民出版社 1995 年版。

[4]《马克思恩格斯选集》（第 2 卷），人民出版社 2002 年版。

[5]《马克思恩格斯全集》（第 3 卷），人民出版社 2002 年版。

[6]《世界各国刑事诉讼法》，《世界各国刑事诉讼法》编辑委员会编译，中国检察出版社 2016 年版。

[7] 樊崇义：《刑事诉讼法哲理思维》，中国人民公安大学出版社 2010 年版。

[8] 孙谦主编：《中国特色社会主义检察制度》，中国检察出版社 2009 年版。

[9] 孙谦：《检察：理念、制度与改革》，法律出版社 2004 年版。

[10] 张步文：《刑事侦查权研究》，中国检察出版社 2007 年版。

[11] 陈永生：《侦查程序原理论》，中国人民公安大学出版社 2003 年版。

[12] 黄豹：《侦查权力论》，中国社会科学出版社 2011 年版。

[13] 徐美君：《侦查权的运行与控制》，法律出版社 2009 年版。

[14] [法] 卢梭：《社会契约论》，何兆武译，商务印书馆 1980 年版。

[15] [美] 本杰明·卡多佐：《司法过程的性质》，苏力译，商务印书馆 1997 年版。

[16]《西方哲学原著选读》（上），商务印书馆 1981 年版。

[17] [德] 鲁道夫·冯·耶林：《为权利而斗争》，胡宝海译，法律出版社 2012 年版。

[18] 萨孟武：《政治学》，三民书局股份有限公司 1986 年版。

[19] [美] 汉密尔顿等：《联邦党人文集》（中译本），程逢如，在汉、舒逊译，商务印书馆 1980 年版。

[20] 谢佑平、万毅：《刑事侦查制度原理》，中国人民公安大学出版社 2003 年版。

[21] [意] 阿奎那：《阿奎那政治著作选》，马清槐译，商务印书馆 1982 年版。

[22] 黄豹：《侦查构造论》，中国人民公安大学出版社 2006 年版。

[23] 孙长永：《侦查程序与人权——比较法考察》，中国方正出版社 2000 年版。

[24] [法] 孟德斯鸠：《论法的精神》（上册），张雁深译，商务印书馆 1961 年版。

[25] 徐大同主编：《西方政治思想史》，天津教育出版社 2005 年版。

[26] [英] 洛克：《政府论》，商务印书馆 1981 年版。

[27] [英] 霍布斯：《利维坦》，黎思复、黎廷弼译，商务印书馆 1985 年版。

[28] 周长龄：《法律的起源》，中国人民公安大学出版社 1997 年版。

[29] 曾宪义、赵晓耕主编：《中国法制史》（第 5 版），中国人民大学出版社 2016 年版。

[30] 蔡定剑：《国家监督制度》，中国法制出版社 1991 年版。

[31] 高山：《国家权力的制约监督》，河北人民出版社 2005 年版。

[32] 于洪生：《权力监督——中国政治运行的调控机制》，中国广播电视出版社 1991 年版。

[33] 王桂五主编：《中华人民共和国检察制度研究》，中国检察出版社 2008 年版。

[34] 陈光中主编：《21 世纪域外刑事诉讼立法最新发展》，中国政法大学出版社 2004 年版。

[35] 谢佑平：《中国检察监督的政治性与司法性研究》，中国检察出版社 2010 年版。

[36] 唐晓、王为、王春英：《当代西方国家政治制度》，世界知识出版社 2005 年版。

[37] 孙谦：《逮捕论》，法律出版社 2001 年版。

[38] 樊崇义主编：《刑事诉讼法学》（第 2 版），法律出版社 2009 年版。

［39］林钰雄：《刑事诉讼法》，元照出版有限公司 2004 年版。

［40］王敏远主编：《刑事诉讼法学》，知识产权出版社 2013 年版。

［41］［古希腊］亚里士多德：《政治学》，吴寿彭译，商务印书馆 1965 年版。

［42］甄贞等：《法律监督原论》，法律出版社 2007 年版。

［43］杨振江：《侦查监督业务教程》，中国检察出版社 2003 年版。

［44］张书铭：《理性法律监督论纲》，中国人民公安大学出版社 2015 年版。

［45］莫纪宏：《实践中的宪法学原理》，中国人民大学出版社 2007 年版。

［46］［美］E. 博登海默：《法理学，法律哲学与法律方法》，邓正来译，中国政法大学出版社 2004 年版。

［47］张文显：《法哲学范畴研究》，中国政法大学出版社 2002 年版。

［48］樊崇义：《刑事诉讼法再修改理性思考》，中国人民公安大学出版社 2007 年版。

［49］樊崇义主编：《公平正义之路：刑事诉讼法修改决定条文释义与专题解读》，中国人民公安大学出版社 2012 年版。

［50］樊崇义：《底线——刑事错案防范标准》，中国政法大学出版社 2015 年版。

［51］胡志风：《刑事错案的侦查程序分析与控制路径研究》，中国人民公安大学出版社 2012 年版。

［52］齐树洁主编：《英国证据法》，厦门大学出版社 2002 年版。

［53］陈瑞华：《刑事诉讼的前沿问题》（第 3 版），中国人民大学出版社 2011 年版。

［54］［英］丹宁勋爵：《法律的正当程序》，李克强、杨百揆、刘庸安译，法律出版社 1999 年版。

［55］程味秋主编：《外国刑事诉讼法概论》，中国政法大学出版社 1994 年版。

［56］［美］约书亚·德雷斯勒、［美］艾伦·C. 迈克尔斯：《美国刑事诉讼法精解》（第 1 卷·刑事侦查），吴宏耀译，北京大学出版社 2009 年版。

［57］何家弘：《外国犯罪侦查制度》，中国人民大学出版社 1995 年版。

［58］林达：《总统是靠不住的》，生活·读书·新知三联书店 1998 年版。

［59］卓泽渊：《法的价值论》，法律出版社 1999 年版。

［60］贺恒扬：《侦查监督论》，河南大学出版社 2005 年版。

［61］龙宗智：《检察制度教程》，法律出版社 2002 年版。

［62］尤光付：《中外监督制度比较》，商务印书馆 2013 年版。

［63］何家弘主编：《检察制度比较研究》，中国检察出版社 2008 年版。

［64］［日］田口守一：《刑事诉讼法》，张凌、于秀峰译，中国政法大学出版社 2010 年版。

［65］宋英辉译：《日本刑事诉讼法》，中国政法大学出版社 2000 年版。

［66］宋英辉：《刑事诉讼原理》，法律出版社 2007 年版。

［67］宋英辉、孙长永、刘新魁等：《外国刑事诉讼法》，法律出版社 2006 年版。

［68］宋英辉、孙长永、朴宗根等：《外国刑事诉讼法》，北京大学出版社 2011 年版。

［69］［德］托马斯·魏根特：《德国刑事诉讼程序》，岳礼玲、温小洁译，中国政法大学出版社 2004 年版。

［70］宋远升、闵银龙编：《最新国外刑事司法制度研究》，东南大学出版社 2007 年版。

［71］王兆鹏：《美国刑事诉讼法》，北京大学出版社 2005 年版。

［72］［日］棚濑孝雄：《纠纷的解决与审判制度》，王亚新译，中国政法大学出版社 2004 年版。

［73］孙谦主编：《中国检察制度论纲》，人民出版社 2004 年版。

［74］张智辉：《检察权研究》，中国检察出版社 2007 年版。

［75］张智辉主编：《中国检察——检察理念与法律监督》（第 7 卷），北京大学出版社 2004 年版。

［76］樊崇义：《论检察》，中国检察出版社 2013 年版。

［77］孙谦：《论检察》，中国检察出版社 2013 年版。

［78］龙宗智：《论检察》，中国检察出版社 2013 年版。

［79］朱孝清：《论检察》，中国检察出版社 2013 年版。

［80］王桂五：《论检察》，中国检察出版社 2013 年版。

［81］卞建林：《论检察》，中国检察出版社 2013 年版。

［82］陈国庆：《论检察》，中国检察出版社 2014 年版。

［83］陈光中：《论检察》，中国检察出版社 2013 年版。

［84］许春金等：《刑事政策与刑事司法》，三民书局 2011 年版。

［85］宋英辉、吴宏耀：《刑事审判前程序研究》，中国政法大学出版社 2002 年版。

［86］［法］卡斯东·斯特法尼等：《法国刑事诉讼法精义》（上），罗结珍译，中国政法大学出版社 1999 年版。

［87］陈光中等：《中国司法制度的基础理论问题研究》，经济科学出版社 2010 年版。

［88］徐静村主编：《刑事诉讼法学》（上），法律出版社 1999 年版。

［89］林钰雄：《检察官论》，法律出版社 2008 年版。

［90］钟海让：《法律监督论》，法律出版社 1993 年版。

［91］林钰雄：《刑事诉讼法》（上），元照出版有限公司 2004 年版。

［92］［德］赫尔曼：《德国刑事诉讼法典》，李昌珂译，中国政法大学出版社 1995 年。

［93］孙谦：《人民检察院刑事诉讼规则（试行）理解与适用》，中国检察出版社 2012 年版。

［94］汤唯、孙季萍：《法律监督论纲》，北京大学出版社 2001 年版。

［95］［德］克劳思·罗科信：《刑事诉讼法》（第 24 版），吴丽琪译，法律出版社 2003 年版。

［96］［美］达玛什卡：《司法和国家权力的多种面孔》，郑戈译，中国政法大学出版社 2004 年版。

［97］卞建林、刘玫：《外国刑事诉讼法》，人民法院出版社 2002 年版。

［98］陈瑞华：《问题与主义之间》，中国人民大学出版社 2003 年版。

［99］马相哲译：《韩国刑事诉讼法》，中国政法大学出版社 2004 年版。

［100］樊崇义：《刑事诉讼法修改专题研究报告》，中国人民公安大学出版社 2004 年版。

［101］樊崇义主编：《刑事审前程序改革与展望》，中国人民公安大学出版社 2005 年版。

［102］孙长永等：《犯罪嫌疑人的权利保障研究》，法律出版社 2011 年版。

［103］宋英辉主编：《刑事诉讼法学研究述评（1978-2008）》，北京师范大学出版社 2009 年版。

［104］樊崇义：《迈向理性刑事诉讼法学》，中国人民公安大学出版社 2006 年版。

［105］左卫民等：《中国刑事诉讼运行机制实证研究（二）——以审前

程序为重心》，法律出版社 2009 年版。

［106］杨宇冠：《非法证据排除规则研究》，中国人民公安大学出版社 2002 年版。

［107］陈卫东主编：《刑事诉讼程序论》，中国法制出版社 2011 年版。

［108］邓思清：《侦查程序诉讼化研究》，中国人民公安大学出版社 2010 年版。

［109］高峰：《刑事侦查中的令状制度研究》，中国法制出版社 2008 年版。

［110］石少侠主编：《检察学新论》，中国检察出版社 2013 年版。

［111］巩富文：《中国侦查监督制度研究》，法律出版社 2015 年版。

［112］樊崇义主编：《诉讼原理》（第 2 版），法律出版社 2009 年版。

［113］叶皓：《西方国家权力制约论》，中国社会科学出版社 2004 年版。

［114］樊崇义主编：《检察制度原理》，法律出版社 2009 年版。

［115］王寿林：《权力制约与监督研究》，中共中央党校出版社 2007 年版。

［116］《全面推进依法治国与刑事诉讼制度改革——中国刑事诉讼法学研究会 2015 年年会论文集》。

［117］张翠松：《侦查监督制度理论与实践》，中国人民公安大学出版社 2012 年版。

［118］最高人民检察院侦查监督厅：《侦查监督指南》2016 年第 2 辑，中国检察出版社 2016 年版。

二、论文文献

［1］樊崇义：《法律监督职能哲理论纲》，载《人民检察》2010 年第 1 期。

［2］马静华：《侦查权论》，载《贵州警官职业学院学报》2003 年第 2 期。

［3］陈永生：《论侦查权的性质与特征》，载《法制与社会发展》2003 年第 2 期。

［4］郑显文：《中日古代神明裁判制度比较研究》，载《比较法研究》2017 年第 3 期。

［5］陈兴良：《限权与分权：刑事法治视野中的警察权》，载《法律科学》2002 年第 1 期。

［6］龙宗智：《强制侦查司法审查制度的完善》，载《中国法学》2011

年第 6 期。

[7] 孙长永：《强制侦查的法律控制与司法审查》，载《现代法学》2005年第 5 期。

[8] 陈卫东、李奋飞：《论侦查权的司法控制》，载《政法论坛》2000年第 6 期。

[9] 毕希茜：《论我国侦查权的性质》，载《江西公安专科学校学报》2004 年第 2 期。

[10] 陈瑞华：《司法权的性质——以刑事司法为范例的分析》，载《法学研究》2000 年第 5 期。

[11] 周其华：《检察机关司法权配置研究》，载《国家检察官学院学报》2000 年第 4 期。

[12] 瞿丰、吴秋玫：《侦查权若干问题研究》，载《中国人民公安大学学报》2002 年第 5 期。

[13] 杨宗辉：《论我国侦查权的性质——驳"行政权本质说"》，载《法学》第 2005 年第 9 期。

[14] 但伟、姜涛：《论侦查权的性质》，载《国家检察官学院学报》2003 年第 5 期。

[15] 张军：《论侦查权的概念及性质》，载《吉林公安高等专科学校学报》2006 年第 5 期。

[16] 刘静坤：《论侦查的功能、目的和价值》，载《犯罪研究》2007 年第 3 期。

[17] 韩德明、陈志军：《侦查模式和侦查目的》，载《上海公安高等专科学校学报（公安理论与实践）》2001 年第 3 期。

[18] 徐靖：《论法律视域下社会公权力的内涵、构成及价值》，载《中国法学》2014 年第 1 期。

[19] 朱孝清：《中国检察制度的几个问题》，载《中国法学》2007 年第 2 期。

[20] 郑彦松：《西方近现代权力制约理论初探》，载《中国社会发展战略》2005 年第 2 期。

[21] 陈国权、周鲁耀：《制约与监督：两种不同的权力逻辑》，载《浙江大学学报（人文社会科学版）》2013 年第 6 期。

[22] 朱孝清：《澳大利亚的监督制度》，载《人民检察》2007 年第 13 期。

［23］余为青：《侦查阶段辩护律师调查取证权的比较法考察》，载《中国刑事法杂志》2009 年第 3 期。

［24］陈永生：《我国刑事误判问题透视——以 20 起震惊全国的刑事冤案为样本的分析》，载《中国法学》2007 年第 3 期。

［25］张书铭：《制约与监督辨析——以刑事诉讼为视角》，载《河南社会科学》2012 年第 1 期。

［26］邬思源：《论马克思恩格斯权力监督与制约思想》，载《求实》2008 年第 6 期。

［27］葛洪义：《"监督"与"制约"不能混同——兼论司法权的监督与制约的不同意义》，载《法学》2007 年第 10 期。

［28］周永坤：《权力结构模式与宪政》，载《中国法学》2005 年第 6 期。

［29］邓传明：《论法治国家的权力制约》，载《法学评论（双月刊）》1997 年第 2 期。

［30］叶皓：《西方权力制约论的思想渊源和制度架构》，载《南京大学学报（哲学、人文科学、社会科学）》2003 年第 6 期。

［31］孙谦：《中国的检察改革》，载《法学研究》2003 年第 6 期。

［32］孙谦：《凝聚法治共识，提升司法品质》，载《中国社会科学报》2012 年 11 月 30 日第 A06 版。

［33］孙谦：《关于冤假错案的两点思考》，载《中国法律评论》2016 年第 4 期。

［34］左卫民、赵开年：《侦查监督制度的考察与反思——一种基于实证的研究》，载《现代法学》2006 年第 6 期。

［35］杨振江：《侦查监督工作三十年回顾与展望》，载《人民检察》2008 年第 23 期。

［36］但伟、姜涛：《侦查监督制度研究——兼论检察引导侦查的基本理论问题》，载《中国法学》2003 年第 2 期。

［37］万春、刘辰：《羁押必要性审查制度的思考》，载《人民检察》2012 年第 16 期。

［38］黄胜开、肖良平：《试论我国未决羁押的司法救济》，载《江西公安专科学校学报》2007 年第 3 期。

［39］李虎桓：《侦查监督概念论析与构建》，载《犯罪研究》2005 年第 4 期。

［40］王学成：《论侦查监督》，载《法律科学》2002 年第 3 期。

［41］刘方：《论检察机关的侦查监督职能及其完善》，载《法学评论》2006 年第 6 期。

［42］崔敏：《为什么检察制度屡受质疑——对一篇重要文章中某些观点的商榷》，载《法学》2007 年第 7 期。

［43］郝银钟：《论批捕权的优化配置》，载《法学》1998 年第 6 期。

［44］刘计划：《侦查监督制度的中国模式及其改革》，载《中国法学》2014 年第 1 期。

［45］董邦俊：《侦查权行使与人权保障之平衡——德国侦查权制约机制之借鉴》，载《法学》2012 年第 6 期。

［46］朱孝清：《检察机关集追诉与监督于一身的利弊选择》，载《人民检察》2011 年第 3 期。

［47］王守安：《谈检察监督与检察官的客观义务》，载《法制日报》2006 年 8 月 17 日。

［48］叶青、秦新承：《论检察侦查权的法律监督属性》，载《法学》2005 年第 11 期。

［49］万毅、华肖：《检察机关侦查权溯源》，载《法学》2005 年第 11 期。

［50］刘新魁：《〈法国刑事诉讼法典〉2000 年以来的重大修改》，载陈光中主编：《21 世纪域外刑事诉讼立法最新发展》，中国政法大学出版社 2004 年版。

［51］张智辉、黄维智：《控辩平等与法律监督》，载《法学》2006 年第 8 期。

［52］张智辉：《法律监督三辨析》，载《中国法学》2003 年第 5 期。

［53］万毅：《论检查监督模式之转型》，载《法学论坛》2010 年第 1 期。

［54］孙长永：《通过中立的司法权力制约侦查权力——建立侦查行为司法审查制度之管见》，载《环球法律评论》2006 年第 5 期。

［55］高一飞：《从部门本位回归到基本理性——对检察机关职权配置的思考》，载《山西大学学报》（哲学社会科学版）2008 年第 6 期。

［56］龙宗智：《我国检察学研究的现状与前瞻》，载《国家检察官学院学报》2011 年第 1 期。

［57］樊崇义、刘涛：《两大法系检察机关侦查权有趋同趋势》，载《检

察日报》2003 年 10 月 9 日第 1 版。

［58］孙谦：《关于中国特色社会主义检察制度的几个问题》，载《法治讲堂》2012 年第 4 期。

［59］何家弘：《论职务犯罪侦查职权的优化整合》，载《人民检察》2008 年第 20 期。

［60］李建明：《检察机关侦查权的自我约束与外部制约》，载《法学研究》2009 年第 2 期。

［61］刘慧玲：《〈关于省级以下人民检察院立案侦查的案件由上一级人民检察院审查决定逮捕的规定（试行）〉的理解与适用》，载《人民检察》2009 年第 18 期。

［62］谢鹏程：《人民监督员制度的法理基础》，载《检察日报》2004 年 3 月 1 日第 3 版。

［63］韩大元：《论国家监察体制改革中的若干宪法问题》，载《法学评论》2017 年第 3 期。

［64］陈光中：《监察体制改革关系重大，修法要慎重》，法律读库 2017 年 01 月 18 日。

［65］陈光中：《指定〈国家监察法〉，保障被调查人权利》，财新网 2017 年 03 月 29 日。

［66］张建伟：《法律正当程序视野中的新监察制度》，载《环球法律评论》2017 年第 2 期。

［67］姜明安：《国家监察法立法应处理的主要法律关系》，载《环球法律评论》2017 年第 2 期。

［68］陈兴良：《从"法官之上的法官"到"法官之前的法官"——刑事法治视野中的检察权》，载《中外法学》2000 年第 6 期。

［69］陈兴良：《建立科学的检警关系》，载《检察日报》2002 年 7 月 15 日。

［70］龙宗智：《评"检警一体化"兼论我国的检警关系》，载《法学研究》2000 年第 2 期。

［71］周口市人民检察院：《"检察指导侦查"研讨会观点摘编》，载《国家检察官学院学报》2002 年第 5 期。

［72］卞建林：《优化侦查程序中的检警关系》，载《检察日报》2008 年 2 月 22 日第 3 版。

［73］陈瑞华：《刑事侦查构造之比较研究》，载《政法论坛》1999 年第

5 期。

[74] 陈瑞华：《侦查模式之比较研究》，载陈瑞华：《比较刑事诉讼法》，中国人民大学出版社 2010 年版。

[75] 宋英辉：《刑事程序中的检警关系完善构想》，载《人民检察》2006 年第 11 期。

[76] 侯德福：《论我国侦查制度的完善——以两大法系侦查模式的比较为视角》，载《法制与社会发展》（双月刊）2003 年第 3 期。

[77] 刘辰：《新〈刑事诉讼法〉非法证据排除适用中的若干问题》，载《四川警官学院学报》2014 年第 4 期。

[78] 卞建林：《论我国侦查程序中检警关系的优化——以制度的功能分析为中心》，载《国家检察官学院学报》2005 年第 2 期。

[79] 万毅：《论侦查程序处分权与侦查监督体制转型》，载《法学》2008 年第 4 期。

[80] 孙长永：《通过中立的司法权力制约侦查权力》，载《环球法律评论》2006 年第 5 期。

[81] 刘计划：《检警一体化模式再解读》，载《法学研究》2013 年第 6 期。

[82] 北京市海淀区人民检察院 "检警关系课题组"：《检警关系现状与问题的调查分析》，载《人民检察》2006 年第 22 期。

[83] 樊崇义、吴光升：《刑事诉讼法再修改背景下侦查程序的改革方向》，载《铁道警官高等专科学校学报》2009 年第 1 期。

[84] 樊崇义、范培根：《我国侦查程序改革略探——以侦查权为中心》，载《金陵法律评论》2001 年第 2 期。

[85] 孔璋：《警检关系的模式与选择——兼谈中国特色审前程序中的警检关系构想》，载《人民检察》2005 年第 5 期。

[86] 廖兴界：《"一体化"的乌托邦》，载《海南大学学报人文社会科学版》2007 年第 6 期。

[87] 邵达民、王伟：《试论检察引导侦查的理论基础》，载《河北法学》2006 年第 4 期。

[88] 孙谦：《关于修改后刑事诉讼法执行情况的若干思考》，载《人民检察》2015 年第 7 期。

[89] 孙谦：《司法改革背景下逮捕的若干问题研究》，载《中国法学》2017 年第 3 期。

[90] 黄河、赵学武:《侦查监督的现状、问题及发展方向》,载《人民检察》2016 年第 21 期。

[91] 宋英辉:《刑事审判前程序的理念与原则——兼谈我国刑事诉讼制度改革面临的课题》,载陈光中、江伟主编:《诉讼法论丛》(第 5 卷),法律出版社 2000 年版。

[92] 盈雁:《纠正王玉雷冤错案:排除非法证据引导抓获真凶》,载《检察日报》2015 年 2 月 13 日第 02 版。

[93] 叶林华、周建忠:《检察机关司法审查职能研究》,载《中国刑事法杂志》2009 年第 1 期。

[94] 朱孝清:《检察官负有客观义务的缘由》,载《国家检察官学院学报》2015 年第 3 期。

[95] 李建明:《强制性侦查措施的法律规制与法律监督》,载《法学研究》2011 年第 4 期。

[96] 万毅:《程序正义的重心:刑事侦查程序论——兼论我国侦查程序改革》,载《金陵法律评论》2002 年第 2 期(秋季卷)。

[97] 季美君、单民:《论刑事立案监督的困境与出路》,载《法学评论》2013 年第 2 期。

[98] 樊崇义、朱拥政:《以正当程序理念构建中国的刑事侦查制度》,载《铁道警官高等专科学校学报》2004 年第 2 期。

[99] 吕萍:《刑事立案程序的独立性质疑》,载《法学研究》2002 年第 3 期。

[100] 袁军、孙世萍:《刑事诉讼立案的独立性》,载《人民检察》2008 年第 7 期。

[101] 刘瑞榕、刘方权:《刑事诉讼程序启动研究——对我国现行立案制度的质疑》,载《中国刑事法杂志》2002 年第 1 期。

[102] 邹思平:《论立案与侦查的关系——关于初查的法律思考》,载《政法学刊》2001 年第 6 期。

[103] 姚莉、陈虎:《论侦查监督中的合比例性审查》,载《人民检察》2006 年第 21 期。

[104] 樊崇义:《一元分立权力结构模式下的中国检察权》,载《人民检察》2009 年第 3 期。

[105] 陈永生:《侦查体制比较研究》,载《国家检察官学院学报》2000 年第 2 期。

[106] 万毅:《论侦查权配置的内在原理》,载《南京师大学报(社会科学版)》2006年第5期。

[107] 高一飞、陈海平:《我国侦查权多重制约体系的重构》,载《中国人民公安大学学报(社会科学版)》2007年第1期。

[108] 邓思清:《侦查程序诉讼化研究》,载《国家检察官学院学报》2010年第2期。

[109] 郝银钟:《批捕权的法理与法理化的批捕权——再谈批捕权的优化配置及检察体制改革兼答刘国媛同志》,载《法学》2000年第1期。

[110] 卞建林:《论我国审前羁押制度的完善》,载《法学家》2012年第3期。

[111] 卞建林:《我国刑事强制措施的功能回归与制度完善》,载《中国法学》2011年第6期。

[112] 陈瑞华:《未决羁押制度的理论反思》,载《法学研究》2002年第5期。

[113] 鲜铁可、高锋志:《刑事申诉检察视角下强化错案防范的若干思考》,载最高人民检察院刑事申诉检察厅编:《刑事申诉检察工作指导》(2016年第2辑),中国检察出版社2016年版。

[114] 施鹏鹏:《法国检察监督制度研究——兼与中国的比较》,载《暨南学报(哲学社会科学版)》2010年第5期。

[115] 陈卫东、刘计划:《英国保释制度及其对我国的借鉴意义》,载《人民检察》2003年第3期。

[116] 刘彦:《侦查监督制度之比较》,载《国家检察官学院学报》2006年第5期。

[117] 赵靖:《侦查权制约机制比较研究》,载《河南农业大学学报(社会科学版)》2009年第2期。

[118] 施业家、罗林:《中德侦查权监督机制之比较与我国侦查权监督机制的完善》,载《法学评论》2011年第5期。

[119] 夏红:《中国大陆、香港、澳门侦查监督制度比较研究》,载《辽宁教育学院学报》2003年第3期。

[120] 杨宇冠、孙军:《检察机关如何审查排除非法证据》,载《检察日报》2010年9月20日第03版。

[121] 刘兰秋:《日本检察制度简介》,载《国家检察官学院学报》2006年第5期。

［122］李永升：《杜绝死刑冤假错案十论》，载《安徽大学学报（哲学社会科学版）》2011年第1期。

［123］李建明：《刑事错案的深层次原因——以检察环节为中心的分析》，载《中国法学》2007年第3期。

［124］沈德咏：《我们应当如何防范冤假错案》，载《人民法院报》2013年5月6日第002版。

［125］朱孝清：《冤假错案的原因和对策》，载《中国刑事法杂志》2014年第2期。

［126］周平：《遏制刑事"冤假错案"顶层设计的法治思考》，载《中国刑事法杂志》2013年第10期。

［127］汪海燕、范培根：《检察机关自侦权探析》，载《浙江社会科学》2002年第1期。

［128］姚志清、王延祥、张少林：《改革和完善职务犯罪侦查监督机制的设想》，载《犯罪研究》2007年第3期。

［129］万春：《侦查监督制度改革若干问题》，载《河南社会科学》2010年第2期。

［130］孙谦：《全面依法治国背景下的刑事公诉》，载《法学研究》2017年第3期。

［131］张明楷：《网络时代的刑法理念——以刑法的谦抑性为中心》，载《人民检察》2014年第9期。

［132］余为青：《侦查阶段辩护律师调查取证权的比较法考察》，载《中国刑事法杂志》2009年第3期。

［133］梁根林：《公众认同、政治抉择与死刑控制》，载《法学研究》2004年第4期。

三、互联网文献

［1］《最高检谈河北"王玉雷案"：险成翻版呼格案》，载http://news.qq.com/a/20150311/039127.htm?...14.1.0，最后访问时间：2016年3月22日。

［2］曹建明：《最高人民检察院工作报告》（2012年至2016年），载最高人民检察院官方网站：http://www.spp.gov.cn/gzbg/，最后访问时间：2016年3月22日。

［3］《2015年全国律师工作会议》，载新华网，http://news.xinhuanet.

com/legal/2015-08/20/c_1116322590. htm，最后访问时间：2016 年 3 月 22 日。

〔4〕王梦遥：《最高检：年底前全面铺开对公安派出所刑事侦查活动监督》，载新京报快讯 2017 年 03 月 29 日，http：//www. bjnews. com. cn/news/2017/03/29/438268。

〔5〕《探索对派出所办案监督，三个试点市有哪些成效?》，2012 年 2 月 7 日，载搜狐号，http：//mt. sohu. com/20170207/n480111186. shtml。

四、检察机关工作文献资料

〔1〕最高人民检察院：《检察机关贯彻执行修改后刑诉法情况的研究报告》，2014 年 10 月。

〔2〕最高人民检察院侦查监督厅：《侦查监督工作年度报告（2014年）》。

〔3〕最高人民检察院侦查监督厅：《2013 年全国检察机关刑事立案监督情况通报》。

〔4〕最高人民检察院侦查监督厅：《2014 年全国检察机关刑事立案监督情况通报》。

〔5〕最高人民检察院侦查监督厅：《2013 年全国检察机关侦查活动监督情况通报》。

〔6〕最高人民检察院：《关于转发河北省人民检察院〈关于监督纠正王玉雷故意杀人错案情况的报告〉的通知》。

〔7〕最高人民检察院侦查监督厅：《关于印发〈关于侦查监督部门调查核实侦查违法行为的意见（试行）〉的通知》。

〔8〕最高人民检察院侦查监督厅：《在全国检察机关第五次侦查监督工作会议上的报告》。

〔9〕最高人民检察院侦查监督厅：《关于印发〈全国检察机关开展"破坏环境资源犯罪专项立案监督活动"和"危害食品药品安全犯罪专项立案监督活动"的工作方案〉的通知》。

〔10〕最高人民检察院侦查监督厅：《关于进一步加强对诉讼活动法律监督工作的意见》。

后　记

"生活不只眼前的苟且，还有诗和远方"，问道学问就是我心中的远方。本书是在我博士论文基础上修改而成的，论文从筹备思考，至落字收官，一年有余，本书修改又一年有余，寒来暑往，已近三载，个中艰辛，唯有自知。写作之中，我心静如水又波澜壮阔。静如水是远离喧嚣娱乐后的沉静；阔如澜是思潮起伏火花迸发时的惊艳。至此终结，感悟良多。

磨炼心性，积淀学养。都道学海无涯、书卷苦楚，但唯有劳体累骨、潜心钻研后才能真正练造学养的提升与学识的增长。每一部学术成果，无论其学术贡献大小，对作者而言，都是学识的不断沉淀与研究能力的逐步提升，是磨炼心性、忍受寂寞、经受挫折的过程。我感谢这一过程，带我找寻单纯的快乐和踏实的收获，让我经受历练和蜕变，得以登入学术的殿堂，观其要，窥其径，思有得。

法治进步，感同身受。国之繁昌才能奢望法治文明，当今中国对法治社会如饥似渴，法律学人身处这样的历史时代，倍感珍惜。写作中，在"以世界的眼光看待中国问题，以问题导向引导制度变革"的研究思路下，深感我国近些年法治的发展大步前进，从理念到制度，从规则到实践，都在理性和人性的光辉下前行。侦查环节本是权力与权利、打击与保护冲突碰撞最为激烈的领域，即便在这一领域，保障人权、不得自证其罪等法理原则，非法证据排除、同步录音录像、律师辩护权、逮捕审查讯问、羁押必要性审查等制度已然确立。彰显中国渴望法治国家的真诚和直追世界潮流的勇气，更是多年来众多法学大家与法律学者不断呼吁奋力推动的成果。

法律人的担当。"不仅要做中国法治的见证者，还要做中国法治的参与者"，这许是每位法律人的共同梦想。问道学问，才能走向远方。法治社会不会自然天成，也难一蹴而就，道路崎岖曲折无须讳言，需要法律人勇于挑战、共同担当。代代法学前辈们已然披荆斩棘、领路前行，法律后生岂能不努力、枉担当。正所谓"一人担当则人人担当，人人担当则众人担当"，责任忧患于心，法治国家方临。

最后，我要将最深沉的感激献给导师樊崇义教授以及我博士期间给予我无私关爱、帮助、支持的中国政法大学的老师们，最高人民检察院公诉二厅、侦查监督厅的领导和同事们，答辩委员会的老师们，以及一直以来关爱我的前辈、学长和朋友、家人们。虽姓名未一一列举，然恩情永远铭记。博士学路漫漫，然不枉生命之慷慨，导师于我而立之年仍给予我读书机会，并悉心指教，点化愚钝；领导、同事与学长们为我的写作提供了丰富翔实的实践资料，对我写作中的疑惑与求教无不悉心探讨和解答；家人们更是全力以赴，保障我的写作时间，这无不令我心存感激。恩情如山，无以为报，唯有恪尽本职，为中国法治贡献滴水与绵薄，方不辜负。本书至此，仍有很多值得改进之处，研究也不免粗疏浅薄，但愿这粗浅成果能为关注相关研究的同仁提供些许参考与思路，便深觉自己为法治国家做了点有益之事。

养一口气，点一盏灯，问学致用之路没有终点，永在起点。

燃灯如豆，碧海青天，愿做法治路上拾贝摘星人。

刘 辰
2018 年初春于北京

诉讼法学文库书目

Ⅰ	刑事证据法原理与适用	ⅩⅩ	刑事证据可采性研究
Ⅱ	刑事诉讼法实施问题与对策研究	ⅩⅪ	刑事诉讼模式的演进
Ⅲ	刑事程序的法哲学原理	ⅩⅫ	正当程序文献资料选编
Ⅳ	视听资料研究综述与评价	ⅩⅩⅢ	刑事程序法功能研究
Ⅴ	刑事司法体制原理	ⅩⅣ	论行政诉讼审查标准
Ⅵ	刑事证人证言论	ⅩⅩⅤ	清末刑事司法改革研究
Ⅶ	刑事一审程序理论与实务	ⅩⅩⅥ	民事诉讼标的论
Ⅷ	非法证据排除规则研究	ⅩⅩⅦ	现代公诉制度研究
Ⅸ	美国的外国法院判决承认与执行制度研究	ⅩⅩⅧ	民事司法现代化的探索
		ⅩⅩⅨ	CEPA框架下的经贸争端解决机制与程序
Ⅹ	我国未成年人刑事案件诉讼程序研究	ⅩⅩⅩ	证据能力论
Ⅺ	侦查程序原理论	ⅩⅩⅪ	刑事诉讼主体论
Ⅻ	侦查讯问程序正当性研究	ⅩⅩⅫ	刑事程序性裁判研究
ⅩⅢ	死刑案件程序问题研究	ⅩⅩⅩⅢ	案件事实认定论
ⅩⅣ	刑事上诉程序研究	ⅩⅩⅩⅣ	正当法律程序研究
ⅩⅤ	程序正义与刑事证据法	ⅩⅩⅩⅤ	强制执行立法的探索与构建
ⅩⅥ	司法改革原理研究	ⅩⅩⅩⅥ	行政行为的可诉性研究
ⅩⅦ	刑事诉讼行为基础理论研究	ⅩⅩⅩⅦ	清末民初刑诉法典化研究
ⅩⅧ	无罪辩护	ⅩⅩⅩⅧ	底限正义论
ⅩⅨ	刑事诉讼中的禁止双重危险规则论	ⅩⅩⅩⅨ	行政诉讼类型研究
		ⅩⅩⅩⅩ	公诉权原论

诉讼法学文库 2006

1 刑事正当程序原理
2 自白制度研究
3 警察作证制度研究
4 司法公正的理念与制度研究
5 人本精神与刑事程序
6 刑事诉讼平衡论
7 刑事诉讼关系的社会学分析
8 刑事证明责任分配研究
9 刑事司法权力的配置与运行研究
10 行政诉讼原告论

诉讼法学文库 2007

1 刑事诉讼交叉询问之研究
2 检警关系论
3 鉴定结论论
4 检察职能研究
5 美国死刑程序研究
6 行政诉讼问题研究与制度改革
7 刑事司法民主论
8 被追诉人的宪法权利
9 刑事裁判权研究

诉讼法学文库 2008

1 论证据与事实
2 法院调解制度研究
3 弱势群体的法律救助
4 刑事赔偿制度研究
5 秘密侦查比较研究
6 非法证据排除规则：话语解魅
   与制度构筑
7 民事当事人证明权保障
8 现代社会中的诉讼功能
9 诉讼认识、证明与真实
10 中国刑事审前程序制度构建

诉讼法学文库 2009

1 检察官证明责任研究
2 刑事诉讼生态化研究
3 对质权制度研究
4 无效刑事诉讼行为研究
5 刑事诉讼中的财产权保障
6 论对抗式刑事审判
7 案件事实认定方法
8 中国区际刑事司法协助研究

诉讼法学文库 2010

1 侦查程序诉讼化研究
2 媒体与司法关系研究
3 刑事诉讼中的公正审判权
4 证明标准研究
5 刑事诉讼客体论
6 审查判断证据
7 民事判决既判力主观范围研究
8 刑事诉讼程序的人性分析
9 检察监督与公诉职能关系论
10 中国检察制度改革与探索
11 证明力判定论
12 侦查学基础理论研究

诉讼法学文库 2011

1 减刑假释程序研究
2 论刑事证据排除
3 刑事被害人作证制度研究
4 渎职罪定罪事实暨证据研究
5 民事既判力扩张问题研究
6 刑事人身检查制度研究
7 刑事法官的证据调查权研究
8 刑事诉权研究
9 民事诉讼证据收集制度的构建

诉讼法学文库 2012

1 法官证据评判研究
2 刑事错案的侦查程序分析与控制
  路径研究
3 侦查行为视角下的刑事冤案研究
4 域外诱惑侦查理论研究

诉讼法学文库 2013

1 死刑辩护权论
2 行政公诉权研究

诉讼法学文库 2014

1　理性法律监督论纲
2　诉权保障研究——宪法与民事诉
　　讼法视角的考察

诉讼法学文库 2015

1　刑事诉讼法庭质证规则研究

诉讼法学文库 2016

1　贪污贿赂犯罪案件口供问题研究